Principios de programación

Camilo Chacón Sartori

Principios de programación

Camilo Chacón Sartori

Marcombo

Principios de programación

Primera edición, 2023

www.marcombo.com

Diseño de la cubierta: ENEDENÚ DISEÑO GRÁFICO
Corrección: Haizea Beitia
Maquetación: Artemio Naiza
Directora de producción: M.ª Rosa Castillo

ISBN: 978-84-267-3682-6
DL: B 15216-2023

Impreso en Servicepoint
Printed in Spain

ÍNDICE DE CONTENIDOS

Para Computación,

que, con justa razón, me sigue rechazando,

este será mi tercer —sutil y desquiciado— intento.

El tiempo que tenemos no es corto;

pero perdiendo mucho de él, hacemos que lo sea,

y la vida es suficientemente larga para ejecutar en ella cosas grandes

si la empleamos bien.

Séneca

NOTA AL LECTOR

Hace años, acaso por una cierta ingenuidad y entusiasmo propio de la juventud, quise escribir un libro que concentrara todo lo que sé de la programación, una forma de restituir la mano que me tendió cuando mi único camino era la informática. Desde entonces ha pasado un tiempo y ahora usted tiene en su poder esta promesa que hice: un libro que yo hubiera querido leer y que no encontré; un libro que intentara aunar gran parte de los conceptos presentes en la programación; un libro que, además de ser una apuesta, es un intento de romper la clásica estructura de un manual de programación, pues este es un libro generalista, no se enfoca en nada en particular, ni en un área ni en una herramienta, pero no pierde de vista que la parte práctica es la culminación de la programación.

Antes bien: es necesario recorrer un camino lleno de historias, de conceptos y de algoritmos, e igualmente, por qué no decirlo, de sueños y de pensar cómo podría ser la programación como campo de estudio, algo que, en la actualidad, no es.

Así pues, la obra que tiene en su poder fue pensada como el ingreso a una biblioteca pública dedicada a la informática, donde en algunas estanterías hallará libros de historia del campo, en otras encontrará libros de ficción sobre programación, caminando por el pasillo de al lado podrá hojear libros técnicos... Y así, mientras recorre esta biblioteca —y es la idea que tengo— le irán surgiendo nuevas ideas y lecturas. ¡Más que un fin es el inicio del camino!

¡Bienvenido/a a su casa!

Espero que disfrute de este libro de programación que, a su vez, reflexiona sobre ella.

Castro, Chile[1]

[1] Este libro fue escrito casi en su totalidad en Barcelona (España) y fue terminado en Castro (Chile).

AGRADECIMIENTOS

Comienzo agradeciendo a la editorial Marcombo, en especial a Jeroni Boixareu, que confió en mí por tercera vez. Y sobre todo a Rosa Castillo, que tuvo la gentileza de esperarme, pese a mis constantes retrasos con este proyecto. Además, doy mi más fuerte agradecimiento a Haizea Beitia por su valiosa y precisa corrección de este libro.

El apoyo familiar siempre ha sido crucial en mi vida y esta vez no fue una excepción, sobre todo teniendo en cuenta que terminé este libro junto a mi familia —estando de vacaciones—. Solo me quedan palabras de agradecimiento: primero a mi madre, luego a mis hermanas y a mis tres maravillosas sobrinas, que me regalaron sonrisas, y no menos importante, a mi abuela que jamás entenderá lo que hago. Mención especial a mis dos cuñados, que siempre guardan amabilidad para conmigo.

También agradecer a Héctor Patricio y Oscar Fernández Sierra, que tuvieron la gentileza de darme valiosas sugerencias de fragmentos presentes en este libro.

Finalmente, tengo que darles las gracias a todos mis amigos que, constantemente, me preguntaban «¿Cuándo terminas el libro?». Aprendí gracias a ellos que no hay que comentar nada sobre lo que escribes hasta tenerlo terminado.

INTRODUCCIÓN

Los conceptos fundamentales de la programación están bajo ataque. En diferentes partes del mundo, en universidades, en *bootcamps*, en cursos online, nuevas personas ingresan a la programación, pero no logran una comprensión profunda de ella. Mi hipótesis es que un exceso de tecnología difumina los conceptos esenciales que permiten avanzar a temas complejos en esta actividad. Necesitamos personas que puedan pensar fuera de la herramienta de moda. Este libro es un intento de dar solución a ese problema. Pero no se equivoque, este no es un libro contra las tecnologías, sino un libro que busca tener una mayor armonía con estas.

El libro que tiene en sus manos presenta una nueva forma de *pensar* en la programación y de entender los sistemas informáticos a través de conceptos generales, interconectados e incluso adaptativos, que llevan el nombre de *principios*. Algunos son técnicos, los cuales se encuentran en todas las herramientas, ya sean antiguas o modernas, fáciles o difíciles de usar; y otros son conductuales, presentes en todas las *buenas* relaciones humanas.

En los siguientes tres párrafos le intentaré convencer de que esta manera de aprender programación es más efectiva y productiva y, por qué no decirlo, más estimulante intelectualmente.

Primero, la programación no es una actividad aislada de las relaciones humanas, y mucho menos de sus consecuencias. Una ética es necesaria y crucial. Un informático debe ser alguien que abrace las humanidades y no una persona que se aísle en un entorno únicamente técnico. Este libro intenta aunar ambos mundos.

Segundo, considere dejar de lado los diversos «paradigmas de programación» que conoce, ya sean orientados a objeto o funcionales, imperativos o lógicos, basados en eventos o en aspectos; todos ellos dificultan el aprendizaje de lo más importante en la programación: resolver problemas.

Tercero, el beneficio derivado de estos dos puntos anteriores es que le ayudan a usted a convertirse en un mejor profesional, capaz de resolver problemas complejos técnicamente —independiente de la herramienta de turno—, y más realizado como persona. De nada sirve ser un eficaz creador de código si no puede relacionarse con sus pares o no sabe cómo comunicar su conocimiento. En suma, este libro pretende cambiar la forma en la que ve la programación.

El contenido de este libro tiene una *estructura* y *forma* un tanto inusual. Veamos los porqués.

Estructura

El libro consta de cinco tomos: Fundamentos, Principios, Sistemas, Somos humanos y Buena vida. Cada uno se puede percibir como un libro independiente, aunque con algunas interrelaciones que se pueden apreciar en la **Figura 1**.

Forma

Este texto difiere de los tradicionales libros técnicos, pues exploro algunos recursos ensayísticos,[2] por un lado, para dar una visión personal de los temas a tratar y, por otro, para enriquecer el texto y hacer de la lectura una labor grata. Incorporo algunos recursos ficticios para explicar mejor algunos temas. Creo que esto último le ayudará a divertirse en su aprendizaje y a hacer más cercana y personal la lectura del texto.

[2] Digo «libros técnicos», aunque no sé si este libro puede incluirse en esa categoría.

Otro aspecto no menos importante es que, en el Tomo I, cada ejemplo de código del libro se encuentra escrito en un pseudocódigo. Los demás libros usan Python —y en pocos casos, otros lenguajes de programación—para presentar los ejemplos.

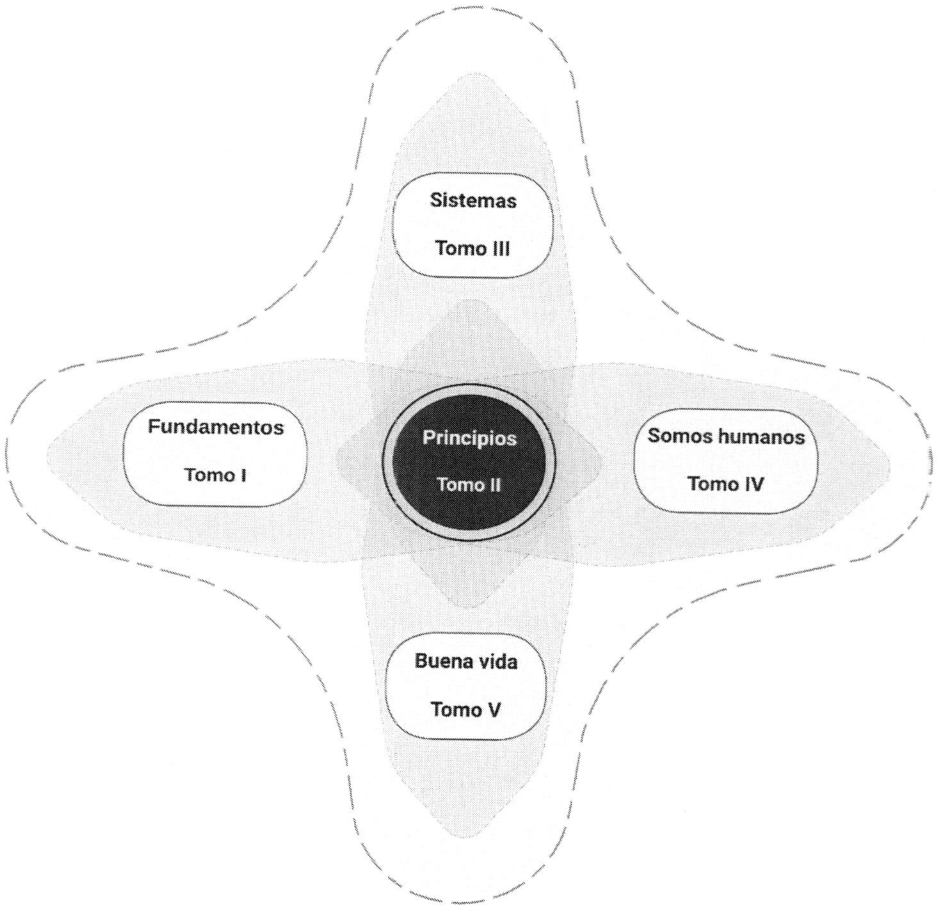

Figura 1. *Los cinco tomos que componen este libro. El primero, Fundamentos; el segundo, Principios; el tercero, Sistemas; el cuarto, Somos humanos y, el último, el quinto, Buena vida.*

A continuación, incluyo un breve resumen de cada libro que compone esta obra.

Resumen

Tomo I: Fundamentos

¿Cuál es la matemática necesaria que todo programador debe conocer? ¿Cuáles son los conceptos en los que se basa la programación? ¿Por qué los algoritmos y las estructuras de datos son tan importantes para aprender a programar bien? ¿Qué es el pensamiento computacional? Estas son las principales preguntas que responde este primer libro que, en pocas palabras —o en más de las que esperaba—, construye los cimientos de los libros restantes. Es la introducción técnica.

Tomo II: Principios

Es el corazón del libro. Aquí expongo un conjunto de principios técnicos y conductuales que todo profesional debe tener en cuenta para adentrarse en la programación, sin caer en la tentación de adoptar las tecnologías como un todo. Una visión agnóstica de las herramientas, que espero pueda leer con detenimiento, pues todo el libro se construye desde aquí. Algunas preguntas que se buscan responder: ¿existen principios generales de la programación? ¿Por qué un enfoque asociado únicamente a las herramientas tiene varios problemas? ¿Cuáles son las conductas que debe adoptar un *buen* programador para construir software y relacionarse con sus pares?

Tomo III: Sistemas

La informática es un mundo de sistemas, pero ¿cuáles son? ¿Cómo están construidos? Algunos ejemplos de sistemas son los modelos de computación, los lenguajes de programación, los sistemas operativos, las bases de datos, los sistemas distribuidos... No obstante, hay otros sistemas que en la actualidad han tomado mucha fuerza: la inteligencia artificial y la computación cuántica. Esta parte presenta una síntesis histórica de cada uno de estos sistemas, no solo para responder qué hacen, sino también cómo lo hacen.

Tomo IV: Somos humanos

Cualquier software que deba cumplir varios requisitos del cliente se vuelve intratable para *una* sola persona. Necesita un equipo, una metodología, una buena comunicación y buenas prácticas de desarrollo de software. Esta parte señala —haciendo uso de unos personajes ficticios— la importancia de pasar de ser un programador solitario a uno que es parte de un equipo. En esta situación otras variables entran en juego, pues la programación no es lo mismo que la ingeniería de software. Por tanto, lo que se busca tratar aquí es dar solución a las siguientes preguntas: ¿cuál es la diferencia entre programar un software pequeño (proyecto personal) y uno extenso (un equipo de decenas de personas)? ¿Qué conocimientos debo tener para desarrollar y mantener grandes proyectos de software?

Tomo V: Buena vida

No todo en la vida son cosas técnicas. En muchas ocasiones, personas brillantes con grandes conocimientos, ya sean teóricos o prácticos, fracasan en su vida profesional porque no saben relacionarse con sus colegas de trabajo o carecen de habilidades blandas. Otros fracasan porque no saben cómo mantener una vida dedicada al aprendizaje. Esta última parte, importantísima, divide los consejos en las siguientes categorías: aprendizaje, vida personal, mundo laboral y más allá de lo técnico. Quizá, al final de nuestro camino, el sueño de todo humano sea alcanzar la felicidad, *tener una buena vida*; por ello, cierro el libro con esto.

¿Cuál es la audiencia de este libro?

- Informáticos a los que les guste programar y quieran ampliar y replantear sus conocimientos. Tanto si son personas con pocos años de experiencias como si son personas con «muchas batallas» tras sus espaldas.
- Profesionales de otras áreas que se sientan entusiasmados por la programación. Este libro les servirá como apoyo para entender los fundamentos de la programación y, por qué no, también para comprender cuál es la esencia de la informática.

¿Qué no es este libro?

- No es un libro que le enseñe un lenguaje de programación en particular.
- No es un libro teórico, ni un libro donde hay más código que texto en lenguaje natural. Esto quiere decir que hago uso de esquemas visuales para explicar conceptos y ejemplos, todos ellos de diversa índole, pero no solo código.
- No es un libro de introducción a la programación; se espera, por tanto, que el lector tenga algún conocimiento básico de programación.

¿Qué es este libro?

- Es un libro que le enseña los fundamentos abstractos (matemática, lógica, sistemas informáticos, técnicas, etc.) necesarios para ser un mejor programador.
- Es un libro para profundizar en los fundamentos de la programación y entenderlos desde otra óptica, para poder acceder a técnicas avanzadas.
- Es un libro que da una introducción conceptual e histórica de los distintos campos de estudio de la informática, a saber, lenguajes de programación, sistemas operativos, bases de datos, sistemas distribuidos e inteligencia artificial.
- Es un libro que, a través de diálogos, le explica la relevancia de la ingeniería de software.
- Es un libro que contiene consejos para edificar una buena carrera profesional.

Para más información visite mi sitio web:

www.camilochacon.com

MAPA DE LECTURA

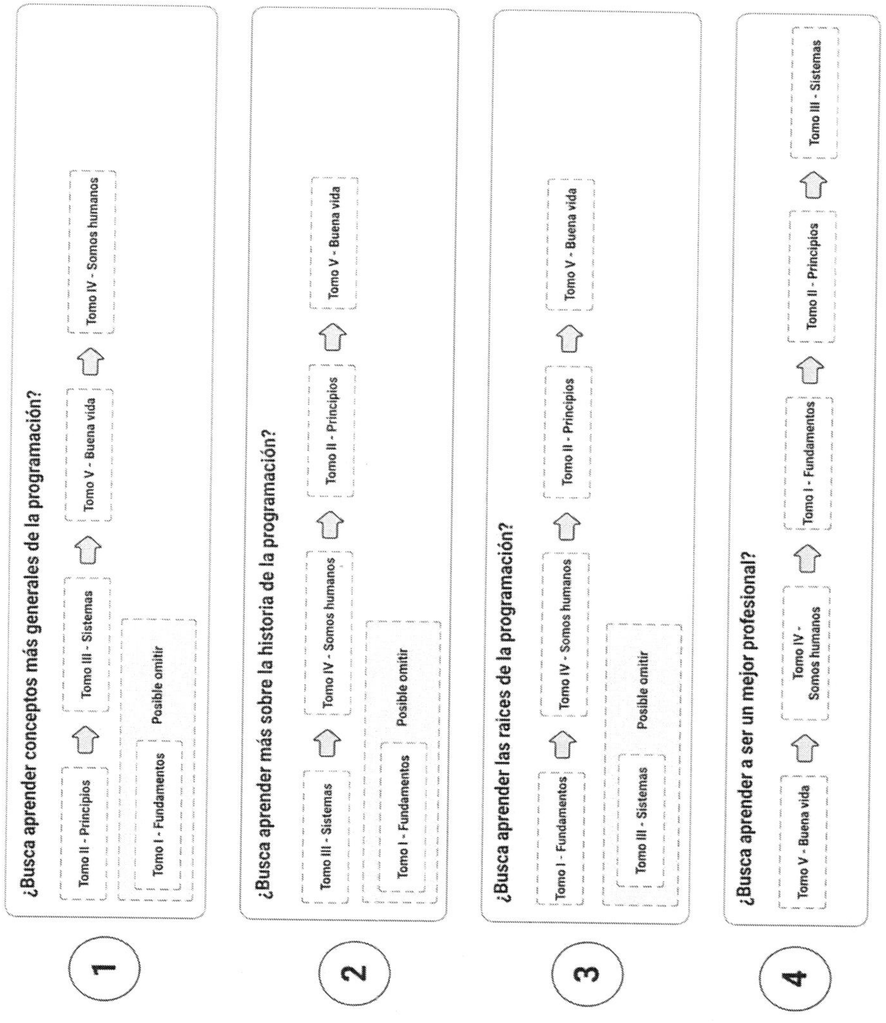

TOMO I

–

FUNDAMENTOS

La duda crece con el conocimiento.

JOHANN WOLFGANG VON GOETHE

«No se preocupe de la meta, sino del camino.» Al leer la frase anterior, su cerebro ha realizado una serie de complejos pasos: percibir las letras a través de sus ojos y decodificarlas, concatenarlas y formar las palabras, y para terminar darle un sentido (interpretarlas). En cierta medida se podría decir que su cerebro sabe *programar*.

Pero no es lo único que su cerebro puede hacer, por ejemplo, si lee las palabras «c0digo» o «progr4maci0n» notará que la primera quiere decir «código» y la segunda «programación»; su cerebro las ha corregido, reemplazando los números por las letras correspondientes, pues ya tiene asimilados patrones, que provienen de las conexiones cerebrales que se formaron una vez que usted aprendió español. Pequeñas interferencias no afectan el objetivo. Sin embargo, si el conjunto de caracteres fuera: «2i5_o» no es tan simple saber a qué término en español se refiere, podría ser ¿libro? o ¿cinco?, o quizá ¿ciclo? Se podría concluir, entonces, que no hay suficiente información como para establecer un patrón que le permita asociarlo a una palabra. Este libro trata de esto. De construir una máquina mental que le permita detectar patrones para aprender a programar. Esta primera parte le presentaré los materiales para construir dicha máquina.

La programación es una de las actividades más maravillosas de nuestro tiempo y que, si se enseña bien, debe aspirar a ser fructífera; creatividad, disciplina y rigor son algunos de sus ingredientes; en caso contrario, se puede caer en negligencia, desprolijidad y distracciones, o sea, código de pésima calidad. Esta parte busca trazar los elementos esenciales que forman los cimientos de un *buen* aprendizaje, de la *máquina mental*.

Los fundamentos son necesarios para hacer de su aprendizaje un lugar amigable y menos proclive al abandono. Conocer bien las bases de cualquier campo nos abre las puertas para profundizar en tecnologías modernas y, aunque pueda parecer paradójico —centrarse en los fundamentos (pasado) ayuda a entender las tecnologías actuales (presente)—, no lo es, pues estas nos permiten entender el *cómo* funcionan las cosas y no solo *qué* hace tal cosa.

Importante: lo que me interesa en esta obra no es que usted sea un mero usuario de tecnología; mi interés es opuesto y radical: que usted pueda construir su tecnología. Que no sea un simple usuario de sistemas, a saber, lenguajes de programación, *frameworks,* bibliotecas, sistemas operativos, bases de datos, etc. Más bien, mi objetivo es que tenga el conocimiento para poder producir sus propios sistemas que, a su vez, permitan generar otros sistemas. Herramientas que ayuden a otros programadores a crear herramientas.

A continuación, se realiza un breve resumen de los cuatro capítulos que completan esta primera parte del libro.

Resumen

Capítulo 1: Los fundamentos matemáticos

El capítulo está dividido en dos secciones que abarcan los siguientes temas: lógica proposicional y teoría de conjuntos; ambas son campos importantes de las matemáticas que le permitirán construir un pensamiento racional y sistemático, indispensable para aprender a programar bien y para poder sumergirse en dominios avanzados. Sin embargo, estas secciones no pretenden ser una introducción exhaustiva a cada tema, por este motivo al final de cada sección se incluyen algunas referencias.

Capítulo 2: Conceptos elementales

Un desarrollador de software debe conocer algunos conceptos básicos que son transversales a los variados lenguajes de programación. Ejemplo: funciones, recursión, condicionales, variables y bucles. El capítulo busca explicar cada uno de estos conceptos utilizando un lenguaje imperativo muy similar a Python.

Capítulo 3: Algoritmos y estructuras de datos

Un software es un conjunto de programas que están construido con algoritmos. Los algoritmos usan datos que nos permiten resolver un problema. Los datos se almacenan en estructuras de datos, que pueden ser matrices, listas o árboles, entre otras. *Cómo* añadir o acceder a estos datos es lo que hace diferente una estructura de datos frente a otra. Todo buen software requiere un buen conocimiento de algoritmos y estructura de datos, por un simple motivo: un algoritmo ineficiente funcionará mal independiente del lenguaje de programación que use. Un buen conocimiento de algoritmos y estructuras de datos es, tal vez, la mayor habilidad a la que aspira un programador, pues le permitirá abordar temas avanzados.

Capítulo 4: Pensamiento computacional

El pensamiento computacional es el conjunto de habilidades y conocimientos necesarios para resolver problemas utilizando técnicas y conceptos de la computación. Es —en términos simples— una manera lógica y amplia de pensar que se aplica a campos que no tienen una relación directa con la computación. Algunos ejemplos de estos campos son la escritura, la robótica o la biología.

CAPÍTULO 1
LOS FUNDAMENTOS MATEMÁTICOS

En este capítulo:

- Obtendrá una introducción a dos áreas de las matemáticas que son las raíces de la programación,[3] lo que le permitirá prepararse para acceder a conocimiento más avanzado, como el estudio de algoritmos:
    - Lógica proposicional
    - Conjuntos

1.1. Introducción

Para avanzar en la programación es necesario conocer abstracciones. Y las matemáticas son una excelente puerta de entrada. Entender algunas áreas de las matemáticas abre las perspectivas de una persona y, por supuesto, las de un programador. Para diseñar e implementar programas se requiere de abstracciones que son esenciales para resolver problemas humanos.[4]

---

[3] No son las únicas; por ejemplo, las estadísticas y probabilidades y las estructuras discretas son también relevantes en la programación. No obstante, por un tema de espacio las hemos omitido. De todas formas, para suplir esto hemos añadido lecturas recomendadas al final del capítulo.

[4] En el libro *Elements of programming* de Alexander Stepanov y Paul McJones, se examinan en profundidad las abstracciones requeridas por un programador, un ingeniero y un científico, que trabajan en distintos roles de la informática. No obstante, este libro, que recomiendo fuertemente, asume que el lector debe tener una madurez en las matemáticas; es más, utiliza C++ como lenguaje vehicular en todos los ejemplos del libro, lo cual podría alejar a personas que nunca han usado

La primera regla del libro es la siguiente:

> Conocer diversas abstracciones matemáticas facilita el aprendizaje y la construcción de herramientas.

Esta regla asume que si no conocemos ciertas abstracciones matemáticas no podemos aprender y crear herramientas de manera fácil. Tenga presente el conector «y». Nos dice que la ausencia de abstracciones de este tipo nos limita.

Ahora bien, usted se podría estar preguntando, ¿qué abstracciones matemáticas?, ¿cuándo algo es fácil de aprender? y, sobre todo, ¿qué herramientas? La primera pregunta es respondida en este capítulo. La segunda se encuentra de manera implícita en los capítulos de los Tomos II y III. La tercera será respondida en el Tomo III. Pero no se preocupe, vamos paso a paso.

Permítame defender esta regla. Un usuario de tecnología, por lo general, no requiere de matemáticas. Un programador que usa un conjunto de herramientas no exige saber cómo fue construido. No le hace falta. No tendría sentido. Pues la herramienta oculta la complejidad usando abstracciones, sin la obligación de entender cómo está construida.

Diferente es el caso de la persona que desarrolla tecnología. Pues ella necesita aunar generalizaciones, buscar patrones y cotejar la idea de simplicidad, conceptos que son matemáticos por excelencia. Así logra operar de manera exitosa con el código. Es importante mencionar que no todas las tecnologías requieren los mismos niveles de abstracción, como veremos más adelante. Por ejemplo, no es lo mismo crear una API Rest que diseñar un sistema operativo, o crear un sitio web que un lenguaje de programación (a distintos ámbitos, distintas complejidades).

---

dicho lenguaje. Por otro lado, solo presenta aspectos técnicos, sin tratar los aspectos conductuales. De todas formas, es uno de los grandes libros —avanzados— que se han escrito sobre informática en los últimos años y, sin duda, nos ha influido.

Considere el último caso de ejemplo: un lenguaje de programación *es* una herramienta que, si está bien construida, puede cambiar —para mejor— como razonamos y construimos software. Aunque el lenguaje pueda parecer simple —en su sintaxis y su semántica—, construirlo no es una tarea sencilla ni mucho menos, pues el creador o el grupo de personas detrás de su creación han ocultado las complejidades técnicas dentro de abstracciones, para que así la vida del usuario sea sencilla de llevar.

Siendo preciso, ¿por qué tener conocimientos en matemáticas es importante para un programador?

- Por las nuevas áreas de conocimiento que están emergiendo y que desde hace ya un tiempo son una realidad. Aparte de la ya conocida inteligencia artificial, hay otras áreas como la computación cuántica, el razonamiento automático (no tan nueva, pero se han logrado grandes avances), la criptografía y los videojuegos. Por tanto, nos encontramos en un panorama que, más que abandonar las matemáticas, nos acerca a ellas, las vuelve indispensables para profundizar en temas avanzados.
- La creación de sus propias herramientas. Esto lo comenté antes y es bueno volver a recalcarlo: gran parte de los desarrollos de sistemas requieren un conocimiento teórico para comprender cómo funcionan las cosas, y la teoría, los formalismos, están irreductiblemente ligados a las matemáticas. Pensar con precisión, con detalle, con elegancia, son cualidades que hacen a cualquier profesional mejor, y más aún a un programador, cuya labor consiste en usar lenguajes de programación.

Ahora bien, ¿qué matemáticas? Como usted quizá sabe, existen muchos campos de estudio dentro de las matemáticas y no todos, como puede prever, son útiles para un desarrollador de software.

Este capítulo está organizado así: primero comenzaremos dando una introducción a la lógica proposicional. Luego explicaremos la teoría de conjunto, fundamental para entender abstracciones presentes en la programación. Finalizaremos con algunas sugerencias para seguir profundizando en otras áreas de las matemáticas que conciernen a la programación.

1.2. Lógica

Si ocurrió, puede ser. Y si ocurriera, sería. Pero como no ocurre, no es. Eso es la lógica.

Lewis Carroll

Si usted es una persona curiosa y le atrae el rigor, la lógica le gustará. La lógica *no* es solo un área del conocimiento con símbolos, reglas y leyes para estudiar la verdad. Es más que eso. Nos enseña a comunicarnos con cuidado y precisión, ya sea para charlar con amigos o familiares o con nuestra pareja. En definitiva, nos enseña a *pensar con claridad*. Así evitamos contradicciones o ambigüedades.

Muchos libros sobre lógica no incluyen suficientes ejemplos prácticos. A menudo, comienzan presentando las reglas y lo que se puede o no hacer con la lógica, pero no profundizan en cómo aplicar estos conceptos más allá de la programación.

Un ejemplo: la lógica nos ayuda a dar un discurso ordenado, nos ayuda a estructurar mejor lo que escribimos, nos ayuda a comprender mejor lo que leemos, nos ayuda a no realizar gastos innecesarios porque podemos cotejar mejor diversas alternativas... En suma, nos ayuda a tomar mejores decisiones en todos los ámbitos de nuestra vida.

A continuación, mostraremos cómo la lógica proposicional se aplica a situaciones cotidianas a través de ejemplos de análisis del lenguaje.

1.2.1. Lógica proposicional

Toda afirmación puede considerarse una oración, pero no toda oración es una afirmación. Una oración es una afirmación si puede ser verdadera o falsa, por ejemplo: «Los perros tienen cuatro patas», «Chile es un país» o «Hay humanos de cuatro metros de altura». Estas tres oraciones son una afirmación porque se pueden responder de manera afirmativa o no. Una afirmación siempre debe tener un valor de verdad.

Sin embargo, no toda oración es siempre una afirmación, a saber: (a) «¿Qué es la vida?», (b) «Se me cayó el libro», (c) «Me encanta sentir la brisa». Ninguna de las tres oraciones anteriores puede ser verdadera o falsa; (a) amerita una respuesta que no es verdadera o falsa, (b) depende del contexto, quizá a mí se me cayó un libro pero a usted no, (c) es una sensación y no una afirmación, por tanto, no es verdadera ni falsa.

A una oración afirmativa le llamaré enunciado.

Por otro lado, hay casos donde un enunciado no es una afirmación:

(1) Ella está enferma.

(2) El coche tiene una avería.

(3) Yo tengo el cabello largo.

Cada uno de los enunciados anteriores puede responderse como verdadero o falso (aunque depende de lo que conozca cada persona). En (1) el pronombre «ella» es confuso porque no se sabe a quién se refiere; en (2), ¿a qué coche se refiere? y en (3) es más probable que sea verdadero para una mujer que para un hombre y, en todo caso, el «yo» es ambiguo.

Hay muchas palabras en una oración que pueden añadir ambigüedad, es el caso de los pronombres «ella», «él», «yo» u otras como «ahí», «aquí», «Nuri», «José», «libro»... Para cada uno de estos ejemplos puede existir más de una respuesta dependiendo de a quién le preguntemos. ¿Cuántas personas tienen el nombre Nuri o José? Muchas. ¿Cuántos libros existen? Bastantes. Así que para evitar malentendidos con sus interlocutores tenga presente esto al momento de comunicarse.

Pero, incluso si quitamos esta imprecisión, pueden existir afirmaciones que son verdaderas o falsas a la vez:

(4) El reino de Prusia existe.

(5) El Imperio romano se mantiene activo.

(6) Derek Parfit está vivo.

La afirmación (4) fue verdad entre 1701 y 1918, en la actualidad es falsa; (5) fue verdad entre 27 a. C. y 476 d. C., que son las fechas en que surgió y cayó el imperio romano; en lo que respecta a la (6), el filósofo Derek Partif[5] murió el 1 de enero de 2017, por tanto, en la actualidad es una afirmación falsa. Puede advertir que hay afirmaciones que pueden ser verdaderas o falsas, todo depende del momento en qué se comprueben.

La afirmación «Camilo Chacón Sartori vive en España» es ahora verdadera, pero seguro que en los próximos 90 años será falsa (pues aún no ha encontrado la pócima de la vida eterna).

1.2.1.1. Tablas de verdad

Las operaciones lógicas se pueden representar con una tabla de verdad. Una tabla de verdad acepta dos tipos de operaciones: unaria o binaria. Las dos usan estados binarios: verdadero o falso. La operación unaria cambia el valor de un estado a otro (por ejemplo, el conectivo «no»). La operación binaria trabaja con dos estados (por ejemplo, el conectivo «y» o «si ... entonces ...»).[6]

La tabla de verdad es útil para entender cómo funcionan las conectivas lógicas. Y su simpleza radica en que solo trabaja con estados binarios. Así podemos comprobar los valores de verdad de una manera visual e intuitiva.

Comencemos con una operación básica, la unaria.

---

[5] Fue un filósofo británico que trabajó en el tema de la identidad y la moral de las personas. Una de sus obras principales y que recomiendo leer es *Razones y personas*.

[6] La tabla de verdad fue introducida por el lógico polaco Emil Post (1897-1954) y por el filósofo austriaco Ludwig Wittgenstein (1889-1951) en su obra magna, *Tractatus Logico-Philosophicus*.

Si tenemos dos estados, verdadero (V) y falso (F), entonces la negación es una operación unaria:

~V	=	F
~F	=	V

Son unarias porque requieren un único estado de entrada para generar el resultado. Este conectivo *invierte* el estado del valor de entrada. Al mismo tiempo, es posible crear una «cadena» de operaciones de negación:

~(~(~F)) = V

y

~(~(~(~F))) = F

En los dos ejemplos anteriores hay un patrón: cuando la cantidad de operaciones de negación es un número impar y se aplica a un estado, entonces el estado se invierte; en otro caso, el estado se mantiene.

Seguimos con las operaciones binarias.

Conjunción. Esta trabaja con dos estados de entrada y devuelve un único estado.

F	^	F	=	F
V	^	F	=	F
F	^	V	=	F
V	^	V	=	V

Es verdadero si los dos estados de entrada son verdaderos; en cualquier otro caso, es falso.

Disyunción. Al igual que la conjunción, la disyunción también requiere de dos estados de entrada. No obstante, a diferencia de la conjunción, solo requiere que al menos un estado sea verdadero para que el resultado sea verdadero,

F	v	F	=	F
V	v	F	=	V
F	v	V	=	V
V	v	V	=	V

Condicional. Algo que lo diferencia de los dos anteriores conectivos binarios es que existe una «dependencia» entre el primer estado y el segundo. Cabe recordar que el conectivo condicional se traduce como «si ... entonces ...».

F	→	F	=	V
V	→	F	=	F
F	→	V	=	V
V	→	V	=	V

Bicondicional. A diferencia del anterior –condicional– este conectivo solo devuelve un valor verdadero cuando ambos estados son iguales. Se traduce como «si ... y solo si ...».

F	↔	F	=	V
V	↔	F	=	F

F	$\leftrightarrow$	V	=	F
V	$\leftrightarrow$	V	=	V

1.2.1.2. Conectivos lógicos

Los conectivos lógicos nos permiten unir diferentes enunciados. De momento, sepa que hay cinco principales:

y

no

o

si ... entonces ...

si ... y solo si ...

Los he escrito en español. No obstante, para tratar con operaciones lógicas es preferible usar símbolos:

y	=	$\wedge$
no	=	$\sim$
o	=	$\vee$
si ... entonces ...	=	$\rightarrow$
si ... y solo si ...	=	$\leftrightarrow$

A cada una de estas conectivas lógicas se las conoce como conjunción (^), negación (~), disyunción ($_\vee$), condicional (→) y bicondicional (↔).

1.2.1.3. Oraciones simples

Si necesitamos manipular la misma oración varias veces, es conveniente usar un símbolo que la represente, al igual que hicimos con las conectivas lógicas. Así, las oraciones (1)-(3) quedarían de este modo:

(1a) Ella está ENFERMA = E

(2a) El coche tiene una AVERÍA = A

(3a) Yo tengo el cabello LARGO = L

1.2.1.4. Oraciones complejas

Una oración compleja es una oración compuesta. Y una oración compuesta contiene –por definición– más información que una oración simple. En este caso se pueden mapear usando los conectores lógicos:

(1b) Ella está ENFERMA *y* debe regresar a CASA

(2b) El coche tiene una AVERÍA *o* te has EQUIVOCADO

(3b) *No* tengo el cabello LARGO

(3c) *Si* tengo el cabello LARGO, *entonces* debo CUIDARLO

(1c) Ella está ENFERMA *si y solo si* se siente MAL

Así, cada una de estas oraciones compuestas se puede escribir en un lenguaje simbólico (también llamado formal):

(1b) = E ^ C

(2b) = A $_\vee$ E

(3b) = ~ L

(3c) = $L \rightarrow C$

(1c) = $E \leftrightarrow M$

Siempre hay que tener en cuenta casos como el siguiente:

~ (L) ^ C = No tengo el cabello largo y debo CUIDARLO

No es lo mismo que:

~ L ^ C = Tengo el cabello largo y debo CUIDARLO pero no

La anterior es similar a escribir: ~ (L ^ C).

Sin embargo, las dos anteriores tampoco equivalen a:

~ (L) ^ ~(C) = No tengo el cabello largo y no debo CUIDARLO

Estos ejemplos dan muestra de que los paréntesis nos ayudan a evitar confusiones.

Conjunción

Hay afirmaciones que pueden concatenarse o unirse. Así logramos obtener más información sobre lo que estamos hablando. Dos ejemplos:

(7) Cada lenguaje de programación tiene una sintaxis y tiene un nombre.
(8) Bollocks es un bar de rock y se encuentra en Madrid.

En (7) hay dos afirmaciones: «cada lenguaje de programación tiene una sintaxis» y «tiene un nombre»; vemos que la forma de unir dos oraciones es con el conector «y». Lo mismo ocurre en (8), «Bollocks es un bar de rock» y «se encuentra en Madrid». Para términos práctico utilizaremos el símbolo «^» para referirnos al conector «y». Las oraciones quedan de la siguiente manera:

- Cada lenguaje de programación tiene una sintaxis ^ un nombre
- Bollocks es un bar de rock ^ se encuentra en Madrid

Una conjunción es verdadera si todas las afirmaciones son verdaderas. Otra manera de decirlo es que, si hay al menos una afirmación falsa, todo lo demás será falso. Según mi experiencia, no conozco ningún lenguaje de programación sin una sintaxis y menos sin un nombre; por tanto, la conjunción sería: verdadero ^ verdadero, que es igual a verdadero. En cambio, según mi experiencia en ambientes de rock, el Bollocks es un bar de Barcelona y no de Madrid; entonces quedaría del siguiente modo: verdadero ^ falso, que es igual a falso.

Negación

Una afirmación también puede negarse o cambiar su resultado. Una oración como «Derek Parfit no está vivo» sería una negación de (6). Podemos cambiar el «no» por el símbolo «~» al comienzo de la afirmación. Esta oración queda de la siguiente manera:

(9) ~ Derek Parfit está vivo

Se recomienda añadir paréntesis cuando hay múltiples conectores para evitar ambigüedades y confusiones. Si modificamos (8), obtenemos:

(10) ~ (Bollocks es un bar de rock) ^ se encuentra en Madrid

En este caso (10) sería lo mismo que decir «Bollocks no es un bar de rock y se encuentra en Madrid». Nótese que al usar los paréntesis estamos especificando que la primera afirmación es la única que estamos negando. Así, se podría decir que (10) es falsa porque Bollocks sí es un bar de rock. Queda lo siguiente: ~(verdadero) ^ falso = falso.

Sin agrupar las afirmaciones con paréntesis el resultado sería distinto:

(11) ~ Bollocks es un bar de rock ^ se encuentra en Madrid

que es igual a decir: «~ (verdadero ^ falso) = verdadero». Vemos, por consiguiente, que la negación se aplica a toda la conjunción y no a una sola afirmación, como es el caso de (10).

Aunque este caso (11) no es equivalente al siguiente:

(12) ~ (Bollocks es un bar de rock) ^ ~ (se encuentra en Madrid)

Aquí la conjunción sería falsa, lo cual es diferente del ejemplo (11), a saber: «~ (verdadero) ^ ~(falso) = falso». Con esto se demuestra la importancia de usar paréntesis para agrupar oraciones o expresiones. Mal utilizados pueden provocar equívocos y derivar en malas interpretaciones de lo que se busca decir.

Cuando se desea negar más de dos elementos se puede usar «no ... ni ...» o «ni ... ni ...». Si modificamos (7), quedaría:

(13) No hay lenguaje de programación con una sintaxis ni con una semántica ni con un nombre.

(14) Cada lenguaje de programación, ni tiene sintaxis, ni una semántica, ni un nombre.

(13) es una modificación de (7) que usa la estructura «no ... ni ...» en cuanto añadí una negación, «ni con una semántica»; en cambio, en (14) se mueve el sujeto al principio de la oración para poder hacer negaciones múltiples con «ni ... ni ...». Ambas, (13) y (14), son equivalentes para el efecto de negación.

Disyunción

Hay ocasiones donde podemos expresar más de una alternativa en una oración. Por ejemplo, oraciones que tengan la estructura «o ... o ...» o «hay ... o ...» nos dicen que algunas de las alternativas pueden ser verdaderas. La única forma de que el resultado sea falso es que no haya ninguna opción verdadera (todas falsas). La disyunción es distinta a la conjunción porque no necesita que todos sus elementos sean verdaderos para que el resultado sea verdadero. La disyunción puede construirse a través de la conjunción (^) y la negación (~).

Si tenemos la afirmación «A Nuri le gusta escribir, leer y bailar», entonces para que sea una disyunción haremos lo siguiente:

(15) ~ (~A Nuri le gusta escribir ^ ~leer ^ ~ bailar)

Así, si al menos una de las tres afirmaciones en (15) es verdadera, entonces (15) es verdadera. Es decir, si tenemos la forma «~ (~falso ^ ~verdadero ^ ~falso) = verdadero» o «~ (~verdadero ^ ~verdadero ^ ~verdadero) = verdadero».

Además, hay dos tipos de disyunciones: inclusiva o exclusiva. La primera asume que al menos dos afirmaciones son verdaderas, pero cuando es exclusiva, significa que solo una es verdadera. En (15), si asumimos que Nuri es alguien «alegre», tendríamos que solo la primera y la segunda afirmación son verdaderas, a saber: «le gusta escribir y leer». «Le gusta bailar», sin embargo, sería falsa, y obtendríamos la forma «verdadero o verdadero o falso». En cambio, si Nuri es «aburrida» únicamente la última afirmación sería verdadera: «me gusta bailar». Por tanto, sería una disyunción exclusiva, logrando la forma «falso o falso o verdadero».

También puede ver que si a Nuri no le gusta escribir, ni leer, ni bailar, entonces (15) será falsa.

Otras conectivas: «pero», «aunque» y «a menos que»

Hay otros ejemplos que surgen cuando usamos palabras como «pero», «aunque» o «a menos que». Si nos fijamos en nuestras conversaciones diarias, podemos apreciar que tendemos a contrastar lo que decimos, a relativizarlo o a poner de antecedente algo que consideramos. Véanse los siguientes ejemplos:

(16) Neus pinta, pero Laura toca el piano.

O de otra forma:

(17) Neus pinta, aunque Laura toca el piano.

Ambas afirmaciones, (16) y (17), son similares y pueden ser reemplazadas usando el conector «y»:

(18) Neus pinta y Laura toca el piano.

Cuando, por un lado, aparece un «pero», se enfatiza un contraste corriente y, por otro, «aunque» es una oposición que puede ser parcial, pues matiza una afirmación previa. 52ara efectos prácticos, si una afirmación es verdadera, ambas pueden ser reemplazadas con la conjunción «y». Otro caso:

(19) Neus debería pintar, a menos que Laura toque el piano.

La afirmación anterior (19) quiere decir que Neus va a pintar en caso de que Laura no toque el piano; dicho de otro modo, si Laura toca el piano, entonces Neus no va a pintar. O sea, para que (19) sea verdadera debe tener la forma «verdadero ^ ~falso» o «~falso ^ verdadero».

Condicional

Hay afirmaciones que pueden depender de otras (a diferencia de la conjunción, en donde cada afirmación tiene igual peso de importancia). Por ejemplo, en dos conjunciones de modo «verdadero ^ falso» o «falso ^ verdadero», no importa el orden de los elementos, el resultado seguirá siendo el mismo: falso. El caso del conector condicional es diferente: sí importa el orden. El conector condicional, como su nombre lo dice, *condiciona* una afirmación dentro de una oración según un orden. Su forma es «si ... entonces ...».

(20) Si soy programador, entonces soy feliz.

Para alguien puede que (20) sea cierto, en la medida en que programar le puede aportar felicidad, pero no tiene por qué ser así. Si el antecedente «soy programador» es verdadero y el consecuente «soy feliz» es falso, entonces esta afirmación es falsa; en cualquier otro caso (son tres), sería una afirmación verdadera. Tenga presentes los conceptos antecedente y consecuente para referirnos a la parte inicial y final de una afirmación.

Para el condicional es común usar el símbolo «→»; entonces, la estructura «verdadero → falso» es falsa. Ahora bien, como mencionamos en el párrafo anterior, cualquier otra alternativa es verdadera: «verdadero → verdadero», «falso → verdadero», «falso → falso».

Hay varias cosas interesantes con este conector: (1) siempre que el antecedente sea falso la afirmación será verdadera y (2) cuando el consecuente sea falso y su antecedente sea verdadero, se dará el caso de que la afirmación es falsa.

Por otro lado, en el lenguaje natural la forma idiomática «si ... entonces ...» puede tener otras variantes —modificando (20) —:

- Soy feliz si soy programador.
- Soy feliz *siempre que* sea programador.
- Soy feliz *en caso de que* sea programador.
- Si soy programador *es suficiente para* ser feliz.
- Si soy programador *implica* que soy feliz.
- *No* soy programador *a menos que* sea feliz.

Todas estas variantes idiomáticas son equivalentes a (20) en cuanto a su forma «si ... entonces ...». Algo a tener presente es que el condicional nos ayuda a analizar la noción de razón suficiente y condición necesaria. Tomemos un enunciado como el siguiente:

(21) Soy escritora, entonces escribo.

Aquí el antecedente «soy escritora» es *razón suficiente* para afirmar que escribe, pues supone que cualquier escritora lo es por el simple hecho de escribir. Asimismo, el consecuente «escribo» es una *condición necesaria* para que sea escritora; de otro modo, si nunca ha escrito, no puede ser escritora.

Bicondicional

El conectivo bicondicional se diferencia de la condicional porque la relación entre el antecedente y el consecuente es más fuerte. Hay una relación de equivalencia y su forma es «si ... y solo si ...». Un enunciado será verdadero si ambos valores son idénticos: «verdadero ^ verdadero» o «falso ^ falso». En cualquier otro caso, el enunciado sería falso.

Considere el siguiente enunciado:

(21) Paula sabe programar si y solo si escribe código.

Es evidente que cualquier persona que sepa programa debe haber escrito algo de código. Pero si invirtiéramos el orden del enunciado no sería bicondicional:

(22) Escribe código si y solo si Paula sabe programar.

En este caso el antecedente «Escribe código» es genérico y podría no referirse a Paula, por tanto, no tiene sentido, pues cualquiera podría escribir código sin necesidad de que Paula sepa programar.

El bicondicional usa el símbolo «↔» y se puede derivar de la relación de las siguientes conectivas:

$$(p \to q) \land (q \to p) = p \leftrightarrow q$$

Lo visto hasta aquí es nada más una pincelada de la capacidad que tiene la lógica para darnos mayor claridad en lo que expresamos y, por consiguiente, en cómo pensamos. Espero le haya activado su curiosidad por saber cómo construir enunciados de manera lógica pueda mejorar sus comunicaciones.

Al final de este capítulo le sugerimos revisar las lecturas recomendadas para ahondar en otros temas de la lógica, por ejemplo, la lógica de primer orden y de segundo orden.

1.3. Conjuntos

Para poder adentrarse en cualquier literatura de informática, con cierto interés y predisposición a la teoría, es imprescindible tener un conocimiento de teoría de conjuntos. No hace falta que sea profundo, aunque sí lo suficiente para poder entender la nomenclatura. ¿Por qué? Pues porque para definir algoritmos es necesario una notación compacta, breve, que nos permita entender lo que hace un método sin entrar en los detalles de la implementación, a saber, el algoritmo desarrollado en un lenguaje de programación «real». Esos detalles de implementación no son necesarios para la especificación. Y una de las herramientas para esta especificación es usar conjuntos matemáticos.

Un conjunto es un objeto matemático que permite la construcción de cualquier otra estructura matemática. Es, por así decirlo, una colección de objetos. Esos objetos pueden ser tangibles o intangibles. Ejemplo: un portátil, una persona o un libro son objetos tangibles; un número, una figura geométrica o el fichero de un ordenador son intangibles.

En esta introducción solo trataré las operaciones básicas de los conjuntos, no así su área de estudio, conocida como «teoría de conjuntos», pues esta contiene propiedades y axiomas que no vienen a cuento ni son necesarios para nuestra empresa (al final de este capítulo puede encontrar recomendaciones de libros para ahondar en este tema).

Un conjunto, en general, se define con una letra en mayúscula $(A, B, C, \dots, Z)$ y para designar los elementos de un conjunto se usa una letra en minúscula $(a, b, c, \dots, z)$. Por ejemplo, podemos tener un conjunto A que designa a todos los lenguajes de programación: $A = \{C, Rust, Python, \dots, Julia\}$. Python sería un elemento a perteneciente al conjunto A, y Julia sería un elemento b de A. Nótese que un conjunto no posee un orden en sus elementos. Por tanto, que un elemento sea *a* no significa que sea el primer elemento del conjunto, ni que *z* sea el último elemento del conjunto, solo significa que *pertenece* al conjunto A. Además, se debe tener presente que un conjunto no admite elementos repetidos.

1.3.1. Notación

Un conjunto se define con una letra mayúscula y los elementos de este se definen con letras minúsculas. Además, la pertenencia de un elemento a un conjunto se expresa con el símbolo $\in$. Así, $x \in A$ significa que el miembro x pertenece a A. La no pertenencia se indica así: $y \notin A$. Los elementos de un conjunto se agrupan dentro de llaves «{...}», por ejemplo, $A = \{a, b, c\}$; entonces, A tiene tres elementos.

Ejemplo 1. Si el conjunto es $A = \{1, 2, 3\}$, entonces A tiene tres elementos. Dado lo que mencionamos anteriormente, un conjunto no tiene adquirido el concepto de orden, por tanto, $B = \{3, 2, 1\}$ es igual a A. Así, $A = B$, pues tienen los mismos elementos. Como también sería igual si tenemos $C = \{2, 3, 1\}$, $A = B = C$.

Asimismo, un conjunto vacío (sin elementos) se define con el símbolo $\emptyset$. Por tanto, $\{\} = \emptyset$ también se considera un conjunto.

Ejemplo 2. Si tenemos $A = \{\{1, 5\}, 2, 3, 4, \emptyset\}$, el conjunto A tiene cinco elementos, de los cuales dos son conjuntos: $\{1, 5\}$ y $\emptyset$. A su vez, cada conjunto puede estar designado por una letra, $B = \{1, 5\}$ y $C = \emptyset$. Entonces, es válido: $A = \{B, 2, 3, 4, C\}$.

Cuando un elemento existe en un conjunto se utiliza el símbolo de pertenencia $\in$. Así, $3 \in A$ y $2 \in A$. Pero, en cambio, 1 no es elemento de A; entonces: $1 \notin A$, ya que 1 es parte de uno de los elementos de A que es un conjunto ($1 \in \{1,5\}$), pero no es parte de A. Entonces podemos decir:

$x \in A$ significa que x es un elemento de A;

$x \notin A$ significa que x no es un elemento de A.

Ejemplo 3. A menudo un conjunto consiste en elementos que satisfacen una propiedad. Por ejemplo:

$A = \{x \mid p(x)\}$ significa que son parte de A los elementos x que cumplan la propiedad $p(x)$.

Entonces, si la propiedad $p(x) = 0 \leq x \leq 10$, los únicos elementos que satisfacen esta propiedad se encuentren en un rango de 0 y 10 (incluidos). Números como -1, 11 o 999 no pueden ser parte de A porque no cumplen con la propiedad $p(x)$.

Asimismo, si $A = \{x \mid x \text{ es un lenguaje de programación}\}$, entonces Rust o Java o C++ serían parte de A, pero no podemos decir lo mismo de UNIX (que es un sistema operativo).

1.3.2. Subconjunto

Un conjunto puede ser subconjunto de otro. Si tenemos $A = \{1,2,3\}$ y $B = \{1,2,3\}$, entonces B es subconjunto de A, pues cada elemento de B se encuentra en A. La notación sería: $B \subseteq A$.

Si $B = \{1,2\}$, entonces todos los elementos de B se encuentran en A, pero no todos los elementos de A están en B, faltaría el 3. Así, la notación sería $B \subset A$, ya que no serían iguales: $A \neq B$. Por el contrario, $A \not\subset B$, ya que los elementos $\{1,2,3\}$ de A no están en B, falta el 3, $3 \notin B$.

Dado:

$$A = \{1,2,3,4,5\}$$

$$B = \{\{1\},\{2,3\},5\}$$

$$C = \{1,5\}$$

Todos los siguientes ejemplos son válidos: [7]

$1 \in A$	$\{5,1\} \subseteq C$
$A \not\subset B$	$C \subset A$
$\{2,3\} \subset B$	$\{1,2,3\} \notin B$
$\emptyset \subset A$	$\{\{2\}\} \notin B$

Los conjuntos son parte importante en construir el aparataje mental necesario para acceder a conocimiento avanzado en programación, esto es, la lectura de artículos científicos y otros materiales que definan algoritmos de manera formal. Al final de este capítulo encontrará algunos textos sugeridos para profundizar en este campo.

1.4. Conclusión

La programación no es matemática, pero la matemática ayuda a avanzar a temas más avanzados de programación. Esta distinción, crucial, es importante, pues programar no se reduce a una capacidad lógica para resolver problemas: conlleva una cierta habilidad para usar un computador, saber investigar (conocer las fuentes dónde aprender), resolver problemas (por ejemplo, cuando no puede instalar una biblioteca y tiene que arreglar

[7] Quizá el ejemplo que más le sorprende es $\emptyset \subset A$, pues por convención todo conjunto tiene de subconjunto un conjunto vacío $\emptyset$. ¿Cómo se explica? Una forma de verlo es encontrar un contraejemplo: para que $\emptyset \subset A$ sea falso, significa que hay un elemento en $\emptyset$ que no existe en A, pero dado que el conjunto vacío no tiene elementos, entonces se asume que es verdad.

problemas de dependías), un pensamiento computacional (puede revisar el capítulo que lleva el mismo nombre)... Sin embargo, las matemáticas ayudan a construir un aparataje abstracto, necesario para construir software avanzado —a saber, áreas de ciencias o matemáticas— y entender el hardware.

1.4.1. Lecturas sugeridas

Las obras que recomendamos en este apartado no solo se centran en los temas tratados en este capítulo, sino también en los temas que, por espacio, no pudieron añadirse.

Lógica

- *The Art of Logic: How to Make Sense in a World that Doesn't* de Eugenia Cheng. Un maravilloso libro de divulgación sobre cómo aprovechar el conocimiento de la lógica en quehaceres cotidianos. Escrito con gran lucidez y creatividad. Se lo recomendamos como paso previo a los dos libros siguientes.
- *Elementary Logic* de Willard Van Orman Quine. Una extraordinaria obra que, a pesar de los años en que fue publicada, sigue siendo maravillosa para iniciarse en la lógica proposicional.
- *How Logic Works: A User's Guide* de Hans Halvorson. Un libro actual que, además, entrega un aire fresco a los libros de lógica.

Matemáticas discretas

- *Mathematical Structures For Computer Science* de Judith L. Gersting. Un completo libro sobre todas las matemáticas necesarias para un programador.

Estadísticas y probabilidades

- *Essential Math for Data Science: Take Control of Your Data with Fundamental Linear Algebra, Probability, and Statistics* de Thomas Nield. Una amena introducción a las matemáticas necesarias para el aprendizaje automático, con énfasis en las probabilidades y estadísticas.

CAPÍTULO 2
CONCEPTOS ELEMENTALES

En este capítulo:

- Aprenderá algunos conceptos fundamentales que están presentes en la programación, divididos en dos grupos: secuenciales y funcionales.
- Comprenderá como estos dos grupos de conceptos se pueden integrar.

2.1. Introducción

Toda área de conocimiento requiere de conceptos.

Los conceptos son abstracciones que nos permiten comprender un comportamiento o cosa desde, en muchos casos, el entendimiento de otra. O sea, hay conceptos que tienen distintos niveles de jerarquías, que nos pueden ayudar más o menos, dependiendo del contexto en que los utilicemos. Así, un concepto puede derivar de uno o más conceptos. La programación no es la excepción. Hay varios conceptos que rondan en este ecosistema. En este capítulo trataremos aquellos que viven en dos grupos: los secuenciales y los funcionales. En los conceptos secuenciales encontramos a las variables, los condicionales y los bucles, y en los conceptos funcionales a las funciones y a las recursiones. Todos ellos se pueden encontrar en los lenguajes de programación, lo único que cambia —si nos permite decir eso— es la importancia que se le da a uno u otro. ¿Por qué, si es que hay un motivo, se eligieron estos conceptos y no otros? Por un lado, porque se pueden encontrar en diversos lenguajes de programación, modernos o antiguos, compilados o interpretados, fáciles de usar o enrevesados, y por otro, porque han sobrevivido al paso del tiempo gracias a su utilidad —en informática, el sobrevivir al paso del tiempo es un buen predictor de eficacia—.[8]

Luego de tratar los conceptos secuenciales y funcionales, daremos una breve comparación de ambos conceptos. Concluiremos con algunas reflexiones sobre la importancia de estos conceptos en programación.

2.2. Secuenciales

En la programación hay expresiones que permiten realizar cálculos de manera secuencial, paso a paso, de manera explícita. Esto quiere decir que sintácticamente se puede ver cómo se realiza cada cálculo sin capas de abstracción.

En este apartado le mostraré tres casos típicos de expresiones secuenciales: variables, condicionales y bucles.

2.2.1. Variables

Acaso no haya concepto más mencionado en toda la enseñanza de la programación —para bien o para mal— que el de variables. Una variable es la asignación de un *valor* a un *nombre*, que, como puede suponer, se llama variable. Así, si tenemos `x: = 10` decimos «`x` tiene asignado el valor 10». Luego, si queremos acceder al 10 solo escribimos `x`.

Detrás del concepto de variable subyace una idea más profunda que simplemente asociar un valor a un nombre: trata de una abstracción. Algo que ya vimos en el capítulo anterior de lógica. ¿Se acuerda de que un enunciado puede ser simplificado al nombre de una variable? Por ejemplo, el enunciado «Si escribo, puedo ser programador o escritor» se puede descomponer en dos partes: «Si escribo» sería «A» y «puedo ser programador o

---

[8] Advertencia: si es verdad que la vigencia en el tiempo es un buen predictor, esto no significa que estos conceptos son inmutables; es más, podrían variar, pues es normal que vayan evolucionando a través del tiempo. Sin embargo, si algunos pierden importancia, otros son actualizados o surgen nuevos; el contexto histórico aún es prioritario.

escritor» es «B». En la lógica no importa tanto el significado de las frases como su forma. Entonces, a dicho enunciado lo trataremos como un condicional: «A → B» (véase el capítulo anterior de lógica en caso de dudas). Eso nos abstrae de las complejidades del lenguaje natural y, así, operaremos sobre ese enunciado usando tan solo «A» y «B».

A diferencia de la lógica —en particular de la lógica de predicado—, una variable no solo indica una simplificación de un enunciado en un lenguaje natural, sino que también puede almacenar cualquier valor que luego es representado en un ordenador. Y como un ordenador trabaja en su nivel más elemental con números binarios (sección anterior), cualquier formato sería permitido, desde su año de nacimiento hasta su vídeo predilecto.

Las variables nos permiten reducir la complejidad al igual que cualquier otra abstracción. Imagínese por un momento que tiene el siguiente mensaje:

```
312938012ADASHDKJH32132ASPX
```

A menos que usted sea algún tipo de alienígena llegado desde una galaxia lejana, dudo que pueda saber qué significa dicho mensaje; pero antes de descubrir su significado, es prioritario *recordarlo* para volver a usarlo. Si lo quiere volver a usar tendría que valerse de su propia memoria (humana). Quizá usted es de las pocas personas que todavía recuerda los números de los móviles de sus familiares o amigos, pero el mensaje anterior presenta aún más retos. Para empezar, tiene más caracteres y es alfanumérico (o sea, acepta números y letras). Podría hacer la prueba: lea el mensaje y luego escríbalo en algún papel intentando recordar cada carácter, en el orden correcto, usando su memoria...

¿Cómo le fue? ¿Lo recordó con 100% de exactitud, sin errores? Me temo que no. Lo mismo ocurre en la programación: necesita almacenar datos complejos en términos simples. Así llegamos a las variables, abstracciones que nos dan soporte para evitar memorizar datos complejos.

2.2.1.1. Declaraciones

Los programadores, al igual que la mayoría de los humanos, no tienen una memoria prodigiosa. Por tanto, requerimos un soporte que nos permita manejar esta complejidad.

Un lenguaje formal es una manera de reducir esta complejidad. Considere la siguiente expresión:

```
clavePersonal := 312938012ADAKJH32132ASPX
```

Esta significa «la variable `clavePersonal` tiene asignado el valor 312938012ADAKJH32132ASPX». El símbolo de asignación es el «:=».[9] Ahora bien, ya no nos debería importar más ese complejo mensaje iniciado con «31293...», sino el nombre de la variable: `clavePersonal`. Desde ahora podríamos acceder a ese enrevesado valor. ¿Es mucho más simple recordar `clavePersonal` que dicho valor, no cree?

Como mencionamos antes, cualquier formato que pueda ser representado en código binario puede ser asignado a una variable: un número, una frase, una imagen, un video, un fichero comprimido, etc. Lo que va a variar es el tamaño en bytes de ese valor. Un número representa menos bytes que un video, por ejemplo. Este tema, de los recursos computacionales, lo dejaremos apartado para el capítulo siguiente: Algoritmos y estructura de datos. (también puede revisar el capítulo Recurso, Tomo II).

También se pueden realizar operaciones con variables. Si tenemos dos variables, por ejemplo, `valorPrimo1` y `valorPrimo2`, se puede realizar la operación aritmética de la multiplicación: `valorPrimo1 * valorPrimo2`, y si asume que ambas variables son valores numéricos, entonces puede estar seguro de que devolverá un nuevo valor numérico. De hecho, se puede inferir que, si *ninguno* de los valores de las variables es menor o igual a 1, entonces el resultado siempre será mayor a cualquiera de los valores de las variables por separado, es decir, se cumpliría la regla: (1) `(valorPrimo1 * valorPrimo2) > valorPrimo1 ^ (valorPrimo1 * valorPrimo2) >`

[9] Por convención, en el diseño de lenguajes el nombre de la variable se encuentra a la izquierda y el valor, a la derecha. No obstante, esto es solo por comodidad y deseos de los creadores del lenguaje. Usted podría crear una sintaxis donde el valor aparezca a la izquierda y el nombre de la variable a la derecha. Eso sí, si los usuarios de su lenguaje se molestan con usted, ¡no me haga responsable de sus extraños experimentos!

`valorPrimo2`. Esta conjunción sería cierta siempre y cuando se cumpla una conjunción previa: `valorPrimo1 > 1 ^ valorPrimo2 > 1`.

Si usted ha podido comprender esto, entonces va por el buen camino de la programación. Pues la programación trata, en su nivel fundamental, de comprender las reglas lógicas manipulando abstracciones que nos da un lenguaje formal (cualquiera que sea).

Sin embargo, declarando una única variable es poco lo que se puede hacer.

En un programa computacional podemos definir múltiples variables —hasta donde la memoria RAM de nuestro ordenador lo permita. Así, podemos tener tres declaraciones de variables:

```
Libro            :=    "El nombre de la rosa"
Autor            :=    "Umberto Eco"
añoPublicación   :=    1980
```

En las primeras dos variables, `libro` y `autor`, sus valores contienen una secuencia de caracteres y, por esto, están encerradas entre comilla dobles «"..."» (por convención). La tercera variable, `añoPublicación`, es numérica. (Al final de esta sección veremos lo qué es un *tipo* y cómo se relaciona con el concepto de variable).

Volviendo al ejemplo anterior, estas tres variables son independientes. Esto significa que ninguna requiere de otra para crear su propio valor. Y por lo mismo, el orden de la declaración no importa: podríamos definir primero `añoPublicación` y luego `libro` y `autor` —o el orden que usted prefiera—. Pero esto no siempre es así. Por lo general, necesitamos los valores de otras variables para crear nuevas variables.

2.2.1.2. Orden y dependencia

En el último ejemplo vimos variables independientes, en las cuales no importa el orden de declaración, pues ninguna requiere el valor de otras variables para construirse.

En un proyecto de software esto no ocurre, siempre hay una mezcla de variables independientes y dependientes. Es normal que una variable se cree en base a otra, y no solo una variable, sino muchas variables. Entonces, cuando se necesita una dependencia no podemos prescindir del orden. Vea el siguiente ejemplo:

```
1    Libro1           :=    "Los detectives salvajes"
2    LibrosDeBolaño   +=    Libro1
3    Libro2           :=    "2666"
4    LibrosDeBolaño   +=    Libro2
```

En este ejemplo de múltiples declaraciones de variables, se desprende el concepto de orden. He añadido un índice (primera columna a la izquierda) para asociar cada asignación a un orden. Además, el símbolo «+=» es un acumulador, es decir, la variable `LibrosDeBolaño`[10] puede ir añadiendo más de un valor, pues es una lista (una variable que puede contener tantos valores como memoria tengamos disponible). Al terminar la última instrucción (4) el valor de `LibrosDeBolaño` sería: `["Los detectives salvajes", "2666"]`. Nótese que los corchetes los uso para referirme a una lista de valores.

Ahora bien, si hago un pequeño cambio en el orden de ejecución, por ejemplo, «1,3,2,4», el resultado de `LibrosDeBolaño` se mantiene; al igual que «3,1,2,4» o «3,1,4,2» o «1,3,4,2».[11] ¿Qué vemos en común en todos esos órdenes de ejecución? Que siempre comienzan con 3 o 1 y terminan con 2 o 4. Esto es relevante, pues si le damos la vuelta a este orden (al comienzo con 2 o 4 y al final con 3 o 1), el valor final de `LibrosDeBolaño` nunca será el mismo; de hecho, es incluso peor, ni siquiera funcionaría nuestro código.

Supongamos que se ejecuta primero 3 y luego 2. Ocurriría un error en la instrucción 2, pues se intentaría acceder al valor de `Libro1`, pero este no existe, solo se encuentra

---

[10] Me refiero al escritor chileno Roberto Bolaño.

[11] En este ejemplo asumimos que la similitud entre dos listas se da si y solo si ambas tienen los mismos valores, no nos importa el orden de los elementos. O sea: ["Los detectives salvajes", "2666"] es igual a ["2666", "Los detectives salvajes"].

disponible `Libro2` (instrucción 3). Esto supone que el orden es de vital importancia a la hora de definir variables (y no solo eso, también para cualquier instrucción, esto lo veremos más adelante). En efecto, si seguimos una ejecución de 3, 4, 2 y 1, igual habrá un fallo en la instrucción 2, pues requiere que la instrucción 1 se ejecute previamente.

El tema del orden es un tema de dependencia. Una variable podría requerir una dependencia previa (ejecución) para funcionar correctamente. No obstante, el concepto de orden es fácil de detectar una vez usted comienza a tener experiencia con la programación, ya que las mismas herramientas donde programamos nos podrán ayudar con mensajes de errores, por ejemplo, «La variable "x" no existe» o «Intenta acceder a una variable no declarada».

El concepto que presenta mayores dificultades al encontrar problemas es la mutabilidad, por su comportamiento disimulado al operar. De hecho, muchas veces ni siquiera nos damos cuenta de que está ocurriendo un problema.

2.2.1.3. Mutabilidad

La palabra mutable viene del latín *mutabilis,* que significa «que puede cambiar». En este contexto, una idea que se encuentra velada es la del *cambio de valor* de una variable ya definida.

La mutabilidad en la actualidad suele ser vista como algo a evitar o a mantener a raya, pues se asume —a veces de manera equivocada— que es algo malo por definición. Tomemos la siguiente variable:

```
PeliculaActual := "Una mente maravillosa"
```

Esta variable almacena el nombre de la película que estoy viendo en este momento (antes de escribir, claro). Pero como podrá suponer, este valor se deberá ir modificando a medida que pasen los días. ¿Cuántos cambios? Depende de la cantidad de películas que yo decida ver. Si voy a ver una película cada día de la semana —no lo recomiendo—, entonces la variable `PeliculaActual` cambiará siete veces.

La idea de mutabilidad se deriva de otro concepto más profundo: cambio de estado, el cual se presentará en detalle en el Tomo II, capítulo Estado. Por el momento veremos algunas cosas importantes para tener en cuenta con la mutabilidad.

Una variable que es mutable no es otra variable distinta a la de su origen, sigue siendo la misma variable, solo cambia su valor. Esto que a primera vista podría parecer obvio no lo es cuando hablamos de variables inmutables (siguiente sección). En tiempo de ejecución, cuando una variable es creada se supone que dicha variable existirá mientras el programa se esté ejecutando y, por tanto, dicha variable es única independientemente de cuántas veces pueda ser actualizado su valor.

Luego es clave saber que el nombre de una variable no es únicamente lo que la hace única, también importa su ámbito de ejecución (véase más adelante la sección ámbito de ejecución).

2.2.1.4. Inmutabilidad

A diferencia de la mutabilidad, la inmutabilidad toca el aspecto contrario: el valor asignado a una variable no puede ser actualizado una vez la variable se ha creado. Este es un concepto que en los últimos años ha cobrado fuerza por varias razones: (1) reduce errores, (2) aumenta la mantenibilidad y (3) aporta mayor seguridad en los procesos paralelos y distribuidos. Cada punto se relaciona con el otro, así, no son excluyentes.

Pasaré revista a cada punto:

1. Cuando declaramos variables en un ámbito global (ya veremos esto más adelante) y las actualizamos, pueden ocurrir efectos indeseados. No tanto por la actualización misma, sino por la dependencia de dicha variable en muchos ámbitos del código. Una actualización de una variable supone que el comportamiento de dicha variable cambiará en todos los lugares donde se use. Esto que puede parecer trivial tiene muchas implicaciones, algunas de ellas de carácter negativo. Por tanto, la inmutabilidad evita caer en estos efectos indeseados.

2. A diferencia del punto (1), una variable inmutable tiende a existir en un ámbito acotado, local, de fácil control. Además, su incapacidad de poder aceptar modificaciones a su valor después de ser declarado la hace mantenible, no solo por el código en sí, sino por la facilidad de los programadores de entender dicho código.
3. Una cualidad un tanto repetida en todos los textos de programación funcional —donde la inmutabilidad es inherente— es que presenta una ventaja para la computación paralela y distribuida. Lo mejor es explicarlo con su contraejemplo: una variable mutable tiene el problema de que puede cambiar de valor, no solo en un proceso, sino por cualquier proceso paralelo o distribuido. Como puede suponer, eso significa que dos procesos podrían acceder a la misma variable e intentar modificarla, lo cual provocaría un error. Esto se conoce como bloqueo mutuo (*deadlock*, un problema clásico de concurrencia). [12] Es como si dos personas intentaran barrer usando el mismo escobillón: es impracticable y conflictivo, por tanto, es necesaria una coordinación previa.

Como veremos más adelante, la inmutabilidad no es una característica que solo resida en las variables, también está presente en otros tipos de expresiones, por ejemplo, en los condicionales, los bucles (o iteraciones) y, sobre todo, las funciones.

2.2.1.5. Tiempo de «vida»

Una variable puede crearse dentro de un programa (o proceso) mientras este se encuentre ejecutando. Uso «puede» porque podría darse el caso de que una variable solo viva dentro de una función (veremos qué es una función en la sección Funciones). Sin embargo, un proceso puede tener múltiples funciones; si una función nunca se ejecuta, la variable nunca se creará y menos se utilizará.

---

[12] No se preocupe si no entiende los conceptos de concurrencia, paralelismo y distribución, se presentarán en el Tomo III.

Aquí hay que hacer dos distinciones importantes: hay variables que nunca son creadas y, por tanto, jamás se utilizan, porque nunca se ejecuta el bloque de código que les correspondería. Otro caso son las variables creadas pero nunca utilizadas. En este último caso, algunos lenguajes de programación (compilados) son capaces de dar una advertencia sobre ello.[13] En consecuencia, el programador podría, o bien eliminar dicha variable, o bien simplemente comentarla para usarla en otro momento.

Una variable consume espacio de memoria RAM; dependiendo del tipo de variable (véase la sección de restricciones y tipos), podríamos saber la cantidad de bytes que utilizará —al menos de manera inicial—. Por ahora omitiré la noción de la cantidad de recursos que puede usar una variable. De momento sepa que si una variable es utilizada y luego no se vuelve a utilizar, los lenguajes de programación usan varias estrategias para liberar esa memoria. Se pueden clasificar en dos categorías:

- **Manual**. Lenguajes como C le dan la responsabilidad al programador a la hora de asignar la memoria que una variable necesita, y esto conlleva otra responsabilidad, la de liberar dicha memoria. La responsabilidad recae continuamente en el programador.
- **Automática**. Otros lenguajes como Python, Java o Julia usan mecanismos de liberación de memoria de manera automática, es decir, la responsabilidad recae en el compilador.

Que la forma de gestionar la memoria sea diferente cambia la forma de escribir código en un lenguaje. Históricamente se ha pensado que los lenguajes que gestionan la memoria usando un proceso automático son más lentos que los que la manejan de modo manual. Aunque puede haber verdad en esto, a veces delegar la responsabilidad al lenguaje (en particular, al compilador o intérprete) puede ser la mejor opción. Un manejo manual

[13] Es una buena práctica no crear variables ni ningún tipo de código cuando no hay certeza de que se utilizará. Puede mirar la Parte V, donde doy algunos consejos de buenas prácticas de codificación.

supone una mayor pericia por parte del programador, pero esto no siempre es posible ni por tiempo ni por coste.

Por ahora es suficiente saber que una variable tiene siempre asignado un espacio de memoria.

2.2.1.6. Ámbito de ejecución

Toda variable tiene asociado un ámbito de ejecución y esto nos lleva al siguiente punto: pueden existir dos variables con el mismo nombre pero en distinto ámbito, y esto supone que son variables diferentes.

Así, podríamos deducir que el nombre de una variable no es suficiente para hablar de unicidad. Esto amplia lo que ha aprendido hasta ahora, pues dábamos por sentado que el nombre de una variable es el atributo que la hace única. El nombre es importante, claro, es un primer nivel de diferenciación respecto a otra variable –con solo leer el nombre de una variable sabemos que usamos esa y no otra–, pero hay ocasiones donde esto no se cumple.

El concepto del ámbito de ejecución (*scope*) se podría asociar con el de encapsulamiento, también presente en las funciones (véase la sección dedicada a las funciones, más adelante). Un ámbito (desde ahora omitiré «de ejecución») es una manera de encapsular no solo la declaración de funciones, sino también la de cualquier expresión en un lenguaje de programación. Por ahora asumamos que la declaración de variables es un tipo de expresión (hay más, las veremos a medida que avancemos en este capítulo).

Así, si tenemos los ámbitos A_1 y A_2, podemos declarar algunas variables en cada uno:

Ámbito: A_1

```
cafèFavorito      := "cortado"
infusiónFavorita  := "manzanilla"
```

```
        Ámbito: A₂
1       caféFavorito         :=  "cortado"
2       infusiónFavorita     :=  "Menta"
3       cafeteríaFavorita    :=  "Sandwichez"
```

Si nos fijamos en el ámbito A_2, este cuenta con la variable `cafeteríaFavorita`, que no existe en el ámbito A_1. Aquí no hay confusiones.

Pero con las restantes variables puede existir una confusión. Ambos ámbitos tienen dos variables con el mismo nombre: `caféFavorito` e `infusiónFavorita`; sin embargo, si observamos sus valores, solo coinciden en `caféFavorito`. Independientemente de que compartan el mismo valor e incluso el mismo nombre, ambas variables son diferentes.

Esto no es todo sobre los ámbitos; hemos vistos ámbitos independientes, pero también hay ámbitos jerarquizados, es decir, ámbitos que dependen de otros, de un nivel superior. En la sección previa hablamos de inmutabilidad; y del ámbito global, el cual tiene mayor nivel en la jerarquía. Esto viene a decir que es posible acceder a una variable definida en el ámbito global desde cualquier otro ámbito inferior (lo veremos con más detalle en la sección Ámbito anidados).

2.2.1.7. Restricciones y tipos

Una variable podría no crearse si no cumple con un conjunto de restricciones. La noción de sistema de tipos suele ser una manera tradicional de restringir que se pueda asignar cualquier valor a una variable.[14]

Como vimos antes, una variable puede tener asignado cualquier valor que pueda ser representado por un ordenador. Sin embargo, si una variable es mutable, esto se puede

[14] A los lenguajes de programación que tienen un sistema de tipos se les suele llamar «lenguajes estáticamente tipados», en contraposición a los dinámicos. Las palabras «estáticos» y «dinámicos» se usan para indicar, en el primer caso, que una variable no cambiará de tipo y, en el segundo, que sí admite un cambio de tipo.

transformar en un doble inconveniente: cuando una variable no solo puede cambiar de valor, sino también de tipo.

El concepto de tipo viene de la lógica y las matemáticas, entrar en detalles ahora no vendría a cuento. Lo importante es saber que una variable puede tener asociado un tipo que, a fin de cuentas, es una restricción sobre el valor que puede ser asignado.

Supongamos:

```
1    añoNacimiento   : número   :=   1919
2    autor           : texto    :=   "Mario Bunge"
```

Estas variables tienen una restricción de tipo: la primera acepta un valor numérico, la segunda, un valor textual. Si, dado el caso, a la primera variable, `añoNacimiento`, se le intentara asignar el valor 1919, ocurriría un error, porque sería incompatible: el tipo del valor no coincide con el tipo esperado por la variable. Lo mismo si intentamos asignar un valor numérico a la variable `autor`, que tiene el tipo texto.

La concepción de tipo ha tenido enormes repercusiones en la historia de los lenguajes de programación. Hay muchos lenguajes con sistemas de tipos, unos con un tipado más fuerte (mayores restricciones) y otros que incluso carecen de tipos explícitos. En estos últimos no es necesario declarar un tipo para cada variable, así que sus variables son dinámicas por definición y heterogenias, pues el valor puede cambiar de numérico a texto y luego de texto a numérico sin problemas.

En resumen, tenga presente que una variable puede tener restricciones al momento de asignar un valor, ya sea de forma explícita (al escribirla) o implícita (al omitirla).

2.2.2. Condicional

Si `1 > 0` es verdadero y, por el contrario, `0 > 1` es falso, esto es un condicional. Un condicional es una expresión que realiza una evaluación lógica, sea con resultado verdadero o falso. Además, un condicional puede contener otras conectivas lógicas (conjunción, disyunción, negación, etc.).

En los lenguajes de programación, uno de los condicionales más populares es el «IF» (si), y como ocurre con la conectiva lógica condicional «si ... entonces ...» (→), existe una dependencia del resultado respecto a la expresión a ser evaluada. Por ejemplo:

```
IF autor = "Bertrand Russell" THEN
     print("Es un filosofó de la corriente analítica")
END
```

Si la línea 1 es evaluada afirmativamente, es decir, si la variable `autor` tiene el valor "Bertrand Russell", entonces se evaluará la expresión de la línea 2. En el caso contrario, no se evaluará la línea 2. La línea 3 cierra la expresión creada en la línea 1.

2.2.2.1. Ámbitos anidados

En la sección anterior vimos que la unicidad de una variable depende de su ámbito (*scope*) de declaración que, por consiguiente, es donde se realizará la ejecución. Algo similar ocurre con otras expresiones, como son los condicionales.

Siguiendo el ejemplo anterior, la línea 1 presupone que dicho código se encuentra en un ámbito, digamos A_1, donde la variable `autor` fue declarada. La línea 2, a su vez, supone un nuevo ámbito A_2, que está en un nivel inferior de jerarquía que A_1 y que solo se evaluará en caso de que la expresión de la línea 1 sea verdadera. Esta cuestión es interesante, pues nos da a entender que algunas expresiones pueden crear ámbitos anidados. Y un ámbito que es anidado es un ámbito con una jerarquía inferior al superior. Esta relación de dependencia entre ámbitos se simboliza como $A_1 > A_2$.

¿Y si la evaluación resulta falsa? Es posible crear un ámbito alterno.

```
IF autor = "Bertrand Russell" THEN
     print("Es un filosofó de la corriente analítica")
ELSE
     print("Es un filosofó de la corriente continental")
END
```

Para que la línea 4 sea evaluada debe resultar falsa la condicional de la línea 1. La línea 4 sería el ámbito A_3.

La idea que subyace aquí y que me gustaría remarcar es la siguiente: la línea 2 es A_2 y la línea 4 es A_3, sin embargo, cada ámbito no está supeditado a una sola línea de evaluación. Pueden ser n líneas y a esto se le suele decir *bloque* de evaluación.

Este comportamiento alternativo de ámbitos, según la evaluación del condicional IF, se puede representar como: $A_1 > A_2 \vee A_1 > A_3$. Observe que no existe una relación de dependencia entre A_2 y A_3 (dicho en lenguaje llano: no se conocen). Solo hay una relación de dependencia jerárquica entre A_1 y A_2 o A_1 y A_3.

2.2.2.2. Anidado complejo

Pueden existir n condicionales anidados, tantos como ámbitos anidados puedan existir. Un nuevo condicional crea por defecto un ámbito. Entonces no sería raro encontrar el siguiente *mal* código:

```
IF a THEN
    IF b THEN
        IF c THEN
            IF d THEN
                ...
            END
        END
    END
END
```

En este ejemplo hay cuatro niveles de condicionales anidados. Aunque no existe una regla escrita sobre cuántos niveles es el límite, sí podría decir que más de tres se consideran excesivos y difíciles de justificar. Es una regla de legibilidad humana; al compilador, al código máquina, estas cuestiones le son indiferentes.

El siguiente código presenta otra estrategia:

```
IF a ∧ b ∧ c THEN
...
END
```

Aquí, en vez de añadir nuevos condicionales anidados, se combinan conectivas lógicas. Esto puede ayudar a hacer compacta la evaluación de un condicional y reducir la complejidad a la hora de entender el código.

No obstante, no abuse de esto. Mire el siguiente código:

```
IF a ∧ b ∧ c ∨ d ∨ e ∨ f ∧ g THEN
...
END
```

Más que ayudar, así lo que lograría es hacer su código aún más intricado y pesado de leer. Nadie quiere eso. Esto se podría resolver aplicando alguna descomposición de conectivas en un mismo nivel.

2.2.3. Descomposición de conectivas

Una conectiva de la forma

$$a \wedge b \wedge c \wedge \neg (a \vee b)$$

en código se vería así:

```
IF a ∧ b ∧ c ∧ ¬(a ∨ b) THEN
...
END
```

Esto es demasiado complejo de leer y de mantener en el tiempo. Una de las características de usar expresiones lógicas es que podemos aplicar alguna forma de descomposición.

Si tomamos la expresión anterior, se puede descomponer en varias subconectivas, por ejemplo, usando la conectiva ∧ (and) como ancla en la separación:

1. $a \wedge b$
2. $c \wedge \neg(a \vee b)$

Ambas subconectivas se pueden volver a componer con un ∧, que, como puede recordar, supone que todas las expresiones deben ser verdaderas para que se cumpla la expresión completa. Esto nos lleva a la siguiente cuestión: dividirla en dos IF en un mismo nivel, sin anidado de ámbito, en vez de tener un único IF complejo:

```
IF a ∧ b THEN
...
END


IF c ∧ ¬(a ∨ b) THEN
...
END
```

Incluso se podría descomponer la expresión lógica del segundo IF:

```
IF c THEN
  ...
END


IF ¬(a ∨ b) THEN
  ...
END
```

La cantidad de descomposiciones dependerá del problema que este solucionando y de su decisión sobre cuánto es legible para otra persona.

Para no perder la consistencia lógica de la primera expresión $a \wedge b \wedge c \wedge \neg (a \vee b)$ es necesario combinar los resultados de estos `IF`; hay varias formas, por ahora veremos una: la creación de una variable.

```
subC := False
IF a ∧ b THEN
      subC := True
END

IF c ∧ ¬(a ∨ b) THEN
      subC := subC ∧ True
END

IF subC THEN
    ...
END
```

En este ejemplo aparece una variable llamada `subC` (subcondicional) que almacena el resultado de la primera evaluación y, entonces, evalúa la segunda con la conectiva de conjunción, para, luego, terminar en el último `IF`, que nos indica, en caso de ser verdadero, que ambos `IF` previos fueron verdaderos.

Ahora un caso distinto. Cuando tratamos con combinaciones de conectivas como $a \vee (b \wedge c \wedge d)$ hay dos expresiones que podrían cumplirse: a o $(b \wedge c \wedge d)$. Esto nos indica que se deben evaluar ambas expresiones antes para saber si se cumple la expresión completa. Así, si la primera fuera falsa (a) no se debe descartar la segunda $(b \wedge c \wedge d)$ o viceversa. Entonces, ¿vale la pena la descomposición? Sí, aunque no sea un caso tan evidente como el anterior:

```
IF a THEN
        subC1 := True
END


IF b THEN
        subC2 := True
END


IF c ∧ d THEN
        subC2 := True
END
```

Véase que se aplica una descomposición sobre la segunda subconectiva, ya que es una combinación de la conectiva ∧ en tres subexpresiones: b, c y d. Queda en dos IF en caso de que la primera fuera falsa (b) y, además, si a también fuera falsa, entonces no sería necesario evaluar $c \wedge d$.

Tenga presente que elijo b como parte de la descomposición, y no c o d. Esto es porque considero —para este ejemplo— que b es menos costosa de evaluar computacionalmente que c o d (por separado). Esto, por supuesto, depende mucho de cómo está construido su código, de su problema de negocio y de las intenciones que tenga.

2.2.3.1. Asignación de expresiones lógicas

Hay bastantes ocasiones donde no necesitamos evaluar una expresión lógica dentro un IF, más bien, necesitamos almacenar ese valor en una variable que podría ser usada luego en un condicional.

En principio, la variable sería del tipo booleano, es decir, que solo admite dos valores: verdadero o falso.

```
subC : Bool := True
```

Además, en algunas situaciones usted podría crear una secuencia de asignaciones lógicas «encadenadas», una detrás de otra, usando los valores asignados previamente.

```
subC : Bool := True
subC2 : Bool := (subC ∨ False) ∧ True
subC3 : Bool := subC3 ∧¬ subC2
```

El código anterior encapsula múltiples expresiones lógicas dentro de variables. Cuando digo encapsular me refiero a ocultar la complejidad. De este modo la lectura de una expresión lógica, su valor resultante, queda asociada a una variable, y esto la hace más simple de usar.

Aunque no es la única manera de encapsular conectivas lógicas.

Pronto se dará una introducción a la manera de encapsular por excelencia: las funciones.

2.2.4. Bucle

Un bucle o iteración es, en primera instancia, una reiteración de la ejecución de un ámbito mientras un condicional se cumpla. Por ello es que esta sección viene después de los condicionales; sin entender lo que es un condicional, no es factible entender un bucle.

Hay muchos tipos de bucles. Algunos tradicionales, otros no tanto. Algunos incluso están ausentes en muchos lenguajes de programación. Pero todo ellos hacen gala de ser útiles para una repetición de operaciones, algunas con un número fijo de evaluaciones, otras, en cambio, sin un final predefinido. Aquí se presentarán los bucles tradicionales, esto es, aquellos basados en secuenciación y no en recursión; los recursivos se mostrarán en la última sección de este capítulo.

2.2.4.1. WHILE, mientras tanto pasa...

Con `WHILE`, en cada iteración, mientras un condicional sea verdadero, el ámbito se ira ejecutando. Así, el siguiente es un ejemplo válido:

```
contador := 0
WHILE contador < 5 THEN
      ...
      contador := contador + 1
END
```

El ámbito o cuerpo por evaluar se ejecutará cinco veces, pero en la sexta ocasión el condicional no se cumplirá: `5 < 5` es falso. Esto ocurre porque el contador va incrementándose en 1 en cada iteración.

Si el contador no se incrementara —a saber, si su valor estuviera fijo en 0 o disminuyera—, el `WHILE` seguiría ejecutándose sin una condición que lo haga terminar. En teoría de la computación esto se conoce como el problema de parada (véase el capítulo 10, dedicado a los modelos de computación).

Una diferencia importante con el condicional `IF` es que el `WHILE` supone una repetición secuencial de un bloque de código. Así, se espera que un condicional se cumpla más de una vez.

```
contador := 0
IF contador = 0 THEN
      ...
END
WHILE contador = 0 THEN
      ...
      contador := contador + 1
END
```

Este `WHILE` no tiene sentido, pues su cuerpo se evaluaría una única vez y, por tanto, no se comporta como un bucle y tampoco es secuencial. En este tipo de situación es mejor usar un `IF` que un bucle.

2.2.4.2. DO-WHILE, antes de que comience...

El cuerpo de un `WHILE` se ejecuta siempre y cuando el condicional se cumpla al menos una vez. Un `DO-WHILE` es diferente. Su cuerpo siempre se ejecutará al menos una vez, incluso si el condicional no se cumple —de esto viene el `DO` antes del `WHILE`—.

```
impar := 100
DO THEN
      ...
      print(impar)
      impar := impar - 2
END
WHILE (impar > 0)
```

Este ejemplo muestra por pantalla los números impares que se encuentren entre el 100 y el 0 (inclusivo).

Este bucle no está muy extendido en muchos lenguajes de programación, quizá el lenguaje que más lo popularizo fue C y, luego, C++. Por otro lado, en algunos lenguajes se conoce como `REPEAT-UNTIL` (repetir-hasta), como es el caso de Pascal y LUA.

Los lenguajes que no cuentan con este bucle lo pueden simular usando un `WHILE` con un `IF`. Por ejemplo:

```
impar := 100
WHILE True THEN
      ...
      print(impar)
      impar := impar - 2
      IF impar > 0 THEN
            BREAK
      END
END
```

Puede ser útil en caso de presentar un decremento, pues la condición se encuentra al final y es visualmente más claro que hacer lo mismo con un WHILE (sin IF):

```
impar := 100
WHILE impar > 0 THEN
      …
      print(impar)
      impar := impar - 2
END
```

Esto puede parecer confuso porque primero se encuentra el condicional, `impar > 0`, antes que el decremento. Por lo general, en este tipo de conceptos secuenciales, tendemos a leer el código de arriba a abajo. Algo que rompa esa estructura se suele volver más abstracto y hace difícil la lectura para una persona.

2.2.4.3. for, sigue en ese rango

Un rango es un bucle que está definido a priori: «comenzamos aquí y terminamos allá y avanzaremos de la siguiente forma». Esta idea que puede parecer sencilla esconde algunas sutilezas que la hacen más dura de entender que un `WHILE`. Porque hay que definir el punto de partida y luego la forma de avanzar, para finalizar en el límite.

Si mostramos los números pares entre `0` y `100`:

```
FOR i := 0 TO 100 INC i := i + 1 THEN
      …
      IF i % 2 = 0 THEN
            print(i)
      END
END
```

La variable `i` comienza en 0 y se incrementa en 1 hasta llegar a 100. En el cuerpo del `FOR` hay un `IF` que calcula el resto de `i` (operador modulo `%`) y comprueba si es igual a 0. De ser cierto, muestra el valor par.

`FOR` puede ser más complicado que otros bucles porque presupone una cierta concordancia entre las tres condiciones: inicio, incremento y final. Si alguna no es compatible con las otras, entonces podría realizar iteraciones sin sentido. A saber:

```
FOR i := 100 TO 0 INC i := i + 1 THEN
      ...
      print(i)
END
```

Aquí el inicio y el término están bien: la idea es mostrar los valores entre `100` y `0`. No obstante, el incremente es incorrecto, lo que produce que `100` siga incrementando sin llegar nunca al limite 0. Así, este bucle se ejecutará de manera indefinida, sin concluir. Esto se puede solucionar cambiando el signo de `+` por `–` en el incremento.

Otro error, a primera vista no tan obvio, es cuando el incremento falla en un determinado caso. A diferencia del ejemplo anterior, donde el sentido del incremento era contrario, en el código siguiente existe un error en la lógica.

```
FOR i := 0 TO 100 INC i := i + 3 THEN
      ...
      print(i)
END
```

Al incrementar en 3 el valor de `i`, se pasaría del valor 99 al 102. ¿Qué es el `TO`? ¿Un signo `<` o =? Si es un `<` no hay problema y el último valor a mostrar será el 99; en caso contrario, si es un =, entonces el bucle seguirá iterando indefinidamente porque i nunca tendrá el valor de 100. Con esa sintaxis ocurría el segundo caso, pues `TO 100` es igual a escribir `TO i = 100`.

Esto se soluciona explicitando el operador «menor que»:

```
FOR i := 0 TO i < 100 INC i := i + 3 THEN
      ...
      print(i)
END
```

Este tipo de inconsistencias en los condicionales son errores típicos cuando se aprende a usar el FOR.

Más adelante le mostraré que errores similares ocurren en otro tipo de conceptos, tales como la recursividad.

2.2.4.4. Bucles anidados

Hasta ahora solo he presentado bucles independientes, no obstante, en el día a día de un programador no es extraño tener que usar algún tipo de construcción que resida en bucles anidados o, dicho de otra forma, en bucles dependientes.

Un ejemplo estándar es cuando se necesita recorrer una matriz o tabla que tiene n filas por m columnas.

```
FOR i := 0 TO n INC i := i + 1 THEN
      FOR j := 0 TO m INC j := j + 1 THEN
            ...
            print(i, j)
      END
END
```

¿Por qué usar un doble FOR y no un WHILE-FOR o un WHILE-WHILE? Porque ya sabemos a priori la cantidad de filas y el número total de columnas de la matriz. La idea del FOR es esa: «si sabemos el rango, con el FOR nos basta».

Esto, por supuesto, no implica que no sea factible hacer lo mismo con otros bucles, sino que, más bien, se usa el FOR por su facilidad ante ese tipo de situaciones (número de iteraciones predefinidas).

¿Se pueden anidar más de dos bucles? Sí, aunque como norma no es tan común justificar un triple anidado, y menos si las anidaciones superan los tres niveles. Quizás el único caso donde es aceptable anidar tres bucles es cuando trabajamos con matrices de tres dimensiones, por ejemplo, cuando estamos haciendo alguna visualización en 3D. De todas formas, no es algo común ni aconsejable.

Más profundidad de anidación —sea usando bucles o condicionales— es sinónimo de que algo no estamos haciendo bien y de que, probablemente, estemos solucionando el problema con mayor complejidad de la necesaria.

2.2.4.5. Bucles interminables

De este tema se han dicho muchas cosas, algunas, en efecto, bastante graciosas. Incluso memes han surgido. Que un bucle nunca termine supone que tu programa no va a terminar y no saldrá de ahí, y tendrás que detenerlo de una forma forzosa: matando el proceso desde el administrador de programas de tu sistema operativo o haciendo clic en detener en tu IDE favorito o combinando algunas teclas en tu terminal.

Sea como sea, esto ocurre cuando hay un error lógico en el condicional que evalúa el bucle y provoca una constante ejecución. Considere este ejemplo:

```
WHILE True THEN
      ...
END

FOR i := 0 TO 100 INC i := i - 1 THEN
      ...
      print(i)
END
```

Sin embargo, hay situaciones en que un bucle sin una condición de término es adecuado: lo primero que se me viene a la cabeza son los videojuegos. Los videojuegos son animaciones, y las animaciones son imágenes que se van ejecutando una detrás de otra (*frames*). Así se crea el efecto de movimiento y, es más, solo se termina cuando el jugador decide salir del videojuego o pausarlo.

Cada iteración puede verse como un fotograma (*frame*) en el videojuego; entonces, no es necesaria una cantidad finita y preestablecida a priori. Más bien es como decir: «que vaya iterando hasta que una instrucción externa —del usuario— indique que desea cerrar la aplicación». Este sería un ejemplo donde se podría usar un bucle indeterminado:

```
WHILE True THEN
      IF exit() THEN # ¿El usuario quiere salir?
            BREAK
      END
# Aquí iría la lógica de juego
END
```

Toda situación en la que no se tenga claro cuándo se va a terminar de ejecutar una acción en un sistema probablemente requiera usar algún tipo de bucle indeterminado. Sin embargo, no se olvide de algo importante: necesita añadir un interruptor de salida o, si no, no le va a quedar más remedio que detener su programa forzosamente. Nadie quiere eso. Es poco elegante y nada práctico. Aunque en el mundo real tendrá que hacerlo en más de una ocasión, eso seguro.

2.3. Funcionales

Los conceptos funcionales son aquellos que hacen referencia al tratamiento de funciones para construir programas. También cabe decir que a los lenguajes de programación que dan prioridad a estos conceptos sobre los secuenciales se les llama lenguajes funcionales o «lenguajes que nadie usa» (esto dicho por aquellos a quienes no les gusta este tipo de lenguajes).

Cualquiera sea el caso, los conceptos funcionales han tomado fuerza y no los omitiré, aunque algunos —informáticos malintencionados (los hay por doquier)— preferirían que lo hiciéramos. Ya verá que son útiles; más hoy, mucho más mañana.

2.3.1. Función

El concepto de función es uno de los más relevantes en programación. Hay quien incluso diría que «es el más importante» (en palabras de una persona fanática de los lenguajes funcionales). Con las funciones encapsulamos código, son un mecanismo de composición, de orden, de reutilización y, ante todo, de búsqueda de claridad.

A una función también se la puede conocer como procedimiento, método o subrutina. Las diferencias son sutiles y dependerán del contexto. Por eso, para simplificar las llamaré a todas funciones.

Al igual que una función matemática, estas funciones reciben un conjunto de argumentos y retornan un valor, aunque en algunos lenguajes ese valor de devolución puede ser omitido —esta sería una de las diferencias con las funciones matemáticas—.

Imagínese por un momento que una función es un motor eléctrico de un coche. El argumento de entrada sería la energía de las baterías y el valor de salida sería la energía mecánica que hace mover el coche.

Ahora bien, ¿qué ocurre dentro de esta «función»? ¿Cómo se realiza dicha transformación? Un convertidor transforma la corriente continua (almacenada en las baterías) en alterna. A su vez, el motor está conectado a las ruedas a través de la transmisión y convierte la energía eléctrica en energía mecánica. Estos detalles, que podrían ser interesantes, nos son indiferentes para nuestro caso. Aquí solo nos interesa saber que la «función» necesita la energía de la batería y que, cuando la «función» se termine de ejecutar, devolverá la energía mecánica que moverá el coche.

Un motor está compuesto de múltiples partes mecánicas que realizan diversas operaciones internas; sin embargo, no necesitamos conocer todos esos detalles de implementación y funcionamiento, solo nos interesa la entrada y salida. Lo que necesita y genera. Una abstracción.

Siguiendo con la analogía, no todos los motores que existen son eléctricos, pues los hay de combustión interna, que se alimentan (argumentos de entrada) de combustible (gasolina o diésel). Además, cada motor tiene un nombre que representaría el modelo. Lo mismo ocurre con las funciones en la programación: tienen un mecanismo de identificación (excepto las anónimas, pero incluso estas pueden tenerlo si se almacenan en una variable). Las hay de diversos tipos, unas más útiles que otras, y en última instancia todo depende de la situación.

Así, los argumentos de entrada pueden cambiar, al igual que su valor de salida. Esta de más decir que las operaciones internas (encapsuladas) dentro de una función no dependen directamente de los argumentos de entrada y, por tanto, son diferentes. Sin embargo, hay excepciones: funciones que no tienen argumentos de entrada ni devuelven un valor (las primeras que estudiaremos).

A continuación, haremos una revisión de los diferentes tipos de funciones que nos encontramos en la programación.

2.3.1.1. Sin argumentos y sin valores de retorno

Toda función tiene un nombre (excepto las funciones anónimas, véase el final de esta sección) y un cuerpo. El cuerpo es donde se encuentran todas las expresiones que se ejecutarán una vez se invoque la función. Un cuerpo es un ámbito ligado a una función.

He aquí un ejemplo, una función con una expresión aritmética en su interior:

```
FUNC toy() THEN
    print(1 + 2)
END
```

De manera opcional, una función tiene dos cuestiones extra: una lista de argumentos y un valor para devolver. Estos argumentos pueden tener un *tipo* que, como más adelante desarrollaré (vea el apartado sobre variables), es una restricción sobre el valor a ser admitido en el argumento. Lo mismo se puede decir del valor a devolver.

En efecto, es posible declarar una función con un cuerpo vacío, lo cual carece de utilidad práctica:

```
FUNC toy() THEN
END
```

Luego, al invocar la función `toy` (función de juguete), el resultado es nada. El concepto «nada» es bastante polémico en programación y algunos lenguajes lo llaman «`void`», otros «`null`» y otros «`nothing`», dependerá de cada lenguaje. En nuestro caso la siguiente condición es verdadera: `toy() = ∅` (∅ representa un conjunto vacío, no un cero).

Por lo general, una función sin argumentos y sin un valor para devolver no es de utilidad, excepto que se use para empaquetar código dividiendo este en múltiples funciones para evitar tener todo en un único sitio. Esto, de todas formas, es un caso raro, pues si no se cuenta con argumentos de entrada y nada a devolver, quizá usted debería revisar por qué escribió tanto código o bien replantearse si necesita argumentos y un valor a devolver —ya veremos este tipo de funciones—.

Busque la simplicidad antes que la complejidad. Porque menos código es menos posibilidad de errores.

2.3.1.2. Con argumentos y sin valores de retorno

Una función que tiene argumentos y no cuenta con valores a devolver puede ser más útil que el caso anterior, aunque, como mostraré, este caso aún carece de utilidad para la mayoría de los casos.

Una función de esta forma puede ser escrita como sigue:

```
FUNC write_log(msg : String) THEN
      print(msg)
END
```

La función `write_log` recibe un argumento de texto (`string`) y lo muestra por pantalla con la función `print`. ¿Una función que escribe un registro (loguear) no requiere devolver un valor? Depende de cómo sería nuestro registro. Este caso, lo muestra por pantalla, lo cual no tiene sentido, pues no persiste en el disco duro. Es decir, usted no tendría cómo volver a ver el mensaje de registro una vez el programa se detenga. Esto no cumple con la premisa de cualquier log: mantener un registro de eventos de nuestro programa suceda lo que suceda, inicie un proceso o se detenga, registre un valor en la base de datos o haya ocurrido un error al momento de hacerlo, cada acción en un programa es un evento y necesita un registro.

Tener buenos registros tiene un valor forense, pues así podrá saber que ocurrió con su programa en un momento específico del tiempo.

2.3.1.3. Con argumentos y con valores de retorno

Las funciones que reciben argumentos y retornan valores son el tipo de función más popular y las que más me interesa explicar. Hay varios motivos para esto: mayor composición en nuestro código, separación de responsabilidad y reutilización, entre otros.

Supongamos que necesitamos encriptar un mensaje de texto, a saber: una función que recibe un valor `string` y retorna otro valor `string` (encriptado):

```
FUNC encrypt(msg : String) THEN
      RETURN hash(msg)
END
```

La invocación de la función `hash` dentro del cuerpo de `encrypt` encripta el valor de la variable `msg`. ¿Qué tipo de encriptación utiliza `hash`? ¿Cómo se encuentra definida? Estas dos preguntas son irrelevantes en este momento, pues solo nos interesa saber una cuestión: la función `hash` cumple una responsabilidad, al igual que la función `encrypt`, que es encriptar un mensaje, cualquiera que sea este, y devolverlo.

Cuando una función tiene únicamente una responsabilidad, una tarea a realizar, es fácil de leer y fácil de modificar en el futuro. Téngalo presente.

He aquí un caso contrario, una función que tiene dos responsabilidades y que, por consiguiente, cuenta con varios problemas:

```
FUNC encrypt(msg : String, typeEncrypt : String) THEN
      IF typeEncrypt = "SHA_256" THEN
            RETURN sha256(msg)
      END
      IF typeEncrypt = "SHA_1" THEN
            RETURN sha1(msg)
```

```
        END
        ...
        IF typeEncrypt = "MD5" THEN
                RETURN md5(msg)
        END
END
```

Las dos responsabilidades son las siguientes: primero está la de encriptar el mensaje y la segunda es seleccionar qué tipo de encriptado se realizará. Para esto último hay una amplia gama de algoritmos para realizar encriptación. En el ejemplo anterior añadí tres, pero son más.

La segunda responsabilidad tiene un problema: ¿qué ocurre cuando tenga que añadir un nuevo tipo de encriptación? Esto significaría que la función `encrypt` tendría que modificarse cada vez que un nuevo tipo de algoritmo de encriptación se incorpore al sistema. Esto no es algo favorable. Produce dependencia. Induce a un posible error.

Una forma de solucionar esto es quitar la segunda responsabilidad y traspasarla a una nueva función, `selectTypeEncrypt`, que solo tendría la responsabilidad de seleccionar qué tipo de encriptación se realizará.

```
FUNC selectTypeEncrypt(type : String) THEN
        IF typeEncrypt = "SHA_256" THEN
                RETURN sha256
        END
        ...
        IF typeEncrypt = "SHA_1" THEN
                RETURN sha1
        END
        RETURN md5
END
```

```
FUNC encrypt(msg : String, typeEncrypt : String) THEN
	encryptSelected := selectTypeEncrypt(typeEncrypt)
	RETURN encryptSelected(msg)
END
```

Ahora hay dos funciones y cada una tiene una única responsabilidad.

En caso de añadir un nuevo tipo de encriptación solo se modificaría `selectTypeEncrypt` y no `encrypt`. Tenga en cuenta que la función `selectTypeEncrypt` devuelve por defecto `md5` en caso de que el tipo de encriptación a buscar no se encuentre. Carecer de un algoritmo por defecto es peligroso, pues habría un caso de borde no controlado.

Otra cosa interesante es que el valor de retorno de la función `selectTypeEncrypt` es una función. Todas las funciones hash, `sha256, …, sha1, md5`, etc. son funciones que damos por hecho que existen. Y luego son almacenadas en la variable `encryptSelected` para después ser invocadas, o sea, una variable puede pasar a ser una función.

2.3.1.4. Embebidas

A una función definida dentro del ámbito (cuerpo) de otra función se le llama función embebida. Esta relación anidada se puede ver como una relación de responsabilidades dependientes. Úselas con cautela y no se exceda, sobre todo si piensa añadir una función embebida dentro de otra función embebida (no lo recomiendo).

Tenga en cuenta que una función que se define en el ámbito de otra función solo puede ser invocada en dicho ámbito (relación de dependencia jerárquica). No es una función global, ni es una función que pueda ser invocada en otro lugar del código. El concepto de dependencia surge de la responsabilidad exclusiva de la función que la contiene.

```
FUNC extractMetadata(pdfFile) THEN


	FUNC extractReferences(pdf) THEN
```

```
            ...
            RETURN references # una lista de String con las
referencias
        END
        ...
        references := extractReferences(pdfFile)

        RETURN metadata(…, references)
END
```

En este ejemplo las referencias dentro de un PDF (por ejemplo, un artículo científico) son parte del metadato; el nombre de los autores, la cantidad de páginas, el título, el resumen, las figuras, etc. también lo son.

La función `extractMetadata` tiene definida dentro de su cuerpo la función `extractReferences` que, como puede ver, también necesita el fichero PDF contenido en la variable `pdfFile`. Este es un ejemplo interesante, pues la función `extractReferences` solo puede ser usada cuando se quieran extraer los metadatos de un fichero PDF, lo cual tiene sentido. Entonces, que se encuentre dentro de la función `extractMetadata` tiene una buena justificación.

Sin embargo, si la función `extractReferences` tuviera una función definida dentro, entonces se volvería difícil de leer y de mantener, pues habría demasiados niveles de anidamiento, sería una función que depende de la superior.

2.3.1.5. Anónimas

Si una función no tiene nombre podría parecer algo contraintuitivo, pues, ¿cómo podemos invocar una función que no tiene un nombre? ¿Se supone que el nombre de la función es su identificador? Pues resulta que hay maneras para invocar funciones sin un nombre, pero eso no es lo más importante: lo relevante es que hay casos de usos en donde tener funciones anónimas es recomendable.

En principio, a una función anónima también se la conoce como función lambda (esto es por el cálculo lambda, un modelo de computación, véase el capítulo 10). Un ejemplo de un incrementador:

```
(LAMBDA : x -> x + 1)
```

Esta sería una función lambda, aunque sin mucha utilidad, porque no la podemos utilizar: primero porque no se encuentra almacenada en una variable y, a su vez, no está siendo invocada.

Por ejemplo, es factible realizar una invocación sin que la función esté almacenada en un variable:

```
(LAMBDA : x -> x + 1)(0) # 1
```

Este caso, que resulta útil para ejemplificar, no es suficiente, pues después de ser invocada no podemos reutilizar la función lambda. Así, llegamos al último caso óptimo:

```
inc := (LAMBDA : x -> x + 1)
inc(0) # 1
```

La función lambda queda almacenada en la variable `inc` para luego ser invocada.

En todos estos casos la función lambda no cuenta con más identificador que simplemente añadir la palabra `LAMBDA` para dar cuenta de que lo que estamos escribiendo es una función anónima.

Más interesantes son los casos en donde una función lambda puede recibir una lista y otra función lambda.

```
map := (LAMBDA : f e -> f(e))
toNegative := (LAMBDA : e -> e * -1)
numbers := [1, 2, 3, 4, 5]
map(toNegative, numbers) # -1, -2, -3, -4, -5
```

En este caso hay dos funciones lambda: `map` y `toNegative`. La primera aplicará una función lambda sobre cada elemento de la lista `numbers` y la segunda pasará los valores positivos a negativos.

2.3.2. Recursión

La recursión es una de las técnicas más atractivas para diseñar algoritmos, porque hace suya la elegancia con simplicidad. En 1960, fue introducida por primera vez en Algol 60[15] y, a diferencia de los bucles, la recursión es una ejecución sobre una misma función con un caso base (condicional que da término a la recursión).

Una manera amigable de comenzar a explicar la recursión es con un breve dialogo:

Marina: ¡Me ha encantado este libro! Quiero aprender más, revisaré algunas referencias.

Juan: Es una buena idea, una vez encuentres esas referencias miras sus referencias.

Marina: ¿A qué te refieres?

Juan: Cada nuevo libro que consultes tiene más referencias.

Marina: ¡Ya veo! Iré revisando las referencias de cada nueva referencia. Pero... ¿cuándo detenerme?

Juan: Buena pregunta...

Este ejemplo presenta un caso de recursividad: cada libro de texto —sea ensayo o un libro técnico— tiene referencias a otros textos y, a su vez, esos textos tienen otras referencias, así *ad infinitum* (o hasta que no haya más libros que consultar). Otro ejemplo surge del seno de cualquier familia: los padres de una persona también tienen otros padres, y esos padres, al mismo tiempo, tienen otros padres, etc.

Hay muchos ejemplos de recursividad en nuestro día a día. Algunos son divertidos, como el de la muñeca rusa (*matrioshka*) que dentro de sí contiene otra idéntica pero de menor tamaño, y otros están en áreas ajenas, como en el arte y en la naturaleza. Considere el caso de los fractales, que usan procesos recursivos para crear intrincadas figuras geométricas.

---

[15] (Daylight, Dijkstra's Rallying Cry for Generalization: The Advent of the Recursive Procedure, late 1950s — early 1960s).

En otras palabras, la recursividad es un concepto que no pertenece solo a la programación, sino que está presente en nuestra vida.

Además, no existe un único tipo de recursión, sino muchos. Para empezar, se mostrarán los principales.

2.3.2.1. Lineal

La recursión lineal se produce cuando las funciones son invocadas a sí mismas solo una vez. Con «solo una vez» me refiero a que son invocadas en el cuerpo de la función una única vez. Esto quiere decir que el computo o cálculo se realiza antes de devolver un valor. Nunca la invocación recursiva es la última en ejecutarse.

Una característica presente en este tipo de recursión es que viene asociada con alguna expresión matemática o lógica.

Ejemplo 1

El siguiente ejemplo es una prueba de esto. Una función que compute el factorial se puede expresar —para un valor positivo— de la siguiente manera:

$$f(n) = 1 \times 2 \times ... \times (n-1) \times n$$

Se debe tener en cuenta que por convención, cuando $f(0) = 1$, si n es mayor a 0 se aplicará la recursividad. La definición recursiva se puede expresar como sigue:

$$f(n) = \begin{cases} 1, & n = 0 \\ f(n-1) \times n, & n > 0 \end{cases}$$

Cuando $n > 0$ se invoca la función f recursivamente, pero la última operación que se realiza es la multiplicación por n. Esto quiere decir que la recursión lineal no asume que la invocación recursiva será el último cálculo que se realizará. Si en vez de multiplicar por n fuera por -1, siempre devolvería un -1 si n es mayor a 0.

Dada la definición anterior, se puede intuir que el factorial para un número negativo no podría existir, pues si $f(1) = f(2)/2 = 1$ y $f(0) = f(1)/1 = 1$, entonces $f(-1) = f(0)/0 = 1/0$, lo cual no es posible porque la división por 0 esta indefinida en la aritmética.

Un concepto fundamental en toda recursión es el caso base o caso de término. Como su nombre indica, se da cuando la invocación recursiva se detiene para devolver un valor. De otra forma, podría estar invocándose de manera indefinida hasta que haya un error por un desborde de la pila.

```
FUNC factorial(n) THEN
    IF n = 0 THEN
        RETURN 1
    ELSE IF n > 0 THEN
        RETURN factorial(n - 1) * n
    END
END
```

Cuando no existe una operación matemática que acompañe a una recursión, entonces hablamos de una recursión lineal pero de cola.

2.3.2.2. Cola

Comúnmente conocida en inglés como *tail,* es un tipo de recursión, al igual que la lineal, en donde las funciones también se invocan a sí mismas, pero la invocación recursiva es la última operación realizada en el caso recursivo. El nombre se debe a que la última invocación va en la «cola». Esto quiere decir que no hay operaciones matemáticas o expresiones lógicas que acompañen la invocación recursiva.

Ejemplo 1

Siguiendo con el problema del factorial, la definición formal para la recursividad por cola es la siguiente:

$$f_2(n, a) = \begin{cases} a, & n = 1 \\ f_2(n - 1, n \times a), & n > 0 \end{cases}$$

$$f(n) = f_2(n, 1)$$

La función $f(n)$ encapsula a la función $f_2(n, a)$, pues esta última comenzaría siempre con el segundo argumento a con valor 1.

La misma definición en código:

```
FUNC factorialCola(n, a) THEN
    IF n = 1 THEN
        RETURN a
    ELSE IF n > 0 THEN
        RETURN factorialCola(n - 1, n * a)
    END
END


FUNC factorial(n, a) THEN
    RETURN factorialCola(n, 1)
END
```

Ejemplo 2

Un algoritmo que ejemplifica este tipo de recursión por cola es el caso de saber si existe un dígito en un número entero. ¿El digito 2 está en el número 5321? Sí, pero el 2 no estaría en el número 3154.

Si hay un número n y un digito d a buscar, y asumiendo que n no tiene ningún 0 a la izquierda (a saber, no está permitido 0123), un ejemplo: si n = 8213, entonces el cociente $(n//10) = 821$, mientras el resto $(n\%10) = 3$.

El párrafo anterior presenta un proceso de descomposición en subproblemas, pues cuando un número tiene más de dos dígitos se va dividiendo el problema. Esto ocurre hasta cuando un número tiene un solo dígito, entonces se considera el caso base.

Los pasos para resolver este problema de manera recursiva serían los siguientes:

- Si $d < 10$ entonces se comprueba si $n = d$.
- De otra forma, se calcula el resto $(n\%10)$ y si el resultado es igual a d, significa que d es igual al último digito de n.

- Finalmente, si no es ninguna de las anteriores, se invoca recursivamente la misma función pasando como primer argumento $(n//10)$ (el símbolo $//$ es una división que devuelve la parte trunca del resultado, a saber: $(-1//10) = -1$, $(7//3) = 2$, $(8//3) = 2$) junto al dígito d.

El código es el siguiente:

```
FUNC containsDigitTail(n, d) THEN
    IF n < 10 THEN
        RETURN n = d
    ELSE IF n % 10 = d THEN
        RETURN true
    ELSE
        RETURN containsDigitTail(n // 10, d)
    END
END
```

En este ejemplo coexisten dos casos base. El primero, $n < 10$, para cuando n sea menor a 10; el segundo, para cuando el resto $(n\%10)$ sea igual a d.

2.3.2.3. Múltiple

A diferencia de la recursividad lineal, en la que solo se ejecuta una vez la misma función en el cuerpo, la recursión múltiple permite, como su nombre indica, múltiples invocaciones de la misma función en su cuerpo.

En esta ocasión, para ejemplificar la recursión múltiple no usaré el factorial, pues complicaría más la solución que lo que ayudaría a ver la utilidad de este tipo de recursión. Así pues, usaré otro ejemplo.

Sin embargo, antes me gustaría destacar que la recursión múltiple también es conocida por el concepto «dividir para conquistar». Al haber múltiples invocaciones hacía la misma función, se van creando «diferentes caminos», los cuales dividen el problema en subproblemas hasta llegar al caso base. El ejemplo de toda la vida podría ser el cálculo de Fibonacci:

$$fib(n) = \begin{cases} n, & n \leq 1 \\ fib(n-1) + fib(n-2), & n > 0 \end{cases}$$

Este cuenta con dos invocaciones a la función fib, a diferencia de los ejemplos anteriores, que solo tienen una.

```
FUNC fib(n) THEN
    IF n <= 1 THEN
        RETURN n
    ELSE IF n > 0 THEN
        RETURN fib(n - 1) + fib(n - 2)
    END
END
```

La función `fib`, como podemos apreciar, tiene dos invocaciones a sí misma: `fib(n - 1)` y `fib(n - 2)`. Una recursión es una pila que en cada invocación va almacenando información y se detiene una vez se ha llegado al caso base para cada invocación (camino). Esto se puede ver como un árbol en la siguiente figura (suponiendo que se invoca `fib(3)`):

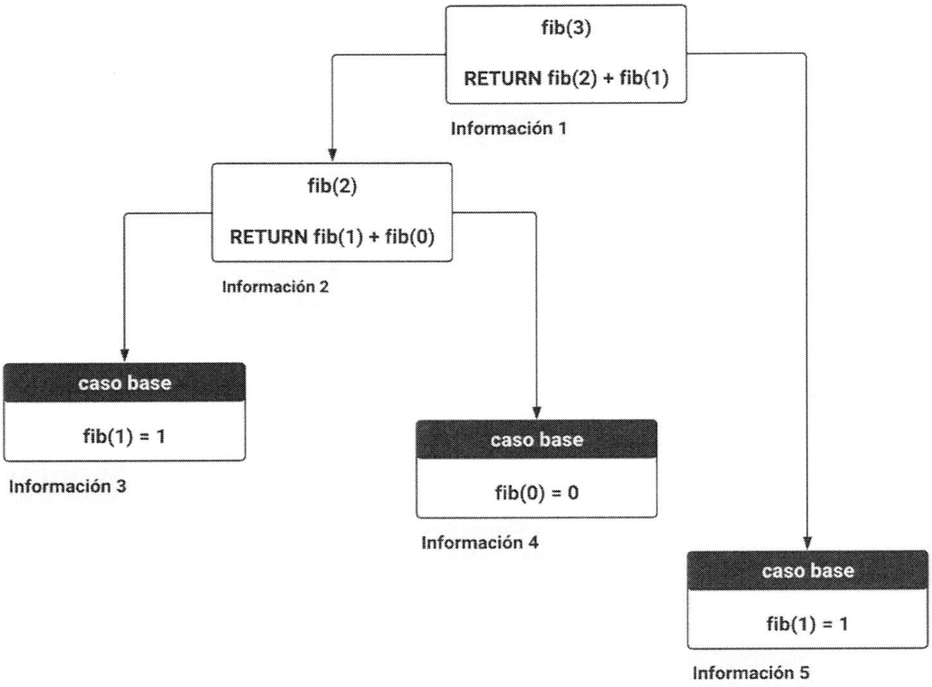

Figura 2. *Visualización de la invocación recursiva de la función fib(3).*

En esta figura se ve que las funciones se van invocando individualmente de izquierda a derecha y finalizan en el caso base; entonces, se devuelve el valor.

2.3.2.4. Mutual

Una recursión es mutual cuando existe una invocación entre dos o más funciones que se van invocando cíclicamente entre sí.[16]

Un ejemplo: si una función A en su cuerpo invoca a la función B y luego la función B en su cuerpo invoca a la función A, estamos en presencia de una recursividad mutual.

[16] También se la conoce como «indirecta», pues la función no se invoca a sí misma directamente, sino por medio de otra función.

Considere la siguiente definición formal:

$$f(n) = \begin{cases} 0, & n = 1 \\ f(n-1) + g(n-1), & n > 1 \end{cases}$$

$$g(n) = \begin{cases} 1, & n = 1 \\ f(n-1), & n > 1 \end{cases}$$

La función f invoca a g y g, a su vez, invoca a f. Si se invoca la función f sucesivamente, $f(2) = 1$, $f(3) = 1$, $f(4) = 2$, $f(5) = 3$, $f(6) = 7$... O sea, se va generando la secuencia de Fibonacci.

```
FUNC f(n) THEN
    IF n = 1 THEN
        RETURN 0
    ELSE IF n > 0 THEN
        RETURN f(n - 1) + g(n - 1)
    END
END

FUNC g(n) THEN
    IF n = 1 THEN
        RETURN 1
    ELSE IF n > 1 THEN
        RETURN f(n - 1)
    END
END
```

2.3.2.5. Anidada

Una recursividad anidada surge cuando el argumento de una invocación recursiva es otra llamada recursiva. Tiene la forma $f(n, 1 + F(n, 0))$. Así, el segundo argumento de F es la misma función invocada recursivamente y se iría ejecutando de manera anidada hasta encontrar un caso base.

Siguiendo con el ejemplo de Fibonacci, considere la siguiente definición formal:

$$f(n,s) = \begin{cases} 1 + s, & n = 1 \text{ or } n = 2 \\ f(n-1, s + f(n-2, 0)), & n > 2 \end{cases}$$

Si lo trasladamos a código quedaría de este modo:

```
FUNC f(n, s) THEN
    IF n = 1 or n = 2 THEN
        RETURN 1 + s
    ELSE IF n > 2 THEN
        RETURN f(n - 1, s + f(n - 2, 0))
    END
END
```

El número Fibonacci se puede obtener mediante $F(n) = f(n, 0)$. ¡Podría hacer el intento!

Hay autores que consideran este tipo de recursión bastante rara y que suele aparecer en algunos contextos relacionados con la recursividad de cola (Rubio-Sanchez).[17]

Otra cuestión interesante es que, para enseñarse, la recursividad no requiere de estructura de datos, pues se puede representar con estructuras básicas que todo programa tiene: funciones, condicionales y variables.

2.4. Secuencial vs. recursividad

Todo lo que es posible programar de manera secuencial también se puede hacer con algún tipo de recursión (y viceversa). La forma de representar la computación cambia, pero la

[17] Manuel Rubio-Sanchez estuvo invitado en mi pódcast para hablar sobre la recursividad. Enlace: https://www.buzzsprout.com/758831/9831422 o lo puede buscar en Spotify; el pódcast se llama Había una vez un algoritmo..., Episodio E-69.

posibilidad de llegar al mismo resultado no cambia.[18] Y ahí radica su complejidad: en saber escoger.

Un estudio realizado con 130 estudiantes —de introducción a la programación, en el 2016— demostró que los estudiantes principiantes prefieren las iteraciones (secuencialidad) antes que la recursión. Y únicamente prefieren la recursión sobre la iteración cuando hay indicaciones claras. Asimismo, muchos estudiantes, después de aprender recursión, no saben cuándo esta es una mejor opción (Sulov).

Otro estudio vino a entregar una nueva perspectiva. En 2018, se analizó a un grupo de estudiantes de un curso que enseña recursión. Un 19% eligió iteración, un 51% eligió recursión y un 16% eligió combinar ambas opciones. Con todo, en términos de correctitud —solución que cumple con los requisitos—, los estudiantes que eligieron iteración lo hicieron mejor. Por tanto, aunque los estudiantes pueden elegir la recursión como primera opción —en este estudio, probablemente lo hicieran sesgados por la asignatura que cursaban—, esto no implica correctitud y, de hecho, es más proclive a errores (Esteero, Khan y Mohamed).

Ya varios estudios demuestran que la recursión es un reto para los estudiantes de primer año (McCauley, Grissom y Fitzgerald). Esto vendría a indicar que, en la actualidad, muchos estudiantes terminan la carrera sin saber cuándo es preferible usar iteraciones o recursiones. Sigue siendo un problema abierto que aún se busca resolver.

---

[18] Ocurre algo parecido con la mayoría de los lenguajes de programación. Quizá haya leído sobre si un lenguaje es Turing completo, lo que indica que es posible realizar diferentes usos de expresiones, tales como las iteraciones, las condicionales, la declaración de variables, etc., y que, por consiguiente, el lenguaje tiene la misma capacidad de una máquina de Turing universal. Entonces lo que es posible hacer en un lenguaje también es factible en otro, independientemente de su sintaxis o semántica.

2.5. Conclusión

Este capítulo se centró en dos grupos de conceptos de la programación, los que residen en los aspectos secuenciales –esto es, la manera de darle instrucciones a un ordenador de manera implícita, mutable y siguiendo un orden preestablecido– y los aspectos funcionales, que añaden capas de abstracción a la hora de construir código para facilitar la computación. Ambos son compatibles en la práctica y ninguno es mejor que otro, más bien, todo consiste en buscar el equilibrio entre ellos.

CAPÍTULO 3
ALGORITMOS Y ESTRUCTURAS DE DATOS

En este capítulo:

- Ahondará en una definición más amplia y acorde a los tiempos de lo que es un algoritmo.
    - Entenderá algunos divertidos algoritmos usados en varias áreas del conocimiento.
- Comprenderá el funcionamiento de algunas estructuras de datos clásicas.

3.1. Introducción

En la universidad o en cualquier otro centro de enseñanza de informática hay dos asignaturas que suelen ser imprescindibles: algoritmos y estructuras de datos. En algunos casos no están separadas y se las puede encontrar en un mismo lugar. Estas representan las raíces de lo necesario para ser un programador competente o para adentrarse en algún área de especialización académica.

En estos tiempos hay instituciones no tradicionales que les restan valor a estos temas porque dicen «que no los usarán en la industria». Nada más alejado de la realidad. Aprender cómo funciona un algoritmo y cuándo usar una estructura de datos es crucial para ser un buen pensador y resolutor de problemas. Incluso si muchas de las técnicas que conocerá en este capítulo no las llegará a usar en su «vida real», aun así valen la pena, pues añaden nuevas estrategias para resolver problemas. Y esto no resta, sino que suma.

Los algoritmos son un medio para resolver juegos. De hecho, resolver el cubo de Rubik conlleva un algoritmo, jugar cualquier videojuego también es un algoritmo y jugar a cualquier juego de mesa colaborativo implica un algoritmo. O, mejor dicho, no se deja todo al azar ni a un comportamiento libre de reglas o carente de patrones predefinidos.

Las estructuras de datos son los contenedores donde se almacena la información, por ejemplo, un número, una cadena de texto, una imagen, un video, etc. Lo interesante de las estructuras de datos es que dependiendo cuál uses la forma de almacenar y acceder es distinta. En algunos casos una puede ser más eficientes que otra en términos de tiempo de computación o en el uso de recursos; en otros, todo lo contrario.

Este capítulo está organizado de la siguiente forma: primero comenzaremos explicando por qué los algoritmos deben ser considerados una tecnología y no simplemente un área teórica-práctica dentro de la computación; segundo, haremos un breve repaso de las estructuras de datos clásicas que solemos encontrarnos al construir software. Finalmente, se concluye mostrando algunos casos reales de éxito al usar algunos de estos algoritmos y estructuras de datos que, espero, puedan inspirar a construir tecnología.

3.2. Algoritmos como tecnología

Los algoritmos no son nada más que una secuencia finita de pasos para complementar una tarea. Aunque esa sería una definición incompleta e imprecisa. En la actualidad los algoritmos son tecnologías. La pregunta adecuada no es dónde están los algoritmos, sino dónde *no* están. Parece ser que están en todos lados. Algunos lugares son evidentes, como cuando abrimos una aplicación en nuestro móvil, y otros quizá son menos visibles, como es el caso de las cámaras de seguridad, los coches o incluso los semáforos. Están en todas partes.

Los algoritmos han dejado de ser simples procedimientos paso a paso para convertirse en sofisticadas piezas de tecnología. En algunos casos son bastantes intrincados. Considere el ejemplo de los algoritmos de reconocimiento facial: una cámara a la salida del vagón del metro puede identificar a cada persona en tiempo real. Esto, hoy, ya es factible. Aunque como señala el dicho, «a gran poder, grandes responsabilidades», pues cada país tiene sus propias regulaciones de privacidad, seguridad y éticas con respecto a los sistemas informáticos que hagan uso de métodos de la inteligencia artificial (cabe añadir que algunos países tienen políticas laxas sobre este tema), y eso también compete al ejemplo anterior.

3.2.1. Análisis de algoritmos

Antes de comenzar a ver las distintas clases de algoritmos y conocer algunos que yo considero interesantes de aprender, permítame hacer una breve introducción sobre análisis de algoritmos. Esta área estudia la eficiencia de un algoritmo.[19] La eficiencia puede estar relacionada tanto con el tiempo de cómputo como con el espacio de memoria que se utiliza. Aquí no es necesario ejecutar un algoritmo para entender su eficiencia, es más bien un estudio *offline*, estático, que se realiza viendo las iteraciones y operaciones que el algoritmo debe realizar. Por tanto, es un análisis previo a la implementación que busca predecir su comportamiento.

Sedgewick y Flajolet lo explicaron con precisión en su libro *Introduction to the Analysis of Algorithms*:

> Un objetivo primordial de estos análisis [análisis de algoritmos] es poder *predecir* con exactitud el rendimiento de algoritmos concretos cuando se ejecutan en los ordenadores para poder predecir el uso de recursos, establecer parámetros y comparar algoritmos. El *enfoque es científico*: construimos modelos matemáticos para describir el rendimiento de las implementaciones de algoritmos en el mundo real y, luego, utilizamos estos modelos para desarrollar hipótesis que validamos mediante experimentación. (Sedgewick y Flajolet)

Una forma de expresar la eficiencia de un algoritmo es a través de la complejidad algorítmica, que se realiza con la notación *Big-O*. (Se utiliza esta notación para tener un estándar sobre la complejidad algorítmica y evitar así que distintas personas usen una

---

[19] El concepto análisis de algoritmo fue acuñado por Donald Knuth en su obra magna *The Art of Computer Progrmaming*. Se trata de un libro que siempre recomendamos leer, e incluso hojear (igual ayuda).

notación diferente. Al final del capítulo se recomiendan algunos libros para profundizar en este tema.

3.2.2. Clasificación

Hay tantos algoritmos como colores. Algunos con mayor impacto que otros. Algunos con más repercusiones teóricas que prácticas. Algunos que son enseñados en la universidad y otros que ni siquiera son mencionados en esta. Sea cual sea el caso, hay maneras de agrupar los algoritmos según sus mecanismos de comportamiento, o para decirlo de otra forma más llana y directa, según su forma de operar. Eso veremos a continuación.

3.2.2.1. Fuerza bruta

La fuerza bruta, en el contexto del diseño de algoritmo, tiene que ver con encontrar una solución intentando todas las posibles combinaciones. Evidentemente, esto es ineficiente. Solo se podría hacer cuando la cantidad de valores de entrada es tan pequeña que, aunque se diseñe un algoritmo ineficiente, esto resulte intrascendente (pues será rápido de todos modos).[20]

Ejemplo. Buscar desde una lista dada el subconjunto cuya suma de elementos sea igual a un valor objetivo. Así, si tenemos la lista `[1, 2, 3, 4, 5]` y el objetivo es 9, un subconjunto posible es `[2, 3, 4]`.

```
def find_subset_sum(numbers, goal):
    n = len(numbers)
    for i in range(2**n):
        subset = []
```

[20] Esto, en cualquier caso, es una sugerencia difícil de seguir. Pues, ¿cuántos son pocos valores de entrada? Puesto que no es posible dar con un número exacto, la experimentación, la toma de datos, se vuelve indispensable. Le invito a revisar el capítulo de Evaluación (Tomo II).

```
        for j in range(n):
            if (i & (1 << j)):
                subset.append(numbers[j])
        if sum(subset) == goal:
            return subset
    return None


numbers = [3, 7, 2, 1, 8, 4, 5]
goal = 13
subset = find_subset_sum(numbers, goal)


if subset:
    print(f"Se encontró un subconjunto cuya suma es igual a
{goal}: {subset}")
else:
    print(f"No se encontró ningún subconjunto cuya suma sea
igual a {goal}")
```

Resultado:

```
Se encontró un subconjunto cuya suma es igual a 13: [3, 7, 2,
1]
```

Quizá la parte más relevante de este algoritmo sea la línea donde se aplica la operación binaria: `(i & (1 << j)`, que ahora se pasa a explicar.

Para entender cómo funciona esta línea de código, primero es necesario entender que la generación de subconjuntos se puede representar utilizando números binarios. Cada número binario de `n` bits representa un subconjunto de una lista de `n` elementos. Este número indica si el elemento correspondiente está presente o no en el subconjunto. Si el bit es 1, el elemento está presente; si es 0, el elemento está ausente.

Por ejemplo, supongamos que tenemos una lista de cuatro elementos `[a, b, c, d]`. Los subconjuntos de esta lista se pueden representar con los números binarios de 4 bits de la siguiente manera:

- 0000 representa el subconjunto vacío {}
- 0001 representa el subconjunto {d}
- 0010 representa el subconjunto {c}
- 0011 representa el subconjunto {c, d}
- 0100 representa el subconjunto {b}
- 0101 representa el subconjunto {b, d}
- 0110 representa el subconjunto {b, c}
- 0111 representa el subconjunto {b, c, d}
- Etc.

La expresión `(1 << j)` es una operación bit a bit que desplaza el bit 1 `j` posiciones hacia la izquierda. Por ejemplo, si `j=2`, la expresión `(1 << j)` produce el número binario 0100, que representa el subconjunto `{b}` de la lista `[a, b, c, d]`.

Luego, la expresión `i & (1 << j)` realiza una operación AND bit a bit entre los números binarios `i` y `(1 << j)`. Si el resultado de esta operación es diferente de cero, significa que el j-ésimo elemento está presente en el subconjunto correspondiente al número binario `i`.

Este algoritmo tiene una complejidad —en el peor de los casos— de $O(2^n)$. Porque, para una lista de `n` elementos, el número de subconjuntos posibles es 2^n, lo que significa que el algoritmo debe examinar todos los subconjuntos para encontrar el subconjunto deseado. En suma, este es un algoritmo de fuerza bruta.

3.2.2.2. Dividir y conquistar

Este tipo de algoritmo busca, como su nombre indica, dividir un problema en subproblemas, reiterativamente, hasta dar con la solución. Esta técnica representa uno de los elementos fundamentas de los algoritmos y también de la computación.

Ejemplo. Considere la búsqueda del mayor elemento en una lista.

```
def max_value(numbers, start, end):
    # Caso base: Si solo hay un elemento en la lista, entonces ese es el valor máximo
    if start == end:
        return numbers[start]

    # Caso base: Si hay dos elementos en la lista, se devuelve el valor máximo
    if end - start == 1:
        return max(numbers[start], numbers[end])

    # Divide la lista en dos mitades
    middle = (start + end) // 2

    # Encuentra el valor máximo de la mitad izquierda de la lista
    max_left = maximo_valor(numbers, start, middle)

    # Encuentra el valor máximo de la mitad derecha de la lista
    max_right = max_value(numbers, middle + 1, end)

    # Retorna el valor máximo entre los dos valores máximos encontrados en las dos mitades de la lista
```

```
    return max(max_left, max_right)


numbers = [3, 7, 2, 8, 4, 5]
start = 0
end = len(numbers) - 1

max_value_found = max_value(numbers, start, end)

print(f"El valor máximo es:{max_value_found}”)
```

Resultado:

```
El valor máximo es: 8
```

Tenga en cuenta que, al ser un algoritmo que hace uso de recursividad, requiere un caso base para controlar cuándo termina, además de usar múltiples recursiones que van dividiendo la computación.

3.2.2.3. Programación dinámica

La programación dinámica se usa en problemas de optimización. La idea es descomponer un problema complejo en subproblemas más pequeños y resolverlos solo una vez, almacenando la solución para uso futuro. Esta capacidad de «almacenar» tiene que ver con la técnica llamada memoización, esto es, evitar calcular dos veces un mismo cómputo, guardando en alguna estructura de datos en memoria la solución (en este caso, en un diccionario).

Ejemplo. Encontrar la secuencia de números más larga ascendente de una lista dada. Por ejemplo, si tiene la lista `[100, 1, 2, 3, 4, 5, -10, -9]`, la lista más larga ascendente es `[1, 2, 3, 4, 5]`.

```
def longest_sequence_asc(nums):
    n = len(nums)
    # Inicializa la tabla de memoización con 1 para cada posición
    memo = [1] * n

    # Llena la tabla de memoización de forma ascendente
    for i in range(1, n):
        for j in range(i):
            # Si el elemento en la posición j es menor que el elemento en la posición i,
            # entonces actualiza el valor en la posición i en la tabla de memoización
            if nums[j] < nums[i]:
                memo[i] = max(memo[i], memo[j] + 1)

    # Encuentra el valor máximo en la tabla de memoización
    longest_max = max(memo)

    return longest_max

numeros = [10, 9, 2, 5, 3, 7, 101, 18]
len_sequence = longest_sequence_asc(numeros)
print(f"La longitud de la secuencia más larga creciente es: {len_sequence}")
```

Resultado:

```
La longitud de la secuencia más larga creciente es: 4
```

3.2.2.4. Algoritmo voraz (*greedy*)

Se considera que un algoritmo aplica una técnica voraz cuando en cada paso toma la decisión óptima local, sin necesariamente ser la mejor en el futuro. Es decir, aplica una decisión rápida, que podría ser correcta o no, sin tener en cuenta las consecuencias globales. Esta es una técnica típica en algoritmos heurísticos.

Ejemplo. El problema de la mochila fraccionaria consiste en determinar qué elementos de una lista deben incluirse en una mochila, de modo que se maximice el valor total de los elementos incluidos, sin exceder una capacidad máxima de peso. A diferencia del problema de la mochila entera, en el problema de la mochila fraccionaria se pueden incluir fracciones de los elementos.

```
def knapsack_fractional(w, v, W):
    n = len(w)
    # Crea una lista de tuplas que contiene los valores de w, v y la razón v/w
    items = [(w[i], v[i], v[i] / w[i]) for i in range(n)]
    # Ordena los elementos por la razón v/w en orden descendente
    items = sorted(items, key=lambda x: x[2], reverse=True)
    # Inicializa el valor total y el peso total de la mochila
    total_value, total_weight = 0, 0
    # Itera sobre los elementos de la lista ordenada y agrega cada elemento a la mochila fraccionaria
    for i in range(n):
        if total_weight + items[i][0] <= W:
            total_value += items[i][1]
            total_weight += items[i][0]
        else:
            # Si el elemento no cabe completo en la mochila, se agrega una fracción
```

```
            fraction = (W - total_weight) / items[i][0]
            total_value += fraction * items[i][1]
            total_weight += fraction * items[i][0]
            break
    return total_value


weigths = [10, 20, 30]
values = [60, 100, 120]
capacity = 50
max_value = knapsack_fractional(weigths, values, capacity)
print("El valor máximo que se puede obtener es:", max_value)
```

Resultado:

```
El valor máximo que se puede obtener es: 240.0
```

En este caso, el algoritmo encuentra que la combinación óptima de elementos es tomar el primer y el tercer elemento completos y una fracción del segundo elemento. Esto resulta en un valor total de 240, que es el valor máximo que se puede obtener dentro de la capacidad de 50 de la mochila.

3.2.2.5. Vuelta atrás (*backtracking*)

La idea es encontrar la mejor combinación posible en un momento determinado, satisfaciendo ciertas restricciones.

Ejemplo. Encontrar todas las combinaciones posibles de una lista de números dada.

```
def backtracking_perm(partial_sol, options, solutions):
    if len(partial_sol) == len(options):
        # Si la solución parcial tiene la misma longitud que
la lista de opciones, agregarla a las soluciones
        solutions.append(partial_sol[:])
    else:
```

```
        # Si la solución parcial todavía no está completa, 
generar todas las permutaciones posibles
        for option in options:
            if option not in partial_sol:
                partial_sol.append(option)
                backtracking_perm(partial_sol,       options, 
solutions)
                partial_sol.pop()


# Ejemplo de uso de la función de backtracking
options = [1, 2, 3]
solutions = []
backtracking_perm([], options, solutions)
print(f"Se encontraron {len(solutions)} soluciones:")
for solution in solutions:
    print(solution)
```

Resultado:

```
Se encontraron 6 soluciones:
[1, 2, 3]
[1, 3, 2]
[2, 1, 3]
[2, 3, 1]
[3, 1, 2]
[3, 2, 1]
```

En este código, la función `backtracking_perm` recibe como parámetros la solución parcial actual, la lista de opciones y la lista de soluciones para almacenar todas las permutaciones encontradas. Si la solución parcial tiene la misma longitud que la lista de opciones, se agrega a la lista de soluciones. De lo contrario, se generan todas las permutaciones posibles añadiendo una opción que no esté ya en la solución parcial, llamando a la función de `backtracking_perm` de forma recursiva para continuar explorando las posibilidades. Finalmente, se llama a la función de `backtracking_perm` con la solución parcial inicial vacía y se imprime el número y las soluciones de todas las permutaciones encontradas.

3.3. Estructuras de datos como complemento

Las estructuras de datos permiten ampliar el poder de los algoritmos manteniendo los datos en contenedores temporales para luego consultarlos y realizar operaciones sobre ellos de manera eficiente.

El uso correcto de estructuras de datos está estrechamente ligado a la eficiencia de un algoritmo en cuanto a tiempo de ejecución y de espacio que ocupe.

Hay dos estructuras de datos básicas de las que se desprenden todas las demás.

3.3.1. Arreglos

Los arreglos son estructuras de datos que contienen elementos contiguos, un conjunto de pares índice-valor. En lenguajes de programación modernos como Rust o Python los índices comienzan en 0. En otros, tales como Julia y Pascal, los índices parten de 1. Por lo general, los arreglos son la estructura de datos predilecta para almacenar datos.

Si desea almacenar en un arreglo los videojuegos recomendados del presente año, con el nombre `videogames`, esta es una buena opción porque no importa el orden. Por ejemplo, podría estar Minecraft o Grand Theft Auto V en la posición 0 del arreglo (`videogames[0]`) y sería indiferente. Sin embargo, si quisiéramos tener la lista de los videojuegos más jugado durante el año, el orden sí sería importante.

En algunos lenguajes de programación es responsabilidad del programador manejar el tamaño del arreglo (C y C++), o sea, estos no proveen un chequeo automático de los rangos para acceder a un elemento. Entonces intentar acceder a un índice mayor al tamaño del arreglo no sería detectando en tiempo de compilación.

Por ejemplo, este código es válido en C:

```
#include <stdio.h>


int main(int argc, char const *argv[])
{
   const int primer_numbers[] = {2, 3, 5, 7, 13};
   const int SIZE = sizeof(primer_numbers) / sizeof(int);
   for (int i = 0; i < SIZE; ++i){
       printf("%d \n", primer_numbers[i]);
   }
   return 0;
}
```

Resultado:

```
2
3
5
7
13
32764
```

Pero el resultado es indefinido, ahora explicaremos por qué. El último número es incorrecto porque se intenta acceder al índice 5, pero en C y en Rust, los índices comienzan desde 0. Por tanto, el arreglo `prime_numbers` tiene hasta el índice 4. Cualquier intento de acceso a un índice invalido retorna valores indefinidos desde el *stack* (pila).

Ahora bien, el mismo código en Rust:

```
fn main() {
    let prime_numbers: [i32; 5] = [2, 3, 5, 7, 13];
    let size: usize = prime_numbers.len();
    for i in 0..size {
        println!("{}", prime_numbers[i]);
    }
}
```

Resultado:

```
3
5
7
13
thread 'main' panicked at 'index out of bounds: the len is 5
but the index is 5', src/main.rs:5:24
note: run with `RUST_BACKTRACE=1` environment variable to
display a backtrace
```

El compilador nos indica que el tamaño del arreglo `prime_numbers` es de 5 y se está intentando acceder al índice 5 y, dado que comienza desde 0, impide compilar. Así, Rust provee mayor seguridad e información que C.

Los arreglos pueden ser almacenados estáticamente (tiempo de compilación) o de forma dinámica (tiempo de ejecución), depende de lo aceptado por el lenguaje de programación.

Los lenguajes de programación proveen operaciones para manipular los arreglos: acceder, añadir, actualizar o eliminar elementos.

Operaciones

1. Acceso. Permite acceder al valor a través de un índice. En lenguajes que no tienen comprobación de rangos podría ocasionar un error en tiempo de ejecución al

intentar acceder a un índice que no existe en el arreglo. En otros, ocurriría un error en tiempo de compilación.

2. Inserción. Añade un nuevo elemento al final del arreglo —que tendrá un índice correlativo—; así, si tiene un arreglo con tres elementos, entonces el cuarto elemento tendrá el índice 3. Esto requiere `O(1)` de tiempo. Los problemas ocurren si se requiere insertar un valor en otra parte del arreglo que no sea el final. Por ejemplo, si se intenta añadir un valor a la mitad de un arreglo, los elementos a la derecha se tendrán que desplazar una posición. En el peor caso esto tardaría `O(n)`, si se intenta añadir al principio del arreglo.
3. Búsqueda. Intenta encontrar un valor dentro del arreglo (puede encontrarse o no).
4. Eliminación. Al igual que la inserción, esta operación tarda `O(1)` de tiempo si el elemento a eliminar se encuentra al final. De otra forma, en el peor caso, tardaría `O(n)` de tiempo, pues va a tener que desplazar los elementos.

Los elementos de un arreglo pueden ser homogéneos o heterogéneos. Python es un excelente ejemplo de lenguaje que acepta la heterogeneidad. Cada elemento puede ser de distinto tipo, esto es, es posible guardar tanto el valor «Chonchi» como el «2022» en el mismo arreglo. En cambio, otros lenguajes no aceptan esta opción, pues, siguiendo el ejemplo anterior, el primer elemento sería una secuencia de caracteres y el segundo, un valor numérico entero.

Un arreglo homogéneo suele ser más eficiente en la implementación, pues reduce los pasos de comprobación del compilador para saber de qué tipo es cada elemento. En lenguajes como Python, bibliotecas como Numpy ayudan a evitar este problema creando arreglos homogéneos.

3.3.2. Listas enlazadas

En vez de usar una estructura de celdas contiguas que permiten acceder a los valores mediante índices, como los arreglos, una lista enlazada (*linked list*) se compone de nodos que guardan los valores y una referencia al siguiente nodo, que pueden ir en una dirección o en ambas (listas enlazadas dobles). Aun cuando sean eficientes para la inserción porque solo se conecta la referencia —del último nodo— al nuevo nodo, no son eficientes para acceder a un elemento —por ejemplo, que se encuentra en la mitad—, pues al no tener un acceso por índice, se debe recorrer la lista —referencia a referencia— desde el inicio a la mitad o desde el final a la mitad.

Por ello, es fundamental saber a qué problema se está enfrentando para elegir entre un arreglo o una lista enlazada. El problema elige la estructura, no el programador.

Algunos de los conceptos elementales de las listas enlazadas son los siguientes:

- Nodo. Representa la estructura básica de una lista enlazada y contiene un valor de datos y una referencia al siguiente nodo en la lista.
- Puntero. Es una variable que almacena la dirección de memoria de un nodo en una lista enlazada. En lenguajes como Python, donde el concepto de puntero no existe, es equivalente a usar una referencia de un objeto.
- Cabeza. Es el primer nodo de una lista enlazada y es el punto de entrada para acceder a la lista.
- Cola. Es el último nodo de una lista enlazada y representa el final de la lista.

A su vez, hay al menos dos tipos de litas enlazadas:

- Lista enlazada simple. Es una lista enlazada en la que cada nodo solo tiene una referencia al siguiente nodo en la lista.
- Lista enlazada doble. Es una lista enlazada en la que cada nodo tiene una referencia al siguiente nodo y al nodo anterior en la lista.

Sus operaciones básicas —sea simple o doble—incluyen la inserción de un nuevo nodo, la eliminación de un nodo existente y la búsqueda de un nodo específico en la lista.

Ejemplo. En Python no hay una implementación estándar de una lista enlazada simple, pero sí cuenta con `deque` dentro de biblioteca `collection`, que esta implementada con una lista doble enlazada.

A continuación, un ejemplo de `deque` aplicando algunas operaciones básicas:

```
from collections import deque

# Crear una lista enlazada vacía
linked_list = deque()

# Agregar nodos al final de la lista enlazada
linked_list.append('a')
linked_list.append('b')
linked_list.append('c')

# Agregar nodos al principio de la lista enlazada
linked_list.appendleft('d')
linked_list.appendleft('e')

# Insertar un nodo después de un nodo dado
linked_list.insert(3, 'f')

# Eliminar el primer nodo de la lista enlazada
linked_list.popleft()

# Eliminar el último nodo de la lista enlazada
linked_list.pop()

# Imprimir la lista enlazada
print(linked_list)
```

Resultado:

```
deque(['d', 'a', 'f', 'b'])
```

3.4. Otras

Hay muchas otras estructuras de datos que se construyen sobre arreglos y listas enlazadas, a saber: los árboles, que usan listas enlazadas; las pilas, arreglos; los grafos, listas enlazadas; los diccionarios, arreglos; las colas, arreglos o listas enlazadas (dependiendo de su implementación), y así sucesivamente.

Y es más, hay estructuras que se implementan combinando varias. Piense por ejemplo en *Blockchain*, que es una estructura de datos distribuida y descentralizada que se construye como una lista enlazada, donde cada nodo es inmutable, los datos se almacenan usando algún método criptográfico para mantener la seguridad y permite registrar transacciones y almacenar datos en una red de nodos.

3.5. Conclusión

Los algoritmos —y sus compañeras, las estructuras de datos— forman parte de nuestras vidas. No solo como piezas de conocimiento teórico-práctico para construir artefactos computacionales, acotados a especialistas, sino como tecnologías. Y como cualquier otra tecnología, enfrentan rechazos y adoraciones, pero seguirán estando ahí, como artefactos que hacen funcionar nuestro mundo.

Mostrar los casos de éxito de los algoritmos es fácil, pues nunca habíamos visto tan claramente sus posibilidades y desafíos. Aquí algunos ejemplos:

- Modelos de lenguaje extensos (*Large Language Model* [LLM]). Estos modelos de aprendizaje profundo buscan entender el lenguaje natural mediante la asignación de probabilidades a una secuencia de palabras, teniendo como base masivas cantidades de textos para su entrenamiento.
- Inteligencia Artificial Generativa. Permite generar contenido de prácticamente cualquier cosa, desde audios hasta vídeos, pasando por textos (de hecho un LLM también es un modelo generativo). Todo esto gracias a una combinación de algoritmos.

CAPÍTULO 4
PENSAMIENTO COMPUTACIONAL

En este capítulo:

- Asimilará los aspectos históricos de cómo surgió el concepto de pensamiento computacional.
- Conocerá cuáles son los aspectos básicos que tiene el pensamiento computacional.

4.1. Introducción

Era un día frio en Castro, una ciudad al sur de Chile. Ese día la pequeña sobrina del autor estaba estudiando aritmética, en particular la multiplicación, pues iba a tener una prueba. Y él ayudaba haciendo algunas preguntas del tipo «¿Cuánto es 3*5?», a lo que ella respondía «15». Luego continuaba con algo más difícil: «¿y 7*8?». Ella miraba hacia al suelo como si estuviera contando y decía «mmm... ¿56?». Pues bien, ahora pensemos cuantas cosas debía tener en cuenta la sobrina para poder dar una respuesta correcta: (1) elegir el número por el que comenzar a hacer el cálculo, esto es, el 7 o el 8; (2) si se elige el 7, sabemos que para llegar a 7*8 es necesario hacer la suma de ochos veces siete y que (3) a veces se puede tomar un atajo en el cálculo. Si uno no se lo sabe de memoria, comienza desde 7*5 = 35 y va avanzando hasta llegar a 7*8. O comienza desde 7*10 = 70 y va restando hasta llegar a 7*8. No es tarea mentalmente simple.

La computación realiza operaciones similares, aunque con una gran diferencia: la velocidad en que puede dar una respuesta. Con un cálculo como «¿Cuánto es 7*8?» cualquier ordenador moderno tardaría una ínfima fracción de segundo; lo haría tan rápido que usted ni se daría cuenta, en términos prácticos sería inmediato.

Este simple cálculo encierra nociones interesantes sobre lo que es la computación.

A continuación, algunas preguntas:

¿Qué diferencia a la computación de las matemáticas? ¿Acaso la computación es tan solo un tipo de matemática aplicada? En este capítulo pretendo demostrar que la computación se diferencia de las matemáticas y otras áreas de la ciencia en su forma de afrontar los problemas. Y que el enorme crecimiento de la informática a nivel global y su impacto en tantos campos de estudios hace pertinente encontrar «patrones» que nos permitan enseñarla de mejor manera. A la idea que subyace en esto se la conoce como pensamiento computacional.

Pero el pensamiento computacional (en inglés, *Computacional Thinking*, desde ahora CT) es un término polisémico, esto es, tiene múltiples definiciones, tantas como autores que lo estudian. En su influyente artículo, *Computational Thinking*, Jeannette M. Wing presentó lo qué es el CT realizando una distinción: ciencia de la computación no es programar. «La ciencia de la computación no es equivalente a programación. Pensar como un informático significa algo más que ser capaz de programar un ordenador. Requiere pensar en múltiples niveles de abstracción». Quizá este sea el pasaje más provocador del artículo.

Aunque no es lo suficientemente persuasivo para dejar de lado a la programación. Pues ciertos conceptos mencionados, como que el CT es un complemento de las matemáticas e ingeniería, una manera de pensar no solo usando un computador y un desarrollo de ideas, no solo de artefactos (entiéndase por artefactos piezas de hardware y software), son cuestiones que pueden ser vistas a través del prisma de la programación, solo que en distintos niveles, por lo general de mayor complejidad.

Desde la segunda mitad del siglo XX muchos influyentes informáticos, tales como Dijkstra o Hoare, han mencionado la programación como el núcleo de la informática y han señalado que nuestra labor como informáticos es poder hacer programas que estén bien especificados para evitar los errores lo máximo posible. Ellos eran científicos de la computación y nunca hicieron distinción entre ambas.

No obstante, desde el punto de vista de la investigación del CT —que, dicho sea de paso, es un área en constante estudio— sí existe una distinción, como mencionó Wing en su artículo. Una definición que a mí me satisface es la propuesta hecha por Peter J. Denning y Matti Tedre:

> El CT [pensamiento computacional] son las habilidades y prácticas mentales que nos permiten diseñar cálculos que hagan que los ordenadores realicen trabajos por nosotros y que sirven para explicar e interpretar el mundo en términos de procesos de información. (Denning y Tedre)

Vea que usan los verbos «diseñar», que apela a una actividad ingenieril, y «explicar» e «interpretar», que están asociados a la ciencia, a cómo entendemos el mundo bajo el contexto de la computación. Otra cuestión interesante reside en «procesos de información», pues la computación no es solo una actividad que realiza cálculos para resolver un problema, es también una actividad que nos permite manejar información. En efecto, un computador es una máquina que manipula información. De aquí en adelante usaré esta definición para referirme al CT.

4.2. Origen

La computación ya existía antes de la llegada del primer computador digital (suelo hablar de la era de la pre-computación). Un ejemplo fue el trabajo de Leibniz y su idea de un lenguaje universal, un lenguaje artificial —y filosófico— mediante el cual se pudiera alcanzar todo el conocimiento posible. Este lenguaje propuesto por Leibniz no solo se quedaba en un apartado numérico, sino que en teoría también podría ser extendido para tratar problemas metafísicos y morales (Manrique). La idea de Leibniz es poderosa en el sentido de que creía que, de manera *simbólica*, podríamos alcanzar cualquier conocimiento. ¿Cómo se conecta esto con la computación? Pues en que los lenguajes de la computación son simbólicos.[21]

Otro ejemplo más reciente es el proyecto de máquina analítica de Charles Babbage, que aspiraba a poder hacer el trabajo que una persona no podía hacer. En otros términos: la noción de automatizar ya estaba presente.

Como hemos visto, la idea del cómputo ha estado entre nosotros desde hace mucho tiempo. Un computador es mejor que un humano en cualquier tarea que sea repetitiva y en la que haya instrucciones precisas, y donde la creatividad, [22] la intuición y el comportamiento morales estén excluidos, pues los humanos somos propensos a cansarnos y cometer errores y nada de esto ocurre con las máquinas.

La computación no es un área aislada de las demás. Es interdisciplinaria por su propia naturaleza. En el interesante artículo *The Many Facets of Natural Computing* se menciona como los procesos computacionales y el flujo de información permiten entender de mejor manera fenómenos naturales y sociales (Kari y Rozenberg). Es decir, como la computación se integra con las ciencias naturales. Esto confirma que la computación no es una actividad única de los informáticos; es más, confirma que la computación puede aportar a distintas áreas del conocimiento.

El CT se ha vuelto una moda; su fama ha crecido gracias al mencionado artículo, donde se dan unas pautas de lo qué puede considerarse CT (Wing). Esta influencia se ha visto

---

[21] Leibniz creó un sistema binario para realizar traducciones de términos lingüísticos, pues él decía que con un sistema binario las operaciones serían más simples (tenía razón, aunque no lo tomaron en cuenta). No se hizo uso de un sistema binario hasta que George Boole, en el siglo XIX, creó el algebra de Boole. El paso decisivo, no obstante, vendría en el siglo XX, cuando Claude Shannon pudo demostrar la utilidad del algebra de Boole en los circuitos digitales (creo el puente entre la lógica y la electrónica).

[22] Aunque los avances de la inteligencia artificial sean notables, sobre todo en el área de generaciones de imágenes, hoy no es comparable a la creatividad humana.

reflejada en la enseñanza de niños K-12,[23] pues apela a la idea de que la computación puede ser para todos y no es solo una habilidad exclusiva de los informáticos.

4.3. Los cinco aspectos básicos del pensamiento computacional

Hay cinco aspectos claves en el pensamiento computacional: modularidad, estructuras de datos, encapsulación, estructuras de control y recursión (Denning y Tedre). Todos ellos están presentes en la computación, aunque no son exclusivos de esta. La tesis de Denning y Tedre que el CT son ideas básicas que son la base para aprender muchas habilidades y conceptos fundamentales de la informática, pero no para enseñar a ver el mundo de los informáticos profesionales. Por tanto, los conceptos del CT deben ser básicos, no se busca enseñar técnicas avanzadas.[24]

La ciencia de la computación es una actividad dominada por lenguajes (Turner). En la década de 1950 se iniciaron los esfuerzos para mejorar el diseño de lenguajes de programación. Los hay de diversos tipos, algunos generales y otros específicos, algunos imperativos y otros funcionales... Los hay para todos los gustos.

Los aspectos que se presentarán a continuación, sin embargo, no están asociados a un determinado estilo de lenguajes de programación, sino a aspectos más generales, válidos para cualquier lenguaje de programación.

4.3.1. Modularidad

Desde los primeros lenguajes como Lisp, Algol y Cobol ha estado presente la idea de que hay que dividir los programas dentro de otros más pequeños para que, al final, sean piezas

---

[23] La palabra «K» hace referencia al sistema de educación de Estados Unidos; por ejemplo, K-12 podría englobar estudiantes desde los 4 años hasta los 16.

[24] Con técnicas avanzadas, Denning y Tedre dan como ejemplo un curso de Sistemas Operativos; este tema no es parte del pensamiento computacional *básico,* pues su conocimiento solo concierne a los informáticos.

manejables y reutilizables. Reducir la complejidad es algo fundamental en la computación, así como algo cotidiano en cualquier ingeniería. En la **Figura 3** se puede ver un ejemplo de modularidad.

Si estudiamos cómo están construidas las pirámides egipcias o los anfiteatros romanos o la muralla china, vemos un intento de crear esas grandes estructuras a través de componentes más pequeños. No es extraño, entonces, que la computación, una actividad que busca replicar en parte el comportamiento humano, también cuente con dicha capacidad.

La modularización de programas fue alcanzada por las subrutinas, procedimientos, funciones, clases o estructuras (en C, *struct*). Todas estas formas de crear programas presentes en lenguajes de programación son una manera de modularizar y reducir complejidad. Además, esta cuestión deriva en otras ventajas: facilidad para realizar pruebas, legibilidad para humanos, realizar modificaciones...

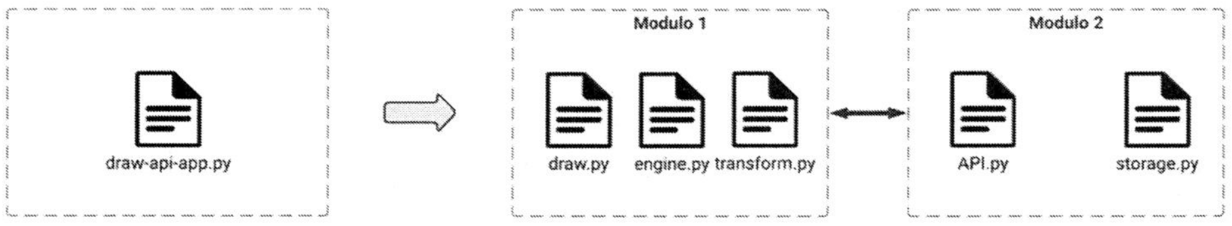

Figura 3. *Un esquema de una aplicación de dibujo (draw). A la izquierda, todas las funcionalidades (incluida la API y el almacenamiento en un único fichero: draw-api-app.py); a la derecha, desacoplado en dos módulos. Además, se divide en ficheros asociados a su funcionalidad.*

La ingeniería de software hace uso de este concepto para crear un símil con otros tipos de industrias, tales como la de la construcción o la mecánica. Estas industrias cuentan con un diseño detallado, tienen planos que especifican los componentes a utilizar y cómo se relacionan con otros de distinto tamaño y complejidad.

Como es sabido, el desarrollo de software no está totalmente libre de errores, como sí se espera de la construcción de un puente, un edificio o un automóvil. Sin embargo, es un objetivo al que siempre aspiramos.

4.3.2. Estructura de datos

Las estructuras de datos son la forma en que manipulamos y almacenamos la información (véase la sección 3.3). Cuantiosa información puede ser difícil de tratar sin una correcta estructura de datos. Ya desde la década de 1960 los lenguajes de programación han buscado proporcionar una gran variedad de estructuras de datos para hacer los programas más legibles y eficientes. A esta práctica se le llamaba «abstracción de datos» y permite ocultar complejidad al programar para hacer operaciones sobre un conjunto de datos.

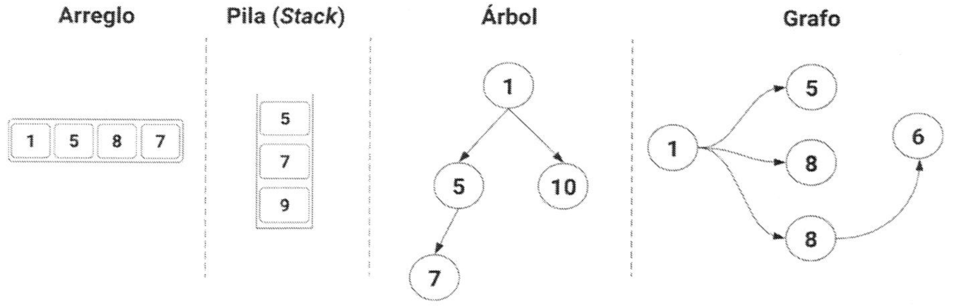

Figura 4. *Cuatro estructuras de datos (arreglo, pila, árbol y grafo) con su representación visual.*

Un ejemplo típico es la pila (*stack*), que cuenta con operaciones como apilar (*push*) y retirar (*pop*). Todas ellas son operaciones típicas de abstracciones de datos. Encapsulaciones. No es necesario que el programador las implemente cada vez que las necesite, ya vienen proporcionadas por la estructura de datos.

Desde la prehistoria de los lenguajes de programación la idea de incorporar estructuras ha estado presente. Por ejemplo, (1) Simula 67 añadió la idea de incorporar estructuras al lenguaje, (2) Lisp tiene funciones para tratar con listas (a saber, `car` [retorna el primer elemento de una lista] y `cdr` [retorna la lista sin el primer elemento, o sea, la cola]) y (3) C tiene de manera explícita la estructura con la palabra reservada `struct`, que puede incorporar funciones y variables para operar sobre la estructura. En la actualidad esto ha evolucionado a lo que conocemos como programación orientada a objetos.

4.3.3. Encapsulación

«Una razón de la encapsulación es proveer un mecanismo para ocultar la información», escribió David Weiss. La encapsulación es la forma de ocultar piezas de código en un programa para reutilizarlas en el futuro o para que solo una sección del programa tenga acceso a estas. Por definición, la encapsulación se puede asociar directamente a las estructuras de datos,[25] pues cuando se elimina un elemento de una estructura de datos, no nos interesa conocer cómo se ha realizado dicho proceso.

Tenga en cuenta que cualquier estructura de datos trae consigo operaciones para manipular sus datos. Un ejemplo clásico son los grafos, que cuentan con varias operaciones: (1) añadir nodos, (2) añadir una arista o arco, (3) encontrar el camino más corto entre un nodo y otro y (4) verificar si existe un nodo o una arista en el grafo. Cada una de estas operaciones es una pieza de código que encapsula una operación en el grafo (véase la Figura siguiente).

[25] La encapsulación también se encuentra presente en el diseño de hardware. Hay piezas que quedan protegidas u ocultas dentro de otras.

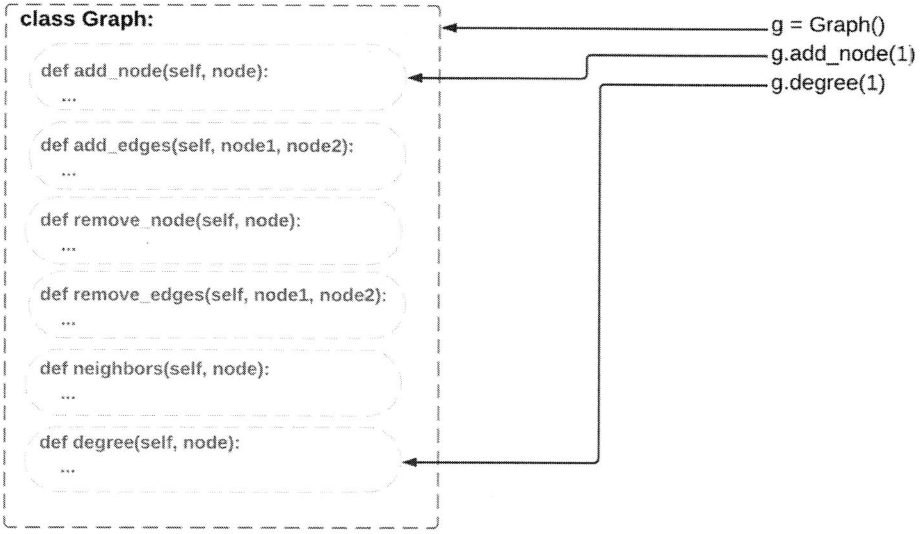

Figura 5*. La clase Graph con seis operaciones. No es necesario conocer su implementación para poder usarla (invocaciones de las operaciones a la derecha).*

Pierden relevancia, por tanto, los detalles de la implementación, esto es, conocer el código detrás de cada operación, pues la lógica se encapsula en funciones. Este es el poder de la encapsulación y a ello se debe su enorme éxito en la computación.

No solo nos ayuda para abstraernos de la implementación, sino también a la hora de controlar quién tiene acceso. Cuando un software es grande —muchas funcionalidades que van creciendo con el tiempo—, hay funciones que no tienen que ser accedidas desde cualquier fichero: a esto se le conoce como *nivel de visibilidad*, común en lenguajes orientados a objetos.

4.3.4. Estructuras de control

Las estructuras de control difieren de las de datos en que estas no almacenan información, sino que comprueban el flujo a seguir del programa y realizan validaciones lógicas (véase la **Figura 6**, para más detalles mire la sección 0).

Esto se puede ver en los primeros computadores digitales: ideas como las propuestas por von Neumann ya incluían la noción de *orden* en las instrucciones que debía realizar el computador. También es visible en las ideas propuesta por Turing y su *a-machine* (que viene de *automatic machine*, hoy conocida como máquina de Turing), donde hay un cabezal que puede moverse a través de una cinta infinita para leer y actualizar algún registro.

Más tarde, Bohm y Jacopini publicaron un teorema que dice que tres estructuras de control (a saber: secuencia, iteración y selección) son suficientes para escribir cualquier programa (Böhm y Jacopini). En 1968, otro eminente científico de la computación, Dijkstra, introdujo el concepto programación estructurada, en el que especifica las mismas tres estructuras propuestas por Bohm y Jacopini pero haciendo énfasis en la creación de demostraciones que nos permitan corroborar la correctitud de los programas (Dahl, Dijkstra y Hoare).

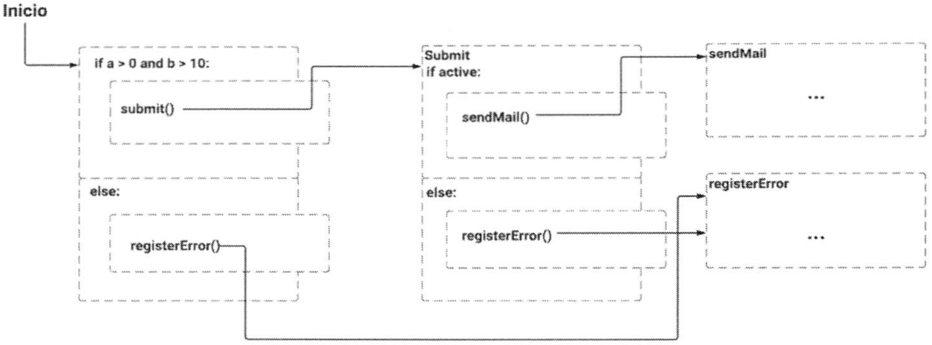

Figura 6. *Una representando de flujo de ejecución. Dependiendo de si la primera condición es verdadera, puede derivar en la función submit, que, a su vez, en caso de estar activa, puede enviar el email o, por el contrario, registrar un error.*

Denning y Tedre mencionan que estos avances en la estructura de programas permitieron que surgieran buenas prácticas de abstracciones en programas, pero que, luego, lamentablemente derivaron en la controversia de la instrucción `GO TO` (Denning y Tedre). En la misma década surgieron otras estructuras de control llegadas de múltiples lenguajes, por ejemplo, `repeat-until`, `do-while`, `if-then-else`, `case`, etc. Todas estas permitieron poder hacer frente a problemas de ese momento, como la concurrencia, esto es, la sincronización de operaciones que ocurren en procesos diferentes.

4.3.5. Recursión

La recursión es otra forma de expresar las iteraciones a través de invocaciones de una misma función con un caso base (véase la sección de recursión 0). Todo lo que se puede implementar con bucles se puede hacer con recursiones, o viceversa.

En las matemáticas, esta técnica es conocida como inducción, y no fue hasta el siglo XIX cuando fue tratada y estudiada de manera rigurosa por matemáticos como George Boole, Charles Sanders Peirce y Giuseppe Peano. A su vez, el poder de la recursión puede usarse para crear fractales (objeto geométrico cuya aparente irregularidad se repite en diferentes escalas), lo que podría incentivar a personas que estén aprendiendo.[26]

En el siglo XX, en el ámbito de la lógica matemática, fue cuando se creó una conexión con la computación, en particular con la creación de modelos de computación. Una parte central de los modelos de computación propuestos por Gödel y Kleene en la década de 1930 fue aquello que, en la actualidad, se conoce como teoría de la computabilidad (o teoría de la recursividad).

Este modelo de computación pasó a formar parte de los primeros lenguajes de programación como Lisp y Algol (Daylight, *The Dawn of Software Engineering: From Turing to Dijkstra)* y, dicho sea de paso, se puede apreciar en el algoritmo Quicksort[27] (C. Hoare) que, en su versión clásica, hace un uso reiterado de recursión.

La recursividad presenta nuevos retos en las formas de resolver problemas. Es una forma diferente de pensar. Es una forma distinta de llegar a una solución. Algunos estudios muestran que cuando la recursividad se enseña en un entorno interactivo, por ejemplo,

---

[26] Si ha escuchado hablar de los fractales y nunca los ha estudiado o simplemente quiere saber qué son, le recomiendo el libro *The Fractal Geometry of Nature* de Benoit B. Mandelbrot, un clásico.

[27] Este algoritmo se construye teniendo en cuenta la recursividad y, por consiguiente, la capacidad de reducir un problema a subproblemas más simples de tratar.

de realidad aumentada, puede lograr mejores resultados que los métodos clásicos de enseñanza. Los estudiantes son capaces de crear «la huella mental» para seguir la computación (Rinderknecht). A esto se añade que no todos los tipos de recursividad presentan la misma dificultad de aprendizaje; la recursividad mutual (véase la sección 0) suele ser más simple de aprender que las demás (Rubio-Sánchez, Urquiza-Fuentes y Pareja-Flores).

La **Figura** 7 muestra que la noción de *stack* está fuertemente ligada a la recursividad. En la década de 1960, los computadores B5000 y B6700 fueron los primeros en proveer un entorno orientado a *stack*, dejando de lado cualquier duda sobre la posibilidad de la recursividad por falta del hardware adecuado. A esto se suman los avances en los sistemas operativos. Hoy, la recursividad ya es parte de la computación.

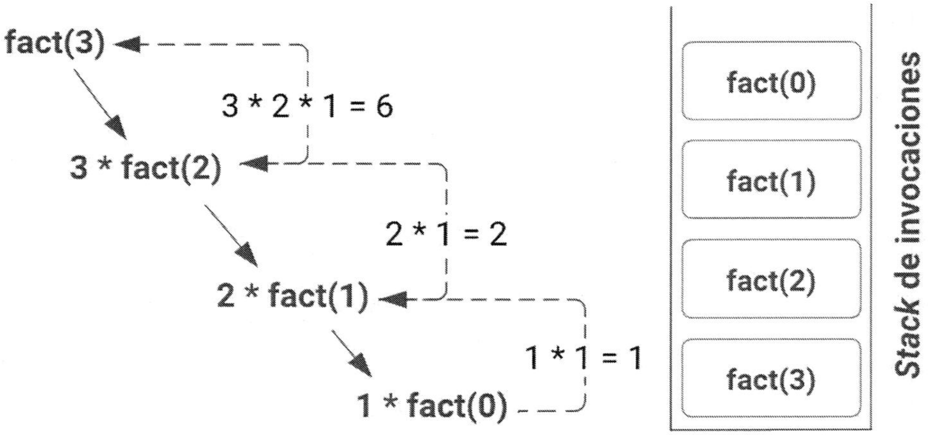

***Figura** 7. Ejemplo del proceso de recursividad al invocar la función fact(3). La computación, a la izquierda; la pila (stack) de invocaciones, a la derecha.*

4.4. Otros grupos de conceptos del pensamiento computacional

En la sección anterior presenté los cinco aspectos básicos del pensamiento computacional propuestos por Peter J. Denning y Matti Tedre, pero no son los únicos sugeridos —aunque para ser claros, los conceptos que describiré a continuación no son más que una descomposición de los ya presentados—.

4.5. Conclusión

El pensamiento computacional es un conjunto de ideas básicas que son de gran utilidad en la computación pero que también van más allá de ese ámbito. Este contraste es crucial, pues, como se explicó en este capítulo: pensamiento computacional no equivale a computación, ni a programación, sino a buscar herramientas intelectuales que vayan más allá de la computación. Por ejemplo, puede servir de apoyo a otras áreas del conocimiento, tales como las humanistas u otras ciencias, para aprovechar las tecnologías informáticas.

Finalmente, el pensamiento computacional es un campo en apogeo, nacido por el auge de las tecnologías de la información. La palabra «pensamiento» indica que puede abarcar muchas cuestiones que surgen naturalmente, por la capacidad interdisciplinar que posee la computación.

4.5.1. Lecturas sugeridas

Además de los textos citados en este capítulo, nos gustaría recalcar el siguiente libro:

- *Computational Thinking* de Peter J. Denning y Matti Tedre. Una excelente introducción, escrita dos autores que se destacan por ampliar nuestra mirada sobre la computación.

TOMO II

–

PRINCIPIOS

Los cuatro preceptos del método cartesiano

El primero era no tomar jamás cosa alguna por verdadera, a no ser que conociese de manera evidente que era tal; es decir, evitar cuidadosamente la precipitación y la prevención, y no incluir en mis juicios nada más que lo que se presentase tan clara y tan distintamente a mi razón que no tuviese motivo alguno para ponerlo en duda.

El segundo, dividir cada una de las dificultades que yo examinase en tantas parcelas como se pudiera y como fuera exigido para resolverlas mejor.

El tercero, conducir por orden mis pensamientos, comenzando por los objetos más simples y más fáciles de conocer, para remontarme poco a poco, como por grados, hasta el conocimiento de los más compuestos; y suponiendo incluso un orden entre aquellos que no se preceden naturalmente unos a otros.

Y el último, hacer en todo enumeraciones tan enteras, y revisiones tan generales, que estuviese yo seguro de no omitir nada.

René Descartes, Discurso del método[28]

Las tecnologías han ensombrecido a la informática. O al menos en parte. Cada día leemos por Internet sobre una nueva herramienta, ¡la definitiva!, la que podrá ser la vencedora en todo este zoológico tecnológico. Aunque claro, esto solo lo opinan sus autores y el equipo de *marketing*. Ante tal desalentador panorama, elegir bien qué herramienta usar se vuelve una labor difícil. Es más, es peor cuando las novedades son de tan diferentes categorías: lenguajes de programación, *frameworks*, bibliotecas, servicios en la nube y así sucesivamente. Cualquier profesional de este campo, sea experimentado o novato, trabajador o perezoso, más cercano a la academia o a la industria, se sentiría abrumado

[28] Cita extraída de la obra *Discurso del método para bien conducir la razón y buscar la verdad en las ciencias* de Descartes (editorial Trotta), traducido por Pedro Lomba.

ante tantas opciones. Algunos más sofisticados llamarían a tal situación parálisis por análisis.[29]

Es hora de volver a las raíces de la programación, para entonces, poder discriminar mejor qué tecnologías valen la pena y permiten, a su vez, construir mejores tecnologías. No es una negación de la tecnología. Ni una pretensión de intentar quitarle su relevancia. Es, más bien, un tema de afinamiento de las tecnologías. Para esto comenzaré tratando un concepto popular, extendido en todo el ámbito de la enseñanza de la programación y que, al mismo tiempo, carece de sentido en la actualidad: los *paradigmas de la programación*.

¿Cuántas veces ha escuchado o leído sobre los paradigmas de la programación? Hay entradas de blog, libros y videotutoriales que explican cada paradigma. Tenemos el imperativo, el funcional, el lógico y muchos otros. Son una forma de clasificar los lenguajes de programación. Podría parecer, entonces, evidente que es un tema importante cuando comenzamos a aprender programación. Pero yo no creo que sea así. Veamos por qué.

Hay un sinnúmero de lenguajes de programación, ya sean de dominio general o especifico (véase el capítulo Lenguajes de programación, Tomo III), públicos o privados, populares o que solo los conoce su creador (y acaso un examigo de este). Cualquiera sea el caso, son una herramienta clave para poder programar.

A los humanos nos gusta clasificar. Intentar encontrar patrones y agruparlos. Una suerte de generalización. Así podemos recordarlos con mayor facilidad. La forma que ha sido más popular hasta hoy es mediante los «paradigmas». Un lenguaje de programación se corresponde con un paradigma o con más de uno, y es aquí donde me quiero detener.

---

[29] Quizás usted tenga algún amigo (o varios) que siempre le habla de una herramienta que quiere usar para optimizar su trabajo y que se pasa horas y horas viendo videotutoriales en YouTube, buscando las mejores sugerencias para usar la herramienta, pero como podrá adivinar... ¡AÚN NO LA USA! Esto es como ver vídeos sobre los beneficios de escribir pero sin sentarse jamás frente al escritorio.

Los paradigmas esconden problemas. Esto se debe a que los lenguajes se han vuelto cada vez más sofisticados y complejos. Es raro —o poco útil— encontrar un lenguaje que esté en el espectro de un único paradigma. Cada nuevo lenguaje que surge es, casi siempre, «multiparadigma». Un problema asociado con esto es que su utilidad (clasificar y agrupar lenguajes) queda puesta en duda. Si cada nuevo lenguaje es por definición multiparadigma, ¿entonces para qué hablamos de paradigma?

Considere un lenguaje veterano como C++; este tiene varios paradigmas: imperativo, orientado a objeto, metaprogramación... Un lenguaje más moderno como Rust es imperativo, orientado a objeto, concurrente y funcional (y no he puesto todos los paradigmas que soportan tanto C++ como Rust). Así, nos encontramos con el dilema: ¿en qué nos ayuda que un lenguaje tenga el paradigma «X»? Es más, siguiendo el ejemplo anterior, la forma en que se implementa la orientación a objeto en C++ es diferente a como se hace en Rust.[30] Hay diferencias de grado en la implementación.

Algunos lenguajes presentan un paradigma de manera parcial. Así, tenemos que dos lenguajes puedan admitir paradigmas idénticos pero que conceptualmente son distintos. Decir «¡Este lenguaje es funcional!» ya no es suficiente ni útil.

Una mejor aproximación para aprender diferentes lenguajes es abandonar la idea de paradigma y usar la de *principios*. Estos principios son más abstractos y generales. Y podemos encontrarlos en cualquier lenguaje de programación. Entenderlos nos puede ayudar a pasar de un lenguaje a otro que, a primera vista, pueda parecer distinto.

---

[30] Una de las principales ventajas de Rust con respecto a C++ se encuentra en la seguridad. Que Rust pueda garantizar un manejo de memoria seguro sin la necesidad del recolector de basura hace que las referencias —durante el tiempo de vida de un programa— no admitan punteros nulos ni las desagradables condiciones de carrera (*data races*). Estos problemas, en contraste, sí están presentes en C++. Por tanto, Rust cuenta con algo fundamental, pues muchas alternativas que manejan la memoria de manera automática (a saber, Java o C#) deben pagar un coste en eficiencia por el uso de un recolector de basura.

Hay dos clases de principios: técnicos y conductuales. Los primeros hacen referencia a técnicas, conceptos y métodos presentes en los lenguajes de programación; los segundos, en cambio, están relacionados a las buenas prácticas que debe tener una persona con el código. Dicho de otra manera:

> Los principios técnicos están en los lenguajes de programación en sí mismos, en cambio, los principios conductuales están en la relación entre una persona y su código.

Entonces se establecen ocho principios existentes en la programación. En la **Figura 8** puede apreciar cómo están agrupados los principios.

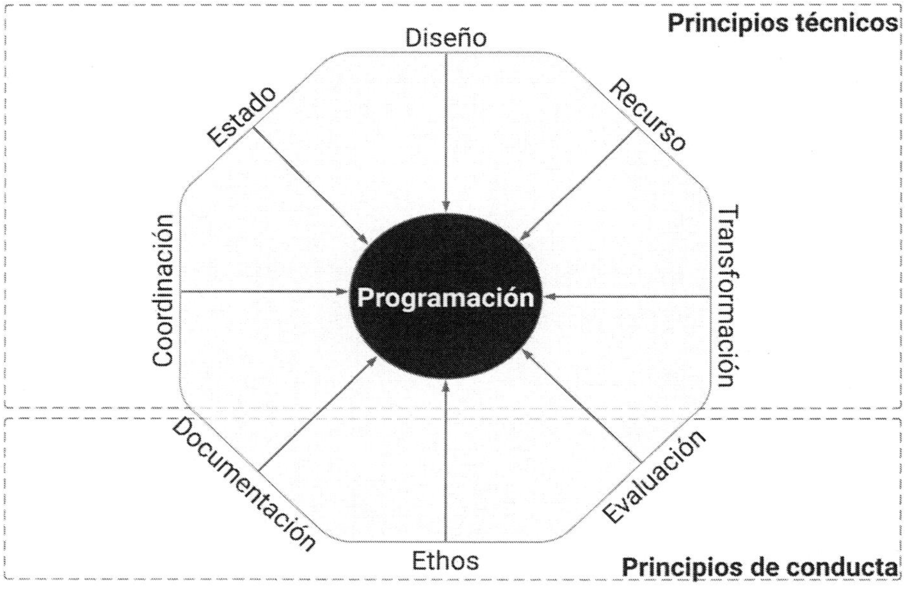

Figura 8. *Los ochos principios de la programación agrupados en dos grupos: técnicos y conductuales.*

Una objeción a esta clasificación es decir que es un intento de reducir la programación a algo simple, pero no es así, pues mi objetivo es estudiar la programación desde elementos generales sin que eso signifique un «no hay nada más allá de estos principios».

Resumen de capítulos

Principios técnicos

Capítulo 1: Diseño

Cada sistema es diferente y requiere un diseño. Por ende, el diseño puede verse afectado por las necesidades concretas. Algunos pueden ser más estáticos y otros dinámicos, tolerantes a fallos o susceptibles a errores, enfocados a la eficiencia, la seguridad o la funcionalidad, etc. Además, un sistema puede tener subsistemas. El diseño de un sistema tiene que ver con la descomposición y recomposición de sus partes. ¿Cómo podemos elegir sabiamente el diseño?

Capítulo 2: Estado

Todo el código que escribimos puede verse representado como una máquina de estados. Un estado A cambia a uno B en un tiempo determinado, por ejemplo, cuando declaramos una variable y esta cambia de valor, o cuando invocamos una función con un conjunto de argumentos y retorna un valor. Todo ello sucede en diferentes instantes. Eso es un cambio de estado. Conocer este principio le ayudará a ver la computación como una serie de estados.

Capítulo 3: Recurso

Cada software tiene límites físicos que no podemos superar. Por ejemplo, ¿cuánta memoria RAM tenemos disponible? ¿Cuánto espacio de disco duro tenemos libre? ¿Cuántos servidores podemos usar? Aquí viajamos a los conceptos de más bajo nivel que puede aprender un programador: el uso adecuado de los recursos del hardware para poder diseñar buenos sistemas computacionales y reducir la complejidad.

Capítulo 4: Coordinación

Los avances del hardware nos han permitido tener muchos más recursos. Por ejemplo, la llegada de los ordenadores con decenas o cientos de núcleos. ¿De qué trata la computación concurrente y paralela? ¿Cómo podemos coordinar estos procesos? El principio de coordinar la computación es fundamental para entender la computación que se divide en múltiples procesos, ya sea en un mismo ordenador o en ordenadores distribuidos. Así se obtiene un mejor rendimiento que se traduce en menor tiempo de cómputo.

Capítulo 5: Transformación

A diferencia del principio de estado, una transformación no está relacionada con el tiempo, sino con la representación de los datos. Estas transformaciones se pueden realizar a través de funciones, por ejemplo, cuando necesitamos cambiar de una estructura de datos a otra, a saber: la representación de un grafo puede ser con una matriz o con un arreglo usando listas de adyacencia. O también se puede representar la información en una tabla o un gráfico. Todo se basa en transformaciones que es necesario definir y que pueden tener una representación diferente.

Principios de conducta

Capítulo 6: Documentación

Si desarrolla un software sin documentación, cuando vuelva a verlo —otra persona o usted mismo— en el futuro, probablemente no entienda de qué trata el sistema. Aquí trataremos de explicar el valor de la documentación y cómo se puede aplicar de manera correcta. Pero no solo es una relación persona-software, sino también con usted mismo, pues mantener un registro personal de su aprendizaje, como una bitácora, también es una documentación.

Capítulo 7: Evaluación

Que algo funcione no implica que este bien hecho. Debemos hacer un conjunto de pruebas que nos permita decir que algo es fiable. Que cumpla con los requisitos previos. En consecuencia, veremos las técnicas clásicas de *testing* y también los métodos de verificación formales.

Capítulo 8: Ethos

La palabra *ethos* viene de la griega ἦθος, que significa «carácter o conducta». Se puede interpretar de dos maneras: ¿cómo se debe comportar un programador en la sociedad? y ¿cómo se puede desarrollar como persona? Es decir, desde las ópticas individual y colectiva. A la primera pregunta se adhieren temas éticos de la propia profesión y su relación con otras personas. Y la segunda concierne al aprendizaje, por ejemplo, a cómo afecta el surgimiento y evolución de una nueva tecnología. ¿Cómo puedo mantenerme actualizado respecto a las tendencias actuales? Este principio es fundamental para crecer como profesional en el área del software o en cualquier otra.

PRINCIPIOS TÉCNICOS

Leyenda

Forma

	Una clase o una manera de agrupar código, dependiendo del lenguaje.
	Una clase o una manera de agrupar código, que surge de varios submódulos.
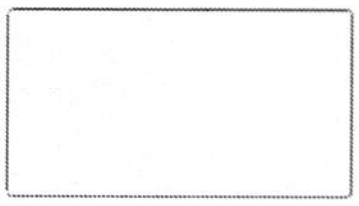	Un módulo compuesto que puede tener dentro varias clases.
	Una relación entre clases con alto acople.
	Una relación entre clases con alta cohesión.

Color

	Cuanto más oscuro el circulo, más cohesión y menos acople.
	Cuanto más claro el circulo, más acople y menos cohesión.

CAPÍTULO 1
DISEÑO

1.1. Introducción

Cuando un artista habla de diseño es distinto a lo que entiende un ingeniero. Es más, al hablar de diseño un ingeniero civil se referiría a algo contrario si lo sentamos en la misma mesa con un ingeniero de software. Lo mismo si añadimos en la mesa a un científico. O a un arquitecto. O a un médico. O a un filósofo, que, probablemente, no tendría una definición sino una pregunta: «¿Qué es diseño?», y luego diría: «¿Yo existo?». Entonces la palabra diseño es una palabra polisémica, esto es, tiene muchos significados según su contexto y los individuos que la usen.

También el diseño se puede asociar a nuestra percepción de la belleza. No hay diseño sin algún atributo estético. «Encuentra bello todo lo que puedas; la mayoría no encuentra nada lo suficientemente bello», decía Vincent van Gogh.[31] Y, antes que él, Francis Bacon dijo: «La belleza está en los ojos del que mira». Ambas citas muestran una cierta subjetividad e incapacidad de definir lo que es la belleza. Una pintura al óleo puede tener infinitas posibilidades para su creación: colores, texturas y soportes... Pero ¿podemos decir lo mismo del código?

---

[31] Esta cita me encanta porque en ella se esconde una cierta ingenuidad y una alabanza a la curiosidad y a tener una actitud amable ante la vida.

El diseño de software trata sobre cómo se construirá el software para que sea fácil de mantener y modificar en el futuro. Es una búsqueda sobre el presente. Porque un software tiende a volverse complejo cuantas más líneas de código se incorporan.

Además, trata de una comunión entre los requisitos y su implementación.

Pero, por otro lado, las empresas que invierten millones de dólares —y con talentosos ingenieros— siguen lanzando aplicaciones con errores. El diseño de software es, por tanto, una actividad complicada.

Este capítulo[32] comienza con las preguntas necesarias que se necesitan responder antes de comenzar con un diseño. Luego daremos una definición de lo que es el diseño de software. Continuaremos con la importancia de la comunicación entre las personas. Finalmente, concluiremos con algunas reflexiones sobre la importancia del diseño en el software.

1.2. Los prerrequisitos de un diseño

Antes de comenzar a hacer un diseño de cualquier tipo, es mandatorio tener claro *qué* necesita hacer el sistema. Los requisitos de software se encargan de esto.

Algunas de las respuestas a responder son:

- ¿Quién usará el sistema?
- ¿Qué tareas debe realizar cada usuario?
- ¿Cuántos usuarios tendrá el sistema? ¿Los usuarios están separados por roles?
- ¿Hay algunas restricciones de parte del cliente en las tecnologías a usar?
- ¿Hay que realizar algunas integraciones con un sistema ya creado?
- ¿Con qué infraestructura se debería usar la solución?

---

[32] Este capítulo se centra bastante en técnicas de diseño presentes en lenguajes que aceptan conceptos como encapsulación, herencia, objetos y polimorfismos, o sea, en lenguajes que hacen uso de la orientación a objeto, pues desde ahí han germinado las grandes ideas del diseño de software.

- ¿Hay requisitos de eficiencia? ¿Cuántas transacciones por minuto o segundo necesita manejar?
- Etc.

Cuanta más información se tenga de la solución, mejor será el diseño. Una vez se tienen claros los requisitos del software (qué), entonces podemos comenzar a diseñar el software (cómo).

No hay que perder de vista que un diseño de software no es una arquitectura de software. Mientras que el diseño de software trata con cómo el código se debe implementar para que sea mantenible y flexible en el tiempo, la arquitectura de software es más general: implica cómo se relaciona el sistema con todas las partes que interactúan con este (el negocio, los clientes, los equipos de programadores, etc.).

1.2.1. Objetivo del diseño de software

El objetivo último del diseño de software es reducir la complejidad (Ousterhout). Y dado que la programación trata, en gran parte, sobre el uso de herramientas y una herramienta es un artefacto, el diseño de software puede verse como la correcta construcción y uso de artefactos para reducir la complejidad.

Para mí un diseño de software luce así:

Figura 9. *Un laberinto que aumenta su complejidad según donde miremos.*[33]

Un software tiene diferentes niveles de complejidad dependiendo del punto de vista desde el que lo analicemos. Por ejemplo, si vemos la imagen de ejemplo de cerca (parte inferior de la **Figura 9**) aún podemos distinguir la estructura del laberinto, mientras que si subimos la mirada (parte superior de la imagen) solo apreciamos entramados de complejidad que la hacen casi imposible de entender.

Si se sigue esta analogía, entonces tiene sentido decir que el objetivo del diseño de software es reducir la complejidad. Se trata de intentar que dicho laberinto crezca de manera que sea *entendible*, aunque eso no suponga simpleza.

El diseño de software también puede ser considerado un *proceso* que busca dar respuesta a los *requisitos* de la especificación. Para esta labor, se usan métodos y técnicas que permitan crear una representación estructural del sistema; por ejemplo, esta

[33] Imagen generada desde https://lexica.art con la consulta «maze Escher» (laberinto Escher). Nótese que hago referencia a Escher, artista holandés famoso por sus dibujos que nos hacen viajar a mundos donde reinan las paradojas.

representación puede ser visual o descriptiva, mediante el uso de algún lenguaje modelado, como UML, o un lenguaje de especificación.

En los primeros años de este siglo, David Budgen, en su libro *Software Design*, expresó la relación del diseño —artístico— con el diseño de software y sus implicaciones:

> De hecho, esto [el diseño] se aplica a las disciplinas artesanales y de ingeniería en general, ya que suelen ocuparse de la producción de artefactos, ya sean puentes, edificios, estatuas, coches o sondas espaciales.
>
> La naturaleza del software puede hacer que este proceso de diseño sea más complejo, entre otras cosas porque el diseño y la implementación pueden estar menos separados, pero no altera su naturaleza esencial. (Budgen)

Esto nos viene a decir que el estudio de otra disciplina es de utilidad para el diseño de software; y la misma naturaleza del software (dinámica) puede hacer que el diseño y la implementación estén desconectadas, lo que produce obstáculos. El software crea su propia singularidad.

Se puede complementar la cita anterior con una definición moderna:

> El problema más fundamental de la informática es la descomposición de problemas: cómo tomar un problema complejo y dividirlo en trozos que puedan resolverse de forma independiente.
>
> La descomposición de problemas es la tarea central de diseño a la que se enfrentan los programadores cada día y, sin embargo, aparte del trabajo descrito aquí, no he podido identificar ni una sola clase en ninguna universidad en la que la descomposición de problemas sea un tema central. Enseñamos bucles *for* y programación orientada a objetos, pero no diseño de software. (Ousterhout)

Aquí, Ousterhout, apela a la noción de *descomposición* como central en el desarrollo de software, poniéndola como eje central sobre cuestiones específicas, como puede ser el aprendizaje de un lenguaje de programación, que, en algunos casos, oscurece el diseño, pues la implementación suele ser vista en la práctica como más «divertida».

1.3. Conceptos generales

Cualesquiera que sean los diseños de software que realice, en todos están presentes los siguientes conceptos.

1.3.1. Descomposición y composición

En esta búsqueda de reducir la complejidad siempre nos paramos enfrente de dos estrategias: la descomposición y la composición. Ambas son fundamentales para entender el diseño de un software.

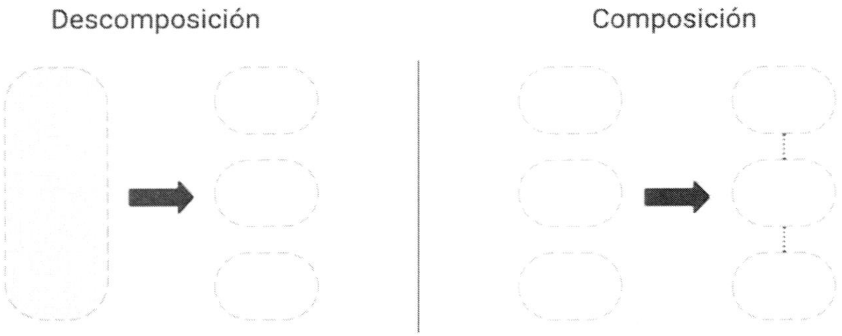

Figura 10. *Dos estrategias fundamentales en el diseño de software: descomposición y composición. Como puede advertir, la composición presupone una descomposición previa.*

Estrategia de descomposición

Si el concepto descomposición le parece desconocido en el contexto del desarrollo de software, quizá lo conozca por la idea de «dividir para conquistar». Es la misma noción: dividir un problema en distintas partes más pequeñas y fáciles de manipular —¿recuerda el método cartesiano citado al principio de este Tomo (II)?—.

Para entender cómo descomponer todo un sistema es preciso primero saber descomponer un código pequeño.

Ejemplo 1

Supongamos que nos han encargado un pequeño programa que registre los libros de alguna librería que frecuentamos. Si comienza a escribir código sin pensar en el diseño y sin analizar casos futuros (por ejemplo, que sea mantenible), el código resultante sería algo similar a lo siguiente:

```
class Library:
    __books = {}
    def __init__(self, name, author, publisher, ISBN13, year)
-> None:
        self.__name = name
        self.__author = author
        self.__publisher = publisher
        self.__ISBN13 = ISBN13
        self.__year = year
        if self.__ISBN13 not in self.__books:
            self.__books[self.__ISBN13]    =    (self.__name,
self.__author, \
                self.__publisher, self.__year)

    def show_books(self):
        for isbn, info in self.__books.items():
            print(isbn, info)


if __name__ == '__main__':
    library   =   Library("Cartas   filosóficas",   "Séneca",
"Gredos", \
"978-8424907372", 2010)
    library.show_books()
```

Resultado:

```
978-8424907372 ('Cartas filosóficas', 'Séneca', 'Gredos', 2010)
```

Este código —que es aplicable a cualquier otro lenguaje de programación que acepte algún tipo de encapsulación de objetos— tiene un problema principal: la clase `Library` tiene dos responsabilidades. Primero, almacenar los libros y, segundo, —y aquí viene lo malo— también tiene la responsabilidad de construir la estructura que tenga los datos del libro.

Cuando una estructura (en este caso la clase `Library`) tiene más de una responsabilidad se hace difícil de modificar y mantener. En este ejemplo, en el caso de que se requiera añadir un nuevo atributo al libro, se va a tener que modificar la asignación al diccionario. Esto hace que el código sea susceptible de producir errores, pues modificar una responsabilidad conlleva modificar también la otra responsabilidad.

Una mejor forma de afrontar esto es quitar la responsabilidad de crear un libro a la clase `Library`, o sea, realizar una descomposición.

```
class Book:


    def __init__(self, name, author, publisher, ISBN13, year):
        self.__name = name
        self.__author = author
        self.__publisher = publisher
        self.__ISBN13 = ISBN13
        self.__year = year

    def get_ISBN(self) -> str:
        return self.__ISBN13

    def __str__(self) -> str:
```

```
        return "Name: {name}, Author: {author}, Publisher: {publisher}," \
                "ISBN13: {isbn13}, Year: {year}".format(
name = self.__name,
            author = self.__author,
            publisher = self.__publisher,
            isbn13 = self.__ISBN13,
            year = self.__year
        )

class Library:
    __books = {}
    def __init__(self, book : Book):
        if book.get_ISBN() not in self.__books:
            self.__books[book.get_ISBN()] = book

    def show_books(self):
        for isbn, info in self.__books.items():
            print(isbn, info)

if __name__ == '__main__':
    library = Library(Book("Cartas filosóficas", "Séneca",\
         "Gredos", "978-8424907372", 2010))
    library.show_books()
```

Resultado:

```
978-8424907372 Name: Cartas filosóficas, Author: Séneca,
Publisher: Gredos, ISBN13: 978-8424907372, Year: 2010
```

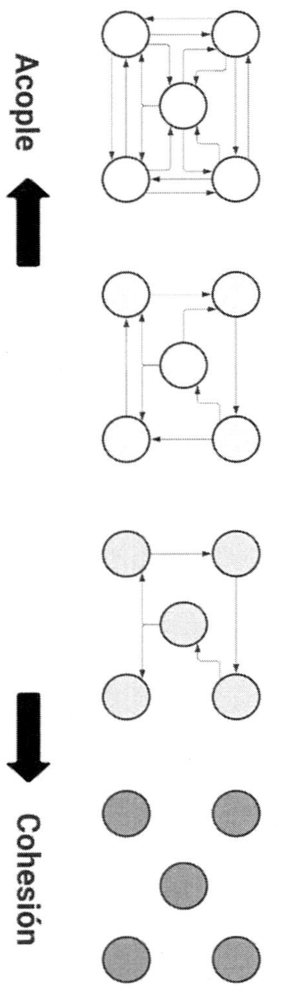

Figura 11. *De mayor acople a mayor cohesión, de arriba a abajo.*

Aquí, a la clase `Library` se le quita la responsabilidad de la creación de la estructura `Book`, pues ahora tiene su propia clase. En otras palabras, se redujo el acople en favor de incrementar la cohesión.

- **Acople**: Un componente tiene alto acople cuando depende de muchos otros componentes para realizar su funcionalidad. Cuando hay varios componentes que dependen de otros, en modo grupal, si un componente deja de funcionar todos los demás también lo harán. Hay una alta dependencia.
- **Cohesión**: Se dice que un componente es altamente cohesivo cuando es difícil de descomponer (solo realiza una tarea puntual, ni más ni menos). De manera grupal se refiere a los componentes que trabajan en conjunto para realizar una sola tarea. En este caso, los dos componentes `Library` y `Book` trabajan en conjunto para cumplir con la funcionalidad de añadir libros y mostrarlos.

Un buen diseño de software es aquel que tiene bajo acople y alta cohesión (Bieman y Kang). A pesar de que esto no es nada nuevo—sobre todo si usted tiene varios años de experiencia desarrollando software—, a veces conviene repetirlo, porque aún hoy se pasa por alto.

En la Figura anterior se puede ver la diferencia entre acople y cohesión mediante grafos (para esquematizar).

Con respecto a las ventajas de descomponer el software, estas suelen venir de la facilidad de:

- **Entender**. Si un módulo[34] tiene alta cohesión es más simple de entender, dado que las funciones serán compactas y solo realizarán una acción.
- **Probar**. Permite realizar pruebas de manera sencilla porque, dado que las funciones son pequeñas y resuelven una funcionalidad, estas son fáciles de crear y mantener.
- **Adaptar**. Módulos con bajo acople permiten una mayor facilidad de añadir nuevas funciones dentro de módulos que mantengan la alta cohesión.

Para comprender de qué trata la cohesión se podría comenzar haciendo una ampliación a la parte inferior de la Figura anterior:

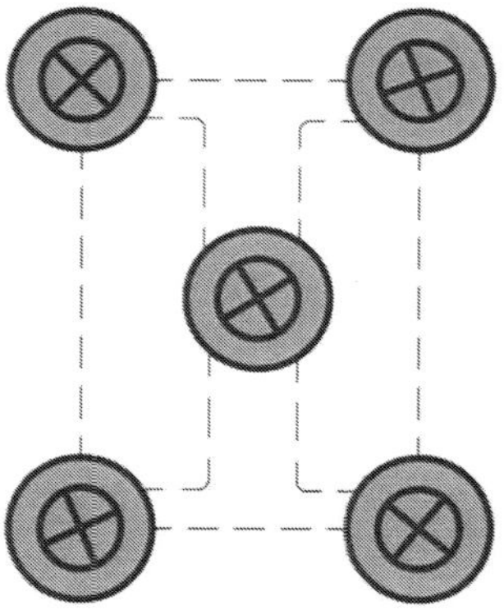

Figura 12. *Un ejemplo visual de alta cohesión. Cinco módulos conectados débilmente a través de líneas punteadas, y cada uno de ellos dentro conectado fuertemente para cumplir una funcionalidad.*

Algo para tener en cuenta después de ver la **Figura 12** es que un módulo también puede tener submódulos, los submódulos pueden tener otros sub-submódulos y así sucesivamente. Esto, por supuesto, debe hacerse sin perder la cohesión entre ellos. La jerarquía de módulos es similar a la jerarquía de anidamiento en una estructura de

[34] La palabra «módulo» se usa de manera indistinguibles de «componente».

control: cuantos más niveles de jerarquía haya, más difícil se vuelve de entender y de mantener.

La descomposición tiene límites

Siguiendo con el ejemplo 1, igual que quitamos la responsabilidad de la clase `Library` creando una nueva clase para manejar la responsabilidad de crear los libros, lo mismo se puede pensar a la hora de descomponer la información del autor y del editor, pues ambos podrían estar presentes en otro libro. Es decir, un autor puede escribir más de un libro y una editorial puede publicar más de un libro. Por tanto, se podrían crear dos clases más: `Author` y `Publisher`. Aunque estos casos parecen plausibles, hay otros que no. Por ejemplo, crear una clase para `Year` o para `ISBN13` sería exagerado, a menos que cada concepto guarde más de un atributo que permita justificar una clase propia.

Esto me lleva a lo siguiente: debe tener cuidado, una innecesaria descomposición puede llevar a otros problemas, como un difícil mantenimiento, pues cae en una granularidad exagerada. El diseño de software es similar al trabajo de un equilibrista: la búsqueda de un equilibrio adecuado entre cohesión y acople (véase la **Figura 13**).

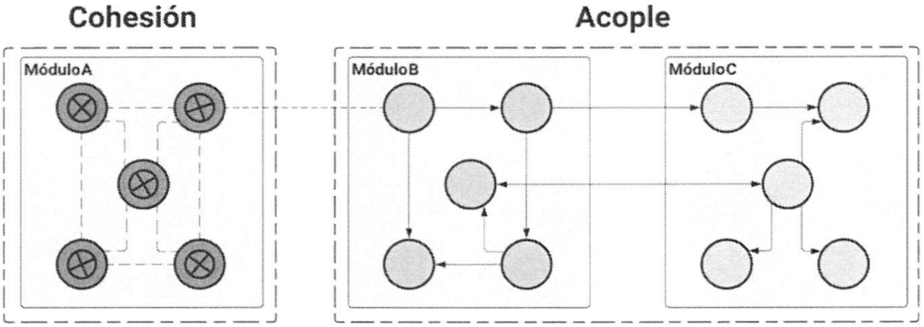

Figura 13. *Tres módulos. El módulo A tiene un bajo acople entre sus submódulos. En cambio, el módulo B y C tienen alto acople entre sus submódulos.*

Estrategia de composición

También los conceptos obran por contraste. La composición es un concepto relacionado con la orientación objetos, un sistema que se construye en base a la relación y asociación de entidades (en este caso objetos) para interactuar y resolver un problema.[35] (Dicho sea de paso, la orientación a objeto es un logro de la ingeniería de software, aunque a algunos con una visión acotada no les agrade). No obstante, la composición tiene un campo de acción mayor dentro del diseño de software y no se limita solo a la orientación a objeto.

La palabra composición viene del latín *composicioun,* que significa «acción de combinar». Y no es un concepto que solo resida en el diseño de software, sino que se encuentra en todas las artes, las ciencias, las matemáticas y casi cualquier actividad humana. Cuando usted cocina está realizando una composición, o si hace un dibujo o resuelve una ecuación.

A veces se cree que la composición es sinónimo de subjetividad, espontaneidad y falta de meticulosidad. Todo lo contrario. Esta intenta dar un diseño bien pensado en cómo construir un sistema, juntando las distintas piezas correctas de un software, sin tener que añadir esfuerzos innecesarios cuando nuevos requisitos y características se añadan a un proyecto.

Como escribió el reconocido compositor francés del siglo XX Maurice Ravel:

> Mi intención aquí es dejar claro que ni una sola célula de mi *composición*, aquí en lo que respecta a *The Raven* [un poema de Edgar Allan Poe que lo influyó], se encuentra por casualidad o intuición, que la composición avanzó hacia la perfección con la precisión e inevitabilidad de una ecuación matemática.

Y es que componer algo requiere un esfuerzo de precisión y orden. Es similar al trabajo de un matemático o un artista. Se trata de seguir una serie de pasos hasta su conclusión.

---

[35] En el principio de Transformación mencionamos la composición de funciones, popular en la programación funcional.

Así como la descomposición nos ayuda a separar módulos para realizar una funcionalidad, la composición, en cambio, es un tipo de agregación; permite relacionar módulos para que trabajen juntos con el fin de realizar varias funcionalidades.

Ejemplo 2

Un ejemplo clásico de composición es cuando una estructura contiene otra estructura. En términos de lenguajes orientados a objetos, cambiaríamos estructura por objeto. Pero añadiremos tipos de datos genéricos para permitir encapsular más de un tipo de objeto.

Entonces, la idea es tener un objeto `Server` que permita enviar mensajes a distintos componentes, en este caso, una base de datos y una aplicación web.

(El siguiente código está escrito en C#, pues gracias al uso de tipos se entiende mejor la composición que si usara Python).

```
interface Message<T> {
    void send(T msg);
}

class Database : Message<int> {

    public virtual void send(int msg) {
        System.Console.WriteLine("Send code {0} to Database",
msg);
    }
}

class WebApp : Message<String> {

    public virtual void send(String msg) {
        System.Console.WriteLine("Send state: {0} to WebApp",
msg);
```

```
    }
}

class Server<T> {

    private readonly Message<T> poster;

    public Server(Message<T> poster) {
        this.poster = poster;
    }

    public void send(T msg) {
        this.poster.send(msg);
    }
}

class Program {
  public static void Main (string[] args) {

    var messageDB = new Server<int>(new Database());
    messageDB.send(1);

    var messageWebApp = new Server<String>(new WebApp());
    messageWebApp.send("[success]");

  }
}
```

Resultado:

```
Send code 1 to Database
Send state: [success] to WebApp
```

Explicación:

- La clase `Server` acepta un tipo `T` de mensaje (clase genérica).[36]
- Dentro tiene el atributo `Message`, que es la interfaz de tipo `T` (aquí vemos un rasgo de la composición, pues la clase `Server` tiene otro objeto [interfaz] dentro de la misma) y es asignado en el constructor. Y además cuenta con un método `send` de un mensaje tipo `T`.
- Luego hay dos clases de componentes, `Database` y `WebApp`, que son los que enviarán un mensaje.
- Estas heredan de la interfaz `Message`, por tanto, ambas deben implementar el método `send`.
- Finalmente, solo hay que instanciar la clase `Server` con el tipo genérico que utilizaremos (en este ejemplo usamos `int` y `string`) y la instancia del componente.

---

[36] Este libro no da una introducción a la programación genérica, sin embargo, la noción central es simple: si tenemos una función con firma `send(int message)`, ¿cómo podemos usarla para que acepte más de un tipo? Un tipo genérico, por lo general escrito con la letra `T`, lo permite. Así, una firma `send(T message)` puede aceptar `int`, `string`, `double`, `bool`, etc. Por tanto, la programación genérica es un tipo de polimorfismo.

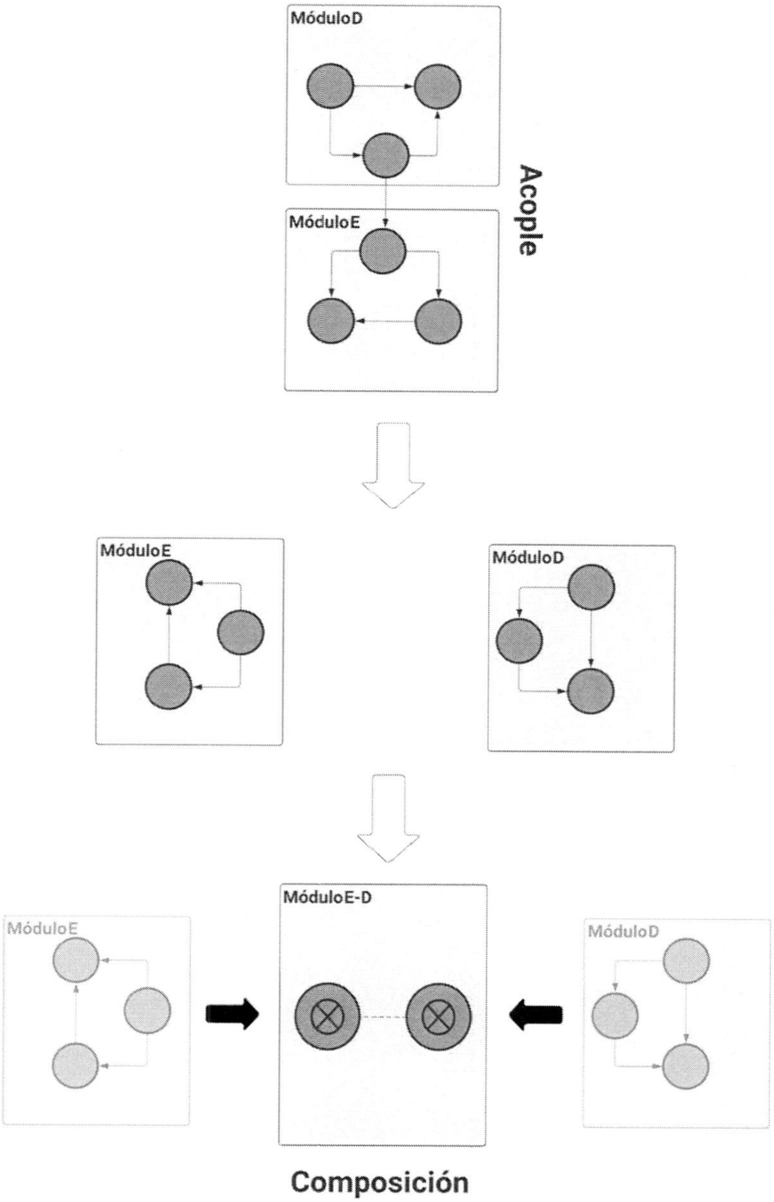

Figura 14. *Visualización de dos módulos, E y D, ambos con acople (parte superior). Luego pasan a formar una composición (parte inferior).*

Hay valorables ejemplos de composición en algunos lenguajes de programación.

Piense, por ejemplo, en la *Standard Template Library* (STL) de C++ o en la *Collection Types* en C#; ambos son excelentes ejemplos de alta cohesión y bajo acople porque pueden aceptar diferentes tipos de datos para operar con diferentes estructuras de datos. Además, son independientes, en el sentido de que pueden ser utilizadas en cualquier parte del sistema, usando nada más que una importación.

Los lenguajes de programación estáticamente tipados son un buen ejemplo de esto, ya que se vuelve nítida dicha flexibilidad: la de aceptar más de un tipo de datos para trabajar. En Python, por ejemplo, dado a que tiene tipado dinámico, esto no es tan claro de ver, por eso en el último tiempo han surgido cuestiones como los *type hints* (en Python) para solventar la ausencia de tipos estáticos.

Aunque dicha flexibilidad no siempre es deseada. Por ejemplo, una estructura de datos como el Diccionario (clave-valor) tiene alta cohesión, pues puede ser utilizada para almacenar cualquier tipo de dato como clave o valor. Pero si estamos creando una funcionalidad particular del negocio, esta generalidad no sería necesaria. Su propia flexibilidad es irrelevante. Como el negocio requiere resolver un tipo particular de problema, la generalidad de ciertas estructuras de datos puede ser tanto útil como inútil, pero no es *a priori* una ventaja.

Un ejemplo: si usted necesita almacenar los salarios de todos los trabajadores de su empresa, el atributo salario debería ser numérico (un valor decimal) y no requiere que la función que realice el cálculo del salario acepte como valor un texto o una matriz de números. La generalización, por tanto, en este caso no es necesaria y, peor aún, sería contraproducente. Una flexibilidad mal entendida lleva a un incremento de complejidad.

1.3.2. Refactorización

Martin Flower, en su clásico libro *Refactoring: Improving the Design of Existing Code*, escribió:

> La refactorización es una técnica controlada para mejorar el diseño de una base de código existente. Su esencia consiste en aplicar una serie de pequeñas transformaciones que preservan el comportamiento, cada una de ellas

> «demasiado pequeña para que merezca la pena hacerla». Sin embargo, el efecto acumulativo de cada una de estas transformaciones es bastante significativo. Al hacerlas en pequeños pasos se reduce el riesgo de introducir errores. También se evita que el sistema se rompa mientras se lleva a cabo la reestructuración, lo que permite refactorizar gradualmente un sistema durante un largo periodo de tiempo. (Fowler)

La refactorización, entonces, busca transformar un código existente dividiéndolo en pequeñas partes (descomposición) sin perder su comportamiento. Es una estrategia que es utilizada para manejar código legado o cuando se requiere añadir nuevas características al software; también, en casos extremos, cuando se precisa una reescritura total de un sistema.[37] (En efecto, la refactorización también tiene una conexión con el principio de transformación, véase el capítulo 9).

Ahora se continuará con dos ejemplos de refactorización: uno simple y otro complejo. Ambos están escritos en Python, para que se centre en cómo se reorganiza el código más que en la composición de los tipos de objetos (por eso en los ejemplos de patrones de diseño usé C# y no Python).

Ejemplo 3. Refactorización simple

En este ejemplo se han eliminado los múltiples `if-elif-else` para dar paso a una estructura de datos, más fácil y simple de adaptar en caso de, por ejemplo, querer añadir una nueva banda a la evaluación.

```
# Sin refactorización
def get_band(band_id):
    if band_id == 1:
        return "Metallica"
    elif band_id == 2:
```

[37] Aunque pueda parecer una locura, reescribir todo un sistema es a veces una opción preferible a mantener un sistema que no puede escalar hacia ningún lado.

```
        return "Dream Theater"
    elif band_id == 3:
        return "Iron Maiden"
    else:
        return "Desconocida"

# Con refactorización
def get_band(band_id):
    bands = {
        1: "Metallica",
        2: "Dream Theater",
        3: "Iron Maiden"
    }
    return bands.get(band_id, "Desconocida")
```

Ejemplo 4. Refactorización compleja

```
# Sin refactorización
def get_statistic(data, operation):
  if operation == "mean":
    return sum(data) / len(data)
  elif operation == "median":
    data.sort()
    if len(data) % 2 == 0:
        return (data[len(data) // 2] + data[len(data) // 2 -
 1]) / 2
    else:
        return data[len(data) // 2]
  elif operation == "mode":
    count = Counter(data)
```

```
    max_count = max(count.values())
    return [k for k, v in count.items() if v == max_count]

  return None

# Con refactorización
from collections import Counter
def mean(data):
    return sum(data) / len(data)

def median(data):
    data.sort()
    if len(data) % 2 == 0:
        return (data[len(data) // 2] + data[len(data) // 2 -
 1]) / 2
    else:
        return data[len(data) // 2]

def mode(data):
  count = Counter(data)
  max_count = max(count.values())
  return [k for k, v in count.items() if v == max_count]

def get_statistic(data, operation):
  statistics = {
  "mean": mean,
  "median": median,
  "mode": mode
```

```
}
return statistics.get(operation)(data)
```

Code Smell

Uno de los objetivos de la refactorización es reducir los *code smells* (que yo traduzco como «código absurdo»).[38] Este tipo de código tiene los siguientes atributos: violación de la convención de código, código duplicado o análogo y código que nunca se utiliza. En general, cualquier tipo de mala práctica y redundancia.

Yendo a lo central, según William Wake, hay diversos tipos de códigos absurdos (Wake):[39]

1. **Medibles**. Los que se pueden detectar midiendo algo en el código, por ejemplo, el largo del cuerpo de una función o clase.
2. **Nombres**. Los que carecen de buenos nombres de variables (o clases o funciones), pues nuestro modelo semántico del código se vuelve complejo.
3. **Complejidad innecesaria**. Código innecesario, sin utilidad ni razón de ser. Añaden complejidad sin sentido y aumentan la carga del sistema.
4. **Duplicación**. Consiste en el código que es el mismo o posee pequeñas variaciones; solo aumenta las posibilidades de cometer errores, sin contar que el código se vuelve más difícil de comprender.
5. **Lógica condicional**. Por ejemplo, un IF con múltiples conectivos lógicos se vuelve complejo de leer y mantener.
6. **Datos**. Estructuras de datos que no hacen nada. Presentes, pero sin un comportamiento.
7. **Herencia**. Un mal uso de la herencia entre clases (relativo a lenguajes que soporten objetos y herencia).

[38] El término original fue acuñado por Kent Beck.

[39] Wake definió estas nueve categorías en dos grupos: *code smells* dentro de clases (1-5) y entre clases (6-10).

8. **Responsabilidad**. No tener claro qué hace cada función. Una mala asignación de responsabilidad.
9. **Facilidad el cambio**. Cuando una nueva funcionalidad no puede ser añadida con facilidad por culpa de otros *code smells* en el sistema.
10. **Bibliotecas externas incompletas**. Tenga precaución al usar código ajeno que podría estar incompleto.

Más reciente es la taxonomía de Marcel Jerzyk, que presenta 56 tipos de códigos absurdos —que por espacio no se comentarán aquí— (Jerzyk), pero que, no obstante, mantiene la misma idea que Wake. Estas y las de Wake se suman a las malas prácticas presentadas en el clásico libro de Flower.

Este término tiene una conexión con otro concepto bastante popular entre los informáticos: la deuda técnica, que, a su vez, fue definida en el artículo *The WyCash Portfolio Management System* con la metáfora «endeudarse cada vez que se lanza una nueva versión de un sistema» (Cunningham). Algunos usan este concepto para nunca tomar responsabilidades de lo que en el pasado se hizo en el sistema, o para escribir código de mala calidad para alcanzar los plazos impuestos, o para simplemente justificar algún problema con el software. La deuda técnica debe verse como una deuda a pagar; en este contexto, acumular mucha deuda no sirve de nada si no se realizan los esfuerzos para saldarla.

Volviendo a los *code smells,* las estrategias de su eliminación consisten en comprender cada una. Así como sabemos que nos mojaremos si salimos a la calle en medio de un chaparrón, también sabemos que necesitamos un paraguas. Por ejemplo, el *code smell* Medibles (1) se puede resolver definiendo una convención y que el equipo de trabajo la siga, y para eso es necesario un seguimiento de cumplimiento. El orden ayuda a reducir la complejidad. Otra cosa es comunicar de manera efectiva a los integrantes del equipo que esta cuestión es importante. Tal circunstancia se escapa del diseño de software, ahí las habilidades de los liderес de equipos son cruciales.

1.3.3. Patrones de diseño

Cuando escuchamos la palabra diseño en el contexto de la programación, automáticamente pensamos en los «patrones de diseño». Un patrón de diseño es un código que resuelve un problema conocido, recurrente, y, por ello, se transforma en un «patrón».[40] Es más, es normal que después de diez, quince años de experiencia un desarrollador pueda encontrar patrones de diseño sin nunca leer un libro sobre el tema. Es un mecanismo para evitar reescribir código.

Entonces, los patrones de diseño son una serie de pautas de código que han sido probadas en el tiempo y que han demostrado su efectividad.

El software ha incrementado su presencia en muchos dominios, lo que ha provocado un aumento de patrones de diseño. Por ejemplo, existen diseños de patrones para API, para una herramienta en particular (a saber, Node.JS o C#), para un entorno como la computación en la nube o incluso para el aprendizaje automático. Todo dominio se enfrenta a problemas recurrentes, por tanto, es natural que surjan soluciones conocidas.

Eric Gamma y otros popularizaron el término en su libro *Gang of Four* (Gamma). En él se presentaron 23 patrones de diseño agrupados en tres categorías:[41]

---

[40] Su contrapartida son los anti-patrones, donde la solución propuesta es recurrente pero contraproducente. O, dicho en términos coloquiales: «el remedio es peor que la enfermedad». Algunos de ellos son: monolito, una aplicación donde todas las funcionalidades se encuentran en un solo componente; código *spaguetti*, código sin conversaciones, difícil de entender y escrito con demasiada complejidad; exceso de comentarios y excepciones, que más que ayudar tienden a dificultar la lectura y la comprensión del código...

[41] Aunque esta no es la única clasificación, es la más popular. Es importante conocer y entender los diseños de patrones, no con el afán de aprendérselos de memoria, sino para estar atentos cuando nos encontremos con un problema futuro. Aunque parezca que siempre resolvemos un problema específico, que solo nos pasa a nosotros, no siempre es el caso; en el desarrollo de software hay muchas estrategias que se repiten, para nuestra fortuna.

- **Creacional (*Creational*).** Estrategias para crear objetos de forma efectiva.
- **Estructural (*Structural*).** Tiene que ver con cómo se relacionan los objetos mediante la herencia y la composición.
- **Comportamental (*Behavioral*).** Provee soluciones para las interacciones entre los objetos y para reducir el acople sin perder flexibilidad para adaptar el código.

A continuación, para cada una de las categorías doy un ejemplo —escrito en C#— de un patrón de diseño que yo considero más representativo. Cada uno de ellos es un ejemplo básico para centrarse en el patrón y no en la implementación. Y son útiles para ver, en la práctica, la idea de la descomposición y la composición. Al final de cada ejemplo entrego algunas ideas prácticas sobre dónde se podría utilizar.

Ejemplo 5. Patrón de diseño Fábrica – Creacional

El diseño de patrón Fábrica define una interfaz para crear un objeto, pero permite a las subclases decidir qué clase de objeto instanciar. Así, el código de la aplicación no se vincula a una clase concreta y se puede utilizar cualquier objeto que implemente la interfaz.

El siguiente patrón es un ejemplo de reducción de acople.

Código:

```
public interface IProduct
{
    string Name { get; }
}

public class ProductA : IProduct
{
    public string Name => "Producto A";
}

```

```
public class ProductB : IProduct
{
    public string Name => "Producto B";
}

public abstract class Creator
{
    public abstract IProduct FactoryMethod();
}

public class CreatorA : Creator
{
    public override IProduct FactoryMethod()
    {
        return new ProductA();
    }
}

public class CreatorB : Creator
{
    public override IProduct FactoryMethod()
    {
        return new ProductB();
    }
}

public class Program
{
```

```
    static void Main()
    {
        var creatorA = new CreatorA();
        var productA = creatorA.FactoryMethod();
        Console.WriteLine(productA.Name); // Product A

        var creatorB = new CreatorB();
        var productB = creatorB.FactoryMethod();
        Console.WriteLine(productB.Name); // Product B
    }
}
```

Explicación:

- Se han creado tres clases de producto: `ProductA`, `ProductB` y `Creator`.
- La clase `Creator` define un método abstracto, `FactoryMethod`, que debe implementar cada subclase para crear un objeto de tipo `IProduct`.
- Las clases `CreatorA` y `CreatorB` son subclases de `Creator` y proporcionan la implementación concreta de `FactoryMethod`.
- El cliente puede crear objetos de tipo `Creator` y utilizar el método `FactoryMethod` para obtener objetos de tipo `IProduct`.
- Dependiendo de la subclase de `Creator` que se utilice, se creará un objeto de tipo `ProductA` o `ProductB`.

Como caso de uso, considere una interfaz `IGameFactory` con métodos para iniciar, pausar o detener un juego. Así, podríamos tener clases concretas que implementen esos métodos para crear determinados juegos, como `SudokuGame`, `ChessGame`, `TicTocGame`, etc.

Ejemplo 6. Patrón de diseño Adaptador – Estructural

El patrón de diseño Adaptador permite que dos (o más) objetos trabajen juntos mediante la creación de una clase adaptadora que convierte las invocaciones de un objeto a una forma de adaptar otro objeto.

Código:

```
public interface ILegacy
{
    void Request();
}

public class LegacySystem : ILegacy {

  public void Request(){
     Console.WriteLine("Solicitud LegacySystem");
  }

}
public class NewSystem
{
    public void SpecificRequest()
    {
        Console.WriteLine("Solicitud  NewSystem");
    }
}

public class Adapter : ILegacy
{
    private readonly NewSystem _newSystem;
```

```
    public Adapter(NewSystem newSystem)
    {
        _newSystem = newSystem;
    }

    public void Request()
    {
        _newSystem.SpecificRequest();
    }
}

public class Program
{
    static void Main()
    {
        var legacySystem = new LegacySystem();
        legacySystem.Request(); // Solicitud LegacySystem

        var newSystem = new NewSystem();
        var adapter = new Adapter(newSystem);
        adapter.Request(); // Solicitud NewSystem
    }
}
```

Resultado:

```
Solicitud LegacySystem
Solicitud NewSystem
```

Explicación:

- Supongamos que hay un código legado, compuesto por la clase `LegacySystem`, que implementa el objeto de tipo `ILegacy`.
- El nuevo código se encuentra en la clase `NewSystem` y no hay que modificar el código actual.
- Para esto se crea una clase `Adapter` que debe implementar el método `Request` de la interfaz `ILegacy`.
- La clase `Adapter` recibe la instancia `NewSystem`.
- Dentro del método `Request` en la clase `Adapter` se invocará el método `SpecificRequest` de `NewSystem`.
- Finalmente, con esto se seguirá invocando la función `Request` sin necesidad de modificar el código legado.

Casos de uso:

Cualquier sistema que requiera añadir nuevas funcionalidades a un sistema legado. Con esto, no hay necesidad de modificar el código ya existente (interfaz legada).

Ejemplo 7. Patrón de diseño de Estado – Comportamental

El patrón de diseño de estado permite a un objeto cambiar su comportamiento en función de un estado interno. Este patrón es especialmente útil para evitar la creación de estructuras de control complejas o innecesarias en el código (ejemplo: múltiples `if-if-else-...-else`) y hacer que el comportamiento de un objeto sea extensible y fácil de mantener.

Código:

```
public interface IState
{
    void Handle();
}
```

```
public class StateA : IState
{
    public void Handle()
    {
        Console.WriteLine("Solicitud del Estado A");
    }
}

public class StateB : IState
{
    public void Handle()
    {
        Console.WriteLine("Solicitud del Estado B");
    }
}

public class Context
{
    private IState _state;

    public Context(IState state)
    {
        _state = state;
    }

    public void SetState(IState state)
    {
        _state = state;
```

```
    }

    public void Request()
    {
        _state.Handle();
    }
}

public class Program
{
    public static void Main(string[] args)
    {
        var context = new Context(new StateA());
        context.Request(); // Solicitud del Estado A
        context.SetState(new StateB());
        context.Request(); // Solicitud del Estado B
    }
}
```

Resultado:

```
Solicitud del Estado A
Solicitud del Estado B
```

Explicación:

- La clase `Context` se crea con un objeto inicial de tipo `StateA` y luego se invoca la función `Request`.
- Tanto el objeto `StateA` y `StateB` deben implementar el método `Handle` del objeto tipo `IState`. Así, ambas clases podrían tener distinta lógica en el método `Handle`.

- Después, el objeto de tipo `Context` cambia de objeto —o sea, de estado— al `StateB` para invocar su lógica.
- Dependiendo del estado actual de `Context` este va a ejecutar la lógica de las clases `StateA` y `StateB`, o de cualquier otra que implemente la interfaz `IState`.

Casos de uso:

Podría ser útil en cualquier sistema que necesite pasar de un estado a otro. A continuación, dos ejemplos: (1) una máquina de estado finito, cuando seleccionamos el método de pago para comprar un boleto de metro y (2) un sistema de procesamiento de transacciones que puede cambiar de estado cuando se recibe un pedido, se realiza un pago, se envía el pedido u ocurre un error en algún momento.

Tenga presente que estos tres ejemplos de patrones de diseño son básicos y sirven para que tenga una idea de cómo funciona cada uno. Sin embargo, una implementación real podría incluir más lógica, tratamiento de errores y gestión de log. Y no menos importante, el código no tiene por qué llevar palabras como Factory, Adapter y State para identificar el patrón.

1.4. Comunicación entre personas

El buen diseño de software ocurre cuando la comunicación de todas las personas involucradas en el proyecto es fluida, recurrente y hay una planificación.

Hace algunos años, un estudio señaló que la mayoría de los estudiantes graduados de la carrera de ciencia de la computación no saben diseñar software, a pesar de tomar cursos sobre técnicas de diseño de software y alcanzar una mayor pericia en lenguajes de programación (Eckerdal, McCartney y Moström). Esto vendría a confirmar que el diseño de software no es tan solo aprender conocimiento, sino vivirlo. La experiencia laboral es fundamental, acaso porque un buen diseño significa una buena interacción con las personas, que pueden generar a lo largo de sus vidas experiencias positivas o negativas.

1.4.1. Diseño e implementación

Un buen diseñador de software no es necesariamente un buen desarrollador de software, o viceversa. El diseño de software es una actividad que se nutre de otras habilidades; necesita una mayor abstracción, una gran comunicación y relaciones intrapersonales con las personas del equipo y, más fundamental, tener claro el dominio del negocio (Curtis, Krasner y Iscoe). Esto no siempre es el caso para un programador. Este puede ser un experto en algoritmos y estructuras de datos, pero carecer de habilidades para ponerse en el lugar del cliente.

Donald Knuth, ganador del premio Turing y autor de *The Art of Computer Programming*, afirmó que lo importante de un diseño es estar presente desde el comienzo en la implementación, no simplemente diseñar e irse (Knuth). Luego añadió: «El proceso de implementación me llevó constantemente a cuestiones imprevistas y a nuevas ideas sobre cómo mejorar las especificaciones [diseño] originales.». Esto refiriéndose a TeX, el sistema de tipografías que él construyo.[42] Es decir, el diseño evoluciona junto con la implementación, no es algo cerrado una vez se comienza a implementar.

Por otro lado, Peter Naur ahondó en la idea en *Programming as Theory Building*Aquí, Naur nos viene a decir que el propósito de la programación no es solo escribir código, sino crear una teoría del problema en cuestión y su solución (Naur, Programming as theory building). Es decir, el conocimiento es implícito entre los miembros del equipo y, por tanto, no es suficiente con escribirlo. Así, Naur desecha la posibilidad de que el conocimiento de un programa pueda traspasarse con solo leer la documentación (esto lo trataré desde otro ángulo en el capítulo de Documentación).

Esta teoría también podría ser aplicable al diseño, ¿podemos entender el diseño de un sistema con esquemas gráficos proporcionados por lenguajes de modelado o alguna otra herramienta de especificación? Según Naur no es posible porque hay un conocimiento que solo el programador conoce. No es posible escribir un diseño (menos dibujarlo), solo

[42] Hoy se conoce más su variante LaTeX, un conjunto de macros que hace más fácil el uso de TeX.

el programador a través de su intuición lo puede justificar. A mí esto me parece más un anhelo camuflado de darle «superpoderes y vía libre» a los programadores, aunque con motivos justos —para la época—: darles la relevancia que merecían a los programadores y que no fueran vistos como meras piezas reemplazables.

Una forma de ver lo que dice Naur es por medio de la intuición.

Ejemplo: en un estudio realizado con bomberos se descubrió que ellos no toman decisiones basadas en opciones A, B o C y eligen la mejor, como podríamos hacer cada uno de nosotros en una empresa, sino de manera intuitiva. Es decir, han acumulado a lo largo de diez, quince o veinte años tanta experiencia que han formado un conjunto de pautas que les hacen crear un mecanicismo intuitivo que les permite, de manera veloz, tomar buenas decisiones (Klein).

El mismo Naur ya había hablado de la importancia de la intuición: «La intuición entra directamente en cualquiera de las actividades mentales que, en conjunto, constituyen el desarrollo de software», para más tarde añadir: «El desarrollo de software en todas sus fases, e independientemente de las técnicas empleadas en su consecución, debe depender y dependerá siempre de la intuición» (Naur, Intuition in software development).

Un diseño de software debería aspirar a lo siguiente:

- No renunciar a la documentación. Entender que la documentación es importante en el proceso de diseño, pero no de una manera aislada y desconectada del código, sino como documentación que avance junto con las nuevas funcionalidades (este punto lo puede entender en detalle en el capítulo de Documentación). El no prestar atención a la documentación es como intentar tener reuniones semanales sin bitácora, nuestra memoria es frágil para asumir tal riesgo.
- No renunciar a la comunicación entre las personas. Entender que entablar una adecuada comunicación con todos los responsables del proyecto es fundamental, para así tener una planificación de la toma de requisitos y de los plazos de entrega. De no hacerlo, las tareas se harán de manera incorrecta, se

entregarán las funcionalidades con retraso y esto provocará un entorno de trabajo donde cada cual culpará al otro de los problemas. Es decir, todo lo contrario a un trabajo en equipo.

- No renunciar a usar cualquier herramienta visual que apoye el entendimiento del sistema. Entender que hay situaciones donde es necesario tener un lenguaje de modelado para plasmar una estructura de código, y eso no presupone rigidez. (Esto lo mostraré en la sección siguiente, Lenguajes de modelado).
- No renunciar a la flexibilidad. También se debe contar con un espacio para cambiar de dirección si es necesario. Aferrarse a un diseño «porque ya está así» puede convertirse en una bola de nieve que más tarde pasará factura. Este punto está enlazado a la metodología de trabajo que elija.
- No renunciar al aprendizaje. La tarea de diseñar software es una tarea que requiere constante aprendizaje en la forma de construir mejor código y comunicarse con otras personas. Porque estas cuestiones van cambiando según el dominio del negocio, según la época y según la cultura organizacional donde se encuentre el proyecto. Para más detalles puede revisar el capítulo Aprendizaje de la programación.

(Procure revisar las lecturas sugeridas al final de este capítulo, pues en ellas podrá profundizar en cada punto que he mencionado anteriormente).

1.4.2. Lenguajes de modelado

A diferencia de los lenguajes de programación que construyen programas, hay otros que construyen representaciones gráficas.

Desde su publicación a finales del siglo pasado —en 1998, por Jacobson Booch en *The Unified Modeling Language User Guide*— UML se transformó en el lenguaje de modelado estándar para ingenieros de software que diseñan sistemas. Sobre todo, para sistemas que hacían uso de la orientación a objeto.[43]

Como su nombre indica, UML es un lenguaje de modelado unificado que busca ser general antes que especifico, visual antes que textual, práctico antes que teórico. Incluye un conjunto de diagramas y notación para representar diferentes aspectos de los sistemas, como requisitos, funcionalidades, estructura y comportamiento.

A pesar de su éxito en la industria, aún hoy, en empresas donde los sistemas son pequeños o siguen las metodologías agiles —de manera equivocada— o llanamente están llenas de prejuicios, UML tiende a ser visto como algo anticuado, rígido y pesado, que retrasa los proyectos. Esta visión está errada.

Un estudio realizado en 2020 que encuestó a 109 participantes de 34 países —con distintos roles y años de experiencia en proyectos de software— demostró que un 88 % de los participantes usan UML para modelar alguna parte de sus sistemas (Ozkaya y Erata). Es decir, no es una herramienta que no sea utilizada en la industria, es más bien poco usada en algunos tipos de entornos empresariales (*start-ups* o grandes compañías de software como Google, Microsoft, Apple, Amazon, etcétera).

Además de UML hay muchos otros lenguajes de modelado y notación que se utilizan en la industria del software para diseñar y documentar aplicaciones. Algunos de ellos son los siguientes:

- BPMN (*Business Process Model and Notation*, o Notación y Modelo de Procesos de Negocio). Es un lenguaje de modelado que se usa con bastante frecuencia en el diseño y documentación de procesos de negocio.
- SysML (*Systems Modeling Language*, o Lenguaje de Modelado de Sistemas). Es un lenguaje de modelado visual basado en UML que se utiliza para modelar y

[43] La idea de intercambio de mensajes y su descomposición inherente a los lenguajes orientados a objetos hacen de estos un mapeo natural entre el código y una representante visual (UML).

analizar sistemas complejos. Por ejemplo, sistemas de aviación, vehículos espaciales, sistemas de transporte, etc.

- MBSE (*Model-Based Systems Engineering*, o Ingeniería de Sistemas Basada en Modelos). Es un enfoque para el desarrollo de sistemas que se basa en el uso de modelos para representar y analizar diferentes aspectos de los sistemas. MBSE se ha utilizado en una amplia variedad de aplicaciones, incluyendo ingeniería de sistemas, ingeniería de software, ingeniería de procesos, ingeniería de producto y gestión de proyectos.
- TOGAF (*The Open Group Architecture Framework*, o Marco de Arquitectura de The Open Group). Es un conjunto de herramientas que se utiliza para modelar y documentar la arquitectura de las aplicaciones. TOGAF por lo general permite modelar en cuatro niveles: negocio, aplicación, datos y tecnología.

Los lenguajes de modelado son esenciales para un buen diseño de software, dado que nos ayudan a mejorar la comunicación entre todas las partes que trabajan en el sistema.

1.4.3. El futuro del diseño de software

El futuro del diseño de software viene de la mano de los avances en las técnicas que mejoran la calidad del código. Se trata de reducir los errores y aumentar la productividad. Hay técnicas de muchos tipos. Aquí dejo las que considero con mayor impacto.

Generadores de código

Un generador de código —también llamado asistente de código— devuelve un código según la consulta escrita en un lenguaje natural (en la actualidad admite solo texto).

Estas aplicaciones utilizan técnicas de inteligencia artificial, en particular, de aprendizaje profundo, para construir sus modelos de predicción de código. Para este tipo de aplicación se han utilizado diversos tipos de modelos, a saber: *Convolutional Neural Network* y *Recurrent Neural Network*, aunque —desde el 2021— el más utilizado es el *Transformers* (Dey, Halder y Gendt).

Por lo general, estos modelos se entrenan con millones de líneas de código de distintos lenguajes de programación extraídas de repositorios públicos (por ejemplo, GitHub).

En 2022, los dos generadores de código más usados eran Tabnine[44] y GitHub Copilot[45].

El principio de diseño podría verse influenciado por este tipo de herramientas, para bien o para mal, ahora veremos por qué.

La parte positiva es que un novato podría tener menos bloqueos en su aprendizaje y, del mismo modo, alguien con experiencia podría volverse más eficiente.

Sin embargo, no debemos olvidar la parte negativa: en caso de no realizar una verificación del código generado, creer ciegamente en una herramienta es peligroso, como cuando usamos bibliotecas que no están preparadas para ser usadas en producción y, aun así, la usamos en producción (con las consecuencias predecibles: errores difíciles de detectar y carencia de una buena documentación para saber por qué ocurrieron).

Un estudio demostró que existe una falsa confianza en este tipo de herramientas: los programadores creen que el código generado con un asistente es más seguro que uno escrito sin hacer uso del asistente, cuando en verdad no es así (Perry, Srivastava y Kumar).

Reparación automática de código

Las técnicas de reparación de código consisten en que, cuando un algoritmo devuelve una salida errónea, este sistema la corrige de manera automática, ya sea borrando, modificando o añadiendo nuevas líneas de código. Se trata, entonces, de un generador de código focalizado a una tarea en particular.

En la actualidad, las dificultades de los reparadores automáticos de código consisten en que reparan solo algunos casos. Utilizando un concepto del aprendizaje automático, se podría decir que se sobreajustan: dados unos argumentos de entrada particulares al programa, lo arreglan, pero si cambian los argumentos de entrada, la reparación no es

---

[44] https://www.tabnine.com

[45] https://github.com/features/copilot

exitosa. En definitiva, una cosa es reparar un código para superar una prueba y otra muy distinta es que supere todas las pruebas.

Recientes trabajos han comenzado a dar respuesta a estos problemas generando una batería de nuevos argumentos de entrada, aunque persiste el problema principal: si no hay una especificación completa del comportamiento del programa es difícil generar código que repare los errores (Shariffdeen, Noller y Grunske).

1.5. Conclusión

En resumen, el principio del diseño trata sobre ideas frecuentes aplicadas a cómo el software debe ser programado para que pueda sobrevivir en el tiempo, a cambios en el interior de la empresa, a cambios de tecnologías y a cambios de requisitos, sin que esto signifique una pérdida en la calidad del sistema.

Algunas ideas generales como la descomposición y la composición son inseparables del diseño de software, sumadas a otras probadas con el paso del tiempo, como la refactorización o los patrones de diseño en la orientación a objetos. Además, procure estar al tanto de las nuevas herramientas que surgirán gracias a la inteligencia artificial, pues con ellas podrá mejorar la productividad y la calidad de su código.

1.5.1. Lecturas sugeridas

Los siguientes libros pueden ayudar a profundizar en estos temas:

- Un clásico para aprender patrones de diseño: *Head First Design Patterns: A Brain-Friendly Guide* de Eric Freeman, Elisabeth Robson, Elisabeth Freeman, Kathy Sierra y Bert Bates.
- Un libro sobre patrones de diseño para un área en auge: *Machine Learning Design Patterns: Solutions to Common Challenges in Data Preparation, Model Building, and MLOps* de Valliappa Lakshmanan, de Sara Robinson y Michael Munn.

- *A Philosophy of Software Design* de John Ousterhout. Un libro fuera de la norma para entender el rol de la complejidad en el diseño de software. Muy recomendado.

CAPÍTULO 2
ESTADO

2.1. Introducción

Un estado representa una situación donde una parte o múltiples partes asumen un compromiso. Cuando dos personas se casan cambian de estado, de solteras a casadas, luego podrían pasar de casadas a divorciadas (para alivio de algunos, según me han dicho). Este estado se rige según las leyes vigentes del país donde se casaron, pero hay más tipos de estados. Como sistemas biológicos, los humanos siempre tendremos dos estados: vivos o muertos. Una mariposa, por ejemplo, pasa por dos estados previos antes de su estado adulto: primero es larva y luego pasa a un estado intermedio que se conoce como crisálida. Hay estados en todas partes.

El estado también tiene que ver con el tiempo. A cierta hora del día puedo estar despierto o durmiendo, o puedo estar comiendo, o puedo estar bebiendo un café, o puedo estar perdiendo el tiempo en Instagram o Twitter; todos estos son estados de mí en diferentes lapsos de tiempo que ocurren en un mismo día.

Antes de explicar a qué nos referimos con estado en programación, se deben aclarar algunas posibles confusiones. Un estado no es una característica ni una propiedad. Si tengo un humor irónico o soy una persona afable o tímida, son características de mi persona, no una situación particular; son estables y no suelen cambiar con el tiempo. Un estado, en cambio, es un evento específico sobre una entidad que la hace cambiar, pero que, sin embargo, no significa irreversibilidad (o sea, se podría volver a un estado previo).

Los estados en la programación se pueden entender de dos maneras:

- **Programación de bajo nivel**. Cuando pienso en estados, pienso en las primitivas más elementales, en lo cercano al hardware, en la electrónica, en el sistema binario, en la lógica, en la programación con ensamblador. Pues es ahí donde más claro se presenta este principio. Soy un ferviente creyente —si eso existe— en que para entender las abstracciones más sofisticadas de los lenguajes modernos es necesario tener una noción básica del bajo nivel, pues es así como «cerramos el circulo» con el aprendizaje de lenguajes de programación modernos.
- **Modelos de computación**. También se pueden entender los estados con algunos modelos de computación. Las máquinas de estados, los autómatas finitos, son ejemplos de sistemas que explican la idea de estado en la computación. Avanzan de un estado a otro, retroceden, se detienen y pueden volver al comienzo. Como los cambios de luces de un semáforo.

La programación de bajo nivel y los modelos de computación están desde el comienzo de la informática. Por ende, este es un principio que debemos buscar en el pasado, quitar capas de abstracción más que añadirlas, con el fin de entender nuestro presente y futuro.

Este capítulo se dividirá en tres secciones para entender el concepto de estado: asignación (cómo un estado surge), orden (cómo los estados se organizan) y tiempo (cómo el tiempo juega un rol importante para mantener el orden). Finalizaremos dando a conocer las implicaciones de entender el concepto de estado.

2.2. Asignación

La asignación es una operación que nos permite unir dos cuestiones, por ejemplo, A y B, donde A puede acceder a B pero no al revés. Esta relación asimétrica tiene un sentido práctico, pues B puede ser cualquier valor. Entonces usamos A para saber dónde se encuentra el valor B.

Un ejemplo concreto: si A es el nombre de un libro, entonces B es el contenido del libro; o si A es una dirección particular, entonces B serían los adornos, muebles y decoración que hay en la casa.

La creación de variables es un ejemplo clásico de la asignación en los lenguajes de programación. A continuación, lo explicamos.

Para guardar un valor dentro de un programa, cualquiera que sea este, un número, un nombre, una imagen, un video, etc., se hace con una *variable* (véase **Figura 15**). A esta operación —variable-valor— se le llama asignación. Una variable nos permite saber en qué ubicación de la memoria se encuentra el valor.

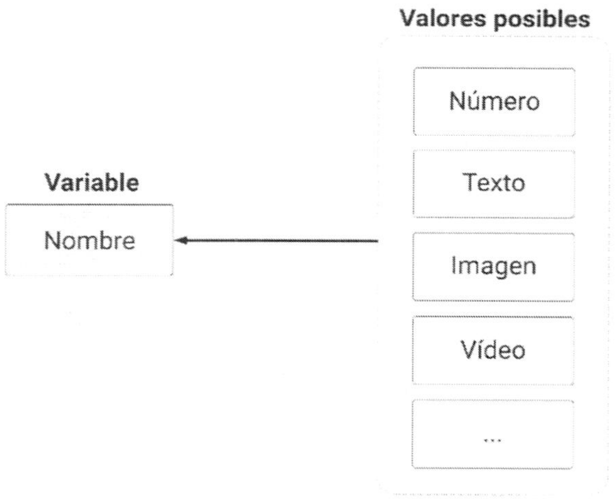

Figura 15. *Asociación de un valor con el nombre de una variable. A esto se le llama asignación.*

Escoja cualquier lenguaje de programación popular —o no tan popular— y verá que el concepto de variable está presente.[46]

[46] Muchos lenguajes funcionales también permiten declaración de variables. Lo que suele diferenciarlos del resto es que sus variables son inmutables: una vez declaradas no pueden cambiar de valor, es decir, no pueden cambiar de estado.

Los valores se deben almacenar en memoria y la forma de acceder a ellos es con el nombre de la variable. Así, si yo quiero almacenar el valor `'Jazz'`, creo la variable `musical_genre`; internamente, en el ordenador se vería así:

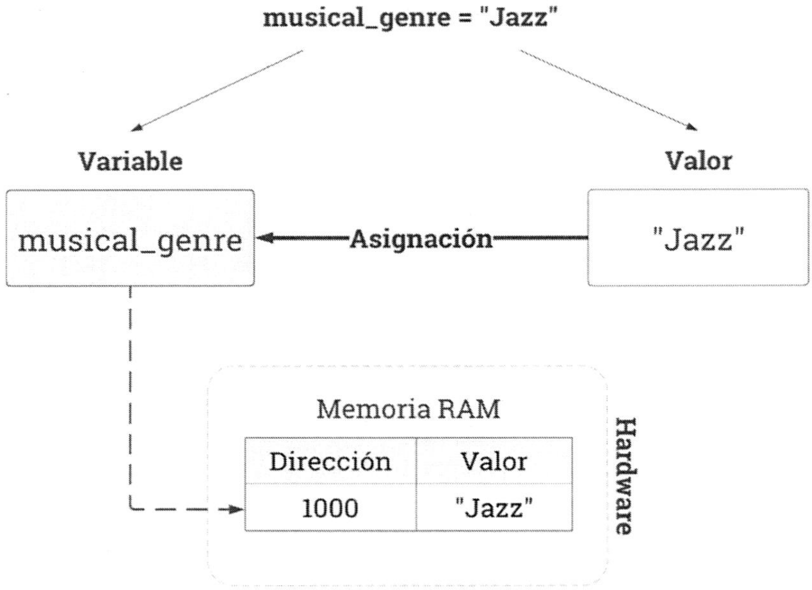

Figura 16. *Esquema de asignación de una variable y su representación en la memoria.*

El símbolo «=» es el operador de asignación. Esto es por convención, la mayoría de los lenguajes de programación lo usan; en cambio, hay otros que usan «:=» o «<-».

Luego ya no necesito escribir de nuevo «Jazz», es suficiente con invocar la variable `musical_genre`. La variable es un atajo, una secuencia de caracteres para acceder al valor y no tener que recordarlo (¡tenga en cuenta que un valor puede ser intrincado, por ejemplo, contener todos los caracteres de un libro!).

En Python una variable se crea con la siguiente sintaxis:

```
musical_genre = "Jazz"
```

En C++:

```
string musical_genre = "Jazz";
```

Son similares, salvo que en C++ necesita añadir más información: el tipo de dato al que va a referirse la variable `musical_genre`. No obstante, ambas son una asignación.

Así, todos los valores que se crean en un programa son temporales, es decir, una vez el programa se cierra, se borran de la memoria.

La declaración de variables es una forma de crear un estado.

2.2.1. Flujo de estados

Cuando se realiza la asignación, se crea una variable o se cambia el valor de la variable en caso de que ya existiera.

Considere la variable `city`. Podría comenzar con el valor `Arica` y luego ir cambiando de valor (estado).

```
city = "Arica"
city = "Valparaíso"
city = "Santiago"
city = "Valdivia"
city = "Castro"
city = "Punta Arenas"
```

Las seis asignaciones no son seis variables. En la primera asignación se crea la variable `city` y en las siguientes cinco asignaciones se cambia su valor. Esto ocurre en tiempo de ejecución, o sea, el cambio de estado ocurre cuando cada nueva asignación se realiza mientras el programa se ejecuta, línea a línea, de arriba abajo.

Esto se ve en el siguiente diagrama de estados:

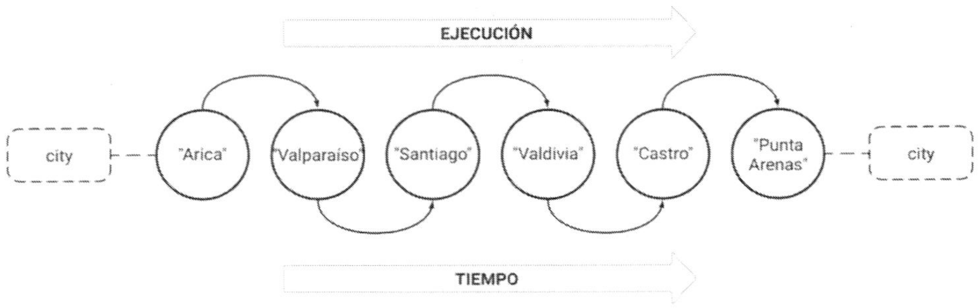

Figura 17. *Los cambios de estado de la variable city en el tiempo. Su primer estado es con el valor "Arica" y termina con el estado "Punta Arenas".*

Los estados de una variable se mantienen en la memoria RAM, son temporales y podrían tener distintos flujos de cambios según como este diseñado el algoritmo.

A continuación, ofrecemos una breve introducción al lenguaje ensamblador (para la arquitectura ARM), donde el concepto de estado queda al descubierto.

2.2.2. Lenguaje ensamblador

El lenguaje ensamblador es un lenguaje mnemotécnico de bajo nivel que hace legible el lenguaje de máquina (binario), aunque es menos legible si lo comparamos con un lenguaje de alto nivel como Python. Hay múltiples lenguajes ensambladores y dependen de la arquitectura de microcontroladores, por ejemplo: arquitectura x86-64, la más usada en ordenadores personales; ARM, popular en dispositivos móviles, y ordenadores personales, entre otros, y RISC y MIPS, ambas utilizadas en ordenadores personales, enrutadores y diferentes dispositivos.

Para continuar con el principio de estado, en este apartado mostraremos algunos ejemplos usando el lenguaje ensamblador para la arquitectura ARM, cuyas instrucciones, al menos yo, considero simples y no tan complejas como otras.

Algunos lenguajes ensambladores representan un desafío a la hora de aprender a usarlos, para algunos incluso causan «pesadillas»:

> Programar en ensamblador difiere de programar en lenguajes de alto nivel. Te pone inmediatamente al lado del hardware. No puedes ignorar cómo está distribuida la memoria, tienes que ajustar tu código a ella. No puedes ignorar los registros que tienes a tu disposición, son tus variables y tienes que manejarlas con cuidado. También aprendes a comunicarte con otros dispositivos a través de los puertos de Entrada/Salida, que es, en última instancia, la única forma que tienen los dispositivos digitales de comunicarse entre sí. **Una vez, trabajando en un problema especialmente complicado, me desperté en mitad de la noche y me di cuenta de que había estado soñando en lenguaje ensamblador x86.** (Ledin)[47]

¿Ahora entiende porque elegí ARM y no Intel x86?

ARM

Es una arquitectura de procesador utilizada en dispositivos embebidos, móviles y que no tengan tantas prestaciones en cuanto a recursos. Pero no hay un ARM, hay muchos. Por ejemplo, la arquitectura ARMv8-A tiene dos modos: AArch32 y AArch64, que trabajan para arquitectura diseñada para sistemas de 32 y 64 bits, respectivamente.

La arquitectura Aarch64 se diferencia de su antecesora en el tamaño de sus registros y la cantidad de datos que puede procesar en una sola operación. Admite un mayor rango de direccionamiento de memoria.

Una arquitectura, sea de 32 bits o de 64 bits, tiene una cantidad de direcciones de memorias que es posible mapear (direccionamiento). En el caso de los 32 bits, 2 ^32 = 4 gigabytes (GB), entonces, lo máximo que podría aprovechar un CPU de 32 bits es una memoria RAM de 4 GB. En cambio, en un CPU de 64 bits, 2 ^64 = 16 exabytes (EB). Es una enorme cantidad de espacio para mapear, por ello, se hace poco probable la utilidad de una arquitectura sobre 64 bits.

---

[47] Esta cita proviene del prólogo del libro de Jim Ledin, escrito por Dave Farley. Las negritas fueron añadidas.

Esta sección presentará algunos ejemplos de AArch64 (desde ahora en adelante la llamaremos simplemente ARM).

ARM —y cualquier otro lenguaje ensamblador— tiene cosas interesantes que demuestran por qué todavía hoy es útil aprenderlo:

- Optimizaciones críticas que no son posibles de realizar con lenguajes de programación modernos como C o C++.
- Ayuda a entender cómo funciona un ordenador desde su nivel más elemental.
- Acceso a la comprensión de conceptos avanzados presentes en otras áreas de la computación.

Aunque, por supuesto, escribir código directamente en ensamblador no es una tarea sencilla —sobre todo, si solo ha programado en lenguajes de alto nivel—. Requiere un conocimiento del hardware en el que se va a trabajar. Aprender un lenguaje ensamblador da acceso a la comprensión de conceptos presentes en sistemas operativos, en lenguajes de programación y en arquitectura de computadora, por tanto, da una mayor comprensión de lo que ocurre en un ordenador.

Larry Pyeatt y William Ughetta dieron las mejores razones de por qué aprender ensamblador es importante:

> Sin aprender primero el lenguaje ensamblador es imposible aprender conceptos avanzados como microcódigo, *pipelining*, programación de instrucciones, ejecución fuera de orden, *threading*, predicción de bifurcaciones y ejecución especulativa. Hay muchos otros conceptos relacionados con los sistemas operativos y la arquitectura de los ordenadores que requieren un cierto conocimiento del lenguaje ensamblador. Los mejores programadores entienden por qué algunas construcciones del lenguaje funcionan mejor que otras, cómo reducir las pérdidas de caché y cómo evitar los desbordamientos de búfer que destruyen la seguridad. (Pyeatt y Ughetta)

La mala fama que tienen los lenguajes ensambladores fue ocasionada por la arquitectura Intel x86, presente en la mayoría de los ordenadores actuales. Su complejidad y dificultad a la hora de programar es famosa. Se basan en la arquitectura CISC (*Complex Instruction Set Computer*), que es compleja de escribir y tarda más tiempo en ejecutarse. Algunos ejemplos de CISC, aparte de x86, son Motorola 68000, IBM System/360, PDP-11 y VAX.

Como contraste existe la arquitectura RISC (*Reduced Instruction Set Computer*), que viene a solventar estos problemas (mayor eficiencia en el uso de los recursos del procesador). Todas las variantes de ARM usan RISC, como también lo hacen otras arquitecturas de procesadores: PowerPC, SPARC, MIPS y RISC-V (de hardware abierto).

En la actualidad hay una tendencia a adoptar la arquitectura RISC por su mayor facilidad de aprendizaje y mantenimiento (esto se puede apreciar en que muchas universidades enseñan ensamblador usando algún lenguaje basado en RISC).

Componentes de un ordenador

En la **Figura 18** hay una vista simplificada de los tres componentes principales de un ordenador: CPU (*Central Processing Unit*), memoria y los dispositivos de Entrada/Salida, conectados por el bus de sistema.

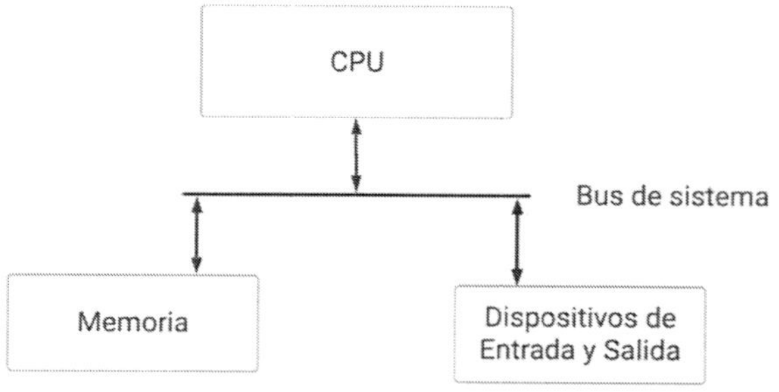

Figura 18. *Una vista simplificada de los componentes de un ordenador. CPU, memoria y los dispositivos de entrada y salida, conectados por el bus de sistema.*

El bus de sistema es como la autopista que permite conectar los tres componentes; la CPU es la que se encarga de realizar la computación, los cálculos, el procesamiento y controla los demás componentes del sistema; la memoria es un conjunto de celdas que permiten almacenar la información temporal que necesitamos para el computo, como números, texto, imágenes, videos, etcétera; y los dispositivos de entrada y salida son los periféricos que están conectados al ordenador para enviar o recibir señales.

Cualquier valor que se crea en un programa se almacena en la memoria RAM, también llamada DRAM (*Dynamic Random Access Memory*).[48] Es dinámica porque necesita refrescarse para que los datos se mantengan actualizados; esto ocurre porque las DRAM utilizan condensadores para almacenar la información y estos tienen tendencia a descargarse con el tiempo, entonces, aunque tenga corriente necesita refrescarse para mantener los datos. Esto no ocurre con la SRAM (*Static Random Access Memory*), cuyo contenido se mantiene alimentado con la energía y no necesita refresco, y usa puertas lógicas en vez de condensadores (es generalmente utilizada para el caché). Ambas usan transistores para dirigir el flujo de la corriente eléctrica.

La ventaja de SRAM sobre DRAM es que es más rápida al leer y escribir datos. Y las desventajas son que es costosa de fabricar y consume mayor energía, además de tener una menor cantidad de datos a almacenar.

¡Hola mundo en ARM!

Registros en Aarch64

Un registro es una ubicación en la memoria interna del CPU donde se almacenan temporalmente valores durante la ejecución de un programa. Por ejemplo, valores que se pasan como argumentos a una función, valores que son devueltos de una función, valores para guardar cálculos temporales, etc. Estos registros son utilizados por el CPU para realizar operaciones cómputo.

[48] Para más detalles sobre la importancia de la memoria RAM, véase el capítulo de Recurso.

A diferencia de las variables en un lenguaje como Python o Java, los registros tienen un tamaño fijo que depende del sistema en que se trabaja, 32 o 64 bits. Y lo más importante: la velocidad de acceso (lectura y escritura) a los registros es mayor por varias razones: (1) los registros no tienen que moverse por el bus de sistema, (2) tienen menor ruido eléctrico, (3) ocupan menos espacio porque esta junto al CPU y (4) son pocos registros. Para acceder a valores de la memoria RAM hay que pasar por el bus de sistema, y si tiene bastantes direcciones disponibles tardará más en leer y escribir, pues debe recorrer más y por eso es más lento.

Un ejemplo: la diferencia de tiempo de acceso y de registro en una arquitectura Aarch64 comparada con la memoria RAM es de 1x a 10x.

La tabla de registros de Aarch64 es la siguiente:

Registros	Descripción
x0-x7	Parámetros de funciones
x8-x15	Registros de función
x16-x18	Registros de plataforma
x19-x29	Registros de trabajo
x30	Registro de enlace
sp	Registro de pila
pc	Registro de programa

Consideraciones:

- Los registros de propósito general están entre x0 y x30, y se agrupan según su funcionalidad. Cada uno es de 64 bits.
- Los registros de x0-x7 son para argumentos que se pasan cuando se invoca una función.

- Los registros x9-x15 son de uso general y se pueden usar en cualquier momento.
- Los registros x16-x29 también son de uso general, pero con una salvedad: su contenido debe ser guardado antes de ser usado, luego restaurado antes de que la función termine. Es decir, son registros para realizar computo temporal.
- El registro x30 mantiene la dirección de memoria de las subrutinas.
- El registro `sp` (*stack pointer*) mantiene la dirección de memoria que apunta al final de la pila. Nos permite acceder a las direcciones de la memoria RAM.
- El registro `pc` (*program counter*) se encarga de mantener la dirección de la siguiente instrucción a ser ejecutada.

Cuando se programa en ensamblador y necesitamos almacenar un valor, se usa la palabra *registro*. Variable y registro son similares, pero se utilizan en contexto distintos. Variable suele ser usado para indicar que se almacena un valor en lenguajes de programación de alto nivel[49], como Python, Java, C#, C++, etc.; en cambio, un registro es una localización donde el procesador accede a valores, realiza operaciones y almacena los resultados de las operaciones, y se usa cuando programas en ensamblador.

Para ejecutar código ensamblador para Aarch64 hay dos opciones: tener un ordenador de arquitectura Aarch64, como una Rapsberry Pi, o emularlo con una herramienta como Qemu (que permite instalar una imagen de un sistema operativo de arquitectura Aarch64 y, entonces, dentro de la virtualización, ejecutar los comandos que aparecen a continuación).

Para los pasos de instalación de Qemu (https://www.qemu.org).

Ejemplo 1 – «Hola, Mundo»

El «Hola, Mundo» en Aarch64 se hace con el siguiente código:

```
// Fichero: ejemplo1.s
.data
```

[49] En este capítulo, cuando se escriba «programación de alto nivel» nos referimos a cualquier código escrito en un lenguaje que no sea ensamblador.

```
/* Sección de datos: se define el mensaje que mostraremos y
se calcula el tamaño del mensaje */
msg:
        .ascii          "¡Hola, Mundo!\n"
len = . - msg

.text

// Punto de inicio de la aplicación
.global _start
_start:
    // syscall write(int fd, const void *buf, size_t count)
    // se asigna STDOUT_FILENO (igual a 1) al fd (file
descriptor)
    mov     x0, #1
    ldr     x1, =msg    // se asigna msg a buf
    ldr     x2, =len    // se asigna len a count
    mov     w8, #64     // escribe en syscall #64
    svc     #0                  // se invoca a syscall

    // syscall exit(int status)
    mov     x0, #0      // status := 0
    mov     w8, #93     // termina syscall #93
    svc     #0          // se invoca syscall
```

Antes de pasar a explicar cada instrucción del ejemplo anterior, la sintaxis de Aarch64 es la siguiente:

```
<operador> <destino>, <origen>
<operador> <destino>, <directo>
```

```
<operador> <destino>, <dirección>
```

Por ejemplo:

mov x0, #15	Se asigna 15, un valor directo (*Immediate*, en inglés) al registro x0.
mov x1, #0xA	Se asigna 0xA (10 en decimal), un valor directo al registro x1.
add x3, x0, x1	Suma los registros x0 y x1 y lo almacena en el registro x3.

Explicación:

- En la sección `.data` se crea el `string` "Hola, Mundo\n", que será un ASCII; se calcula su tamaño y se guarda en `len`, por convención se hace con el operador «. -».
- En la sección `.text` se da inicio al programa. Se define la etiqueta de inicio global: `_start` (sería el equivalente al `main` en otros lenguajes de programación).
- Para mostrar un dato en pantalla se usará la función `syscall` que nos provee el sistema operativo para comunicarnos con el kernel.
- Luego se comienza a pasar cada argumento que solicita `syscall write` (que son tres).
    - `mov x0, #1` le asigna al primer argumento `fd` el valor `STDOUT_FILENO` (valor 1), esto significa que usaremos `syscall` para escribir.
    - Las siguientes `ldr` cargan los valores (total de bytes) que contiene el `string` y su tamaño desde la memoria a `x1` y `x2`, respectivamente.
    - `Mov x8, #64`; por convención para escribir con `syscall` se debe pasar el valor 64 al registro `x8`. (El `x8` suele usarse para este tipo de operaciones temporales).
    - `svc #0` es la convención para invocar a `syscall`.

- Luego se procede a hacer lo mismo con la invocación de salida de `syscall exit`.

Otra opción para ver el desensamblador de un lenguaje cualquiera (por ejemplo, C) en Aarch64 es usar Compiler Explorer (https://godbolt.org).

Ejemplo 2 – Cambio de estados (Parte I)

Desde este ejemplo hasta el final usaremos la biblioteca de C, así evitamos usar `syscall` para usar directamente la función `printf`. Además, antes de mostrar el código en Aarch64 doy su equivalente en C para que pueda entender la analogía.

Código en C:

```
#include <stdio.h>


int main() {
    int a = 10;
    printf("%d", a);
    return 0;
}
```

Hay muchas instrucciones en Aarch64 que son similares, por eso en los siguientes códigos de ejemplos de Aarch64 solo comentaré las instrucciones nuevas y que no han sido comentadas previamente.

Código en Aarch64:

```
// Fichero: ejemplo2.s
// Sección de datos
.data
// Cadena de formato para la función printf
.format:
  .string "%d\n"
```

```
// Sección de código
.text
// Declara la función main como global
.global main
main:
    stp x29, x30, [sp, #-32]! // guarda x29 y x30 en la pila
    add x29, sp, #0        // crea un apuntador para la pila
    mov w0, #10            // carga el valor 10 en el registro
w0
    str w0, [x29, #28]   // guarda registro x29 + 28 en w0
    adrp x0, .format      // obtiene la dirección base del
.format
    add x0, x0, :lo12:.format // suma la posición especifica
del .format
    ldr w1, [x29, #28] // carga el registro: x29 + 28 y lo
asigna a w1
    bl printf    // llama a la funcion printf (de biblioteca
de C)
    mov w0, #0   // limpia el registro w0
    ldp x29, x30, [sp], #32  // restaura x29 y x30 y la pila
(sp)
    ret
```

Compilación:

```
gcc -s ejemplo2.s -o ejemplo2
```

Ejemplo 3 - Cambio de estados (Parte II)

Código en C:

```
#include <stdio.h>

int main() {
    int a = 10;
    a = 20;
    a = 30;
    printf("%d", a);
    return 0;
}
```

Código en Aarch64:

```
// Fichero: ejemplo3.s
.data
.format:
  .string "%d\n"

.text
.global main
main:
    stp  x29, x30, [sp, #-32]!
    mov    x29, sp
    mov    w0, #10
    str    w0, [x29, #28]
    mov    w0, #20
    str    w0, [x29, #28]
```

```
    mov     w0, #30
    str     w0, [x29, #28]
    adrp    x0, .format
    add     x0, x0, :lo12:.format
    ldr     w1, [x29, #28]
    bl      printf
    mov     w0, #0x0
    ldp     x29, x30, [sp], #32
```

Compilación:

```
gcc -s ejemplo3.s -o ejemplo3
```

Ejemplo 4 – Factorial

La explicación está incluida en los comentarios del código:

```
// Fichero: ejemplo4.s

.data
    .format: .string "%d\n"

.text
.type factorial, %function  // declara factorial como una función
.global factorial   // hace factorial visible para otras partes del
programa

factorial:
    stp    x29, x30, [sp, #-32]!
    mov    x29, sp
    str    w0, [x29, #28]
    ldr    w0, [x29, #28]
    cmp    w0, #0x0          // comparación con 0
    beq    return            // si el valor es 0, salta a return
```

```
    ldr    w0, [x29, #28]
    sub    w0, w0, #0x1       // resta 1 al valor de w0
    bl     factorial          // llamada recursiva a factorial
    mov    w1, w0             // mueve el valor de w0 a w1
    ldr    w0, [x29, #28]
    mul    w0, w1, w0         // multiplica el valor de w0 y w1
    ldp    x29, x30, [sp], #32
    ret

return:
    mov w0, #1     // si el valor es 0, retorna 1
    ldp x29, x30, [sp], #32 // restaura el estado de la pila y sale
de la función
    ret

.type main, %function
.global main
main:
    stp    x29, x30, [sp, #-32]!
    mov    x29, sp
    mov w0, #8
    bl factorial     // llama a la función factorial

    mov w1, w0
    adrp x0, .format
    add x0, x0, :lo12:.format

    bl printf
    mov w0, #0x0
    ldp x29, x30, [sp], #32
    ret
```

Ejemplo 5 – Código C a Aarch64 (desensamblador)

Asumamos que tenemos el siguiente código en C:

```
// fichero de nombre test.c
#include <stdio.h>


int main() {
      printf("Hola, Mundo");
      return 0;
}
```

Dentro del computador con Aarch64 hay que ejecutar dos comandos para obtener el desensamblador.

```
>   aarch64-linux-gnu-gcc-7 -c test.c
>  aarch64-linux-gnu-objdump  -d  --no-show-raw-insn  --full-contents test.o | perl -p -e 's/^\s+(\S+):\t//;'
```

El primero realiza la compilación y el segundo devuelve el desensamblador del código C.

```
test.o:     file format elf64-littleaarch64
Disassembly of section .text:
0000000000000000 <main>:
stp     x29, x30, [sp, #-16]!
mov     x29, sp
adrp    x0, 0 <main>
add     x0, x0, #0x0
bl      0 <print>
mov     w0, #0x0                        // #0
ldp     x29, x30, [sp], #16
ret
```

Este código es el equivalente en Aarch64 del código `test.c`.

2.3. Orden y tiempo

El orden es fundamental para entender el cambio de estado. Cuando ocurre una transición de un estado a otro, de manera implícita se asume que hay un estado previo que se ejecutó antes. También se asume que un cambio de estado viene definido por un conjunto de reglas que lo permiten.

Sin orden no habría cambios de estados. La computación procura proteger el orden, pues sin este no habría computo, todos los algoritmos que se implementaran devolverían valores incorrectos. Si computamos el promedio de una lista, no importa el orden de los elementos, solo importa que exista esa lista antes de realizar el promedio.

El tiempo tiene un papel en el orden. Con tiempo me refiero a un estado que realiza una transición a otro estado mientras el programa se mantiene en ejecución. Cada cambio de estado tiene un tiempo, como una marca de agua. Un estado posterior siempre tendrá un tiempo mayor, hasta que se termine el programa. Pues, aún cuando es evidente, una vez el programa no se encuentra ejecutando no hay ningún cambio a realizar.

Un programa puede terminar su ejecución por varios motivos: porque realizó todas las tareas y finaliza, porque sufrió un error o porque el ordenador donde se ejecutaba se apagó inesperadamente. En cualquier caso, lo que quiero apuntar aquí es que el tiempo es algo presente en los cambios de estados.

De la teoría de la computación encontramos ejemplos que ilustran los cambios de estados presentes en todo software. Algunos de ellos residen en los autómatas, modelos matemáticos útiles para atrapar la noción de estados, por su simplicidad en el diseño pero complejidad en el comportamiento. En las siguientes secciones trataré dos tipos de autómatas: los finitos y los celulares.

2.3.1. Autómata finito (determinista y no-determinista)

Un autómata finito (o máquina de estado finito) es un modelo de computación que consta de estados y funciones de transición de estados (reglas). Cada estado representa una posible situación en la computación, y cada transición representa una acción que lleva a otro estado. Permite verificar si la entrada (por ejemplo, una secuencia de caracteres) es válida o no según sus reglas de transición.[50] Así se podría tener un autómata finito con los estados {a, b, c, d} y funciones de transición que verifiquen si hay una letra que se repite tres veces en yuxtaposición. O sea, «bcaaad» y «bbb» son válidas; en cambio, «abc» y «bbccdd» son inválidas.

Otro ejemplo: dada una secuencia de caracteres 1 y 0 saber si hay un número par de unos. Entonces, algunas entradas válidas serían: «101011», «11», «1100»; e inválidas: «010101», «10», «11111».

Hay dos tipos clásicos de autómatas finitos: deterministas y no-deterministas. Ahora pasaré a explicar cada uno.

Deterministas

Un autómata finito *determinista* (AFD) significa que, dada una entrada, cada estado tiene una única transición para pasar a otro estado. E similar a tener un único condicional:

```
IF state_current = "0" THEN
      // realiza una acción
END
```

Si el estado actual aceptara más de un estado aparte de "0", como "1" y "2", entonces sería no-determinista.

Ejemplo 6 - ¿La entrada contiene un número par de unos?

Antes de pasar a ver el código, este AFD necesita:

- Un conjunto de símbolos de entrada, `{0, 1}`.
- Un conjunto de estados, `{q1, q2}`.
- Un conjunto de funciones de transición de estados que reciben una tupla «(estado, símbolo)» y devuelven el siguiente estado. Por ejemplo, `(q1, 0) =`

[50] Si le interesa este tema, le recomiendo leer el capítulo de Teoría de la computación.

q1 (se mantiene en el mismo estado) y (q1, 1) = q2 (cambia del estado q1 a q2).

Código:

```
# Creamos el conjunto de estados
states = {'q1', 'q2'}

# Creamos el conjunto de símbolos de entrada
input_symbols = {'0', '1'}

# Creamos la función de transición
transition_function = {
    ('q1', '0'): 'q1',
    ('q1', '1'): 'q2',
    ('q2', '0'): 'q2',
    ('q2', '1'): 'q1'
}

# Creamos el autómata finito
def finite_automaton(string):
    # Establecemos el estado inicial
    current_state = 'q1'
    # Recorremos la cadena de caracteres
    for s in string:

        # Si el símbolo de entrada no está en el conjunto de
símbolos, devuelve False
        if s not in input_symbols:
```

```
            return False

        # Aplicamos la función de transición para obtener el
próximo estado
        current_state = transition_function[(current_state,
s)]

    # Si el último estado es q1, devuelve True, en caso
contrario devuelve False
    return current_state == 'q1'

# Comprobación
assert finite_automaton("1") == False
assert finite_automaton("1010101") == True
assert finite_automaton("111") == False
assert finite_automaton("101") == True
assert finite_automaton("0110101") == True
```

Su diagrama de estado sería el siguiente:

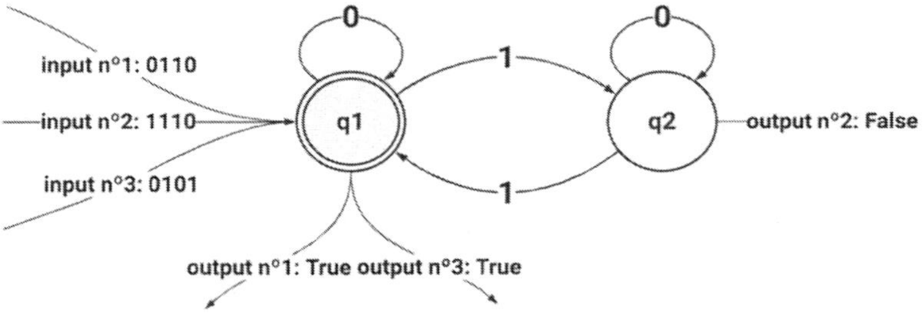

Figura 19. *Un AFD que comprueba si en la secuencia de entrada binaria hay un número par de unos. Se reciben tres entradas: 0110 (válida), 1110 (inválida) y 0101 (válida). El estado q1 tiene un doble anillo, esto significa que es donde concluye el autómata.*

Para el caso contrario, es decir, para detectar si hay un número impar de ceros, solo hay que cambiar los valores de las funciones de transición:

```
transition_function = {
    ('q3', '1'): 'q3',
    ('q3', '0'): 'q4',
    ('q4', '1'): 'q4',
    ('q4', '0'): 'q3'
}
```

Y la igualdad no sería `q1`, sino `q4`.

```
return current_state == 'q4'
```

En la siguiente Figura se puede ver la diferencia:

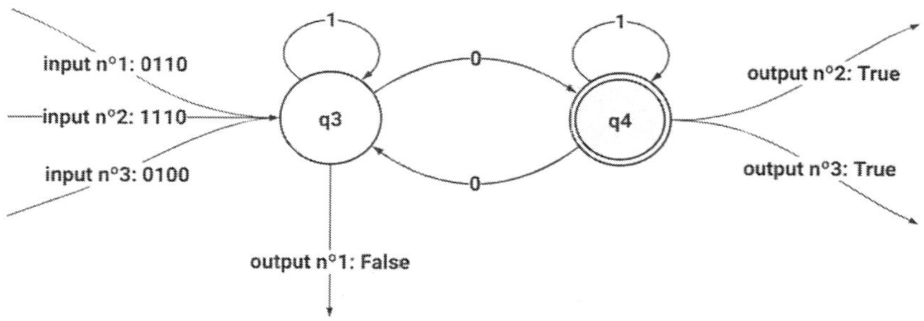

Figura 20. *Un AFD que comprueba si la secuencia de entrada binaria hay un número impar de 0s. Se reciben tres entradas: 0110 (invalida), 1110 (válida) y 0101 (válida). El estado q1 tiene un doble anillo, esto significa que es donde concluye el autómata.*

Ejemplo 7 – Unión de dos autómatas finitos deterministas

Al igual que unir dos piezas de un puzle en el lugar correcto, los dos autómatas del ejemplo anterior se pueden unir para aceptar un número par de unos o un número impar de ceros.

Visualmente se vería así:

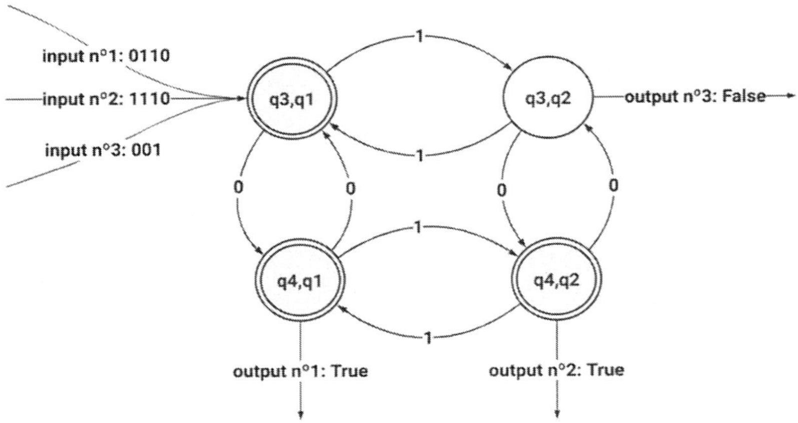

Figura 21. *Los dos autómatas previos son fusionados aquí. En vertical se encuentran el q3 y el q4, y en horizontal, el q1 y el q2. Solo el estado q3,q2 produciría una respuesta invalida, por ejemplo, para el caso de 001.*

No-deterministas

Como se mencionó antes, si un autómata finito es aquel en el que cada estado solo tiene una transición a otro estado posible, entonces, un autómata finito no-determinista (AFND) es aquel que puede tener más de una transición.

La idea detrás de un AFND es que posee múltiples condicionales para posibles estados de transición:

```
IF state_current == "q2" THEN
        …
ELSE IF state_current == "q3" THEN
…
ELSE IF state_current == "q4" THEN
        …
END
```

Por supuesto, esto le da mayor flexibilidad a costa de una mayor complejidad de implementación. (He aquí un secreto: esto ocurre en todo lo relacionado con la computación, siempre hay pros y contras).

2.3.2. Autómata celular

También existen los autómatas celulares, que, a diferencia de los autómatas finitos, pueden tener un número infinito de estados posibles. Compuestos de celdas que forman una malla (como un tablero de ajedrez), cada celda representa un estado binario y un subconjunto de celdas contiguas es un vecindario. En un autómata celular las funciones de transición no dependen de su estado actual, sino de su vecindario (estos componentes se pueden ver en la **Figura 22**).

Stephen Wolfram, un estudioso de este tipo de autómatas describió su comportamiento:

> Los autómatas celulares son ejemplos de sistemas matemáticos que pueden mostrar un comportamiento «autoorganizado». Incluso partiendo de un desorden total, su evolución irreversible puede generar espontáneamente una estructura ordenada. (Wolfram)

Una de las principales invenciones de Wolfram —y por la cual se siente más orgullo— fue la regla 30, una combinación de puertas lógicas que permiten producir patrones complejos que en un principio se podrían confundir con un comportamiento aleatorio, pero que nacen de reglas definidas en el autómata celular. En otras palabras: en ninguna parte del algoritmo hay pseudoaleatoriedad.

Además de la regla 30, Wolfram ha propuesto más de 200 reglas de comportamiento en el modelo, esto es, generadores de distintas combinaciones de estados para cada regla que pueden simular un cierto grado de caos (ya veremos un ejemplo). Entre ellas hay 88 que son reglas no equivalentes: no son derivables en otras.[51] En cambio, las restantes se pueden obtener de otras reglas.

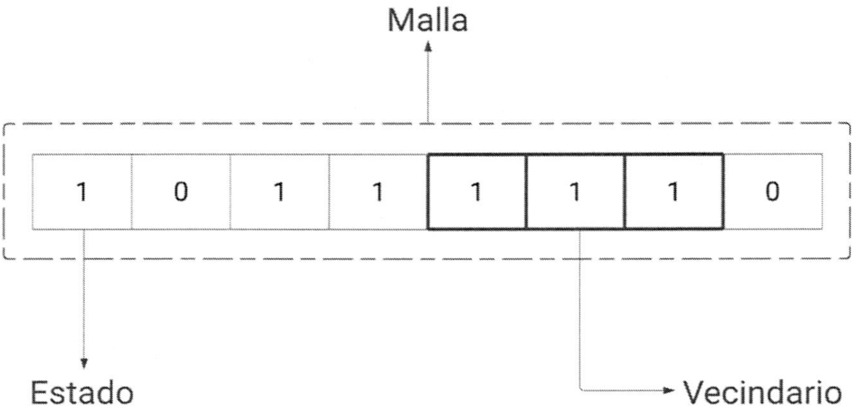

Figura 22. *Componentes de un autómata celular de una dimensión: un conjunto de celdas que forman una malla; cada celda tiene un estado 0 o 1 y un subconjunto de celdas contiguas representa un vecindario.*

Volviendo a la regla 30 (véase **Figura 23**), esta consiste en una simple operación lógica que requiere tres valores de entrada y dos operandos:

```
celda_izquierda XOR (celda_centro OR celda_derecha)
```

Así, por ejemplo, para comprobar el patrón «101» con esta operación lógica, sería equivalente a «1 XOR (0 OR 1)», que devuelve 0 (celda de color blanco).

[51] Puede revisar los ejemplos de las demás reglas aquí: https://mathworld.wolfram.com/ElementaryCellularAutomaton.html

Patrón actual	111	110	101	100	011	010	001	000
Nuevo estado para la celda del centro	0	0	0	1	1	1	1	0

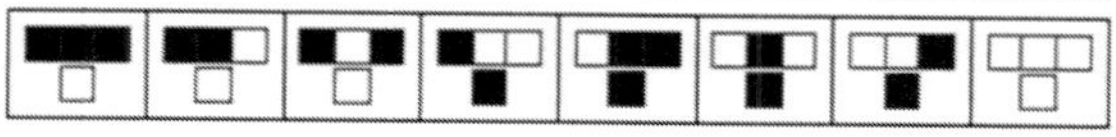

Figura 23. *Los estados posibles de la regla 30.*

El número 30 viene al convertir la secuencia binaria (base 2) a un decimal (base 10). O sea: $(00011110)_2 = (30)_{10}$. En la **Figura 24** se puede apreciar el resultado de ejecutar un autómata celular con la regla 30.

Aunque Wolfram ha mencionado que la regla 30 puede ser usada en casos prácticos, por ejemplo, en la criptografía, no hay consenso en que así sea. De todas formas, hay investigaciones que han demostrado su utilidad práctica en distintos tipos de aplicaciones gracias a sus propiedades pseudoaleatorias (Bhattacharjee, Naskar y Roy).

Esta detección de complejos patrones surge de ver una representación visual del autómata. En efecto, la complejidad de un autómata radica en su capacidad de representar visualmente dicha complejidad. Esto puede parecer obvio, pero no lo es, pues dado que cualquier autómata es un modelo matemático, sin visualización —probablemente— no hubiera existido el mismo interés: su complejidad no sería apreciable.

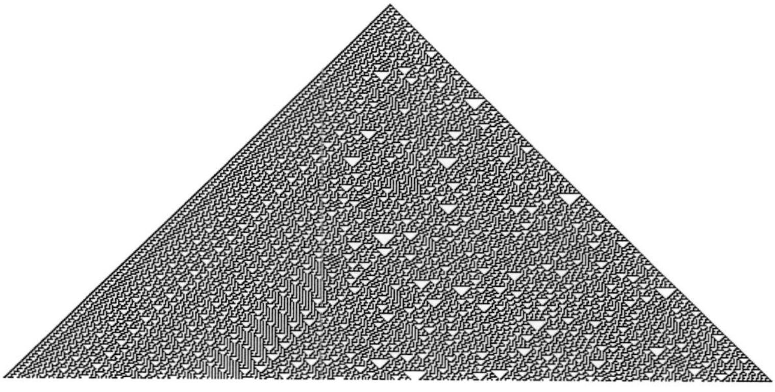

Figura 24. *Autómata celular con la regla 30.*

Hay autómatas celulares reversibles que operan de manera distinta. Por ejemplo, si elegimos cualquier estado del sistema, en cualquier instante de tiempo, entonces pueden regresar a los estados previos, hasta llegar a su origen. Esto no es factible en un autómata celular estándar. Para lograr esto se presupone un determinismo en sus transiciones. La reversibilidad de las transformaciones es analizada en el capítulo de Transformación.

Un ejemplo clásico de autómata celular es el Juego de la Vida, creado por John Horton Conway en 1970. En este, las celdas de una malla cambian su estado dependiendo de la configuración de las celdas vecinas. Algo que tienen en común todos los autómatas celulares es su comportamiento caótico y lleno de entresijos: un pequeño cambio local de estado puede provocar un gran impacto global en el sistema (múltiples estados).

Figura 25. *El Juego de la Vida, autómata celular creado por John Conway.*[52]

Le recomendamos profundizar en los autómatas celulares, pues incluso si no tienen una utilidad práctica directa, en ellos —y más que en muchos otros algoritmos— se puede apreciar desnudamente la belleza de los estados de la computación. (En las lecturas sugeridas, al final de este capítulo, hay recomendaciones para profundizar en este tema).

---

[52] Se recomienda jugarlo aquí: https://playgameoflife.com

2.4. Conclusión

Todo en computación trata sobre estados y cómo estos cambian en el tiempo. A lo largo de un programa, independiente de su tamaño, existen cambios de estados. Cuando se declara una variable. O cuando cargamos un fichero. O cuando añadimos un elemento a una lista o queremos obtener la media de las edades de un grupo de amigos. En cualquier momento están ocurriendo cambios de estados en un computador.

En efecto, mientras tiene encendido su ordenador, incluso si no hace ninguna acción, miles de cambios de estados se están ejecutando en el software y el hardware por el solo hecho de estar encendidos. Gracias a eso y a otras cuestiones es que su ordenador puede funcionar correctamente.

Detrás de la noción de estado se encuentra la lógica: se ha de seguir un orden establecido de reglas que se deben cumplir para transitar a otro estado, y luego a otro, así hasta llegar al final. Esto sucede en el tiempo, por eso la importancia de seguir un orden.

En resumen, nada en computación se escapa de los estados y de sus transiciones.

2.4.1. Lecturas sugeridas

Para este principio, divido en dos las recomendaciones.

Arquitectura de ordenadores y lenguaje ensamblador:

- Para entender las posibilidades del lenguaje ensamblador en la actualidad, le recomiendo una introducción general a la arquitectura RISC, *Computer Organization and Design RISC-V Edition* de David A. Patterson y John L. Hennessy.
- Y para profundizar en ARM64 —arquitectura sobre la que dimos ejemplos en este capítulo— revise el siguiente libro: *ARM 64-Bit Assembly Language* de Larry D. Pyeatt y William Ughetta.

Autómatas (máquinas de estados):

- *Natural Code* de Daniel Shiffman es un maravilloso libro para comprender los patrones visuales de los autómatas que surgen con simples algoritmos. Recomiendo en particular el capítulo sobre el autómata celular: https://natureofcode.com/book/chapter-7-cellular-automata/.

CAPÍTULO 3
RECURSO

3.1. Introducción

El primer recurso al que aspiran muchas personas es el dinero. Es algo normal al vivir en sociedad. De hecho, el autor de este libro también necesita este recurso cuando ve el saldo de su cuenta corriente al acercarse a fin de mes —la vida de un doctorando es precaria, según él mismo me ha contado—. Sin embargo, un recurso puede tener múltiples formas y objetivos. Hay recursos que son necesarios en nuestro día a día: alimentos, agua y oxígeno; sin ellos, sería imposible nuestra existencia. Hay otros que también son importantes, pero podríamos vivir sin ellos, aunque malamente. Me refiero a la energía, el gas, Internet o incluso un buen libro. Los recursos son necesarios y son un bien que, en muchos casos, tiende a ser escaso.

Los recursos que necesita un software están ligados a su hardware. Un mejor hardware se traduce en una mayor cantidad de recursos, y lo mismo viceversa. Dos componentes del hardware que nos proveen recursos son la memoria RAM y el disco duro. Independientemente de la memoria RAM que usemos o de las características del disco duro, ambos son necesarios para crear software. La memoria RAM es más importante, pues es necesaria para ejecutar un programa y almacenar cada variable, función, objeto... que tenga nuestro código. El disco duro nos permite conservar la información, para cuando necesitemos apagar o reiniciar el ordenador.

Cuando ejecutamos un programa, los ordenadores ocupan recursos físicos (hardware). Puede ser memoria RAM, puede ser CPU, puede ser espacio de disco. Todos ellos pueden afectar el rendimiento del programa según el problema que busquen resolver.

No es lo mismo hacer un algoritmo para sistemas embebidos que uno para un supercomputador. El primero requerirá que los programas usen poca memoria RAM o espacio de disco, en desmedro de la velocidad de cómputo; en cambio, si usamos un supercomputador es probable que no nos importe usar memoria RAM y espacio de disco, pues lo que necesitamos es que la respuesta sea rápida.

Sin embargo, en cualquier caso, el correcto diseño de algoritmos es básico para hacer programas eficientes. Un mal algoritmo —entiéndase mal algoritmo como uno que ocupa memoria innecesaria y realiza cálculos de una manera ineficiente— no gestionará correctamente los recursos del hardware, y aunque pueda ejecutarse en un supercomputador seguirá siendo un mal algoritmo.

La organización de este capítulo es la siguiente. Comenzaré explicando cómo la complejidad algorítmica afecta a la gestión de los recursos. Luego explicaré cuáles son sus limitaciones. Después mostraré algunos avances del hardware que podrían afectar al diseño de software y la importancia de las métricas para tomar mejores decisiones. Finalizáremos con algunas reflexiones sobre por qué los recursos son tan importantes en la programación.

3.2. Complejidad algorítmica

La conexión entre el software y el hardware es innegable: un software puede afectar al hardware y viceversa. El encargado de gestionar los recursos en un ordenador es el sistema operativo. Este proporciona la comunicación entre el software y el hardware. De esta manera, si creamos un programa que lea la información de un fichero y la almacene en una variable, el sistema operativo le informa al CPU para que reserve un espacio de memoria con dicha información. Veamos un ejemplo extremo: si crea una lista que va añadiendo datos de manera indefinida, llegaría un momento en que el programa ocuparía todo el espacio disponible de la memoria RAM, lo que provocaría que el sistema operativo detenga el proceso (cuando un programa se está ejecutando se le llama proceso). Hay que destacar que, dado que el sistema operativo se ejecuta en el CPU, todas las comunicaciones hacia todos los demás componentes, incluida la memoria RAM, deben pasar por el CPU.

La complejidad algorítmica es una manera de estimar cuánto consumo de espacio y tiempo ocupará un algoritmo, independientemente de su hardware, lenguaje de programación y *framework*.

Ejemplo: supongamos que tenemos un grafo no dirigido de 1 millón de nodos, conexo (todos sus nodos están conectado por un camino), ¿cuáles son todos los caminos posibles con dos nodos? Este problema es NP-Hard, no hay un algoritmo que en tiempo polinomial lo resuelva de manera exacta. De hecho, se vuelve peor si el grafo crece en nodos y en aristas. Pero lo que quiero destacar es lo siguiente: independiente del hardware donde se ejecute, crear un algoritmo exacto que encuentre todas las combinaciones de aristas para formar todos los caminos posibles entre dos nodos es una tarea intratable mediante fuerza bruta (buscar todas las combinaciones posibles). Entonces, para eso hay algoritmos de aproximación que intentan sortear estas limitaciones, que encuentran buenas soluciones, aunque no sean las mejores. En este ejemplo, podrían regresar un 90 % de los caminos posibles en poco tiempo (de ahí el nombre de «aproximación», porque no llegan al 100 %).

Por lo tanto, la complejidad algorítmica busca responder a la pregunta «¿qué puede ser efectivamente computado?», lo que nos lleva a preguntarnos qué significa «efectivamente». Probablemente, la respuesta más aceptada sea que *lo que es posible computar*. Dicho en otras palabras, significa que existe un algoritmo para resolver el problema.

Existen dos tipos fundamentales de tareas computacionales: los problemas de búsqueda y los problemas de decisión.

Problemas de búsqueda. Dada una instancia (sea un grafo, un arreglo, etcétera) se necesita encontrar un conjunto de posibles soluciones válidas. Considere los siguientes ejemplos: encontrar un elemento en un arreglo, encontrar el camino más corto entre dos nodos en un grafo, encontrar el mayor elemento dentro de un árbol balanceado, encontrar un patrón dentro de una cadena de caracteres, etc. Los problemas de búsqueda están cerca de nuestro día a día (aunque no lo sepamos), los encontramos cuando vamos a un supermercado o cuando nos trasladamos con el metro. Dicho en palabras de Oded Goldreich:

> Los problemas de búsqueda corresponden a la noción cotidiana de «resolver un problema» (por ejemplo, encontrar el camino entre dos lugares) y, por tanto, un debate sobre la posibilidad y la complejidad de resolver problemas de búsqueda corresponde a las preocupaciones naturales de la mayoría de las personas. (Goldreich)

Problemas de decisión. Los problemas de decisión son distintos de los problemas de búsqueda, ya que en los primeros se necesita encontrar una subinstancia que responda a la pregunta en lugar de buscar una solución para cada instancia posible. De esta forma, los problemas de decisión son binarios, es decir, solo necesitan devolver verdadero o falso, como por ejemplo determinar si un número es primo o si las luces delanteras de un coche están encendidas.

Estos problemas no son tan comunes en la vida cotidiana, ya que suelen plantear una única posibilidad, mientras que los problemas de búsqueda permiten evaluar múltiples opciones antes de tomar una decisión, dependiendo del problema que se esté resolviendo.

En resumen, la principal diferencia entre ambos tipos de problemas está en la forma en que se plantean las preguntas. En los problemas de búsqueda se trata de encontrar una o varias soluciones de entre varias opciones posibles, mientras que en los problemas de decisión se busca responder a preguntas binarias o elegir una solución de entre un número finito de posibilidades.

A continuación, se presentan algunos ejemplos de complejidad algorítmica asociada al tiempo de cómputo.

3.2.1. Lineal

Un algoritmo tiene complejidad lineal cuando tarda n pasos en devolver un resultado, donde n depende del tamaño de los valores de entrada de la función. Observemos el siguiente caso: hay que encontrar un valor dentro de un arreglo de diez elementos, entonces su complejidad es O(n),[53] porque representa el peor caso, esto es, el elemento buscado está al final. Trabajar con el peor caso es más conveniente que trabajar con el mejor caso (el elemento se encuentra en la primera posición del arreglo), ya que es más realista en términos de ejecutar el algoritmo miles de veces con distintos valores de búsqueda.

La búsqueda de un elemento dentro de un arreglo es un caso de complejidad lineal y siguiendo el ejemplo anterior este sería su peor caso:

```
def linear_search(arr, x):
    for i in range(len(arr)):
        if arr[i] == x:
            return i
    return -1


arr = [1, 2, 3, 4, 5, 6, 7, 8, 9, 10]
x = 10
result = linear_search(arr, x)
if result != -1:
    print("Elemento encontrado en el índice", str(result))
else:
    print("Elemento no encontrado en el arreglo")
```

[53] La notación Big-O, también llamada notación asintótica, permite medir la eficiencia de una función (algoritmo).

En este ejemplo los `n` pasos son el número de iteraciones del bucle `for`. Si se modificara el bucle para que solo recorriera la mitad de los elementos del arreglo, entonces su complejidad sería $O(n/2)$, aunque, claro, eso no resolvería el problema, ya que el elemento puede estar en la otra mitad que no hemos revisado.

Para el mejor caso bastaría con cambiar el valor a buscar `x` por `1`, el primer elemento del arreglo.

```
arr = [1, 2, 3, 4, 5, 6, 7, 8, 9, 10]
x = 1
result = linear_search(arr, x)
```

La diferencia en cuanto a tiempo de cómputo es mínima cuando la cantidad de elementos del arreglo es pequeña, pero si la cantidad de elementos son millones, entonces la diferencia se empieza a notar. (Esto, por supuesto, depende del hardware donde se ejecute el algoritmo, no obstante, es algo a considerar).

Para comprobar esto se puede calcular el tiempo de cómputo cada vez que se invoca a la función `linear_search` creando un arreglo con el total de elementos, que crece según el total de iteraciones, y eligiendo un elemento al azar a buscar. Entonces tenemos el siguiente código y gráfico:

```
import numpy as np
import matplotlib.pyplot as plt
from timeit import Timer

time_taken = []
total_iteration = 1000

for n in range(total_iteration):
    # crea un arreglo de n elementos, con valores aleatorios
de 1 a 100.
    arr = np.random.randint(1, 100, n)
```

```
    # Crea un valor aleatorio de 1 a 100.
    x = np.random.randint(1, 100)
    # La función Timer mide el tiempo de ejecución de la función lambda.
    t = Timer(lambda: linear_search(arr, x))
    # Ejecuta la función timeit de Timer, se guarda el tiempo.
    time_taken.append(t.timeit(number=1))

plt.plot(range(len(time_taken)), time_taken)
plt.xlabel('Tamaño del arreglo')
plt.ylabel('Tiempo de ejecución (s)')
plt.show()
```

El siguiente gráfico presenta la función lineal a medida que crece el tamaño del argumento de entrada `n`. Como puede apreciar, se mantiene lineal salvo por algunos picos que no son representativos.

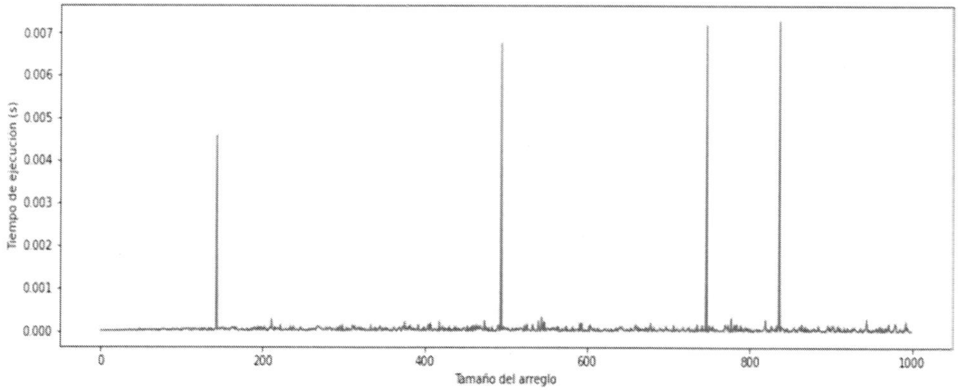

Figura 26. *Con el incremento de iteraciones el tiempo de cómputo se mantiene lineal, que es al mismo tiempo el incremento del tamaño del arreglo. Por tanto, esto demuestra que el algoritmo tiene una complejidad lineal en la práctica.*

La complejidad algorítmica también permite dar una aproximación en cuanto al espacio. Así, más que contar el número de operaciones que se va a ejecutar según una entrada, cuenta cuántos valores (y qué tipo de valores) se añaden a estructuras de datos (por ejemplo, un arreglo).

3.2.2. Cuadrática

La complejidad cuadrática presupone que se itera por cada elemento contra todos los datos de entrada. Así, si en la complejidad lineal se itera `n` veces y corresponde a O(n), entonces, si en cada iteración se vuelve a iterar sobre todo el arreglo, tenemos $O(n^2)$. Fíjese en que `n` aparece elevado a dos y no multiplicado por dos, pues no es que itere dos veces sobre todos los elementos (si `n` es 5, iteraría 10 veces, este no es el caso), sino que por cada elemento itera contra todo el arreglo (si `n` es 5, iteraría 5 * 5, 25 veces).

El ordenamiento de burbuja (*Bubble Sort*) es un algoritmo clásico que ordena una lista de elementos de forma ascendente en $O(n^2)$ (en el peor de los casos). Solo habría que cambiar la línea donde se crea el objeto `Timer` e invocar dentro de la función `lambda` la siguiente función:

```
def bubble_sort(arr):
    for i in range(len(arr)):
        for j in range(0, len(arr) - i - 1):
            if arr[j] > arr[j+1]:
                arr[j], arr[j+1] = arr[j+1], arr[j]
    return arr
```

A diferencia del gráfico de la complejidad lineal, en el de la complejidad cuadrática se puede apreciar que el tiempo de cómputo crece más rápido a medida que el valor de entrada se incrementa.

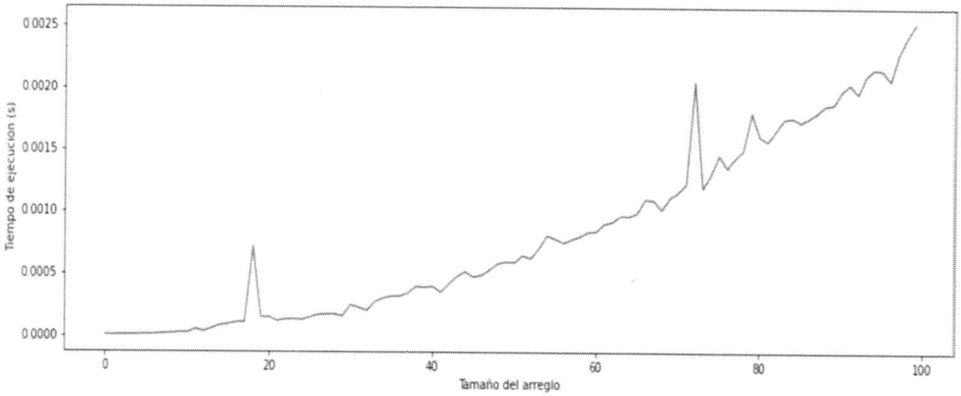

Figura 27. *Un incremento cuadrático del tiempo de cómputo con respecto a la cantidad de elementos de entrada para el algoritmo Bubble Sort.*

3.2.3. Exponencial

La complejidad exponencial rara vez debería ser útil, pues su tiempo de computación aumenta exponencialmente a medida que los datos de entrada crecen. Esto se vuelve impracticable con valores de entrada más grandes, por ejemplo, de miles o millones.

Considere un caso de este tipo de complejidad: la función recursiva para calcular la serie de Fibonacci de un número.

```
def recursive_fibonacci(n):
    if n <= 0:
        return 0
    elif n == 1:
        return 1
    else:
        return recursive_fibonacci(n-1) + 
recursive_fibonacci(n-2)
```

En el siguiente gráfico se nota un crecimiento desenfrenado en cuanto a tiempo de cómputo asociado al tamaño de la entrada.

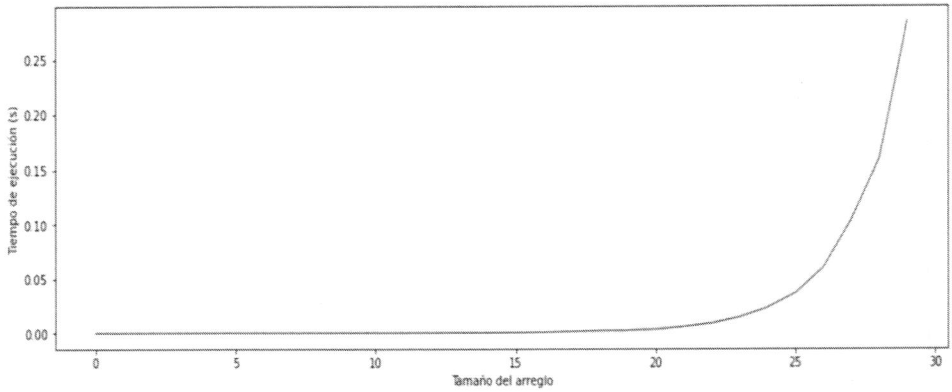

Figura 28. *Un incremento exponencial del tiempo de cómputo que se puede ver con claridad cuando se intenta calcular la serie de Fibonacci para números mayores de 25.*

Más extremo es el caso de cuando se pasa de una complejidad $O(n^2)$ a $O(n^n)$. El siguiente ejemplo —puramente anecdótico— nunca debería ser usado, pues es ineficiente por definición. (A menos, claro, que la entrada se mantenga acotada, cosa que en un entorno real no suele suceder).

El siguiente código es una función recursiva que calcula el conjunto potencia (un conjunto formado por todos los subconjuntos del conjunto dado):

```
def recursive_power_set(arr, index=0):
    if index == len(arr):
        return [[]]
    subset = recursive_power_set(arr, index + 1)
    for i in range(len(subset)):
        subset.append(subset[i] + [arr[index]])
    return subset
```

En el gráfico se advierte lo ineficiente que es este algoritmo, pues el tiempo computacional crece sustancialmente con un nivel de entrada reducido.

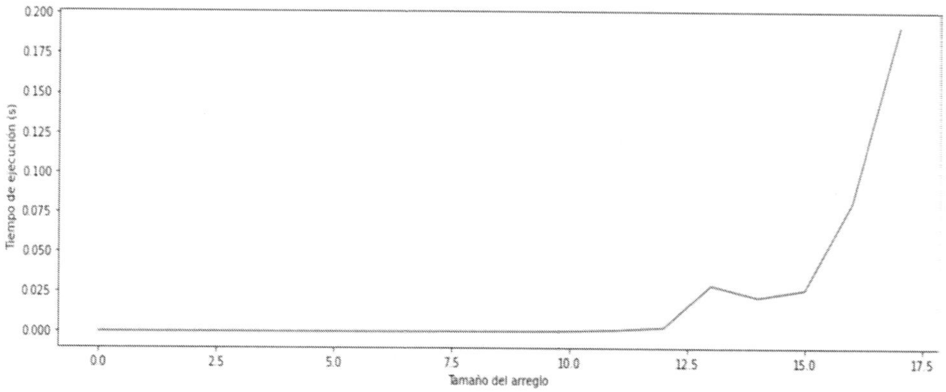

Figura 29. *Un caso aún más extremo de crecimiento exponencial del tiempo. Con un valor de entrada menor el crecimiento ya se vuelve superior al de la figura anterior.*

3.2.4. Logarítmica

La complejidad logarítmica es, entre todas las ya presentadas (excepto la lineal), en teoría la mejor. Y digo en teoría porque, como veremos más adelante, algunos algoritmos pueden tener una complejidad X sin que esa superioridad se vea reflejada en la experimentación. Se le llama complejidad logarítmica porque el total de iteraciones que se realizan crece no de manera exponencial, ni cuadrática, ni lineal, sino logarítmicamente.

Encontrar el número más cercano a la potencia de dos es un ejemplo de esta complejidad, pues la variable de la condición, `i`, se va duplicando en cada iteración:

```
def find_closest_power_of_two(n):
    i = 1
    while i <= n:
        i = i * 2
    return i // 2
```

Ya aquí se puede presenciar el leve incremento en el tiempo de cómputo comparado con la complejidad lineal. En efecto, esto demuestra que la función crece de manera logarítmica con respecto a n.

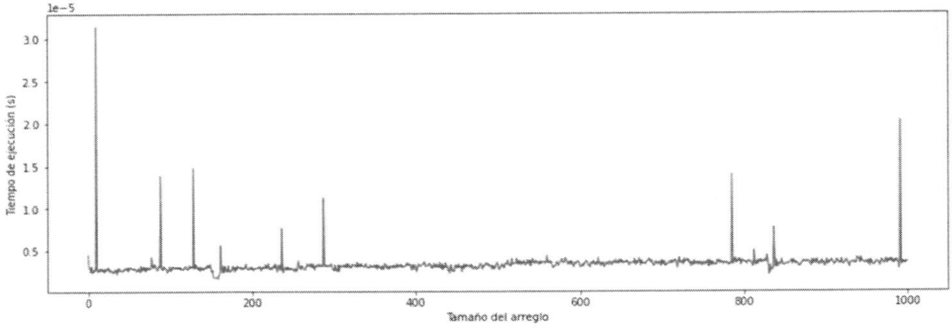

Figura 30. *El crecimiento logarítmico suele ser similar al líneal.*

Estas no son ni mucho menos todas las complejidades algorítmicas que hay, y es que, al final, una función asintótica es una función matemática que se aproxima a un límite especifico (por ejemplo, a la curva dibujada en cada gráfico).

Una función asintótica no proporciona información precisa de cuánto tardará un algoritmo en un ambiente real (por eso en los gráficos anteriores a veces se ven picos que no corresponden con la tendencia), ni asegura que un algoritmo con una mejor complejidad siempre se deba comportar mejor en la práctica. Debe realizar siempre una rigurosa experimentación para comparar diversos algoritmos, pues la complejidad algorítmica es solo una aproximación teórica.

3.3. Limitaciones

Hay al menos dos tipos de limitaciones concernientes a los recursos: la propia complejidad algorítmica y los recursos disponibles del hardware.

La complejidad algorítmica puede dar una aproximación del tiempo de cómputo de un algoritmo, así como del consumo de memoria, sin embargo, no siempre es un reflejo de la realidad. Algunas de sus limitaciones incluyen:

- **No proporciona una medida precisa del rendimiento**. La complejidad algorítmica nos dice el límite superior para el tiempo de cómputo o espacio utilizado por un algoritmo, no obstante, no entrega información exacta del rendimiento real del algoritmo en un entorno de producción o sobre cómo la implementación de diversos algoritmos puede afectar a su complejidad.
- **No tiene en cuenta las optimizaciones**. Mejoras específicas como la incorporación de heurísticas para reducir los tiempos de búsqueda no son consideradas (o no son fáciles de expresar) con la complejidad algorítmica.
- **No tiene en cuenta la eficiencia de las operaciones**. La complejidad algorítmica toma en cuenta la cantidad de operaciones que se realizan, pero no dice nada sobre la calidad de estas.
- **No se aplica a todos los problemas**. Por lo general, la complejidad algorítmica se aplica a operaciones numéricas y a conjuntos de entradas y salidas bien definidos. En problemas de aprendizaje automático donde lo fundamental es lograr buenas predicciones la complejidad algorítmica no es de gran utilidad.

Las limitaciones de recursos se deben tener en cuenta al ejecutar un programa. Es un error olvidarse del hardware cuando se construye software, porque las dos cuestiones son inseparables. Algunas limitaciones son las siguientes:

- **Memoria**. Limita la cantidad de datos que se pueden almacenar y gestionar a la vez. Si requerimos cargar grandes cantidades de datos en memoria se debe considerar tener la cantidad suficiente para tratarlos. Ejemplo: un sistema de bajas prestaciones debe tomar muy en cuenta los algoritmos que se utilizarán. No es lo mismo ejecutar un programa en un clúster que en una Rasberry Pi.
- **Espacio de almacenamiento persistente**. Limita la cantidad de datos que se pueden almacenar a largo plazo.
- **Potencia de procesamiento**. El tiempo de cómputo variará con respecto al procesador donde se ejecute un programa; puede variar aún más si este hace uso de uno o más núcleos del procesador.

- **Ancho de banda de la red**. Limita la transferencia de datos que se pueden transmitir a través de la red.
- **Compatibilidad**. El hardware debe ser compatible con el sistema operativo que lo va a gestionar. Lo mismo ocurre con cada uno de los softwares que se instalarán.
- **Consumo de energía**. La duración de la batería o la disponibilidad eléctrica pueden afectar al tiempo que se necesite para ejecutar un programa.

3.4. Avances del hardware

A pesar de que un mal algoritmo, independientemente de su hardware, mostrará un pobre desempeño, los avances del hardware están cambiando las posibilidades del software. Aquí algunos avances:

- **Supercomputación**. En el mundo hay gran cantidad de supercomputadoras, todas ellas de propósito general. Las poseen tanto algunas empresas privadas como también organismos públicos; no es tan extraño o complejo acceder a ellas si se tiene alguna afiliación a alguno de estos organismos. En la actualidad se usan para la investigación en el cambio climático, en la exploración de gas, en simulaciones físicas, en modelos de aprendizajes profundos, etc.
- **Computación de frontera (*Edge Computing*)**. Es un modo de orquestar la computación de manera distribuida usando técnicas de virtualización para separar la carga de los procesos y evitar, así, una centralización en el cómputo.
- **Aceleradores**. El empeño por acelerar el entrenamiento tanto de los modelos de inteligencia artificial como de los basados en aprendizaje profundo ha llevado a usar nuevas tecnologías de aceleradores: FPGA,[54] GPU[55] y ASIC[56]. Cada una tienes su propias ventajas y desventajas. En todas ellas la principal ventaja es que

---

[54] *Field-Programmable Gate Array*, matriz de puertas lógicas programable en campo.

[55] *Graphics Processing Unit*, unidad de procesamiento gráfico.

[56] *Application-Specific Integrated Circuit*, circuito integrado de aplicación especifica.

incrementan el paralelismo en las operaciones de algebra lineal (fundamentales en los modelos de aprendizaje), sobre todo si lo comparamos con una CPU tradicional, que puede llegar a ser entre un 1 % y 10 % más lenta (Talib).

3.5. Métricas

No podemos saber cuántos recursos ocupa un software —con respecto a su tiempo y espacio— de forma precisa si no hacemos uso de herramientas de medición para respaldar nuestras decisiones. Sin estas solo podríamos tomar decisiones basadas en «sensaciones», en creencias subjetivas, que nos llevarían al error. Medir es mejorar. Es la oportunidad de hacer un mejor producto, de que nuestro software sea mejor que antes y no tarde 10 segundos en dar una respuesta, sino 1 segundo. Eso se traduce en menor tiempo para el cliente, lo que, a su vez, implica reducir costes y ganar más clientes.

Las herramientas para realizar métricas de recursos se pueden dividir en dos grupos: las asociadas a un ejecutable creado por un lenguaje de programación (particulares) y las que analizan más de un proceso de los que ocurren en el sistema operativo (generales). La diferencia radica en su extensión: las primeras analizan las instrucciones de un programa, mientras que las segundas pueden realizar amplios análisis de múltiples procesos que se ejecutan en un ordenador. En la **Figura 31** hay algunas herramientas.[57]

[57] También las hay para sistemas en la nube, para aplicaciones móviles y que realizan mediciones en tiempo real, pero las dejaré afuera porque son combinaciones entre particulares y generales.

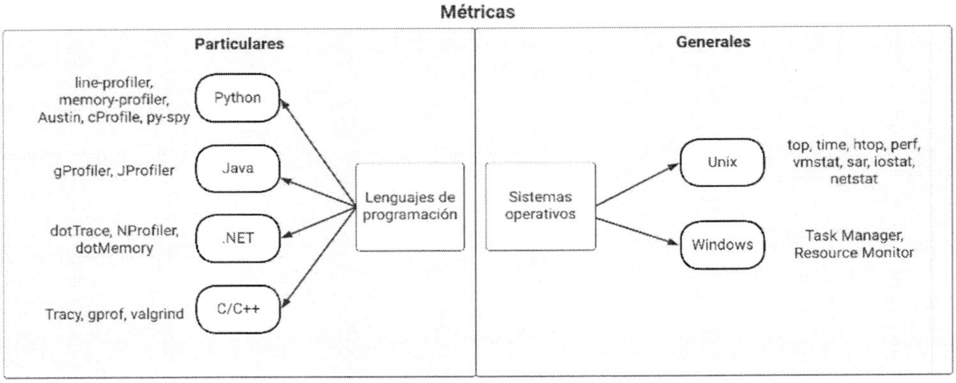

Figura 31*. A la izquierda, algunos de los principales profilers según el lenguaje de programación, y a la derecha, las herramientas para analizar recursos asociadas a los dos principales sistemas operativos.*[58]

3.5.1. Particulares

Los *profilers* son herramientas específicas para lenguajes de programación que ayudan a medir el tiempo de cómputo y el espacio que ocupa un ejecutable. En otras palabras, los *profilers* permiten obtener estadísticas. Incluyen los promedios, las distribuciones, los valores atípicos, etc. de los distintos recursos que usa un programa. Estas herramientas pueden medir cuánto tarda una instrucción especifica del programa o un grupo de funciones, ya sea por tiempo o memoria. Además, en cuanto a su usabilidad, hay algunas con una interfaz simple y otras más avanzadas que pueden incluir una interfaz gráfica.

Algunas de las ventajas de usar estas herramientas son las siguientes:

[58] Es probable que algunas de estas herramientas cambien con el tiempo, no obstante, tenga en cuenta el principio de medir recursos, eso sí que es invariable.

Ventajas	Descripción
Identificar cuellos de botella	¿En qué parte del código está el problema? ¿Por qué tarda tanto en responder la API? ¿Qué funcionalidad en particular tiene el problema? Estas son algunas preguntas que los *profilers* permiten responder; identifican donde se genera un «atasco» en la aplicación.
Análisis del consumo de memoria	El análisis de memoria no solo ayuda a identificar cuellos de botella, sino también a prever algún problema futuro. El uso inadecuado de memoria, de hecho, puede transformarse en mayores costes a pagar o podría afectar al tiempo de cómputo.
Identificar errores	Cuando hay un uso excesivo de recursos es probable que se detecten errores en las funcionalidades.
Mejor toma de decisiones	Las decisiones –no tan solo técnicas, sino también las de producto– son tomadas mejor si se está bien informado.

3.5.2. Generales

Este tipo de herramientas sirven para analizar procesos que se están ejecutando en el sistema operativo, por eso se les dice «generales». Además, se encuentran dentro del área que se conoce como *System Performance,* que estudia todo lo relacionado a cómo ganar rendimiento usando los recursos de manera adecuada, esto es, cómo aprovechar de mejor manera el hardware que se tiene y cómo afrontar problemas de software para, así, no perder rendimiento.

Las mismas ventajas de las herramientas particulares son aplicables a las generales, pero estas incluyen otros tipos de tareas:

Ventajas	Descripción
Análisis de la red	Si una consulta a un servicio tarda más de lo debido, quizá sea necesario no solo revisar los componentes de software, sino también los paquetes que se están transmitiendo por la red. No está de más verificar el ancho de banda, el tráfico, para detectar anomalías en la red. Algunos ejemplos de este tipo de herramientas para Unix son iftop, nload, NetHogs, bmon, Iperf y Monitorix (cuenta con una agradable interfaz visual). Para Windows tenemos Wireshark (bastante popular y también disponible en Unix).
Monitoreo del hardware	El comportamiento del hardware repercute en el funcionamiento del software. Por ejemplo, revisar cómo se encuentran los discos duros, la memoria y el CPU es crucial porque a menudo los errores no están en el software, sino en el hardware. Para analizar hay varias herramientas. Para Unix: Nmon, vmstat, Lsof, lotop, Collectl. Para Windows: CPU-Z, Speccy, HWiNFO.

3.6. Conclusión

Los programas necesitan recursos y cómo usarlos sabiamente es la labor de las personas que los diseñan. Estas deben escoger la correcta estructura de datos a partir de la cantidad aproximada de operaciones que realizará su algoritmo y del lenguaje de programación que se implementará, entre otras cuestiones. Es más, por un lado, deben tomar en cuenta la complejidad algorítmica y, por otro, el hardware donde se ejecutará su programa. En ambos escenarios las pruebas experimentales no son una mera sugerencia, sino indispensables. El diseño de un programa afecta a cómo este consume y gestiona los recursos. Este principio demuestra lo importante que es implementar algoritmos correctos y no simplemente decir «hay que ejecutarlo en un mejor hardware», pues, aunque el hardware es importante, una buena implementación no es reemplazable.

3.6.1. Lecturas sugeridas

Las lecturas que le recomiendo se agrupan en tres categorías:

Análisis de algoritmos

- *Introduction to the Analysis of Algorithms* de Robert Sedgewick[59] y Philippe Flajolet. Muy recomendado.

Métricas

- *Systems Performance* de Brendan Gregg es una excelente aventura para conocer los «trucos» de cómo aprender a analizar el rendimiento de una aplicación. ¡Y contada nada más y nada menos que por un ingeniero que fue parte del equipo de Netflix!

Arquitectura de ordenadores

- *Computer Organization and Design RISC-V Edition* de David Patterson y John Hennessy. Autores de referencia para aprender sobre la arquitectura de ordenadores. Resulta útil sobre todo para programadores, que corren el riesgo de anclarse en el mundo del software y olvidar cómo funciona el hardware. Fundamental para entender la importancia de los recursos. Muy aconsejable.

---

[59] Es también autor de un famoso libro sobre introducción a algoritmos: *Algorithms*, editorial Addison-Wesley Professional.

CAPÍTULO 4
COORDINACIÓN

4.1. Introducción

Seguro que usted ha visto bailar a personas en alguna fiesta. Pocos lo hacen con destreza y en sintonía. Otros, sobre todo cuando están bajo los efectos del alcohol, hacen movimientos que se vuelven torpes, descoordinados e incluso graciosos (empíricamente lo hemos comprobado). La coordinación ocurre cuando al menos dos entidades se mantienen trabajando de manera armónica, cuando colaboran y se autorregulan en busca de un objetivo común. Piense por un momento en una autopista o en una ruta aérea donde los coches no choquen entre sí y los aviones puedan despegar y aterrizar sin problemas. Esto significa que hay una coordinación subyacente, un sistema que, trabajando tras bambalinas, logra la coordinación. La coordinación requiere información. Requiere que una entidad esté al tanto de los movimientos. Si seguimos con el ejemplo del avión, la torre de control conoce su ubicación en todo momento a través de los datos que registra el radar, y el piloto también puede comunicarse con la torre en caso de que haga falta. Sin una entidad, no hay coordinación.

Cuando en programación se habla de coordinación, esta tiene que ver con la concurrencia. Un «programa concurrente» es un conjunto de procesos secuenciales que pueden ocurrir en paralelo. Uso la palabra *procesos* para referirme a programas secuenciales que en términos de concurrencia se llaman procesos (véase la **Figura 32**). Los procesos son instancias de un programa que se ejecuta en un sistema operativo. Y, a su vez, un proceso puede contener múltiples hilos, esto es, unidades de ejecución (lo explicaré en las siguientes secciones).

Un programa que no hace uso de concurrencia no requiere de coordinación porque no hay nada que coordinar, ni procesos ni datos en memoria. Retomando el ejemplo, si usted baila solo, debe preocuparse de no caerse, no de mantener una sincronía con su pareja.

¿Por qué la coordinación? Si hay al menos dos procesos es necesario comunicarlos para que puedan colaborar llegado el caso; si eso no ocurre, no serviría de nada usar más de un proceso y, por tanto, no habría coordinación. El objetivo final de la coordinación es ganar rendimiento, hacer que el programa termine rápido. Esto supone aprovechar el hardware: si este tiene múltiples procesadores (núcleos), se espera que sus operaciones terminen en menos tiempo de cómputo que si se hicieran con un único proceso. Para entenderlo bien es necesario saber cómo funciona este principio.

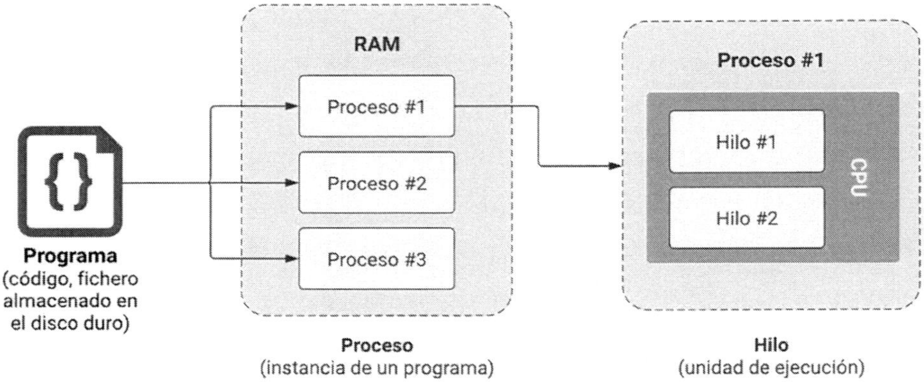

Figura 32. *Cuando un programa escrito en cualquier lenguaje de programación se ejecuta, entonces se transforma en un proceso (o más de uno [esto depende del diseño del programa]). Luego, dentro de cada proceso se pueden crear hilos para intentar ejecutar operaciones al mismo tiempo.*

Este capítulo comienza presentando la importancia de la comunicación, el orden de los procesos y el rol del tiempo en la programación. Luego, mencionaremos las diferencias entre la concurrencia y el paralelismo. Acto seguido continuaremos con la computación distribuida y sus conceptos fundamentales. Concluiremos con algunas reflexiones sobre el rol de la coordinación como principio de la programación.

4.2. Comunicación: orden y tiempo

Cuando abrimos nuestro navegador y vamos a un sitio web, ocurre una comunicación a través de un protocolo (en este caso HTTP) entre dos dispositivos, que pueden estar en los extremos del planeta pero que comparten la conexión a Internet. Esa comunicación se realiza por medio de una solicitud, donde usted como cliente realiza una petición —a través de su navegador— al servidor. Si todo sale bien, el navegador le mostrará la página, si no, ocurrirá un error (quizá porque perdió la conexión a Internet o el servidor que aloja el sitio web tiene algún problema).

La comunicación contiene dos ingredientes: orden y tiempo. Para comunicar dos o más procesos se necesita un orden mientras ocurre la computación en diferentes instantes de tiempo. O sea, si los procesos que se requieren coordinar no se preocuparan del orden y el tiempo, los resultados serían impredecibles y el algoritmo no haría el trabajo esperado, lo que se traduciría en una mala experiencia para el usuario.

Como explicamos antes, la concurrencia sucede cuando dos o más procesos intentan ejecutarse al mismo tiempo. Cuando un programa no usa concurrencia por defecto funciona en un proceso único (por ejemplo, cualquiera de los algoritmos vistos en los demás capítulos de este libro). No obstante, en los ejemplos que siguen en las siguientes secciones esto no se cumple; puede haber más de un proceso y eso requiere tener abstracciones a nivel de código (bibliotecas) para manejarlos más fácilmente.

Otra cuestión importante al tratar con programas concurrentes es la seguridad. En programas concurrentes no deben ocurrir eventos inesperados. Considere el caso en que se encuentra esperando la luz verde para cruzar, aunque esta nunca llega, o si está cruzando y repentinamente cambia a rojo: ambos comportamientos son inseguros. La seguridad es fundamental en la concurrencia. Por tanto, la coordinación también apela a la seguridad.

4.2.1. Exclusión mutua

La idea de la exclusión mutua es evitar que dos o más procesos puedan acceder a un mismo recurso al mismo tiempo —un recurso puede ser una variable de cualquier tipo—.

En el mundo real esto lo vemos a diario en cualquier avenida: no es posible que múltiples coches vayan en paralelo en una calle de una sola vía, deben ir uno detrás de otro, en orden, por tanto, existe una exclusión.

Cuando hay procesos que son concurrentes existe la posibilidad del paralelismo: intentar escribir o leer un determinado dato al mismo tiempo. Por ejemplo, si un proceso `A` intentara escribir el valor 10 en una variable `x` y otro proceso `B` intentara escribir —al mismo tiempo— el valor 20 también en `x`, entonces cuando un tercer proceso `C` vaya al mismo tiempo a leer `x`, ¿qué valor devolvería si no hay un mecanismo que le proporcione seguridad a dicho dato? Digo seguridad porque al final la exclusión es un medio de restricción, una forma de añadir seguridad a un registro que se encuentra en memoria. A este comportamiento impredecible se le conoce como *data race*.

Una forma de evitarlo es añadiendo un bloqueo a cada valor que intenta acceder a un hilo y liberándolo cuando no se necesite.

A continuación, se muestran dos formas de hacer esta tarea usando dos primitivas de concurrencia: `lock` y `semaphore`.

Ejemplo 1. Lock

```
from threading import Thread
from threading import Lock


def task(lock, index, shared_data):
    with lock:
        shared_data[index] += 1


lock = Lock()
shared_data = [0 for _ in range(10)]


threads = [Thread(target=task, args=(lock, i % 10, shared_da
ta))
```

```
            for i in range(len(shared_data) * 10)]

# Los 100 hilos se inician
for thread in threads:
    thread.start()

# Se espera que cada hilo termine
for thread in threads:
    thread.join()

print(shared_data)
```

Resultado:

```
[10, 10, 10, 10, 10, 10, 10, 10, 10, 10]
```

En la función `task`, todo lo que hay dentro del bloque `Lock` primero se asigna, se mantiene bloqueado y luego se libera cuando el ámbito termina (en Python a esto se le conoce como *Context Managers* y se usa la palabra reservada `with`).

Sería equivalente a hacer lo siguiente:

```
lock.acquire()
shared_data[index] += 1
lock.release()
```

Ejemplo 2. Semaphore

Es similar salvo porque en vez de pasar un objeto de tipo `Lock` se usa un objeto de tipo `Semaphore`.

```
def task(semaphore, index, shared_data):
    with semaphore:
        shared_data[index] += 1
```

Y se define como sigue:

```
limit_threads = 5
semaphore = Semaphore(limit_threads)
...
threads = [Thread(target=task, args=(semaphore, i % 10, shar
ed_data))
              for i in range(len(shared_data) * 10000)]
```

Ambas primitivas de concurrencias, `lock` y `semaphore`, tienen similitudes y diferencias:

Similitudes	Diferencias
Ambas son primitivas de concurrencia.	El acceso es diferente. En `lock` el acceso a los recursos es excluyente (solo un hilo adquiere y mantiene un bloqueo, los demás hilos se mantienen bloqueados y a la espera); en `semaphore` el acceso puede ser controlado.
Ambas permiten bloquear recursos para un acceso seguro a ellos.	`Lock` es más fácil de usar que `semaphore`.
En Python, ambas tienen la misma interfaz de la biblioteca *threading*.	En Python, `lock` no requiere configuración y `semaphore` sí la requiere (por ejemplo, saber el límite de hilos).

El uso de `lock` y `semaphore` no solo previene de *data race* sino también de *deadlocks*. Un *deadlock* ocurre cuando uno o más hilos se quedan esperando por una condición que nunca llega. Entonces el programa no puede continuar de manera normal, se congela y se debe forzar su cierre. De hecho, si le parece familiar este error, es probable que se haya debido a este problema de concurrencia.

Prácticamente cualquier lenguaje de programación robusto tiene bibliotecas para mitigar estos problemas de concurrencia (*data race* y *deadlocks*) proveyendo primitivas como `lock` y `semaphore`. Algunos ejemplos: Java cuenta con algunas primitivas para manejar la concurrencia, como `lock`, `semaphore` y `monitor`; C++ permite `mutex`, `semaphore` y `async`; JavaScript cuenta con `promise`, `async/await` y `event loop`; Rust usa `thread`, `lock`, `channel` y `futures`; y Golang usa `goroutines` y `channel` (y existen muchos más). A veces el nombre de las abstracciones cambia dependiendo del lenguaje,[60] pero la idea es la misma: hacer más fácil crear programas concurrentes, ya que, por definición, hay que tener en cuentas varias consideraciones que no son necesarias en una aplicación de un único proceso.

También tenga en cuenta que hay lenguajes de programación que fueron diseñados para manejar la concurrencia. Esto es importante, pues crear programas concurrentes en estos lenguajes (como Erlang, Golang o Elixir) permite crear programas concurrentes de manera natural, a diferencia de con los lenguajes que no fueron pensados para eso desde un comienzo (a saber, Python o Php).

4.3. Concurrencia y paralelismo

La diferencia entre concurrencia y paralelismo es solo un tema de alcance, pues ambos se refieren a procesos que aspiran a ejecutarse al mismo tiempo. Pero esa aspiración se vuelve más próxima con el paralelismo, porque toma ventaja de los multiprocesadores (hardware). En cambio, la concurrencia puede ocurrir en un procesador de un único núcleo y es más un cambio rápido de tareas que un paralelismo real. En la siguiente figura se puede apreciar esta diferencia.

[60] Puede existir una diferencia en cuanto a la capacidad de control sobre los procesos concurrentes. Por eso antes de comenzar a programar es recomendable revisar la documentación de cada primitiva, ya que algunas se podrían adaptar más al problema que intenta resolver, algo fundamental, pues realizar un cambio posterior en un programa es complicado, más aún si se trata de uno concurrente.

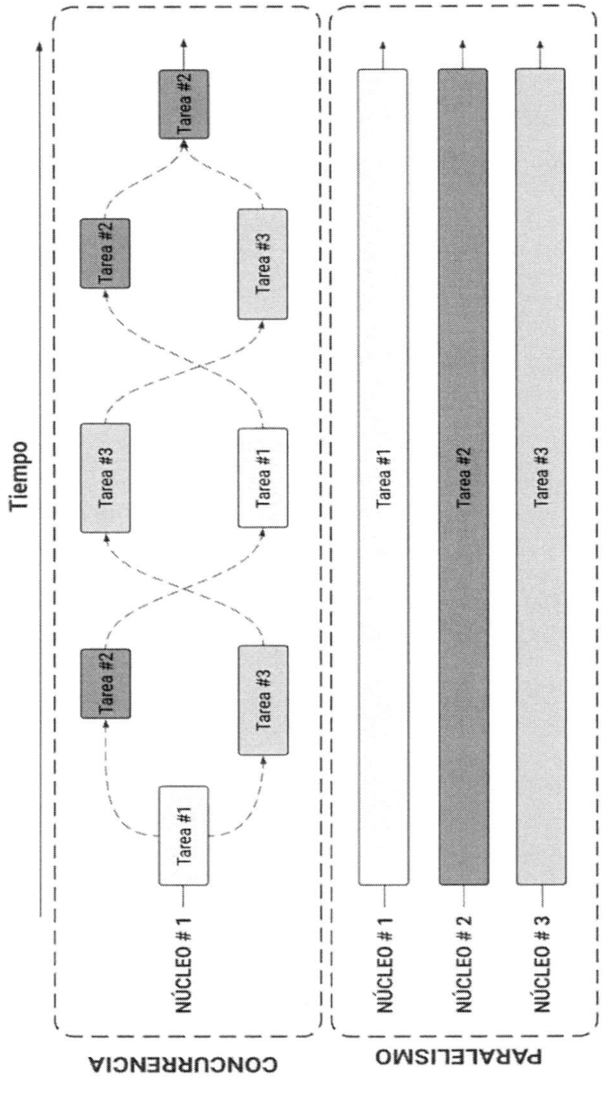

Figura 33. *Diferencia entre la concurrencia y el paralelismo. En la concurrencia las tareas van cambiando en un único núcleo, en cambio, en el paralelismo estas se dividen por cada núcleo.*

El paralelismo parte de un principio básico: el particionamiento del trabajo. Imagine por un segundo una persona que se ha cambiado de casa y debe ordenar su librería personal. Hay dos cajas llenas de libros. Estos libros se deben colocar en la estantería y, para ello, llega una amiga a ayudar. De este modo la persona terminará más rápido, pues su amiga saca los libros de una caja mientras ella trabaja en la otra. En cambio, si llegara otra tercera amiga a ayudarles es probable que más que ayudar se crearía un problema, pues al haber solo dos cajas se podría acabar creando una «congestión» y la coordinación debería ser mayor, empeorando así el rendimiento. Lo mismo ocurre con el paralelismo.

Muchos algoritmos seriales (no-paralelos) no logran un mejor rendimiento con cambiar una sección de su código a paralelo, depende, por tanto, de rediseñar por completo el algoritmo para obtener una ventaja. Este es uno de los aspectos que torna difícil la programación paralela.

Siguiendo el ejemplo anterior, si las tres amigas planean una estrategia que permita evitar toparse al intentar retirar un libro de una caja, una posibilidad sería que una de ellas se quedara esperando hasta que una caja esté disponible y entonces sacar un libro. Así no habría problemas de coordinación, pero sin una conversación previa, sin un plan, siempre habría una persona que estaría provocando retrasos, lo que se traduce en descoordinación.

4.3.1. Ley de Amdahl

En 1967, Gene Amdahl propuso una ley que permite estimar cuánta es la mejora obtenida por un sistema informático cuando se utiliza un mecanismo más rápido de ejecución (en este caso el paralelismo). Por esta razón es que se podría conocer la mejora de un algoritmo si se aplica paralelismo a una parte de este —tenga en cuenta que todo algoritmo tiene una parte secuencial, aunque se considere paralelo— midiendo el tiempo de su parte secuencial-no-concurrente y de su parte paralela.

Ejemplo: suponga que tenemos un algoritmo que tarda 100 segundos en completar una tarea usando un único procesador. Luego verificamos y nos damos cuenta de que hay funciones dentro del algoritmo que no pueden ser paralelizadas y, por tanto, deben ser secuenciales. Estas tardan 10 segundos; si se resta el tiempo restante nos queda que es posible que 90 segundos puedan ser paralelizados.

La ley de Amdahl se define como sigue:

$$S = \frac{1}{1 - p + \frac{p}{n}}$$

donde p es la proporción de tiempo que tarda la paralelización con respecto al tiempo total, $p = 90/100 = 0.9$, y n es el total de núcleos que se usarán para paralelizar. Supongamos que son 8 núcleos.

El resultado sería:

$$S = 4.70$$

El valor resultante significa que haciendo uso de los 8 núcleos tarda 4.70 menos que en un solo núcleo. Así, la tarea tardaría 100/4.70 = 21.24 segundos, lo que es bastante menos que 100 segundos.

Importante: si la parte que es posible paralelizar fuese menor, por ejemplo un 10 %, lo que nos viene a decir la ley de Amdahl es que la mejora sería insustancial, aunque el número de procesadores se incremente.

4.3.2. ¿Cuándo paralelizar?

Cuando el trabajo se vuelve demasiado grande y complejo de manejar sobre un único proceso o núcleo del procesador. Algunas de estas situaciones pueden incluir:

- **Grandes conjuntos de datos**. Si se están procesando grandes cantidades de datos, el tiempo de procesamiento puede ser demasiado largo para ser manejado por un solo procesador. La paralelización permite distribuir la carga de trabajo entre varios procesadores y acelerar el procesamiento.
- **Cálculos complejos**. Si el algoritmo implica cálculos numéricos sofisticados o iteraciones repetitivas, la paralelización puede acelerar el tiempo de procesamiento dividiendo el cómputo en partes más pequeñas y distribuyéndolas entre varios procesadores.
- **Aplicaciones de tiempo real**. En algunas aplicaciones, como los sistemas de control de procesos en tiempo real, la velocidad de procesamiento es crítica y la paralelización puede ser necesaria para asegurar una respuesta rápida.

- **Simulaciones y modelado.** En las simulaciones y el modelado, la paralelización puede ser necesaria para procesar grandes conjuntos de datos y para simular eventos complejos en tiempo real.

En cualquier caso, debe mantener ciertos resguardos: la paralelización exige mayor habilidad técnica y un aumento en la complejidad en la solución. A veces los resultados valen la pena, en otros casos, no.

4.3.3. GPU

Una GPU se diferencia de una CPU tradicional en que posee más núcleos y tiene un ámbito específico.

La llegada de las GPU significó un fuerte impulso a la programación paralela, en particular proveniente del resurgimiento de la inteligencia artificial —sobre todo si hablamos del aprendizaje profundo—, que requiere grandes cantidades de operaciones matriciales. Estas operaciones son fáciles de paralelizar porque son independientes entre sí; entonces pueden dividirse y procesarse en núcleos separados, para luego hacer una agregación.

CUDA —biblioteca creada por NVIDIA— es la herramienta estándar para programar con GPU (aunque no es la única, sí es la más conocida). Podría considerar adquirir GPU o contratar servicios en la nube que lo proveen si necesita paralelización masiva. (Si tiene interés en este tema, le recomendamos revisar la sugerencia de lectura, al final de este capítulo.)

4.4. Computación distribuida

La computación distribuida es el paso natural después de la concurrencia y del paralelismo que, a pesar de todo, surgió para responder a la misma pregunta: «¿cómo se puede hacer más rápido un algoritmo?». Sin embargo, añade una pregunta extra que, en el pasado, era inevitable: «¿cómo podemos combinar el poder de cómputo de varios ordenadores conectados a una red?».[61] Entonces los algoritmos distribuidos no solo funcionan a nivel de un ordenador con uno o más núcleos en el procesador, sino por medio de múltiples ordenadores conectados a una red, como puede ser Internet o una red privada.

La comunicación en una red distribuida asume que no hay un ordenador que tenga el control en todo momento (centralizado), sino que todos, por igual, tienen las mismas condiciones. No obstante, eso no significa una ausencia de coordinación. Dependiendo del algoritmo que se use, es normal que un ordenador sea el encargado de coordinar los procesos mientras esté disponible; en caso contrario, otro ordenador ocuparía su rol (por ejemplo, si el primero se apaga o se desconecta de la red).

A continuación, pasamos a presentar algunas estrategias básicas de computación distribuida que muestran el principio de coordinación.

4.4.1. MapReduce

En el famoso artículo *MapReduce: Simplified Data Processing on Large Clusters* —de 2004— de Jeffrey Dean y Sanjay Ghemawat se presenta el concepto de MapReduce para procesar grandes cantidades de datos haciendo uso de la coordinación de varios ordenadores.[62] Esta idea dio inicio a una serie de algoritmos que se benefician de la computación distribuida. Aun teniendo un ordenador con un hardware modesto, si se combina con otros, es posible procesar grandes cantidades de datos (llamado técnicamente escalabilidad horizontal). Esto dio origen a herramientas que permitían dividir el computo (*map*) para luego agruparlo (*reduce*), por ejemplo, Apache Hadoop y más tarde Apache Spark. Aunque, claro, la computación distribuida no se inició con

---

[61] Para más detalles sobre la computación distribuida, véase el capítulo de Sistemas distribuidos.

[62] Aún hoy es recomendable revisar este artículo, pues a pesar de los años sigue siendo una buena fuente de información —incluso si lo toma desde una vertiente histórica— para entender cómo distribuir la carga de la computación a la hora de procesar grandes cantidades de datos. Por lo demás, los trabajos de Jeffrey Dean siempre son admirables si nos ubicamos en la vereda de la ingeniería.

MapReduce, sino mucho antes, pero esto significó un impulso a la industria y al surgimiento de herramientas de código abierto (como las que pertenecer a la fundación Apache, antes mencionadas).

4.4.2. Paso de mensajes

Para comunicar y coordinar la información en cualquier sistema distribuido es necesario el envío y recepción de mensajes. De esta forma, múltiples procesos pueden trabajar en conjunto para terminar tareas que, de manera aislada, tardarían más tiempo en completarse.

Antes de continuar, una digresión: para que un proceso envíe un dato (cliente) primero se requiere que el receptor este activo (servidor), si no el mensaje se perdería o el cliente tendría que reenviar el mensaje. Sucede algo parecido si intenta llamar por teléfono a un amigo: primero debe estar encendido su móvil. Una vez ambos procesos están activos es cuando, otra vez, el *tiempo* toma un rol preponderante, debido a que cualquier intercambio de información necesita un orden en su coordinación (de forma análoga ocurre con un protocolo de comunicación [por ejemplo: WebSocket, TCP/IP, HTTP, etc.]). Asimismo, hay que tener en cuenta que el cliente no solo debe ser capaz de enviar un mensaje, sino también de recibir un mensaje del tipo «el servidor ha recibido correctamente su mensaje». Lo mismo sucede con el servidor: primero se encuentra en un estado pasivo escuchando mensajes de diversos clientes, pero una vez recibe uno, le responde al cliente específico que le envió tal mensaje. Responde incluso si el mensaje no llega completo (esto puede deberse a varios motivos, siendo el más habitual la inestabilidad en la conexión). La información se puede reenviar hasta que el cliente reciba el «OK» del servidor.

Una estrategia para aplicar la computación distribuida es el *paso de mensajes*, que a través de la cooperación de procesos trabajan sobre una tarea, enviado y recibiendo mensajes sobre *canales* compartidos.

Para trabajar con el paso de mensajes existe un estándar-especificación conocido como MPI (*Message Passing Interface*) que surgió a principios de 1990. Este aúna un grupo de técnicas para el intercambio de información entre ordenadores conectados a una red. Asimismo, también cuenta con bibliotecas que pueden ser utilizadas en diferentes lenguajes de programación, a través de conectores presentes en estos lenguajes; las de C/C++ son las preponderantes.

4.4.3. Llamada a procedimiento remoto

La llamada a procedimiento remoto se diferencia del paso de mensajes en que cuenta con más abstracciones, lo que permite invocar un programa desde un ordenador remoto con mayor seguridad. Cuando digo «tiene más abstracciones» me refiero a quitar responsabilidad al programador para dar paso a una mayor responsabilidad de la herramienta. Entonces, para el programador se vuelve sencilla de usar y menos proclive a errores.[63]

Ejemplo. Zerorpc es una biblioteca distribuida para trabajar con procesamiento remoto que está construida sobre ZeroMQ.[64]

Instalación:

```
pip3 install zerorpc
```

Servidor:

```
import zerorpc
class HelloRPC(object):
    def hello(self, name):
        return "Hola, %s" % name
```

[63] Como en otras partes de este libro se ha mencionado, más abstracciones no es sinónimo de mejor. Hay casos en los que se necesita tener un mayor control sobre lo que estamos programando (menor abstracción). Al final debe evaluar lo que necesita resolver y encontrar e investigar qué herramienta le entrega la flexibilidad justa.

[64] Zerorpc: https://www.zerorpc.io. ZeroMQ: https://zeromq.org

```
s = zerorpc.Server(HelloRPC())
s.bind("tcp://0.0.0.0:4242")
s.run()
```

Este fichero crea un servidor local en el puerto `4242` y define una clase `HelloRPC` con el método `hello`, que más tarde podrá ser invocado por un cliente.

Cliente:

```
import zerorpc
c = zerorpc.Client()
c.connect("tcp://127.0.0.1:4242")
print(c.hello("RPC"))
```

Aquí se conecta al servidor, así se puede acceder al método `hello` dentro de la clase `HelloRPC` sin que esta esté definida en el fichero.

La computación distribuida creció gracias al aumento de ordenadores, de Internet y de los servicios de software. Es un área crucial para hacer sistemas escalables y eficientes y que tiene una teoría de fondo —por dar un ejemplo: la lógica temporal—.

4.5. Conclusión

La coordinación es clave en cómo los computadores se conectan, no solo físicamente, sino también a nivel de aplicación. Las coordinaciones las encontramos cuando nos conectamos al wifi, o cuando conectamos un cable de red, o cuando recibimos múltiples notificaciones desde una red social, entre otras muchas cuestiones. Nos ayudan a ganar potencia de cómputo combinando muchos dispositivos. Sin embargo, entrañan complejidades que van desde coordinar ordenadores hasta detectar procesos que sufren fallas, perdidas de conexiones o desincronizaciones. Gracias a diferentes técnicas de software es factible mitigar estos problemas y aprovechar mejor el hardware.

4.5.1. Lecturas sugeridas

Entre los muchos libros que existen para entender cómo se coordinan procesos nos decantamos por *The Art of Concurrency* de Clay Breshears. Combina bien la teoría y la práctica sin perder rigor.

A continuación, dejamos algunas sugerencias extras:

- *Programming Massively Parallel Processors: A Hands-on Approach* de Wen-mei W. Hwu, David B. Kirk y Izzat El Hajj. Este libro es una excelente introducción a la programación paralela usando GPU (con ejemplos en CUDA).
- *Multicore and GPU Programming: An Integrated Approach* de Gerassimos Barlas. Aquí el autor trata temas apasionantes sobre la computación paralela, usando herramientas como OpenMP, MPI y CUDA.

CAPÍTULO 5
TRANSFORMACIÓN

5.1. Introducción

Hemos visto varias transformaciones en nuestras vidas, es un hecho. Unas mejores que otras. Unas más simpáticas que otras. Incluso cuando nos miramos en el espejo después de un tiempo vemos transformaciones (para mal, pocas veces para bien). En cualquier caso, la vida consiste en lo que ya se fue y en lo que vendrá.

Esto puede parecer desalentador, pero no lo es. El tipo de transformación sobre la que me interesa hablar en este capítulo es especial, diferente, pues nos permite volver al pasado, luego regresar al futuro, ganar cambios pero seguir siendo los mismos. Una maravilla, ¿no cree?

La programación está llena de transformaciones que circulan en nuestro código. La transformación es un cambio de representación. Si, por ejemplo, le pidiera «Escriba cinco en un papel», usted podría escribir «5», «cinco» o «five», pero también «V» (en número romano). Todos significan lo mismo, pero tienen una representación distinta. Y el proceso para pasar de una representación a otra se llama *transformación*. Es una operación, al igual que lo es sumar, restar o multiplicar en aritmética. Y si un libro se encuentra en formato audiolibro, ha sido posible gracias a una transformación (aunque más general).

Advertimos de esta forma que al tipo de transformación que no pierde el significado al cambiar de representación se le dice *transformación reversible*. Un ejemplo de transformación reversible es el origami. Este arte milenario japonés consiste en plegar el papel y desplegarlo para formar bellas figuras (no se aceptan arrugues ni cortes). Una vez se forma una figura es posible volver a su versión inicial: un papel plano.

El caso contrario se da si un triángulo cambia a un cuadrado, pues no es la transformación a la que me refiero, ya que sería una transformación unidireccional, no reversible. Una vez que el triángulo cambia a cuadrado no puede, más tarde, volver a ser triángulo. Porque son figuras geométricas disímiles. Las transformaciones que presenta este capítulo solo ocurren cuando queremos tener distintas representaciones de lo mismo. Y son las más útiles en programación.

Puesto que he mencionado figuras geométricas, imagine un cuadrado como el de la **Figura 34**. A pesar de tener cinco transformaciones diferentes —en cuanto a su rotación— sigue siendo el mismo cuadrado (cada lado mide lo mismo). Estamos ante una transformación que asegura reversibilidad: una representación puede cambiar a otra y regresar a su representación previa.

Figura 34. *Un mismo cuadrado con cinco transformaciones distintas.*

Si usted es matemático podrá advertir que este principio conlleva una cierta similitud con el concepto de isomorfismo. El isomorfismo se da cuando dos estructuras matemáticas comparten la misma estructura (por ejemplo, dos grupos en el algebra abstracta). La palabra viene del griego «iso», que significa «igual» o «la misma», y de «morfismo», que se refiere a «forma». Esta cuestión se puede entender mejor mirando un grafo:

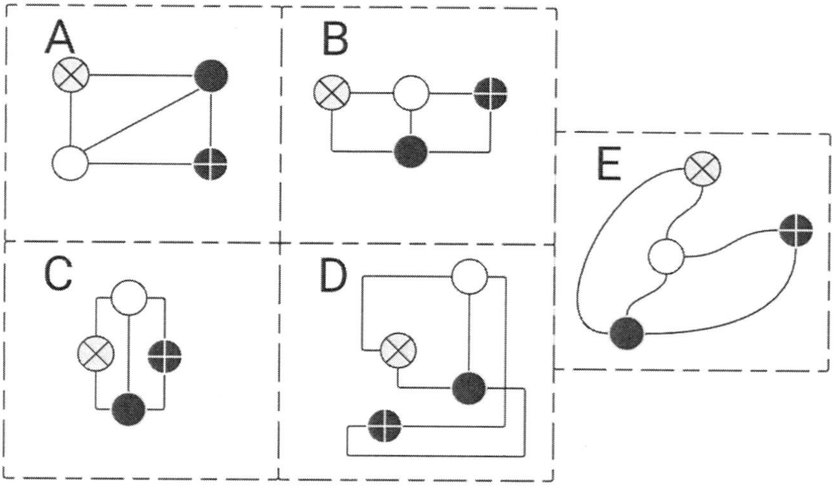

Figura 35. *Un ejemplo de isomorfismo en un grafo de cuatro nodos y cinco aristas. Una estructura isomórfica puede tener una distinta representación visual, pero sigue siendo el mismo grafo, con los mismos nodos y conexiones entre ellos.*

En la **Figura 35**, vemos un grafo representado de distintas formas en cuanto a dirección y largo de las aristas y a la posición de los nodos. Sin embargo, todas las representaciones (A-E) siguen siendo el mismo grafo. Incluso la (E), cuyas aristas no son rectas sino curvas. La representación cambia, pero es el mismo grafo.

Si una arista desapareciera o se añadiera una extra o si faltara un nodo o se añadiera uno más, entonces estaríamos hablando de otro grafo y no serían isomórficos. Tampoco estaríamos hablando de la transformación que buscamos.

Pero no crea que las transformaciones se remiten únicamente a cuestiones que viven en el reino de la geometría o las matemáticas, abstractas a fin de cuentas. También se encuentran presentes en los idiomas, a saber, cuando traducimos una palabra de un idioma otro:

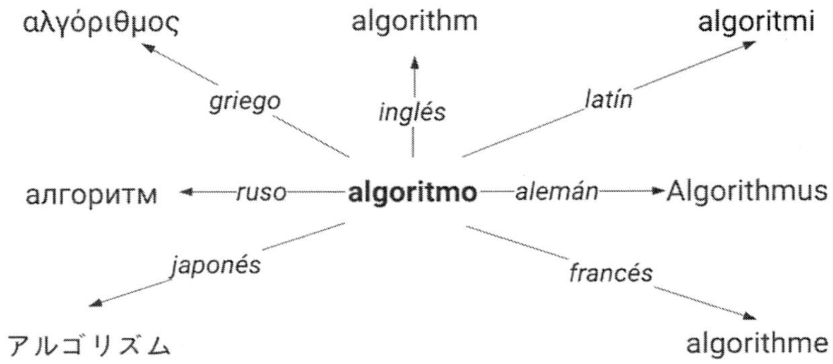

Figura 36. *La traducción (representación) de la palabra algoritmo en siete idiomas.*

Como ya sabe, no todas las transformaciones son reversibles. Si convertimos un valor real (como el número π, 3.14...) a un valor entero, este no puede volver a ser un valor real. Lo mismo ocurre si aplicamos una transformación que devuelva la suma de una lista de valores enteros: no podemos regresar desde un valor entero a la lista de elementos. Tampoco si multiplicamos por un valor aleatorio un número cualquiera: el resultado será otro número, pero el valor aleatorio se «pierde» y ya no podemos regresar a este con solo tener el nuevo resultado. Hay múltiples ejemplos así en programación.

En este capítulo comienza mostrando algunos ejemplos de representaciones que están presentes en el código —de manera superficial o implícita— y que es probable que ya conozca aunque las analizaremos con mayor detalle. Luego, veremos cómo las transformaciones conviven en distintos lenguajes de programación. Para finalizar, en la conclusión enseñaremos por qué entender este principio nos hace mejores programadores.

5.2. Representaciones

En esta sección mostraré algunos ejemplos de representaciones provenientes de distintos tipos de transformaciones presentes en distintas áreas, contextos y aplicabilidad y que, en algunos casos, pasamos por alto a pesar de ser parte de cualquier desarrollo de software.

5.2.1. Funciones

Las funciones típicas que encontramos en lenguajes funcionales, como *map*, *fold* y *join*, entre otras, ya no residen únicamente en estos lenguajes impopulares —y en algunos casos académicos, aunque no carentes de calidad y utilidad—. Ahora, y gracias a la programación funcional, estas funciones han demostrado su utilidad en lenguajes de programación más usados, como Python, JavaScript y C++, por decir algunos.

Todas son interesantes para presentar el principio de transformación. Entenderlo en estos términos aporta, desde mi óptica, una mayor comprensión en la *composición* de programas, pues las transformaciones pueden ser vistas como una serie de funciones que se invocan una detrás de otra.

Por ejemplo, consideré la siguiente **Figura 37**:

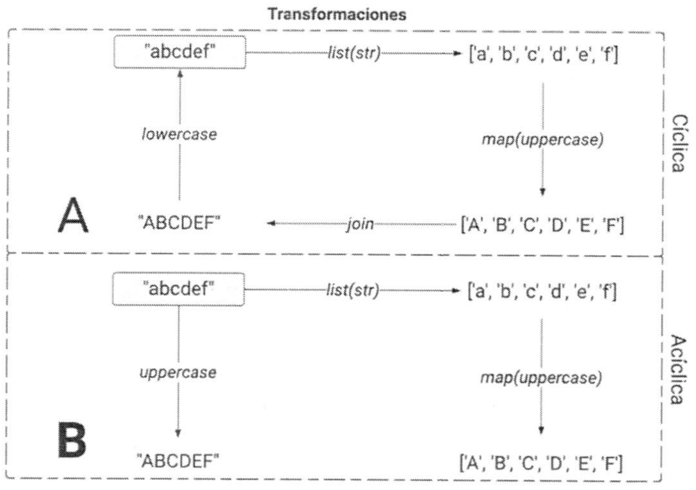

Figura 37. *Dos tipos de transformaciones reversibles: cíclica y acíclica.*

En esta figura hay dos tipos de transformaciones reversibles: cíclicas (A) y acíclicas (B).

La transformación cíclica anterior equivale al siguiente código:

```
letras = "abcdef"
letras == "".join(map(lambda x: x.upper(), list(letras))).lower()
# True
```

La transformación comienza desde un `string` almacenado en la variable `letras`. Luego se aplican cuatro funciones que cambian la estructura de dicho `string`: primero se convierte en un `array` de `char`, después se pasa cada `char` a mayúscula, se devuelven a un `string` y, finalmente, cada letra de ese `string` cambia a minúscula (como al inicio). Por tanto, hay una igualdad entre las letras y las cuatro transformaciones.

A esta serie de transformaciones se le dice composición. Y también puede ser acíclica, esto es, dos series de transformaciones llegan a una igualdad, como a continuación:

```
letras = "abcdef"
letras.upper() == "".join(map(lambda x: x.upper(), list(letras)))
# True
```

En este caso, la expresión a la izquierda consta de una transformación (función `upper`) y la derecha consta de tres transformaciones.

Estas combinaciones de transformaciones que buscan una igualdad se pueden complicar un poco más:

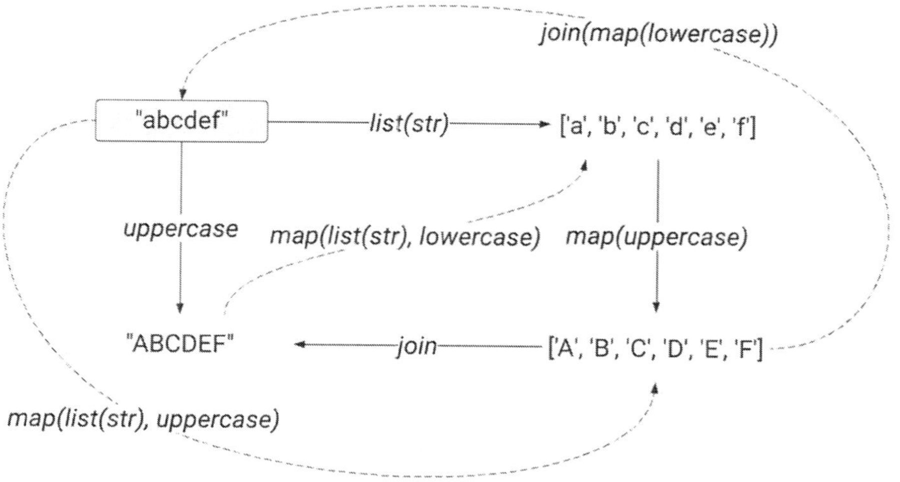

Figura 38. *La arista punteada representa una serie de transformaciones, en cambio, la arista simple contiene solo una transformación.*

La **Figura 38** presenta algo distinto a lo anterior. Las líneas punteadas representan no una operación, sino varias operaciones. Por ejemplo, la operación que transforma `"abcdef"` a `['A', 'B', 'C', 'D', 'E', 'F']` debe realizar dos operaciones: un `list(str)` y luego un `map`. Las líneas sólidas representan una única operación.

Su equivalente en código:[65]

```
letras = "abcdef"
letras.upper()    ==    "".join(map(lambda    x:    x.upper(),
list(letras)))
# True
```

[65] En Python, el signo «\» es para el salto de línea.

Y para el caso de transformaciones con series de transformaciones (líneas puntuadas):

```
map(lambda x: x.upper(), list(letras)) ==\
 "".join(map(lambda x: x.upper(), list(letras))).lower()
# True
```

Con esto, usted ya podrá deducir que la igualdad persiste en ambos casos.

Todo este tipo de transformaciones guardan operaciones inmutables: los estados internos no cambian. Asimismo, son funciones puras: dados los mismos argumentos de entrada devolverán el mismo resultado (en este caso, un valor booleano). Estas características son fundamentales en la programación funcional.[66]

5.2.2. Formato de fichero

Un fichero CSV puede transformarse a JSON y, luego, transformarse a XML, en cualquier orden. Este proceso de transformación es un buen ejemplo del principio de transformación.

Recordemos que un formato de texto es un lenguaje formal que permite almacenar información de manera estructurada. Cada lenguaje de programación —como Python— permite manipular los formatos (lectura y escritura) y transformarlos en otros.

La **Figura 39** presenta un ejemplo de tres ficheros en distinto formato que contienen, cada uno, los datos de un libro: nombre del autor, título de la obra y el año de publicación (*name*, *title*, *year*, para abreviar).

[66] Para mayor detalle sobre esto revisé el Tomo IV, capítulo Lenguajes de programación (página 78).

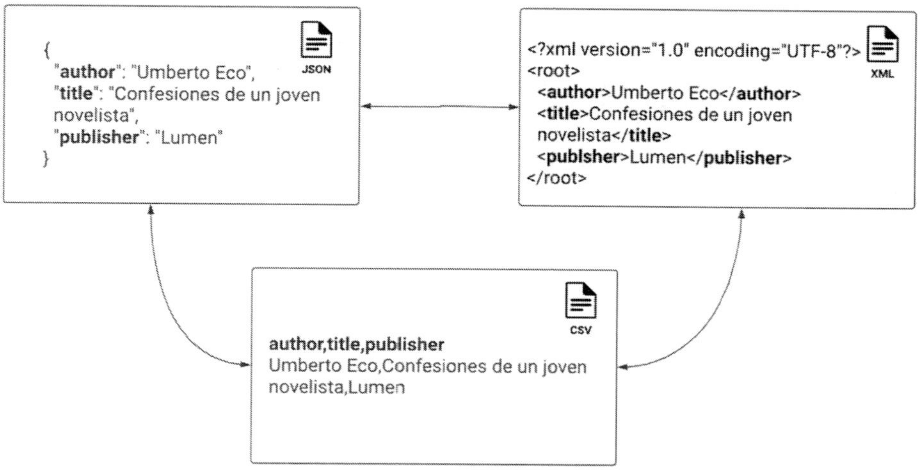

Figura 39. *Tres ficheros con la misma información de un libro (autor, título y año) pero en distintos formatos: JSON, XML y CSV.*

En este ejemplo, y haciendo uso de un libro de Umberto Eco como ejemplo —lo cual es paradójico, pues sus libros están lejos de buscar la uniformidad—, se muestra cómo se transforma un documento JSON a XML, un CSV a JSON o cualquiera de las combinatorias posibles entre los tres formatos. No obstante, cualquier otro formato de texto es aceptado, siempre y cuando la igualdad entre todos se mantenga.

La igualdad de distintos formatos de ficheros se puede escribir en Python de la siguiente forma:

```
import xmltodict
import json
import csv


# Transformaciones de json to xml y csv
def json_to_xml(file_path, root_element_name):
```

```
    with open(file_path) as json_file:
        return xmltodict.unparse(
            {root_element_name:
json.loads(json_file.read())},
            pretty=True)


def json_to_csv(file_path):
    csv = ""
    with open(file_path) as json_file:
        data = json.loads(json_file.read())
        csv = "{}\n{}".format(
            ','.join(data.keys()),
            ','.join(data.values()))
    return csv


# Transformaciones de xml to json y csv
def xml_to_json(file_path):
    with open(file_path) as xml_file:
        data = xmltodict.parse(xml_file.read())
        first_element = next(iter(data))
        return data[first_element]


def xml_to_csv(file_path):
    csv = ""
    with open(file_path) as xml_file:
        xml_data = xmltodict.parse(xml_file.read())
        first_element = next(iter(xml_data))
        content = xml_data[first_element]
```

```
        csv = "{}\n{}".format(
            ','.join(content.keys()),
            ','.join(content.values()))
    return csv

# Transformaciones de csv to json y xml
def csv_to_json(file_path):
    data = {}
    with open(file_path) as csv_file:
        return next(csv.DictReader(csv_file))



def csv_to_xml(file_path, root_element_name):
    xml_data = { root_element_name: {} }
    with open(file_path) as csv_file:
        for row in csv.DictReader(csv_file):
            for columns in row.keys():
                xml_data[root_element_name][columns] =
row[columns]
    return xmltodict.unparse(xml_data, pretty=True)

# Carga de ficheros json, xml y csv
def load_json(file_path):
    with open(file_path) as json_file:
        return json.loads(json_file.read())

def load_xml(file_path):
    with open(file_path) as xml_file:
```

```
        return xmltodict.unparse(
            xmltodict.parse(xml_file.read()),
            pretty=True)

def load_csv(file_path):
    with open(file_path) as csv_file:
        data = csv_file.read()
        return data

if __name__ == '__main__':
    # Igualdad hacia json
    json_file =  load_json("test.json")
    xml_to_json = xml_to_json("test.xml")
    csv_to_json = csv_to_json("test.csv")

    assert json_file == xml_to_json == csv_to_json

    # Igualdad hacia xml
    xml_file = load_xml("test.xml")
    json_to_xml = json_to_xml("test.json", "authors")
    csv_to_xml = csv_to_xml("test.csv", "authors")

    assert xml_file == json_to_xml == csv_to_xml

    # Igualdad hacia csv
    csv_file = load_csv("test.csv")
    json_to_csv = json_to_csv("test.json")
    xml_to_csv = xml_to_csv("test.xml")
```

```
assert csv_file == json_to_csv == xml_to_csv
```

Para manipular un JSON y un CSV usamos las bibliotecas del mismo nombre, para manipular un XML tuvimos que instalar `xmltodict`. Aunque pueda parecer simple convertir un fichero de un formato a otro, no siempre lo es. Considere el ejemplo anterior: todas las funciones donde las conversiones ocurren asumen que los datos están bien formados, que son «un caso exitoso», pero esto suele ser la excepción y no la regla. ¿Qué ocurre cuando los datos no están bien construidos o no cuentan con la suficiente información?

Datos imperfectos

Un problema ocurre cuando el contenido del fichero CSV no coincide con la cantidad de columnas. Supongamos que el CSV es el siguiente:

```
author,title,publisher
Umberto Eco,Confesiones de un joven novelista,Lumen
```

Y la segunda fila se cambia a:

```
Umberto Eco,Confesiones de un joven
novelista,Lumen,2022
```

Entonces, dado que las cabeceras se mantienen intactas, cuando se intente leer el fichero CSV, la función `DictReader` le asignará una columna `None` al valor `2022`. Esto crearía un problema si se pretende convertir este CSV a JSON, pues ¿qué clave se le asignaría al `2022`? ¿Un `None`? Lo mismo sucede en el caso de querer convertir el CSV a XML. Ambos, tanto JSON como XML, no tienen una clave o nombre de elemento para `None`.

Esto que hemos visto con Python es un problema que puede ocurrir en cualquier lenguaje de programación, ya que se trata de una información inconexa.

Inconsistencias

Algo que diferencia a un XML de un JSON y, más todavía, de un CSV es que el primero necesita un elemento raíz (ni JSON ni CSV lo tienen). Al observar las funciones que transforman a XML, añadimos un segundo argumento para asignarle un nombre al elemento inicial. Si esto se omitiera, entonces todas las conversiones de JSON o CSV a XML serían inconsistentes.

Esto suscita lo siguiente: hay formatos de datos que requieren una intervención manual, pues nunca se podrá hacer «limpiamente» que cada formato contenga la información necesaria correspondiente a otro.

Esto es evidente en el caso de convertir un CSV a un formato clave-valor, ya que en CSV no se almacenan los datos como clave-valor, más bien asume que existe un separador para representar las filas y columnas.

Estos son los problemas de mantener una representación en un formato u otro, pues los datos no aseguran limpieza ni integridad. En las transformaciones pueden ocurrir complicaciones independientemente de la herramienta de turno.

5.2.3. Sistema de numeración

Todo ordenador almacena y maneja la información a través de una secuencia de bits (dígitos binarios). Un bit es un estado con dos posibles valores: 0 o 1. Si convertimos números decimales a binarios, el número 4, por ejemplo, equivale a 100 y el número 30 corresponde a 11110. Es decir, 4 = 100 y 30 = 11110. Estamos ante equivalencias pero con distinta representación numérica. Ahora explicamos cómo se realizan.

¿Cómo convertimos un número decimal a uno binario? Primero debemos saber que un número decimal tiene base 10 (posee 10 posibles estados, de 0 a 9) y que el número binario tiene base 2 (posee dos estados, 0 o 1). A estos sistemas se les llama de representación (más detalles en el capítulo de transformación) y nos sirven para representar la información en un ordenador. En último término, todo lo que podemos almacenar en un ordenador puede representarse con una larga secuencia de bits, ya sean fotos, vídeos o un mensaje de texto.

Representación del número decimal 4 en binario:

División por 2	Cociente	Resto (dígito)	N.º Bit
4/2	2	0	0
2/2	1	0	1
1/2	0	1	2

De esta forma podemos ordenar los dígitos del resto de mayor a menor según el número del bit. Entonces, tenemos:

100

Otro ejemplo: el cambio de representación del decimal 30 en binario.

División por 2	Cociente	Resto (dígito)	N.º Bit
30/2	15	0	0
15/2	7	1	1
7/2	3	1	2
3/2	1	1	3
1/2	0	1	4

El resultado final sería:

111110

En la siguiente Figura se puede ver la conversión inversa, es decir, pasar de binario a decimal.

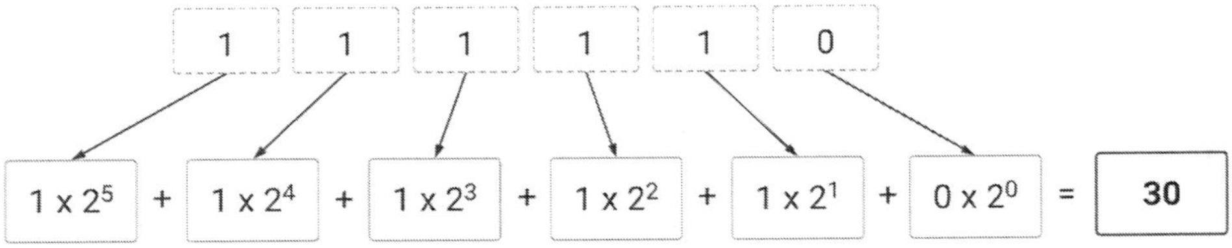

Figura 40. *Proceso de conversión de valor binario (111110) a decimal (30).*

Explicación: si escribimos el número binario de forma horizontal se puede comenzar a calcular de derecha a izquierda. Primero multiplicamos el digito binario por el número 2 (de binario) elevado a la potencia del índice del elemento, que comienza en 0 y va incrementando en 1 hacia la izquierda. Luego solo cabe sumar; en este ejemplo, el resultado es 30.

Con estos ejemplos solo quiero dar cuenta de que al final todo número puede ser representado en binario (o al revés).

Un ordenador constantemente está realizando este tipo de transformaciones. En efecto, al nivel más elemental —cercano al hardware— solo tenemos representaciones binarias operando con distintas combinaciones de puertas lógicas. Aunque esto dista de ser lo único. También hay conversiones en el sistema numérico en todos los niveles de la programación.

5.2.4. Serialización

La serialización es una forma de convertir un objeto o estructura de datos de un lenguaje de programación en una secuencia de bytes con un formato que permita ser transmitido a otro proceso o almacenarlo de manera persistente (en un fichero del disco duro o en una base de datos).

A diferencia de las transformaciones previas, esta no está en un mismo «contexto». Ahora explicaremos a qué nos referimos.

1. Cuando una función se invoca y retorna un valor para ser pasado a otra función, nos encontramos en el mismo ámbito: manipulación de datos dentro de expresiones que nos provee el lenguaje.
2. El cambio de formato de ficheros ocurre desde una fuente distinta al lenguaje de programación, pues estos están almacenados en el disco duro.
3. El sistema de numeración es similar a (1), pues son funciones las que cambian la representación de un valor a otro.

La serialización no tiene un solo contexto. Esta puede ocurrir en distintos ámbitos. Ejemplo: cuando una estructura de datos necesita guardarse en un formato de texto en el disco duro para luego enviarse a otro proceso.

Tipos de serialización

Un formato como JSON es una serialización que surgió con JavaScript, de ahí viene su nombre: Javascript Object Notation. Se ha vuelto tan popular que ahora es independiente de JavaScript y se puede manipular en cualquier lenguaje. Pero tiene sus limitaciones.

Si se quiere persistir un diccionario usando el formato JSON, es posible serializarlo usando la función `dumps`:

```
import json


if __name__ == '__main__':
    books = {
        "books": [
            {
                "author": "Marcus Aurelius",
                "title": "Meditations",
```

```
                "language": "english"
            },
            {
                "author": "Epicteto",
                "title": "Un manual de vida",
                "language": "spanish"
            }]
    }
    with open("save.json", "w") as f:
        f.write(json.dumps(books))
```

Esto no tiene problema porque dentro del diccionario `books` solo hay un arreglo que contiene otro diccionario con valores `string`. ¿Pero y si queremos guardar un objeto de Python?

Supongamos que tenemos una clase `Book` que tiene tres atributos: `author`, `title` y `language`. Usando la biblioteca *Pickle* se puede transformar un objeto de Python a un formato binario.

```
import pickle


class Book:
    __author = ""
    __title = ""
    __language = ""

    def __init__(self, author, title, language) -> None:
        self.__author = author
        self.__title = title
        self.__language = language
```

```
    def __eq__(self, other):
        return self.__author == other.__author and \
               self.__title == other.__title and \
               self.__language == other.__language


if __name__ == '__main__':
    books = {
        "books": [
            Book("Marcus    Aurelius",    "Meditations",
"english"),
             Book("Epicteto",   "Un   manual   de   vida",
"spanish")
            ]
    }
    # serialization
    with open("books.pickle", "wb") as outfile:
        pickle.dump(books, outfile)

    #deserialización
    with open("books.pickle", "rb") as infile:
        books_from_file = pickle.load(infile)

    assert books == books_from_file
```

Algo a aclarar: cuando se quieren comparar dos objetos y uno ha sido serializado y luego leído (como en este caso), se necesita crear una función __eq__ para indicar que la igualdad se realizará por el valor de cada atributo. Si esta función no estuviera en Python, la igual sería a través de la dirección de memoria y no solo por el valor de cada atributo, que se pierde evidentemente (la dirección de memoria) una vez se guarda en el disco duro, pues aunque ambos objetos sean iguales en sus valores, no lo son al cargarse en memoria.

Tenga en cuenta estas consideraciones antes de usar Pickle. El primer problema es que solo funciona en Python, no es un formato de serialización agnóstico al lenguaje. Además, depende de la versión de Python que use. El segundo problema con respecto a JSON es que no es seguro: no intente deserializar con Pickle un fichero de una fuente desconocida; se vuelve difícil de prever que será lo que encontrará, pues su formato no es legible para humanos como lo es JSON.

Como primera aproximación siempre elija JSON, pues tiene soporte a casi todos los lenguajes.[67]

No obstante, hay situaciones en las que requerimos serializar estructuras complejas (numéricas) que no son posibles de almacenar en un JSON —o algunos de sus derivados—, ya sea porque son muchos los datos a serializar (la estructura se vuelve intratable) o por otro caso típico: los modelos de Machine Learning.

Serializaciones complejas

En Machine Learning y en particular en Deep Learning, necesitamos guardar un modelo que puede contener muchas capas y funciones de activación. Entre la vorágine de bibliotecas para Machine Learning en Python tenemos PyTorch. Aquí un ejemplo donde hay un modelo de juguete:

```
import torch
class ToyModel(torch.nn.Module):
    def __init__(self):
        super(ToyModel, self).__init__()
        self.linear1 = torch.nn.Linear(100, 50)
```

[67] En esta sección vimos tres tipos de formatos, CSV, JSON y XML, pero no son los únicos, y es seguro que habrá más en el futuro. La idea será la misma: cómo lograr cambiar de representación sin perder la consistencia.

```
        self.activation = torch.nn.ReLU()
        self.linear2 = torch.nn.Linear(50, 1)
        self.softmax = torch.nn.Softmax()
    def forward(self, x):
        x = self.linear1(x)
        x = self.activation(x)
        x = self.linear2(x)
        x = self.softmax(x)
        return x
if __name__ == '__main__':
    toy_model = ToyModel()
    # guardar modelo
    torch.save(toy_model, 'model.pth')
    # cargar modelo
    toy_model = torch.load('model.pth')
```

Las funciones `save` y `load` —en PyTorch— nos sirven para serializar y deserializar respectivamente. Ambas usan internamente Pickle. Esta es una alternativa para serializar cuando tenemos objetos complejos que son creados usando otra biblioteca —en este caso PyTorch—, porque permite reutilizarlos (los objetos) y ahorra espacio (comprime el modelo), aunque el formato de salida no sea legible. No obstante, no olvide las precauciones mencionadas previamente.

En suma: he usado a Pickle y JSON como ejemplos de serialización. El primero permite serializar estructuras complejas, pero no está en todos los lenguajes, y el segundo permite serializar solo estructuras simples, pero es un estándar en todos los lenguajes. Lo importante es tener claro que las serializaciones son transformaciones reversibles: lo serializado puede deserializarse y viceversa.

5.2.5. Computación reversible

Las transformaciones presentes hasta ahora son prácticas, en el sentido de que están presentes en los lenguajes de programación *mainstream*, como en uno de los más populares, Python. En el ámbito teórico están los modelos de computación (para más detalles, véase el capítulo 13) y hay uno, menos convencional, que aplica operaciones reversibles.

La computación reversible se refiere, como su nombre indica, a operaciones que pueden ser revertidas, ¿le recuerda algo?[68]

Hay puertas lógicas tradicionales como AND que, dadas las entradas 00, 01 y 10, dan como salida 0; por tanto, esta salida no puede ser reversible a una única entrada. En cambio, en las puertas lógicas reversibles, dado un valor de salida se puede obtener un único valor de entrada (por ejemplo, para un bit la puerta NOT es reversible). Estas puertas forman parte de la computación reversible.

Sabemos que con un bit la puerta NOT es reversible; con 2 bits la puerta AND no lo es, y la puerta XOR es reversible:

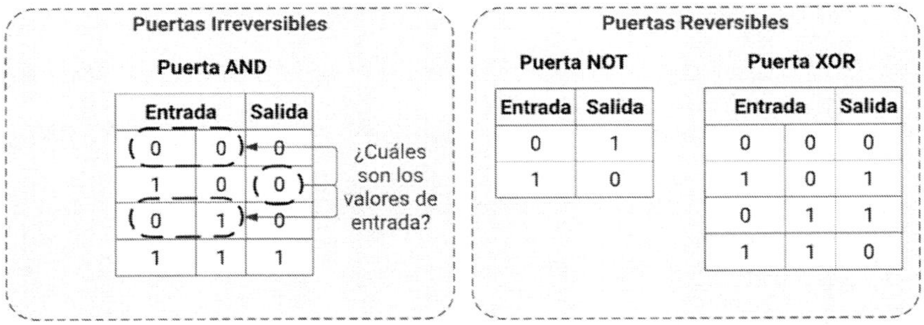

Figura 41. *Dos ejemplos de puertas lógicas. A la izquierda, la puerta AND, que no es reversible, y a la derecha, las puertas NOT y XOR, que son reversibles.*

[68] Otra cuestión: cuando un concepto usa la palabra «computación», es casi seguro que estamos tratando un tema teórico más que práctico. Y aunque no entraré en detalles, espero que esto suscite y estimule su curiosidad.

Sin embargo, con 3 bits el ejemplo ya no nos sirve; es en este caso donde usamos la puerta de Toffoli:

Entrada			Salida		
0	0	0	0	0	0
0	0	1	0	0	1
0	1	0	0	1	0
0	1	1	0	1	1
1	0	0	1	0	0
1	0	1	1	0	1
1	1	0	1	1	1
1	1	1	1	1	0

Figura 42. *El funcionamiento de la puerta de Toffoli para 3 bits. Cuando los dos primeros bits son iguales, entonces el tercero se invierte, obteniendo así el valor de entrada.*

Las puertas reversibles fueron inventadas en la segunda mitad del siglo pasado y a comienzos de este. Su principal objetivo era poder disipar el calor en los ordenadores para aumentar su velocidad (Toffoli). Hoy su utilidad la encontramos en la computación cuántica. La puerta de Toffoli permite construir cualquier circuito reversible. Su relación con la computación cuántica está en que cualquier puerta reversible puede ser implementada en un ordenador cuántico.[69]

5.3. Otros tipos de transformaciones

El principio hasta ahora descrito trata sobre las transformaciones reversibles, o sea, casos en los que un dato cambia de valor y puede regresar a su valor previo. Las

[69] Esto no se cumple para un computador cuántico universal, pues la puerta de Toffoli solo usa permutación de un estado, en cambio, un computador cuántico universal requiere usar superposición (Sakharovskiy). Para lograr superposición mire la puerta de Hadamard.

transformaciones de este tipo nos ayudan a mantener nuestro software fiable, y son fáciles de manipular e incluso de reemplazar. Pero hay transformaciones en computación que son irreversibles.

Hay otros ejemplos de sistemas que hacen uso de transformaciones irreversibles:

- El trabajo de un compilador cuando pasa de un código de un lenguaje `X` a uno `Y` no es reversible. No se puede volver al código `X` desde el `Y`. El compilador no es bidireccional y ahí reside su complejidad.
- Al comienzo de este capítulo mencioné el caso de pasar un número de coma flotante a entero. En este contexto, si un número con más información cambia a uno con menor, pierde información en la transformación, lo que hace que esta sea irreversible. Por lo tanto, hay que tener cuidado con estas transformaciones, pues no siempre es posible regresar a una representación anterior.
- Una técnica básica en la computación distribuida es `map-reduce`. Se trata de funciones presentes en la programación funcional y permiten dividir la carga de la computación en distintos procesos que pueden ser computadores. No obstante, una vez se aplica el `reduce`, no se puede regresar, no hay manera de descomponer, por ejemplo, un fichero de CSV que nació desde múltiples CSV más pequeños sin saber el inicio y fin de cada uno de ellos. Más claro queda con el cálculo del promedio (`reduce`), pues no hay suficiente información para encontrar los valores del cálculo.

5.4. Conclusión

Las operaciones de transformación están de manera omnipresente en la programación. Algunos ejemplos son las funciones, el formato de los ficheros, el sistema de numeración y la serialización.

Los problemas ocurren cuando hay transformaciones que rompen la igualdad. Se generan *inconsistencias* en los datos, pues un fichero, objeto, estructura de datos o cualquier otra estructura que contenga información dice una cosa y, por otro lado, dice otra. Por ello, es importante aplicar transformaciones que sean *reversibles*, porque nos aseguran la integridad en los datos y nos permiten regresar a la representación previa de la información.

Las transformaciones reversibles son algo típico en la programación, aunque a veces no somos conscientes de que las usamos a diario. Son fundamentales no tan solo para el manejo de la información, sino también para la consistencia entre diferentes formatos y para prevenir errores en las representaciones que, de manera involuntaria, se podrían añadir a nuevas versiones de un software.

Sin la preservación de la igualdad de la información que nos aportan las transformaciones reversibles los sistemas estarían a merced de los errores.

5.4.1. Lecturas sugeridas

Quizá la mejor forma de seguir profundizando en las transformaciones es ahondar en la programación funcional y en el estudio de las matemáticas (en particular, del algebra lineal). La siguiente lista de libros recoge este objetivo:

Programación funcional

- *Structure and Interpreation of Computer Programs* de Harold Abelson y Gerald Jay Sussman (junto a Julie Sussman). Un libro que no pasa de moda, un verdadero clásico para profundizar en la programación funcional. [70]
- *Purely Functional Data Structures* de Chris Okasaki. Considere este libro para profundizar en cómo se manejan los datos en la programación funcional.
- *Elements of Programming* de Alexander Stepanov y Paul McJones.[71] Este libro presenta abstracciones avanzadas para aprender a componer sofisticados programas.

[70] En 2022, se lanzó una nueva edición del libro... en JavaScript (no es broma).

[71] http://elementsofprogramming.com

- *Computación y programación funcional* del autor de este libro (esta recomendación viene de cerca). Útil en caso de que quiera entender la programación funcional desde los aspectos prácticos y teóricos.

Algebra lineal

- *Introduction to Linear and Matrix Algebra* de Nathaniel Johnston. Un gran libro para adentrarse en el algebra lineal, escrito en lenguaje claro y con un enfoque moderno.
- *Linear Algebra and Learning from Data* de Gilbert Strang. El análisis de datos y muchos algoritmos de inteligencia artificial son en gran parte algebra lineal aplicada; este libro presenta esa conexión.

PRINCIPIOS CONDUCTUALES

CAPÍTULO 6
DOCUMENTACIÓN

6.1. Introducción

Se especula que en el año 285-246 a. C. fue fundada la biblioteca más importante del mundo antiguo, un lugar donde se pretendía recopilar todo tipo de escritos y que mantendría el conocimiento de las diversas culturas que el Imperio romano iba subyugando. De nombre Alejandría, esta biblioteca fue una de las construcciones más maravillosas de la historia y una de las pérdidas irreparables de la humanidad; hubo un incendio que acabó con gran parte de los papiros que albergaba, los cuales contenían obras de diversos autores y saberes y, aunque se pudieron rescatar varios documentos, lo que se perdió es invaluable. La Biblioteca de Alejandría (*Bibliotheca Alexandrina*, en latín) pretendía ser un lugar de encuentro de estudiosos, académicos y eruditos provenientes de todas partes del mundo antiguo; un centro de divulgación para los más grandes versados de su tiempo. En consecuencia, más que una biblioteca su composición se parecía a la de una universidad.

Mantener registro de lo que hacemos es un anhelo humano. Esto sucede porque los humanos tenemos una memoria finita, necesitamos recordar. Dejar un escrito es una ofrenda hacia las personas que en el futuro lo leerán: buscando primero entender estos escritos y luego mejorarlos. Cuando programamos algo y lo dejamos descansar por algunos días, semanas, meses o incluso años, regresar al código se puede volver un tedio, pues no recordamos el por qué lo hicimos de cierta forma y no de otra, y surge el pensamiento: «¿qué hace esto?».

Con años de experiencia, no es raro que nos hayamos enfrentado a problemas complejos. Cuando resolvemos un problema que nos costó mucho tiempo, es complicado de olvidar. Conceptualmente, ya lo solucionamos y aunque pasen años nos acordamos. Pero no nos acordamos de los detalles de la implementación: el código. La *documentación* nos ayuda a resolver esto.

Recuerde: la documentación es una extensión de su memoria, es un regalo que le hace a algún colega o a su yo del futuro. Pero no existe un solo tipo de documentación. Hay varias clases de documentación. Sin embargo, el mayor problema surge cuando queremos hacerla correctamente.

En este capítulo, comenzaremos dando importancia a la documentación en el desarrollo de software. Luego se explicará cuáles son los problemas que conlleva hacer una buena documentación. En la siguiente sección pasamos a mostrar algunas estrategias para crear documentación de software, junto a algunos ejemplos prácticos. Finalizaremos mencionando los desafíos futuros que enfrenta la documentación en la construcción de un software.

6.2. ¿Documenta, por favor?

La documentación de software provee a los desarrolladores y a los usuarios una descripción de lo que el sistema hace, cómo opera y cómo lo podrían usar. Estas tres tareas que en principio pueden parecer simples son sumamente complejas.

En 1973, Antony Hoare, en su famoso artículo *Hints on programming language design*, escribió:

> El objetivo de la documentación de programas es explicar a un lector humano el funcionamiento de un programa, de modo que pueda adaptarse con éxito después de su puesta en servicio, ya sea para satisfacer los requisitos cambiantes de sus usuarios, para mejorarlo a la luz de un mayor conocimiento o simplemente para eliminar errores y descuidos latentes. La idea de que la documentación es algo que se añade a un programa después de su puesta en servicio parece errónea

en principio y contraproducente en la práctica. Por el contrario, **la documentación debe considerarse parte integrante del proceso de diseño y programación.**[72] (T. Hoare)

A pesar de que un ganador del Turing —como Hoare— lo diga de manera contundente y clara, no es suficiente para evitar la mala fama que tiene la actividad. Los que documentan son vistos como personas que están alejadas de la primera línea de batalla, donde ocurre la emoción (escribir código). Varios autores han mencionado ya esta cierta relación de amor-odio entre los desarrolladores de software y la documentación —nos incluimos—, pues, por un lado, apreciamos un software bien documentado y, por otro, eludimos la tarea (Havelund, Tegeler y Smyth). Una paradoja. Nos gusta ver la documentación, no crearla.

Lo que sí está claro es que para todos los que creamos software documentar es importante. Aquí algunos motivos:

- **Nos gusta que alguien nos indique con lenguaje natural o visual qué hace el software**. Es más simple de interpretar que ansiar entender una pieza de código sin contexto previo. Por eso hay diversas herramientas para diagramar y metodologías para escribir buenos comentarios en el código.
- **Ayuda a encontrar más rápido los problemas**. Si no sabes donde buscar, ¿cómo lo podrás solucionar? Esto se traduce en una mayor brevedad en las tareas que se realizan (Zhi).
- **Mantiene al equipo actualizado**. Es normal que en el lugar de trabajo haya rotación de personas: los que crearon un módulo renuncian, otros llegan para mantener dicho modulo o ampliarlo... Una buena documentación asegura una rápida integración de nuevos miembros.
- **Entrega mayor confianza al cliente**. Si un sistema no tiene una buena documentación, entonces sus usuarios desconfiarán de este, y peor aún, dejarán

[72] Las negritas fueron añadidas.

de usarlo. Una forma de dar confianza en un producto de software es teniendo una actualizada y robusta documentación.

Por otro lado, no toda la documentación está dirigida a las mismas personas:

- **Para desarrolladores**. Esta documentación suele ser la más técnica (por ejemplo, la descripción de una API REST), ya que describe el diseño, los componentes y las funcionalidades que tiene la aplicación (los comentarios dentro del código también son parte de esta documentación). Si el producto no cuenta con buena documentación técnica, un programador tardará más tiempo en entender cómo funciona este internamente.
- **Para usuarios**. Son el corazón del producto, darles una buena documentación a las personas que usarán la herramienta es fundamental para que, primero, la usen y, luego, puedan recomendarla a otras personas y no la abandonen antes de tiempo.

A continuación, nos centraremos en la *documentación técnica,* que es la que nos compete.

6.3. Los problemas de documentar un software

Hay muchos culpables de que documentar no sea visto como una actividad grata. Quizá el principal responsable —por buscar siempre enemigos— se encuentre en una errónea interpretación del siguiente párrafo:

Individuos e interacciones sobre procesos y herramientas

Software ***funcionando*** *sobre* ***documentación extensiva***

Colaboración con el cliente sobre negociación contractual

Respuesta ante el cambio sobre seguir un plan[73]

(Beck)

[73] Las negristas fueron añadidas. Enlace al manifiesto ágil: https://agilemanifesto.org/iso/es/manifesto.html.

¿Pudo identificar al sospechoso? Pues sí, exacto, el párrafo anterior corresponde al famoso *Manifiesto por el desarrollo ágil de software* (desde ahora *Manifiesto Agile*). Si usted trabaja en alguna empresa que aplica alguna de las tantas metodologías agiles y le miran con ojos extraños al mencionar la palabra «documentación», sepa que la agilidad es la responsable. Bueno, en parte. Si leemos con atención el *Manifiesto Agile*, veremos que no aboga por eliminar la documentación, sino por quitar importancia a la documentación *extensiva*. Este último adjetivo ha sido malinterpretado —y en algunos casos omitido— para dar paso a la frase «Software funcionando sobre documentación», que es usada contra cualquiera que quiera documentar en detalle un sistema. En cualquier caso, dicha mala fama no solo es responsabilidad de la mala interpretación del manifiesto ágil.

Documentar es una actividad difícil, todos los saben, los que la hacen y, sobre todo, los que no la hacen; y además tiene el añadido de que realizarla —de manera correcta— no crea una retribución directa a corto plazo. Asimismo, tampoco podemos olvidar que existen algunas malas prácticas:

- **Documentación parcial o inexistente**. De nada sirve crear documentación que está presente a medias en las funcionalidades de un software. O lo que es peor, que no exista documentación para algunas de estas.
- **Desfase en la actualización**. Una buena documentación avanza a la par —o próxima— que los nuevos lanzamientos del software. Pero pocas veces se logra. Mantener actualizada la documentación junto con el código, sin usar herramientas de automatización o estrategias que ayuden a esta labor, suele finalizar en lo mismo de siempre: documentación desactualizada que no sirve de nada.

Un caso habitual es cuando usamos una versión de una biblioteca y el autor o autores, en su gran sabiduría, no han actualizado la documentación, o sea, los códigos de ejemplos. Peor es todavía cuando en algunos casos cambian de nombre a funciones o las deprecan sin mediar aviso. Unos verdaderos forajidos del código que creen vivir en el lejano oeste. Ya se podrá imaginar todos los problemas que esto genera.

Al igual que ocurre con los errores en producción por culpa de algún *bug*, estos errores se pueden ver reflejados en los ejemplos de la documentación. Algunos autores recomiendan crear métodos automáticos para comprobar todos los ejemplos de código que aparecen en la documentación, de modo similar a lo que se hace con el código en producción (Aghajani, Nagy y Vega-Marquez).

Emad Aghajani y su equipo lo mencionaron con claridad:

> A pesar de su valor intrínseco, a menudo se descuida la creación y el mantenimiento de la documentación, lo que repercute negativamente en su calidad y utilidad y, en última instancia, conduce a una visión generalmente desfavorable de la documentación. (Aghajani, Nagy y Vega-Marquez)

A pesar de los inconvenientes que pueda provocar la documentación, es evidente que es inevitable e importante. Así, hace falta seguir algunas pautas, estrategias e ideas sobre cómo afrontar el reto de tener una documentación útil.

En la siguiente sección se mostrarán algunas estrategias para documentar; muchas no son excluyentes y pueden combinarse si el caso lo amerita.

6.4. Estrategias para documentar

Hay muchas formas de documentar un software. Algunas apuntan a cosas concretas y específicas, como escribir buenos nombres de variables, funciones, clases, etc.; otras se centran en escribir buenos comentarios dentro del código; y en otros casos se aborda el cómo mantener la documentación compatible con el código en producción. Cabe destacar que muchas no son incompatibles entre sí.

6.4.1. El código como documentación

Asociada a la metodología agile surgió la idea de que «un buen código puede ser la mejor documentación» o, dicho de manera poética, «la mejor documentación es el buen código». Funciones pequeñas y que tengan una única responsabilidad, correctos nombres de variables y funciones, separación de responsabilidades, etc. son algunas de las cuestiones que se esperan. Si esto se cumple, la documentación debería aspirar a ser mínima. Pero, bueno, esto es en teoría.

No obstante, los lenguajes de programación están limitados en su poder de expresividad. Esto se vuelve evidente cuando el código comienza a crecer en cuanto a funcionalidades y, por consiguiente, en líneas de código. La necesidad de tener diagramas, comentarios y todo tipo de herramientas que permitan explicar mejor el sistema se hace evidente. «La documentación toma el relevo cuando el lenguaje de programación se queda corto. En el lenguaje de programación ideal, se pueden expresar todas las propiedades relevantes del programa de forma comprensible y, por tanto, no habrá necesidad de documentación adicional», dijeron Ole Lehrmann Madsen y Birger Møller-Pedersen. Y aunque esto pueda parecer el caso ideal, los mismos autores advierten de que el problema de documentación radica en que los programadores no ven un beneficio inmediato por hacerla y mantenerla actualizada (Madsen y Møller-Pedersen).

Quizá por la idea de reducir al mínimo cualquier otra cosa que no sea código es que estos autores tienen tantos adeptos entre los programadores. Si a usted no le gusta modelar y menos crear comentarios, solo debe dedicarse a escribir buen código. Este es un sesgo de imposibilidad. Es una idea útil en sistemas y equipos pequeños, pero peligrosa a mayor escala. Primero porque «escribir buen código» es algo subjetivo, y segundo, porque siempre está limitado al nivel de conocimiento del programador que quiera entenderlo (no todos tienen el mismo nivel técnico).

Pero de esta estrategia hay mucho que rescatar, porque oculta una aspiración noble: buscar escribir buen código. Es tanto el dolor de pensar en escribir documentación que, para algunos, sería como: «escribiré el mejor código posible para no tener que recibir el castigo de escribir documentación».

A continuación, se dan algunas sugerencias para escribir buen código.

Mantenga una convención de código

Si cada miembro del equipo define el nombre de una clase o de una variable de la manera que le venga en gana, cuando comiencen a trabajar en equipo y a revisar *Pull Request*, será un caos. Nadie entenderá nada.

Como mencionamos antes, esta práctica está muy vinculada a las metodologías ágiles. Por ejemplo, en el libro *The Art of Agile Development*, se dice:

> Cada uno de nosotros tiene su propia forma de producir código. Refinamos nuestro estilo a lo largo de los años hasta que pensamos que es el más legible, el más compacto o el más informativo que puede ser.
>
> **El estilo individual está muy bien cuando trabajas solo**. Sin embargo, en el desarrollo de software en equipo, el objetivo es crear una obra colectiva superior a la que cualquier individuo podría crear por sí solo. Discutir sobre qué estilo es mejor estorba; es más fácil trabajar juntos en un **único estilo**.
>
> XP [Programación extrema] sugiere crear un estándar de programación: directrices a las que todos los desarrolladores se comprometen a adherirse cuando programan.[74] (Shore)

Aquí algunas cuestiones para tener en cuenta cuando cree su propia convención (estas son generales, no especificas a un lenguaje en particular):

- **Nombre de ficheros y organización de carpetas**. El orden es relevante. El primer consejo que intento dar —a veces con éxito—a cualquiera que aspira a ser programador es el de mantener el orden de sus ficheros en el ordenador. Ni siquiera me refiero al código, que por supuesto es importante y es el tema que nos trae aquí, sino a cualquier fichero. Los sistemas de ficheros no son inteligentes asistentes que nos dicen «¡Oiga! Ese fichero tiene un nombre que no significa nada, ¡cámbielo!», por tanto, es buena idea *seguir una convención de*

[74] Las negritas fueron añadidas.

nombres a rajatabla. No baje los brazos ante esto. De ello depende su tiempo, si no sigue este consejo vivirá perdiendo el tiempo buscando cuestiones que no sabe dónde almacenó.

- **Indentación.**[75] Es la manera que tenemos de identificar un bloque en el código. Puede ser por espacio o por tabulación. Procure tener una misma configuración en el editor (IDE).

  Una buena interpretación de la indentación puede evitar confundirse con los paréntesis o con el paso de múltiples argumentos a una función:

```
numbers = [1, 2, 3, 4, 5]
if (len(numbers) > 5 and len(numbers) <= 10) or \
   (sum(numbers) > 0):
        print("OK")

print("Len: {}, Sum: {}, Min: {}, Max: {}".format(
        len(numbers),
        sum(numbers),
        min(numbers),
        max(numbers)
    )
)
```

(Este ejemplo —que usa tabulación— es para dar a entender la importancia de la indentación, usted debe buscar cuál es la más conveniente para su proyecto).

[75] Aunque sea un anglicismo y no esté reconocido por la RAE, nos parece más conveniente usar «indentación» que «sangría» en el contexto de la programación.

- **Formateo**. Esto se puede apreciar con claridad en lenguajes que hacen uso de llaves (*brackets*), o sea, cualquiera que tenga una sintaxis como C. Hay dos formas clásicas de añadir las llaves:

Los que las añaden en la misma línea:	Los que añaden una nueva línea:

`class HelloWorld {`
`...`
`}`
	`class HelloWorld`
	`{`
	`...`
	`}`

No hay una forma mejor que otra, solo procure que al momento de decantarse por una, esta se mantenga en todo su proyecto. Aunque esto pueda parecer una minucia, cuando trabajamos en equipo estos detalles deben ser tomados en cuenta.

Una digresión: revise el documento *Coding Standards and Conventions,* que contiene algunas sugerencias extra y, sobre todo, buenas referencias (Spinellis, 2012). Asimismo, hay múltiples libros y otros documentos dedicados a cómo hacer una buena convención que podría estudiar (Kernighan y Pike, 1999; Stallman, 2001). En caso de que trabaje con C++, le sugiero leer *C++ Coding Standards: 101 Rules, Guidelines, and Best Practices* (Sutter, 2004). De todas formas, dado que cada lenguaje de programación cuenta con distinta expresividad, no es mala idea buscar recomendaciones de convención provenientes de especialistas en dicho lenguaje.

En 2014, surgió Naturalize,[76] la primera herramienta que ayuda a que un equipo de desarrolladores pueda seguir la convención de código de manera automática. Utilizando técnicas de procesamiento de lenguaje natural, en concreto un modelo lingüístico estadístico de n-gramas, el sistema lee el código base de un proyecto y aprende la

[76] https://groups.inf.ed.ac.uk/naturalize/

convención de manera automática para luego sugerir a los integrantes del equipo inconsistencias en los nombres de las variables con respecto a su convención. Y no solo eso, también sugiere mejores nombres (Allamanis, Barr y Bird, Learning natural coding conventions).

Las técnicas de renombramiento han ido en incremento y cubren: detección de nombres de variables inconsistentes, sugerencias de mejores nombres y la ejecución del renombrado. No es de extrañar, ya que, dentro de la refactorización, esta es unas de las principales actividades. Además, el 70 % de los caracteres de un código de fuente es usado como identificadores (Li, Liu y Nyamawe).

Como Einar W. Høst y Bjarte M. Østvold mencionaron en su artículo *Debugging Method Names*:

> Los métodos son las **unidades más pequeñas de comportamiento agregado** en la mayoría de los lenguajes de programación convencionales y, por tanto, una piedra angular de la abstracción.[77] (Høst y Østvold)

A pesar de esto, dar nombres apropiados a los métodos y clases resulta ser una de las tareas más complejas si se compara con sugerir buenos nombres para variables locales (Allamanis, Barr y Bird).

Sin embargo, y a pesar de que Naturalize surgió en 2014, aún son escasas las herramientas que pongan al alcance de cualquier entusiasta estas técnicas. Aunque la investigación sigue. Hay trabajos que presentan estrategias de sugerencias de renombrado usando técnicas sofisticadas como las redes neuronales convolucionales y vectores de párrafos (Liu, Kim y Bissyande; Luo, Zhang y Huang). Es de esperar que estas novedades se traduzcan en herramientas que sean asistentes de codificación, no solo para generar código, sino también para mejorar el existente mediante útiles observaciones.[78]

---

[77] La negrita fue añadida.

[78] Hasta ahora, las investigaciones en este campo se han centrado en Java.

De todas formas, y dejando de lado las herramientas que hagan uso de Machine Learning, hay métodos que, aunque son manuales, pueden ser de ayuda para mantener una convención en un equipo bajo control. Es el caso de Editorconfig, que ayuda a mantener una consistencia de las reglas de convención de un equipo. A pesar de no ser una herramienta que utilice métodos de aprendizaje automático, es posible usarla configurando un fichero y añadiendo las reglas para que el sistema detecte las inconsistencias. Se encuentra disponible —como plugin— en múltiples IDE.[79]

No escriba comentarios innecesarios[80]

Los comentarios parecen simples, pero no lo son. Hay funciones que son pequeñas y no requieren una descripción detallada, «son autoexplicativas». O como dice el popular —pero limitado— adagio de la metodología ágil: «El código es la mejor documentación».[81] Otras funciones, en cambio, pueden requerir algunas aclaraciones o pistas, ya que pueden ser un puente para conectar distintas funcionalidades que no son aparentes a simple vista.

Por tanto, evite añadir comentarios a funciones pequeñas y que son fáciles de entender:

```
# Una función que crea un fichero
def write_file(file, text):
    try:
        # se crea un fichero en la carpeta "documentos" y se
        # escribe con el contenido de la variable text
        with open(f'documentos/{file}.txt', 'w') as f:
```

[79] https://editorconfig.org.

[80] Los comentarios también son parte de una convención, pero dada su importancia se optó por tratarlos en una sección separada.

[81] Limitada en el sentido de que sobrevalora la idea de escribir buen código. Recuerde que no todas las personas que lean el código tienen el tiempo y la habilidad suficientes para entender un «código autoexplicativo». En sistemas grandes, un buen comentario puede ahorra mucho tiempo a alguien que recién se aproxima al proyecto.

```
            f.write(text)
    # una excepción en caso que no este la carpeta
    except FileNotFoundError:
        print("La carpeta 'documentos' no existen")

write_file()
```

En este ejemplo, cada comentario podría ser borrado porque caen en una redundancia innecesaria: explican lo que es evidente leyendo el código.

Añada humor

Míticos son los autores que han escrito comentarios irónicos dentro del código, ya sea para burlarse de los desdichados que deberán arreglar sus *bugs* o para dar ánimos a su relevo. Independiente del caso en cuestión, añadir comentarios con una pizca de humor es una buena forma de comentar, siempre y cuando mantenga ciertas consideraciones.

- Una broma, no una trampa. A menos que usted tenga una ética similar al que dice «Me han despedido injustamente, entonces «injustamente» le borraré su base de datos», no añada trampas en el código. Con trampa nos referimos a comentar algo falso, por ejemplo, decir que una función hace una cosa cuando en realidad hace otra. Es poco profesional y, a la larga, le traerá más problemas que diversiones, más enemigos que amigos. Por otro lado, una broma en el código puede ser interesante para motivar a nuevos programadores que se adentran en el código. Considere, por ejemplo, «Nadie sabe cómo llegué a esta solución, pero funciona» (tenga presente añadir el comentario en el lugar adecuado, aunque no nos haremos responsables de eso).
- *Non superabundante*. Tampoco consiste en añadir bromas en cada fichero, función o clase que escriba. La moderación, como en cualquier otra cuestión de la vida, es bienvenida.

Vea los siguientes ejemplos como una muestra de comentarios que pudieron ser evitados y, sin embargo, sus creadores quisieron añadirle algo de humor:

- ¿Dios sabe qué hace este código? Algunos programadores creen que sí. Pero hay programadores que han querido dejarlo por escrito en su código: «Cuando escribí esto, sólo Dios y yo entendíamos lo que estaba haciendo» y termina de mejor forma «ahora, sólo Dios lo sabe».
- Otros han escrito al comienzo de su código sus superpoderes: «Magia. No lo toque». Luego si el código no funciona, ya sabemos el motivo.

6.4.2. Documentación viva

No se puede negar que documentar un software puede ser aburrido, sobre todo si se trata de la documentación tradicional, que a menudo es tediosa y confusa. Estos textos suelen ser largos y carecen de modelos prácticos, lo que lleva a muchos programadores a preferir escribir código antes que documentar. Sin embargo, existen formas de ver esta actividad como un «relato» que dé vida incluso a quien lo escribe.

El concepto de «documentación viva» (*Living Documentation*) fue introducido en el libro *Specification by Example* de Gojko Adzic. Luego fue tratado en detalle en *Living Documentation: Continuous Knowledge Sharing by Design* de Cyrille Martraire, donde el autor lo definió como:

> [Documentación viva] es donde un ejemplo de comportamiento utilizado para la documentación se despliega como una prueba automatizada. Cuando la prueba falla, usted sabe que la documentación ya no está sincronizada con el código y puede arreglarlo rápidamente. Esta idea ha demostrado que es posible tener una documentación útil que no sufra el destino de quedarse obsoleta en cuanto se escribe. (Martraire)

En otras palabras: la documentación está unida al código, por tanto, si el código cambia, la documentación se actualiza (de ahí el nombre de «viva»).

Los pasos para aplicar la documentación viva en un proyecto son los siguientes:

1. **Identificar la documentación necesaria**. Determine qué documentos son necesarios para el desarrollo del software, como especificaciones de diseño, manuales de usuario, documentación técnica y casos de prueba, entre otros.

2. **Establecer un proceso de actualización**. Defina un proceso para actualizar la documentación en tiempo real, a medida que se realizan cambios en el software. Esto podría incluir una revisión continua por parte de los miembros del equipo y la actualización inmediata de la documentación en un sistema compartido. Recuerde: sin proceso, sin métricas, no hay posibilidades de mejorar.
3. **Asignar responsabilidades**. Asigne responsabilidades claras a los miembros del equipo para actualizar y mantener la documentación. Esto asegura que la documentación se mantenga actualizada y relevante.
4. **Utilizar herramientas de colaboración**. Utilice herramientas de colaboración en línea, como wikis o sistemas de gestión de documentos, para permitir a los miembros del equipo acceder y actualizar la documentación en tiempo real.
5. **Integrar la documentación en el ciclo de vida del software**. Integre la documentación viva en el ciclo de vida del software, de manera que sea una parte integral del proceso de desarrollo. Esto asegura que la documentación se actualice continuamente a medida que se realizan cambios en el software. Es decir, no tema darle mayor importancia a este proceso.

Otra cuestión importante: no sólo se preocupe de su documentación, revise la de los demás. Aunque parezca obvio muchas veces se omite esto. La documentación dentro de un equipo es responsabilidad no de una única persona, sino de todas. Piénsela como un sistema orgánico, pues de esta forma se puede asegurar de que todos están dentro de una simbiosis entre las nuevas funcionalidades y los cambios en la documentación.

6.5. Conclusión

La documentación es algo ineludible en un proyecto de software. Es una aspiración, una posibilidad, un gesto de profesionalidad hacia los integrantes futuros de su proyecto y también consigo mismo. No tema investigar en cómo hacer una buena documentación ni invertir recursos en ello, pues la falta de esmero produce mayores costes económicos. Y también personales. Por ello, como principio de conducta, recuerde que también es responsabilidad suya preocuparse por esta tarea cada vez que escriba código, pues afecta directamente a su trabajo. En suma: documentar es difícil; hacerlo bien, más; y mantener la documentación actualizada, todavía más.

6.5.1. Lecturas sugeridas

Además de los artículos y libros mencionados en este capítulo, quizá la mejor recomendación sea leer buenos proyectos de código abierto que se esfuerzan en lograr una buena documentación.

- https://zeromq.org/get-started/. ZeroMQ es una biblioteca para mensajería distribuida, y es una maravilla, no solo por su funcionalidad, sino por su prolija documentación, ya sea para el usuario o para desarrolladores (en su repositorio en GitHub).
- https://spacy.io/usage. Spacy es una biblioteca de Python para trabajar con procesamiento de lenguaje natural. Es quizás una de las mejores documentaciones que hemos visto, incluso permie ejecutar en el navegador algunos ejemplos, sumado a las bellas gráficas que acompañan los textos. Inspirador.

CAPÍTULO 7
EVALUACIÓN

7.1. Introducción

Cualquier pieza de software debe ser evaluada. A veces se hace creando una demostración matemática (si usted trabaja en temas teóricos) o incorporando pruebas (*testing*) si debe realizar un sitio web o una aplicación para móviles. Si no hubiera algún tipo de evaluación, entonces nunca podríamos asegurarnos de que algo hace lo que necesitamos. Viviríamos en la incertidumbre. La incertidumbre es complejidad y la programación busca reducir la complejidad.

Si miramos al pasado, antes de la llegada del ordenador personal o de Internet, los programadores debían aplicar algún tipo de evaluación a sus sistemas. No usaban ningún tipo de herramienta que generara un conjunto de pruebas automáticas, pero sí eran cuidadosos antes de programar. Trabajaban con equipos pequeños, fáciles de manejar.

Esta «metodología» ya no es aplicable hoy, por varios motivos: (1) los softwares se han vuelto más complejos, cuantas más características hay, más se incrementan las líneas de código; (2) al haber más demanda de software, aumenta la cantidad de programadores que se requiere, y esto hace que la rotación de personas dentro de una empresa crezca; y (3) la diversidad de toda índole ha aumentado, ya no se trata de softwares de sistemas (compiladores, sistemas operativos, bases de datos, etc.), sino de productos y servicios, lo que produce una necesidad de dar respuestas a los requisitos de diferentes industrias de todo tipo: el software vive en todos lados.

¿Qué tipo de evaluaciones existen? Antes de responder esto debemos definir qué tipo de programadores existen.

En este capítulo comenzamos explicando las pruebas dinámicas: las estrategias utilizadas por la mayoría de los desarrolladores de software que consisten en un conjunto de ejecuciones para verificar si el valor devuelto del programa es el acorde (por ejemplo, las pruebas unitarias). Luego pasaremos a su antagonista, las pruebas estáticas de software, donde no es necesario ejecutar el programa para comprobar su correctitud (por ejemplo, el análisis estático). También se explicarán las ventajas y desventajas de ambos tipos de pruebas. Después continuaremos con la importancia de la replicación y la contrastación; esto versa sobre cómo los principios científicos nos pueden ayudar a evaluar y comparar programas (por ejemplo, en el aprendizaje automático). Concluiremos con algunas ideas referentes a por qué la evaluación es crucial en la programación.

7.2. Pruebas dinámicas

Las pruebas dinámicas son las que se realizan cuando un programa se está *ejecutando* en un entorno controlado, que es similar al de producción pero donde fallar es factible y deseable para reducir los riesgos de problemas en el entorno del usuario final. Este tipo de pruebas son las que más usan los desarrolladores de software.

Ejemplos: ingresar el usuario y contraseña en una aplicación, consultar y eliminar registros de la base de datos, descargar los resultados de las ventas trimestrales, consultar la API de un proveedor externo, etc. Estas pruebas pueden comprobar diferentes funcionalidades del sistema; algunas funcionalidades son más críticas que otras y, por tanto, el conjunto de pruebas sería mayor. Así, en un sistema bien diseñado las pruebas que se crean están asociadas a una funcionalidad. Las pruebas que no son creadas para tratar con una funcionalidad carecen de sentido.

Las pruebas dinámicas —y por eso comienzo con ellas antes de las pruebas estáticas— le permiten establecer lugares comunes gracias a su popularidad en las empresas de software. La industria de software por lo general hace pruebas de este tipo en vez de pruebas estáticas porque son menos costosas en cuanto a tiempo y requieren menos esfuerzo.[82] Y los entornos controlados (de prueba y de desarrollo) son los lugares propicios para ellas, pues funcionan mediante un sistema de *prueba-error* que se ejecuta hasta que los errores son nulos o mínimos (dependiendo de la permisividad de la empresa y del proyecto en que esté involucrado).

Estas pruebas se pueden dividir en dos grupos: funcionales y no funcionales. Las definimos a continuación.

7.2.1. Funcionales

Las pruebas funcionales se centran en validar que el software cumpla con los requisitos que, previamente, fueron establecidos entre el cliente y el proveedor.

Algunos aspectos generales incluyen:

1. **Pruebas de integración**. Comprueban que las diferentes partes del sistema funcionan juntas de manera correcta.
2. **Pruebas de unidad**. Se realizan sobre componentes individuales del sistema para asegurar que cumplan con los requisitos establecidos.
3. **Pruebas de aceptación del usuario**. Se evalúa si el software cumple con los requisitos establecidos y las expectativas del usuario.

---

[82] En la academia —por lo general— el dilema no trata sobre qué tipo de pruebas hacer, sino que simplemente faltan pruebas (para ser precisos, esto tiene una razón de ser: en algunas áreas de investigación se requiere diseñar pequeños algoritmos en un único fichero, lo que permite trabajar en un entorno de ejecución controlado y justificar la ausencia de pruebas; igualmente dependerá del área de investigación en que trabaje, pues no es lo mismo trabajar en optimización computacional que investigar sobre diseño de pruebas en ingeniería de software [esto último sería paradójico]). Esto, por supuesto, se aminora con los métodos de replicación y contrastación de evaluación presentes en los experimentos científicos, que buscan comprobar la verdad o falsedad de un conjunto de hipótesis. Así, las pruebas dinámicas y estáticas están más asociadas a la labor de un ingeniero presente en la industria de software que al trabajo científico que aplica la evaluación mediante la obtención de datos y análisis estadísticos. Por tanto, las pruebas y los métodos de replicación y contraste pueden estar más o menos presentes en el ámbito laboral dependiendo de quiénes los utilicen.

4. **Pruebas de regresión**. Se realizan para asegurar que las modificaciones o actualizaciones del software no afectan a las funcionalidades previamente implementadas.

A pesar de su importancia, nos centraremos en las pruebas no funcionales porque capturan mejor los aspectos que «rodean» al desarrollo de software.

7.2.2. No funcionales

En contraste con las pruebas funcionales, las pruebas no funcionales se enfocan en evaluar otras cuestiones —no menos importantes— del software: su rendimiento, su seguridad, su escalabilidad y su usabilidad.[83] A estas características, al no ser parte directa de una funcionalidad (por ejemplo, exportar un fichero de audio con la voz generada desde un texto escrito), se las conoce como no funcionales. La velocidad de respuesta al filtrar una tabla (rendimiento), añadir token de acceso a las API (seguridad), que el software se mantenga usable con más de 100 usuarios conectados a la vez (escalabilidad) y que la UI no sea compleja de entender (usabilidad) son cuestiones relevantes para que el software pueda cumplir con las pruebas funcionales. En muchos casos las pruebas no funcionales marcan el éxito de un proyecto.

Estos cuatro aspectos de pruebas no funcionales tienen sus herramientas y sus estrategias para operar. Teniendo esto en cuenta, ahora paso a explicar con mayores detalles cada una, además de recomendarle algunas herramientas y estrategias que podría considerar para sus proyectos.

Rendimiento

El concepto de «rendimiento» se puede referir a muchas cosas, como la rapidez de carga de un sitio web o una consulta en la base de datos, la ausencia de «congelamientos» en un videojuego o la velocidad de instalación de una biblioteca en un gestor de paquetes. Aunque cada problema pueda parecer diferente, el rendimiento está presente en todos ellos por su

[83] No son las únicas, sin embargo, estas cuatro son fundamentales.

asociación con el tiempo, ya sea de forma positiva (rapidez) o negativa (lentitud). Si algo tarda mucho tiempo en realizarse, se considera que tiene un bajo rendimiento. Los motivos de un rendimiento deficiente pueden ser múltiples, como una implementación deficiente, falta de recursos o conexiones deficientes en sistemas en la nube.

A continuación, se presentan algunas recomendaciones prácticas.

- **Registre todo**. Se recomienda registrar todo para identificar el cuello de botella de una aplicación. De esta manera, tener un sistema de log y métricas de tiempo para cada módulo y funcionalidad puede ayudar a detectar el código que debe mejorar el rendimiento. Además, se sugiere utilizar aplicaciones que midan los recursos para controlar el tiempo y el consumo de recursos de múltiples aplicaciones.
- **Estudie sobre análisis de algoritmos**. ¿Cómo mejorar la implementación de sus algoritmos independientemente del lenguaje de programación? Conociendo la complejidad algorítmica. Esta es la parte central del análisis algorítmico, y si usted la domina, sus habilidades de programación crecerán sustancialmente.
    - Un libro que considero interesante —por su rigurosidad— para iniciarse en el análisis de algoritmos es *An Introduction to the Analysis of Algorithms* de Philippe Flajolet y Robert Sedgewick.
    - Otro libro importante —que no es sobre análisis de algoritmos pero sí sobre cómo escribir programas con alto rendimiento—es *Writing Efficient Programs* de Jon Louis Bentley, que, a pesar de los años, sigue siendo actual. Le explica cómo optimizar sus algoritmos, con lecciones prácticas y sin entrar en teoría.
- **Tenga en cuenta las recomendaciones de los ingenieros que trabajan en escalabilidad**. Podría escuchar las sugerencias, consejos e ideas de trabajadores de empresas tecnológicas estadounidenses, pues son pocos los que tienen la oportunidad de trabajar con grandes cantidades de datos en el mundo.
    - Sobre este tema podría revisar artículos provenientes de ingenieros de Google, Microsoft, Amazon o empresas similares. O de científicos que

se dediquen al área de HPC (*High Performace Computing*), pues junto a ellos aprenderá de primera mano los problemas de escalabilidad.

Seguridad

Se realizan pruebas para evitar posibles agujeros en el sistema que puedan poner en riesgo la información de los usuarios. No es casualidad que las recomendaciones de ACM para el área de ciencias de la computación en 2023 incorporen el estudio de algoritmos criptográficos, como SHA256, RSA y algoritmos de consenso (*Blockchain*), como conocimientos esenciales en el campo de los algoritmos. La seguridad es un tema crítico en el siglo actual debido al crecimiento exponencial de los dispositivos electrónicos, por lo que cualquier desarrollo de software debe tener en cuenta este aspecto.

A continuación, se sugieren algunos conocimientos esenciales para abordar la seguridad en el software:

- **Criptografía**. Hoy es indispensable tener conocimientos sobre criptografía y sobre cómo funcionan muchas de las tareas que se realizan a diario, como ingresar a un banco, realizar transferencias o recibir mensajes. Todos estos eventos utilizan algún proceso criptográfico para mantener segura la información intercambiada.
- **Use un software para detectar vulnerabilidades**. Existen prácticas cotidianas que pueden ser perjudiciales para el software y propensas a generar inseguridad. Muchas de estas vulnerabilidades son conocidas, por lo que existen bases de datos que las registran. Se sugiere buscar un software que pueda buscar fallas en el repositorio de código.
- **Tenga protocolos**. Procure tener políticas claras respecto a la seguridad del software, en las que cada miembro del equipo conozca sus responsabilidades y tenga claridad sobre cómo proceder en caso de eventualidades.
- **Invierta en capacitación**. Este punto puede aplicarse a cualquiera de las demás recomendaciones, pero aún más a la seguridad. Y es que la seguridad requiere la capacitación no solo de los miembros del equipo de desarrollo, sino también de

cada empleado de la compañía. Es fundamental dar importancia a la seguridad del software para brindar seguridad a los clientes.

Escalabilidad

La escalabilidad implica una armonía entre el software y el hardware para asegurar que el rendimiento del software se mantenga constante, incluso si aumenta el número de usuarios o los datos a procesar. Aunque algunos afirman erróneamente que «los problemas de escalabilidad se solucionan con un mejor hardware», no es una solución universal. Si bien en algunos casos una solución rápida y barata puede ser pagar más por un hardware mejor, a largo plazo el coste puede ser mayor. La mayoría de los problemas de escalabilidad surgen de un diseño e implementación de software deficientes. Si una empresa omite esto a largo plazo, puede pagar un coste mayor.

Así pues, para mejorar la escalabilidad del software, se pueden considerar las siguientes sugerencias:

- Aprender sobre la nube y su ecosistema, además de lo mencionado en el apartado de rendimiento. Es importante conocer cómo funciona un sistema en la nube, los costes y cuándo se necesitará adquirir más recursos de cómputo. También es fundamental investigar sobre herramientas que combinen buena calidad y documentación adecuada.
- Aprender sobre la computación distribuida es una opción para mejorar la escalabilidad del software. No todas las herramientas para procesar grandes cantidades de datos pueden ser útiles para su negocio. Evalúe cada una según su problema, y no se deje influenciar por una moda. Para lograr esto debe estudiar sobre el tema, leer mucho, practicar mucho y, sobre todo, escuchar a los ingenieros con más «horas de vuelo» (debido a que gran parte de estas cuestiones se aprenden después de años de práctica concienzuda).

Experiencia de usuario

La experiencia de usuario es una *evaluación* relacionada con el usuario de su software. ¿Entiende cómo usarlo? ¿Le parece simple o complicado? Una mala interfaz y experiencia de usuario puede hacer que un buen software (diseño e implementación) no valga de nada, por ejemplo, si resulta que es antiintuitivo. La usabilidad también puede ser evaluada.

Se deben considerar los siguientes cinco elementos básicos:

- **Jerarquía de la información**: Más que el contenido importa cómo está organizada la información. Si es demasiado confusa o hay exceso de imágenes o textos en diferentes lugares sin razón de ser, la experiencia de usuario será pésima.
- **Consistencia**: Evite cambiar la experiencia de usuario —todo lo relacionado con las interacciones del usuario final— en cada nueva versión de su aplicación; sea consistente para no confundir —y decepcionar— a su usuario.
- **Confirmación**: Añada validaciones a los campos de los formularios. Además, incorpore confirmaciones para evitar errores involuntarios: haga la vida más fácil a su usuario.
- **Control de usuario**: Dé control al usuario para recuperarse de un error o para retroceder y volver a intentarlo. Evite que el usuario piense «¿Y ahora qué hago?». De lo contrario, su usuario se sentirá como en medio de un bosque, perdido, sin mapa ni brújula.
- **Accesibilidad**: Facilidad de uso para la mayor cantidad de personas posible. Ejemplo: si se le encarga diseñar el sitio web de una clínica, no es recomendable usar un tamaño de letra pequeño que una persona mayor difícilmente podría ver. Es decir, debe tener en cuenta las necesidades de accesibilidad y a qué público se dirige.

7.3. Pruebas estáticas

Las pruebas estáticas cubren un amplio abanico de técnicas. Algo común en todas ellas es que no requieren de la ejecución del software para realizarlas. Ya veremos que esto puede ser, dependiendo el proyecto que realicemos, una ventaja o una desventaja.

Estas pruebas se pueden dividir en dos grandes grupos: inspección de requisitos de software y análisis estático de código.

7.3.1. Inspección de los requisitos de software

Antes de explicar la inspección en el contexto de los requisitos de software, es preferible explicar qué son los requisitos de software.

Los requisitos surgen de las personas, no de las máquinas.[84] Esto, aunque obvio, hay que tenerlo en cuenta para que la toma de requisitos se centre en resolver los problemas humanos. Luego se pueden tratar las ventajas o desventajas, las restricciones o los intereses, que pueda entregar una tecnología frente a otra. Los requisitos de software son, por ende, la fase previa a cualquier disputa técnica sobre la adecuación de las herramientas.

Es normal también que el cliente tenga desconocimiento, que no sepa lo que realmente quiere, y es aquí donde un experimentado informático debe quitar la maleza y asistir al resto en su confusión. Muchas veces, por soberbia o por falta de trato con personas, algunos informáticos caen en la tentación de culpar de todos los males al cliente, aunque la idea de construir software es un trabajo en equipo, donde las cosas se regulan mediante la comunicación y el respeto. Así, los requisitos son el primer paso para lograrlo.

La inspección de los requisitos de software se considera una prueba estática porque no necesita de la ejecución de software. Consiste en revisar toda la documentación relativa a los requisitos, con el objetivo de identificar problemas, inconsistencias, ambigüedades y cualquier defecto potencial que pueda provocar problemas en el ciclo de vida del software.

Asimismo, es un trabajo de relaciones entre personas, en el que la comunicación juega un papel esencial, aunque esta relación sea a través de un conjunto de documentos. Se puede

[84] Sobre los requisitos de software se ha escrito mucho, desde artículos de blog hasta libros científicos. No hay un consenso, quizá porque en ellos el factor preponderante son las relaciones humanas, algo ya difícil por definición. Sin embargo, hay pautas, estrategias y metodologías que nos ayudan a encontrar una mejor forma de afrontarlos.

ver también como una prueba que busca reducir los problemas técnicos, que se traducen en una reducción de costes.

7.3.2. Análisis estático

A diferencia de los requisitos de software, el invitado de esta sección es un soporte para cumplir los requisitos (ya definidos) y no surge de las personas, sino que reside en aspectos totalmente técnicos, en *cómo* conseguir que el código sea fiable y seguro.

El análisis estático de código consiste en realizar una verificación formal previa a su ejecución. Esto es, por ejemplo, encontrar problemas de memoria, problemas de concurrencia, problemas de manejo de tipos y todo tipo de posibles errores que puedan ser detectados antes de la ejecución. Por tanto, se presupone que así todos los casos posibles de falla del programa están controlados.

La riqueza de los lenguajes de programación estáticamente tipados da aquí sus frutos, porque dan más información a los analizadores de código. Y la razón de esto es que los analizadores estáticos trabajan en tiempo de compilación, no en ejecución. En cambio, en lenguajes con tipado dinámico, hacer comprobaciones previas se vuelve una tarea complicada por la misma flexibilidad que estos lenguajes entregan.

Ejemplos básicos

La sintaxis y semánticas de un lenguaje de programación son fundamentales. Considere el siguiente código en C++:

```
float pi = 3.1415927;
int x = pi;
```

Un analizador estático debería alertar de un error en la segunda línea. Aunque ambas líneas son sintácticamente válidas, la semántica de C++ no admite una conversión implícita de tipos de datos (`float` a `int`). A esto nos referimos con la riqueza de los lenguajes con sistemas de tipo estático. Conversiones de tipos que no son permitidas se pueden encontrar en la fase de compilación.

Y si pensamos en otro ejemplo, en Python, por ejemplo, el siguiente código tampoco sería válido:

```
pi = 3.1492715
x = "El valor es:" + pi
```

Aunque, otra vez, este ejemplo es válido en cuanto a su sintaxis, la semántica es inválida. En Python el operador «+» solo admite valores numéricos, así, la variable `pi` es permitida, no la cadena de caracteres.

Sin embargo, hay lenguajes cuya semántica es tan ambigua que resulta complicado crear analizadores estáticos. Un caso de este tipo es JavaScript, lenguaje dinámico y de tipado débil (y para desgracia de algunos [me incluyo], es muy popular).[85]

Si ejecutamos el ejemplo anterior de Python en JavaScript no encontraremos ningún problema, ni sintáctico ni semántico.[86] Esto se debe a que JavaScript admite conversiones implícitas de tipos, por lo que el operador «+» puede concatenar casi cualquier cosa (reemplace la variable `pi`, a la derecha del operador «+», por «[]» [un arreglo vacío] y verá que es totalmente válido).

Hay que recordar lo dicho anteriormente: el análisis estático es una revisión en tiempo de ejecución, de esta manera, se pueden prever futuros problemas en la ejecución sin la necesidad de ejecutar el programa.

Beneficios

«El análisis de programas puede ser aplicado donde el entendimiento de la semántica de un programa es importante o benéfico» (Rival y Yi). Esta cita da a entender la importancia de la semántica en cualquier análisis de programa, en particular en el análisis

[85] Esto hoy se ha atenuado gracias a TypeScript, un superconjunto de JavaScript (o sea, contiene todas las características de este) que añade el tipado estático, reduciendo así las ambigüedades y fragilidades del sistema de tipos de JavaScript.

[86] Para ahondar en el concepto de semántica le recomiendo leer el capítulo dedicado a los lenguajes de programación, presente en el Tomo III.

estático. Este puede ayudar a los desarrolladores a prevenir bugs y dar mayor confianza a los demás sobre el código que producen; también a los que mantienen el código legado, pues lo podrán entender más rápidamente, e incluso a los encargados de la seguridad, ya que podrían detectar programas que puedan tener una semántica maliciosa.

Por otro lado, si comparamos el análisis estático con las técnicas dinámicas, su ventaja es que puede comprobar si un programa puede terminar (la propiedad de seguridad, que veremos en el apartado siguiente), pues un análisis dinámico tendría que construir un programa que se ejecutara en un tiempo infinito (imposible). Al final, cuando el análisis estático detecta una propiedad que es violada, los desarrolladores pueden todavía arreglarla antes de que su software sea usado (con las pruebas dinámicas no es posible).

Cabe señalar, a modo de aclaración, que el análisis estático no solo se aplica a lenguajes de programación, sino que también es útil para revisar formatos de archivos como JSON, XML o HTML, es decir, cualquier lenguaje formal utilizado para representar información no computable.

Propiedades semánticas de los programas

Cada programa tiene un conjunto de propiedades semánticas que estudian como se realiza la computación. Entre las más importantes se encuentran la seguridad (*safety*), la vida útil (*liveness*) y el flujo de información (*information flow*).[87]

- **Seguridad (*safety*).** Conjuntos de estados de un programa que *nunca* debería exhibir un comportamiento observable dentro de un tiempo finito, que ponga en peligro la seguridad del programa. Comportamientos tales como alcanzar algún error de estados (desbordamiento de pila, *deadlocks*, acceder a un índice invalido, excepciones no capturadas), computar un conjunto de valores no permitidos o el término inesperado del programa. Todas son cuestiones que afectan a la seguridad, pues se presupone que los comportamientos inválidos

[87] Se utiliza entre paréntesis el nombre del concepto en inglés por su preponderancia en la literatura.

ocurren, en su mayoría, en un tiempo finito. Así, el mantra de esta propiedad es «nada malo sucede durante la ejecución del programa».

- **Vida útil (*liveness*).** Son estados de un programa que *nunca* debería exhibir un comportamiento observable como no-término (programas que nunca finalizan). Ejemplos: *live-lock* (un *deadlock* pero que repetidamente cambia de estado sin avanzar) o *starvation* (condición donde un proceso [programa en ejecución] no puede acceder a recursos disponibles, ya sea porque el hardware es insuficiente o porque múltiples hilos compiten por los mismos recursos). Ambos comportamientos impiden que el programa llegue a término, lo cual desmorona el mantra de esta propiedad: «Algo bueno finalmente sucede».
- **Flujo de información (*information flow*).** Define un amplio grupo de propiedades de programas que declaran ausencia de dependencia entre pares de comportamiento de programas. Ejemplo: si un usuario ingresa a un sistema (cualquiera que sea) no puede derivar con la información de acceso las credenciales o información de otro usuario. Así, el flujo de información tiene niveles de confidencialidad, representados por baja información pública pero alta en información secreta. Entonces, se diferencia de las propiedades seguridad y flujo de vida en que debe interactuar con un conjunto de ejecuciones de un programa.

Limitaciones

La computabilidad es una limitante del análisis estático. Si se toma cualquier lenguaje computable, se puede escribir un código (cualquiera), compilarlo y ejecutarlo, pero no se puede garantizar que el programa nunca se cuelgue en tiempo de ejecución. Este es el problema de la parada, que trata sobre la imposibilidad de asegurar que un programa siempre se detendrá, ya que podría darse el caso de que tuviera un bucle infinito. Esta limitación impide cualquier intento de realizar un análisis que cubra todos los casos.

En la práctica, existen muchos tipos de software que tienen diferentes funciones a realizar, como las interacciones visuales de una aplicación web, las animaciones de un videojuego o las consultas hechas a una base de datos. En muchos de estos ejemplos, intentar una verificación formal (estática) sería contraproducente por varias razones.

En primer lugar, los requisitos de software pueden ser confusos, incompletos y carentes de utilidad, lo que dificulta la tarea del análisis estático, que requiere mucha información.

En segundo lugar, la verificación formal, que es el corazón del análisis estático, es una tarea ardua que requiere destreza y conocimiento de la teoría. Por tanto, su falta de uso puede ser debida a un desconocimiento por parte de los desarrolladores.

En tercer lugar, la verificación estática puede volverse complicada en lenguajes dinámicos con tipado débil, ya que las herramientas de análisis estático son más efectivas en sistemas de tipos robustos. Los lenguajes funcionales como Haskell o Agda tienen buenas herramientas de análisis estático por esta razón.

Finalmente, a veces es XE "análisis estático" difícil saber en qué parte del software se debe aplicar el análisis estático. En un formulario web, por ejemplo, no tiene sentido aplicar un análisis estático, pero en el algoritmo que hace las transacciones de dinero de una aplicación podría tener sentido por su criticidad y fiabilidad. En estos casos, el factor de decisión humano es clave.

A pesar de estas limitaciones, el análisis estático es una de las maneras más confiables que existen para realizar evaluaciones. Además, dada su falta de uso y desconocimiento por parte de muchos desarrolladores de software, su uso puede añadir un componente importante a la formación de los desarrolladores: la importancia de la precisión y la rigurosidad.

7.4. Replicación y contrastación

Es normal al leer un artículo técnico o científico que presente un algoritmo o un modelo de aprendizaje sin instrucciones para *replicarlo* en su ordenador. En esos casos, por tanto, usted no puede *contrastarlo* con otro algoritmo o modelo. En consecuencia, sin instrucciones no hay forma de evaluar nada.

En áreas en las que aún no se conoce cómo el software aumenta su complejidad a medida que el código fuente crece, están comenzando a darse cuenta del valor de establecer prácticas y metodologías para evaluar. Pienso en el aprendizaje automático, ya que muchas personas que trabajan en esa área no han tenido la oportunidad de trabajar con grandes equipos de desarrolladores haciendo *push*, haciendo *merge* o recibiendo rechazos para sus *pull request*. Además, es común que su código no tenga ningún estándar, pues diseñar y evaluar un modelo de aprendizaje no es lo mismo que evaluar un software empresarial que contiene múltiples componentes: bases de datos, microservicios, sitios web, scripts, etc.

Teniendo esto en cuenta, la replicación entraña reducir al mínimo las dificultades para ejecutar un programa como se haría en su entorno de origen (por eso se dice «quiero replicar el entorno»).[88] En cambio, si nos referimos a contrastación, se están comparando distintos programas bajo características como la eficiencia, la legibilidad, la escalabilidad, etc. Son conceptos que se complementan y, aunque no son iguales, no deberían excluirse al crear modelos de aprendizaje.

7.4.1. ¿Cómo replicar?

Los pasos a seguir para replicar un modelo —presentado en un artículo científico— podrían ser los siguientes:

1. **Comprender el modelo**. El primer paso es leer detenidamente el artículo y entender cómo funciona el modelo. Es importante comprender el proceso de entrenamiento, la arquitectura del modelo, los hiperparámetros y los datos utilizados para entrenar el modelo.
2. **Preparar el entorno**. Configurar el entorno de trabajo puede ser importante, por lo que necesita preparar un entorno de programación que permita la

[88] De no hacer una replicación correcta es cuando surge la broma si un software falla: «¡Pero funcionaba en mi ordenador!».

implementación del modelo. Es decir, usar las mismas versiones de las tecnologías.

3. **Implementar el modelo**. A continuación, implementa el modelo de ML en el entorno de programación que haya elegido. Puede seguir la arquitectura presentada en el artículo y los hiperparámetros utilizados. Solo debe asegurarse de incluir cualquier preprocesamiento de datos, normalización y otras consideraciones que se mencionan en el artículo.
4. **Entrenar el modelo**. Entrene el modelo con los datos utilizados en el artículo. Esto puede requerir acceso a conjuntos de datos específicos y, en algunos casos, puede ser necesario crear una implementación de pipeline de datos para asegurarse de que los datos de entrenamiento se están procesando correctamente.
5. **Evaluar el modelo**. Una vez entrenado el modelo, evalúe su desempeño utilizando las mismas métricas presentadas en el artículo. Asegúrese de comprender la interpretación de las métricas para poder entender el desempeño del modelo.
6. **Reproducir los resultados**. Intente reproducir los resultados presentados en el artículo. Si los resultados no se pueden reproducir, revise los pasos anteriores para asegurarse de haber implementado el modelo correctamente y de haber utilizado los mismos datos de entrenamiento.
7. **Realizar experimentos adicionales**. Si el modelo se puede replicar satisfactoriamente, considere realizar experimentos adicionales para explorar diferentes configuraciones de hiperparámetros, conjuntos de datos alternativos o arquitecturas de modelos.

Sin embargo, llevar esta tarea a cabo con éxito dependerá exclusivamente de la calidad del artículo y de si los autores tuvieron la suficiente transparencia para facilitar su replicación.

7.4.2. ¿Cómo contrastar?

Una vez replicado el modelo, se puede contrastar. Para esta labor lo importante incluye lo siguiente:

- **Similares conjuntos de datos**. No se puede contrastar si los conjuntos de datos son distintos, pues los resultados serían distintos y se estaría incurriendo en una evaluación injusta. Por tanto, tener los mismos conjuntos de datos —o similares— es un prerrequisito.
- **Entornos equivalentes**. También importa tener un hardware equivalente, sobre todo si lo que queremos contrastar es el tiempo de cómputo. A su vez, el software debe tener justas equivalencias: por ejemplo, si quiere demostrar que su algoritmo A (usando paralelismo) es superior a un algoritmo B (sin paralelismo) en cuanto al tiempo de cómputo, usted estaría cometiendo una contrastación injusta.
- **Métricas de evaluación**. Las métricas también son importantes, ambos sistemas a contrastar deben ser evaluados bajo el mismo conjunto de métricas. No puede ser que, por ejemplo, un algoritmo A se evalúe con ciertas métricas distintas al algoritmo B.

En efecto, contrastar tiene que ver con una cierta *justicia* computacional. Se ha de tener en cuenta que para demostrar que algo es mejor que otra cosa, es fundamental ser intelectualmente honesto; contrastar correctamente es el comienzo.

7.5. Conclusión

En este capítulo se presentaron las distintas pruebas para evaluar software. Se explicaron las pruebas dinámicas y estáticas y los métodos de replicación y contrastación, cada uno de los cuales puede ser más adecuado para ciertos tipos de proyectos de software.

La evaluación se presenta como un principio que interpela al programador: "¿Quiere asegurarse de que su código hace lo que espera?", para luego afirmar que este debe aprender técnicas para evaluar software. Aunque ningún método de software, ni las pruebas, ni los métodos automáticos que hacen uso de la inteligencia artificial pueden asegurar la ausencia total de errores, sí pueden aproximar al anhelo final de cualquier programador: tener la tranquilidad de saber que su código cumplirá los requisitos, en cualquier caso, independientemente de las circunstancias y de los intentos, deliberados o involuntarios, de hacerlo fallar.

7.5.1. Lecturas sugeridas

Primero le sugerimos un libro excelso para entender las pruebas estáticas, en particular, el análisis estático:

- *Introduction to static analysis. An abstract interpretation perspective* de Xavier Rival y Kwangkeun Yi. Una moderna introducción al análisis estático, muy recomendado.

Y en segundo lugar, un buen libro para aprender a replicar y contrastar —reproductibilidad— modelos de aprendizaje:

- *The Turing Way*. Este es un libro comunitario, de código abierto, enfocado a ingenieros, investigadores y lideres de proyectos, entre otros, que quieran aprender sobre reproductibilidad en la ciencia de datos.[89]

[89] https://the-turing-way.netlify.app/index.html

CAPÍTULO 8
ETHOS

8.1. Introducción

Prometeo fue un titan de la mitología griega que tenía el don de la profecía, lo que lo hacía prever los grandes desastres que sufriría la humanidad. Tuvo el coraje de desafiar a Zeus, Dios supremo, para proteger a los humanos y, por ello, sufrió un doloroso castigo. Los humanos debían dar animales como ofrenda a los dioses, sin embargo, en una de sus tantas jugarretas, Prometeo engaño a Zeus en favor de los humanos y le dio a elegir entre dos opciones: un buey que estaba relleno de huesos y sin carne y otro sin huesos pero relleno de carne que parecía menos voluminoso. Zeus escogió la primera opción y se enteró posteriormente del engaño, así que decidió vengarse de Prometeo. Y la mejor forma que encontró fue quitarles el fuego a los humanos para que vivieran en la oscuridad con el propósito de que su avance y progreso fueran decayendo hasta extinguirse.

De carácter desafiante y travieso, Prometeo intentó salvar a los humanos robando el fuego del monte Olimpo, que era el hogar de los dioses, para entregárselo a las personas. Esto enfureció todavía más a Zeus, que optó por un castigo directo a Prometeo: ordenó que lo encadenaran a una roca y que un águila le comiera el hígado cada día. Dado que Prometeo, al ser un titan, gozaba de inmortalidad, su sufrimiento sería recurrente, diario, eterno.

Pero su gran filantropía y rebeldía nos acompañan como un signo del coraje de compartir y ayudar a los demás.

Este capítulo comenzamos explicando por qué la ética es importante para construir sistemas de inteligencia artificial (IA). Luego analizaremos cómo la ética no solo afecta a la IA, sino también a la programación, e intentaremos responder a las siguientes preguntas: ¿Un programador tiene responsabilidad ética al crear software? y ¿Qué es ser un buen programador? Concluiremos con algunas ideas sobre cómo la ética se hará más relevante en el desarrollo de software.

8.2. La responsabilidad frente a la inteligencia artificial

Los problemas éticos que suscita la IA son algo que se analiza desde hace ya varias décadas, quizá desde el instante en que se inventó el término a mediados del siglo XX. Hoy ha vuelvo ser un tema «popular» por las novedosas y disruptivas aplicaciones que han emergido, como ChatGPT, Google Bard, Bing Chat y similares.

Para comenzar a dilucidar este tema es conveniente definir qué entendemos por ética. Es una disciplina filosófica que se encarga de estudiar la moral y la conducta de los seres humanos. La conducta no solo individualizada, sino colectiva, es decir, cómo nos relacionamos en sociedad. La ética ha estado presente desde la antigua Grecia y se remonta a los orígenes de la filosofía; pensadores como Platón, Sócrates y Aristóteles han reflexionado sobre ella.

Sócrates creía que la virtud era una fuente indispensable para el buen vivir, y que la ignorancia es la causa del mal y la injusticia. Y dicha virtud solo se podía alcanzar mediante la autorreflexión y la autoconciencia que se produce a través de la reflexión y el dialogo crítico.

Autores contemporáneos han apostado por un enfoque similar para afrontar la ética de la IA y proponen que el dialogo cívico tenga un rol en la toma de decisiones de los sistemas que se crean. La ética de la IA se refiere al estudio de los problemas éticos relacionados con los desarrollos y uso de la IA. Entre los principales problemas éticos relacionados con la IA se incluyen la privacidad y la protección de datos, la discriminación y el sesgo algorítmico, el control y la responsabilidad de las máquinas autónomas y la justicia en la distribución de los beneficios y riesgos de la IA.

A pesar de los múltiples debates sobre el tema, que reúnen a ingenieros, científicos y filósofos para discutir y proponer ideas, escasa ha sido su influencia, sobre todo en las grandes empresas que, como puede prever, son las que crean las principales aplicaciones de IA. Por otro lado, han surgido críticas por enfocar la ética a nada más que la creación de leyes, obviando que es más que eso: un debate más general sobre nuestra conducta con la tecnología (Munn).

8.2.1. IA y robótica

La ética de la IA cobra fuerza cada vez que la vida humana se pierde o se encuentra en riesgo. Considere el caso de la unión entre la IA y la robótica para fines militares. Drones que son capaces de enviar bombas teledirigidas, casi al milímetro, manejadas por personas a kilómetros de distancia, como se ha visto en la guerra Ucrania-Rusia, son pruebas de cómo el diseño de estos sistemas sirve para acabar con vidas humanas. Esto no es nuevo, la industria militar es la que invierte más dinero en mejorar estos sistemas. Ocurre ahora con los drones autónomos y antes fue el desarrollo de una red interconectada (Internet); la industria militar siempre se ha mantenido a la «vanguardia» de los avances tecnológicos que, más tarde, llegan a los ciudadanos.

Stuart Russell, científico de la computación de la Universidad de California, abogó por que los científicos «adoptaran una postura» al respecto del uso de IA en armas (Russell). Pero como sabemos desde hace siglos, el carácter de muchos humanos, muchas veces egoísta, carente de empatía y ambicioso, hace oídos sordos ante lo que ocurre. Quizá sea porque los impactos aún no son tan notorios como lo fueron las dos bombas atómicas, que sí produjeron una condena por gran parte de la comunidad científica.

La prevención no es un rasgo que nos caracterice.

8.2.2. IA y sexualidad

Pigmalión fue un buscador, insistentemente quería encontrar una mujer que cumpliera con todos sus sueños y fantasías. Algo así como una mujer perfecta. El tiempo pasó y cansado de fallar en dicha búsqueda, un buen día se reveló contra todos y decidió construir bellas esculturas que compensaran sus anhelos. Esculturas femeninas que fueran tan hermosas que no necesitara una mujer real. Así fue como esculpió con gran destreza a Galatea, su obra maestra. Era tan hermosa que Pigmalión —el buscador— se enamoró de ella.

Una versión —aunque real— de este mito griego es lo que encontramos en lo que se llama «robots sexuales». Hay personas que buscan diferentes tipos de tecnologías para satisfacer sus deseos sexuales y a raíz de esto han surgido productos como las RealDoll. Se trata de muñecas realistas que tienen integrados algunos movimientos y sistemas de inteligencia artificial para construir una personalidad. No es ningún secreto que hoy la industria de muñecas —también versiones masculinas— es un gran negocio para satisfacer —nunca mejor dicho— la demanda.

Algunos autores sostienen que este tipo de artefactos, los robots sexuales, son otro tipo más de juguete sexual, pero con sofisticadas formas. No obstante, también hay argumentos que señalan que este tipo de robots pueden provocar violencia contra las mujeres en el mundo real, como también se dice del porno. Sin embargo, aún no hay estudios que demuestren causalidad entre el porno y la violencia contra las mujeres, y lo mismo ocurre con los robots sexuales (Devlin).

Este es un debate ético relevante, ya que platea la siguiente cuestión: ¿Qué es el sexo? ¿Solo una cuestión biológica o algo que va más allá y también se realiza con robots? ¿Qué implicaciones hacia las personas pueden existir si hay muñecas femeninas muy similares a las mujeres? ¿Podría afectar a la seguridad de estas?

8.2.3. Principio ético

La ética como principio es crucial para marcar los límites de lo que podemos programar. Más que pensar en el colectivo, creemos que el principio ético debe comenzar como algo personal, introspectivo, evitando un tratamiento colectivo inicial. Similar a lo que creía Sócrates sobre la virtud. Abogamos por crear un diálogo autorreflexivo con nuestra actividad, con nuestra actitud frente a crear código. A veces se tiende a pensar —ingenuamente— que cuando llevamos todo a lo colectivo resolvemos el tema ético, pero esto, más que ayudar, transforma la solución en una obsesión por crear leyes y regulaciones, olvidando el debate de fondo: qué es correcto y qué no, y esto nace en primera instancia de algo personal.

8.3. ¿Un programador tiene responsabilidad?

Un programador podría tener una responsabilidad, como también la tendría un médico que no quisiera asistir a un delincuente —solo por el hecho de serlo—. En el caso del médico, eso iría en contra de los valores de la salud: beneficencia, no-maleficencia, autonomía y justicia, que se pueden sintetizar en el principio hipocrático, «No responder a otro propósito que el bien y la salud de los enfermos».

En nuestro caso la ética corresponde a una responsabilidad para salvaguardar un bien común, el de crear software sin perjuicio humano. Esto nos lleva a una prevención y preocupación por lo que hacemos y a no ser meros espectadores del funcionamiento del código, sino responsables de sus consecuencias.

Algunos pasos para mantener una responsabilidad ética frente a sus creaciones son los siguientes:

- **Conozca el producto que desarrolla**. Parece obvio, pero no siempre lo es. Muchos programadores leen la tarea que les asignan, luego escriben el código que la cumple y se olvidan de los demás («la responsabilidad es de otros»). Esto no debe ser así, lo primero antes de todo es saber a quién afectará lo que desarrollamos, ya sea para bien o para mal, y luego tomaremos una decisión al respecto.
- **Revise sus concepciones de la vida**. Si usted es de las personas que al escuchar gritar a su vecino pidiendo ayuda no se altera y sigue jugando a su videojuego favorito, no le va a interesar la ética. Sin embargo, si usted mantiene una preocupación por otros seres humanos, entonces es buena idea leer sobre la ética del desarrollo de software, para estar atento a ideas que, quizás, ha pasado por alto. Escribir sobre lo que le parece correcto e incorrecto es también un buen inicio.

- **Si su sistema es crítico, procure no olvidar la ética**. Si su software puede afectar a la vida de las personas, por ejemplo, si maneja coches autónomos, manipula información privada de sus clientes, proporciona sugerencias médicas, etc. está ante un sistema crítico. Una forma de no olvidar esto es mantener conversaciones que relacionen su producto con la ética, sus repercusiones y sus responsabilidades con el equipo de desarrollo, sin olvidar que la ética comienza desde una postura personal hacia lo correcto para usted y los demás.

8.4. ¿Qué es ser un buen programador?

Un buen programador no es solo alguien que escribe código eficiente —en cuanto a recursos—, compacto, bien documentado, escalable, legible por otras personas, con estándar de código, modulable... Es también alguien que prevé el impacto que sus creaciones tienen en los demás.

Ejemplo: Un *cracker* sería un individuo carente de ética, pues su compartimiento rompe las reglas impuestas por la sociedad, porque con sus acciones causa daño a los demás. Cabe señalar que no existe tal justificación como «es *mi* ética» y que el comportamiento moral del *cracker* es siempre deplorable (trataremos la moral en la siguiente sección). No obstante, lo que hoy nos parece inaceptable tiempo atrás era normal. Por ello, debemos recordar que la ética no es estática, sino dinámica. Cambia según como avanza la sociedad.

8.4.1. Moralidad y programación

La moralidad no es sinónimo de ética. La moral son las costumbres, tradiciones y modos de actuar que puede tener un individuo o sociedad en el tiempo, sean estos buenos o malos. La ética, en cambio, es una teoría filosófica que analiza las morales racionalmente y busca encontrar cuáles se ajustan más a nuestro tiempo.

Ejemplo: En las décadas de 1970 y 1980, producto de las limitaciones del hardware, era normal que los programadores fueran a hacer otra cosa mientras esperaban que su código compilara. Este proceso tardaba mucho tiempo y, por lo mismo, había espacio para un café o una conversación. Esto que era una tradición hoy es raro que ocurra. La compilación —salvo en proyectos muy grandes— tarda un tiempo imperceptible. Incluso los sistemas de pruebas, que deben desplegar la aplicación en otro servidor y ejecutar pruebas de distintos tipos, son bastante rápidos.

Lo mismo ocurre con la presencia de mujeres en programación. En los albores de la computación había muchas mujeres, pero, luego, con la llegada del ordenador personal se fue transformando en un trabajo más masculino. Por ende, el machismo era «tradición». Esto todavía persiste en nuestros días, aun cuando en la actualidad ha ido mejorando.

Muchas cosas que eran costumbre se han dejado de hacer. Repetir algo no presupone que sea positivo. Si antes todo el código de un programa estaba en un fichero, no significa que hoy sea una práctica adecuada.

¿Debemos confiar en los que escriben código?

Ken Thompson, creador de UNIX (junto a Dennis Ritchie) y también —más recientemente—uno de los diseñadores iniciales de Golang, en su recepción del premio Turing en 1984 presentó su artículo *Reflections on Trusting Trust* donde expone lo siguiente.

Supongamos que tenemos el siguiente código:

```
if validation_login(user, password):
    if random.random() > .95:
        compile("bug")
    else:
        compile()
```

El código anterior es similar al que Thompson presentó en su artículo. La línea `compile("bug")` es un error incorporado deliberadamente; él lo llamo «caballo de troya», pues compilará un error en algunos casos y en otros funcionará normal. Ahora imagínese algo así dentro del código de una aplicación o biblioteca que usa a diario, por ejemplo, el compilador gcc, el kernel de Linux, Visual Studio Code o el Mozilla Firefox, entre muchas otras posibilidades. ¿Está usted seguro del código ajeno que usa? Lo que nos viene a decir Thompson se puede resumir con sus propias palabras:

> No puedes fiarte de un código que no hayas creado tú mismo (especialmente del código de empresas que emplean a gente como yo). (Thompson)

8.5. Conclusión

La ética relacionada a la programación es el estudio de las relaciones humanas con el software de por medio. Estudia las implicaciones de los sistemas que cada programador debe crear, sus deberes y responsabilidades y la búsqueda de ser un mejor profesional sin descuidar los valores humanos.

8.5.1. Lecturas sugeridas

Uno de los mejores libros de introducción a la ética de la IA es *Ethics of Artificial Intelligence* de S. Matthew Liao. Es una recopilación de artículos escritos por expertos.

Además, le sugiero leer los artículos que fueron citados en este capítulo.

TOMO III

–

SISTEMAS

Todo conocimiento está conectado con todos los demás conocimientos.
Lo divertido es establecer las conexiones.

ARTHUR C. AUFDERHEIDE

¿Cuáles son los sistemas principales de la informática? ¿En cuáles de estos sistemas la programación tiene un rol protagonista? Existen sistemas prácticos, por ejemplo, para persistir la información están las bases de datos; para ejecutar programas y organizar nuestra información necesitamos un sistema operativo; para que se distribuya la información y pueda llegar a una mayor audiencia dependemos de un sistema distribuido (un caso de esto es Internet); y, finalmente, para crear otros sistemas usamos los lenguajes de programación.

Aunque estas no son las únicas categorías de sistemas. También contamos con sistemas teóricos, los cuales se basan en la idea de «computación», y con otros que son más bien sistemas híbridos y se erigen en ambas categorías de sistemas (prácticos y teóricos).

En esta parte el concepto de «sistema» está siempre presente. Es como un rompecabezas formado por múltiples piezas, así que es conveniente definirlo:

> Un *sistema* es un conjunto de partes o componentes relacionados que forman una unidad, y no son un mero conjunto de elementos.

En la informática se pueden distinguir tres categorías de sistemas: teóricos, aplicados e híbridos. Véase la siguiente figura:

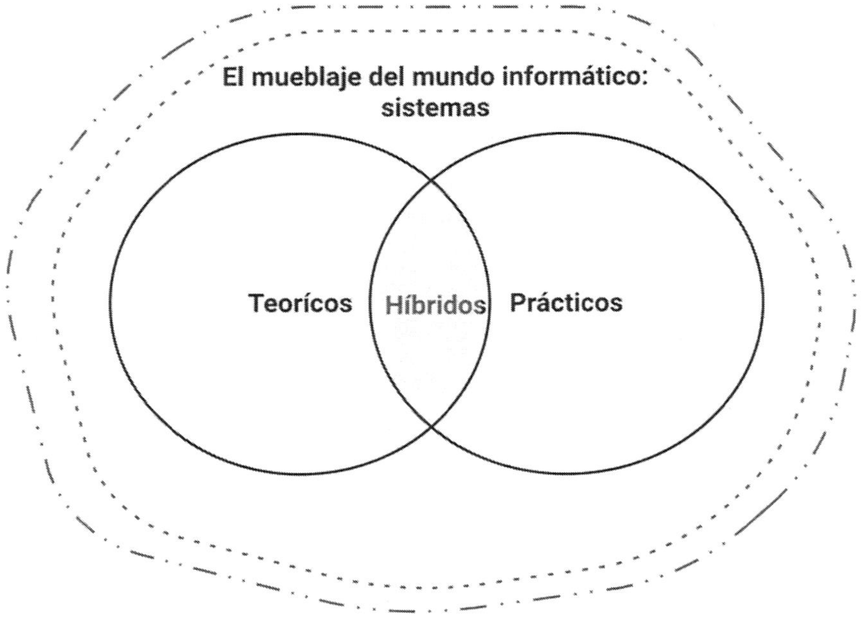

Figura 43. *Tres categorías de sistemas en la informática: teóricos, prácticos e híbridos. Sin embargo, tenga presente que eso no significa que, por ejemplo, un sistema teórico nunca sea práctico, más bien indica preponderancia hacía la teoría.*

Una breve definición de cada categoría de sistemas:

- Teórico. Da mayor importancia a temas formales sin necesidad de practicidad.[90]
- Práctico. Da mayor importancia a construir herramientas (software) antes que temas teóricos. Son sistemas con un fuerte componente tecnológico, con herramientas que nos permiten construir otras herramientas.
- Híbrido. Importancia equitativa entre ambos aspectos, se mueve entre el estudio de la teoría y la práctica.

[90] Los sistemas teóricos, que constan de la teoría de la computación y de la computación cuántica, los hemos dejado de lado (quizá quepan en una siguiente edición de este libro).

Resumen de capítulos

Sistemas aplicados

Capítulo 1: Lenguajes de programación

En este capítulo revisaremos los elementos de un lenguaje de programación que nacen de la especificación gramatical (diseño). Luego revisaremos sus componentes, sintaxis y semántica, y cómo afectan al lenguaje. Mostraremos como se agrupan y sus diversos estilos de concebir la computación. Remarcaremos que un lenguaje de programación es su especificación, no su implementación. No obstante, la implementación es fundamental para hacer real un lenguaje: si alguna vez ha tenido que crear un pequeño lenguaje sabrá que primero se crean el analizador léxico, el analizador sintáctico, etc. O sea, hay *múltiples* partes que componen la implementación de un lenguaje de programación.

Capítulo 2: Sistemas operativos

Un sistema operativo es el software que coordina el hardware y el software. Por ejemplo, un sistema operativo como UNIX cuenta con un control de dispositivos o periféricos (hardware), un *kernel* y varias utilidades que se pueden acceder a través de la terminal. En cada una de ellas se puede ver como sus componentes forman una unidad y que, en caso de que una parte no existiese, el comportamiento de UNIX sería diferente. Por tanto, hay cohesión y armonía. Además, un sistema operativo tiene la labor de gestionar todos los programas que se ejecutan mientras el ordenador se encuentra encendido, usando colas de prioridades que permiten asignar diferentes accesos a recursos (espacio o memoria) a uno u otro programa si así lo requieren. Este capítulo profundizará en todo esto.

Capítulo 3: Base de datos

El objetivo de este capítulo es explicar las bases de datos y ahondar en cómo se agrupan, además de explicar sus posibilidades. Una base de datos es un almacenador y gestor de datos en un ordenador; su principal función es mantener los datos persistentemente, o sea, que se guarden en algún tipo de disco duro. Estos datos luego pueden ser consultados. Las bases de datos están compuestas de diversas partes —si hablamos de las bases de datos relacionales, aunque también se puede aplicar a bases de datos no relacionales (NoSQL)—, a saber: el lenguaje de consultas, el optimizador de consultas, el sistema de replicación y también las herramientas que nos permiten trabajar e interactuar con los datos (GUI), etc. Entonces, las bases de datos son sistemas compuestos de múltiples partes y subsistemas.

Capítulo 4: Sistemas distribuidos

Aquí daremos una introducción a los sistemas distribuidos. Estos se caracterizan por estar compuestos de partes separadas físicamente (por ejemplo, ordenadores) que están conectadas a través de algún tipo de red de comunicaciones y que, además, trabajan de manera coordinada como si fueran un sistema único. Esto hace presuponer lo siguiente: si una de las partes falla, el sistema distribuido debe seguir funcionando. Es, por así decirlo, trasparente para un usuario que lo usa. El ejemplo típico es Internet, pues si un servidor donde se aloja un sitio web que nos interesa deja de funcionar, no significa que todo Internet lo haga, pues podemos visitar otros sitios web.

Sistemas híbridos

Capítulo 5: Inteligencia artificial

El reto de este capítulo es entregar una visión general de la inteligencia artificial (IA). El principal sueño de la IA es crear sistemas de software y hardware que puedan asemejarse o superar las capacidades cognitivas humanas. Es un campo amplio de estudio que no solamente presenta retos técnicos, sino también profundos temas filosóficos: ¿quién es responsable si un sistema autónomo daña a un ser humano? Esta es una típica pregunta del área ética de la IA. También está relacionada con otras múltiples áreas, como la visión por ordenador, los algoritmos de aproximación, el razonamiento lógico, la robótica, etc.

CAPÍTULO 1
LENGUAJES DE PROGRAMACIÓN

La única manera de aprender un nuevo lenguaje de programación
es escribiendo programas en él.

DENNIS RITCHIE

1.1. Introducción

En su libro *Computation Artifacts*, Raymond Turner escribió una afirmación que no es tan evidente:

La ciencia de la computación es un área dominada por lenguajes.

Los lenguajes —cualesquiera que sean— tienen una razón de ser. A nosotros nos sirven para comunicarnos (entre humanos). En la computación nos permiten darle instrucciones a la máquina. Dicho esto, la afirmación de Turner es importante porque nos recuerda su relevancia, pues no hay un área que represente mejor, desde mi punto de vista, lo que es la computación que los lenguajes de programación. Esta diferencia a la computación de las matemáticas, de la física o de cualquier otra ingeniería. La computación está rodeada de lenguajes, desde el más bajo nivel (cerca del hardware) hasta el más alto nivel (varias capas de abstracción para reducir complejidad). Y no tan solo eso, estamos obligados a usarlos para poder darle instrucciones a un ordenador (no hay otra forma). Es suma: sin lenguajes de programación no habría computación.

Los lenguajes de programación (LP) son lenguajes formales, al igual que lo son las matemáticas o el cálculo lambda. Dicha clasificación se puede ver en la siguiente Figura:

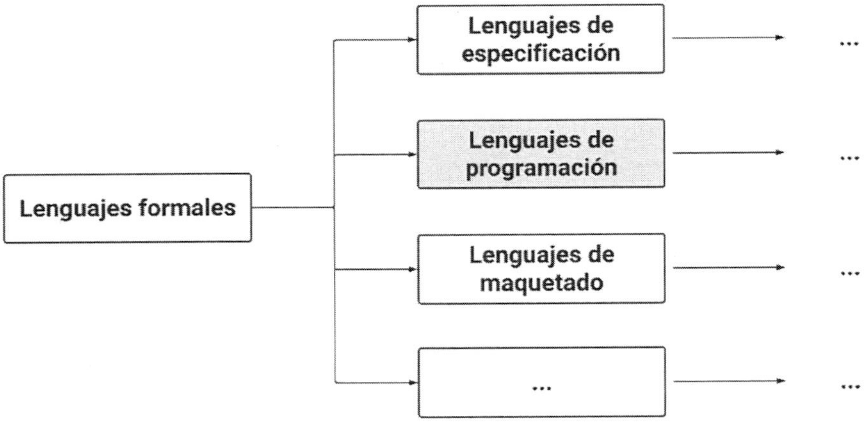

Figura 44. *Distintas categorías de lenguajes formales presentes en computación. Especial interés tendremos por los lenguajes de programación.*

Algo que se repite con frecuencia para clasificar un LP es decir que este lo *es* porque es Turing completo —es decir, admite iteraciones o recursividad y algún tipo de cambio de estado en sus variables —, pero esto suele ser difuso de seguir. Mas provechoso es hablar de lenguajes formales según su propósito: los LP crean computación; los lenguajes de especificación comprueban la correctitud de los programas; los lenguajes de maquetado estructuran información...

Otro mito bastante extendido es decir que todo lenguaje formal que no sea un LP es más simple de usar que un LP, pero no siempre es así. Considere el caso de Regex: hay patrones tan complejos de construir como de entender. Y Regex no es Turing completo. Similar es el caso de lenguajes de especificación como TLA+; o lenguajes de maquetado como LaTeX, que no es precisamente amigable con el usuario si se lo compara con Markdown, por ejemplo. Por tanto, un lenguaje formal que no sea LP ni Turing completo no necesariamente supone facilidad de uso.

Ahora nos centraremos en los LP.

Un LP tiene una sintaxis y una semántica; esto sería la especificación. Luego se puede implementar, ya sea con un compilador, un intérprete o un hibrido de ambos (máquina virtual). Esto sugiere que decir «un LP X es compilado» no es del todo correcto, pues, «X» puede ser compilado o interpretado según la *implementación* realizada según su especificación. Un LP es su especificación, no su realización. Aunque eso no quita que haya implementaciones más aceptadas, populares y recomendadas que otras. (Véase el caso de C++, el uso de su compilador g++ es mucho mayor que el de su competencia, Clang, MinGW)

Como se dijo antes, un LP nos permite darle instrucciones a la máquina. Estos LP se pueden clasificar —en su primer nivel— según su ámbito de ejecución: de máquina y de alto nivel (véase la **Figura 45**). Los de máquina son lenguajes que no son amigables para un humano, a saber: ensamblador (*assembly*), junto con todas sus variantes relacionadas con la arquitectura del CPU (estas permiten asignar valores a direcciones de memoria y tienen pocas abstracciones para facilitar su uso). Por otro lado, tenemos los lenguajes de alto nivel que, a su vez, se pueden agrupar en distintas categorías: generales (enfocados a múltiples aspectos: Java, C++, Python), de dominio específico (enfocados a un aspecto: SQL, AWK, LaTeX) o incluso embebidos dentro de otro lenguaje (más específicos que los anteriores: React, Angular, LINQ).

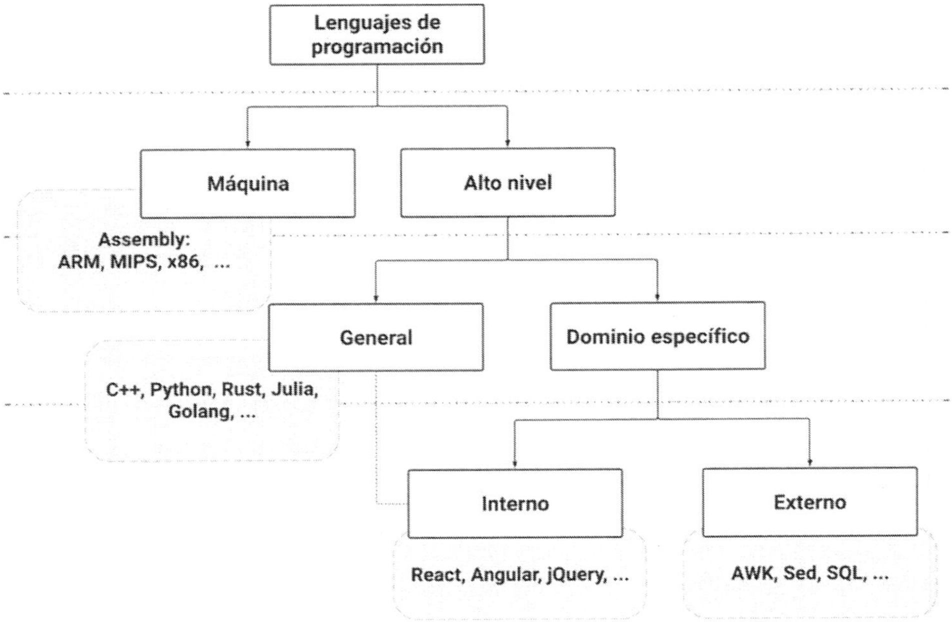

Figura 45. *Una categorización de los lenguajes de programación que va desde lo general (parte superior) hasta lo específico (parte inferior).*

En este enrevesado bosque de LP no resulta fácil clasificarlos. En no pocas ocasiones, muchos LP podrían pertenecer a más de una categoría de distinto nivel. No obstante, tener una clasificación nos puede ayudar a identificar mejor que LP usar para un determinado problema.

En este capítulo comenzaré con una breve historia de los LP. Luego continuaré con los componentes que forman un LP. Después, revisaré las categorías de LP. Finalmente, presentaré cómo un LP se hace «real», es decir, cómo se realiza su implementación (compilador, interprete, máquina virtual).

1.2. Breve historia

Muchas historias de los LP comienzan con Ada Lovelace como su principal protagonista. Pero esto es un error, porque en la época que a ella le tocó vivir ni siquiera existían los LP. Incluso vamos más allá, pues no la consideramos la primera programadora de la historia.

Para esto nos sumamos a lo dicho por el historiador de la computación Herbert Bruderer, que, aunque sea una afirmación que no goce de popularidad, declaró:

> En la disputa entre los ingenieros (el historiador de la tecnología inglés Doron Swade y también el australiano Allan Bromley) y el historiador estadounidense Thomas Misa, se puede estar de acuerdo con los ingenieros: como muestran los documentos de archivo, los programas para la solución de sistemas de ecuaciones lineales y para el cálculo de los números de Bernoulli son probablemente atribuibles a Babbage. Por tanto, cabe suponer que Ada Lovelace es celebrada **injustamente** como la creadora del primer programa.[91]
>
> (Bruderer)

Antes de comenzar, damos un breve apunte: nuestra historia comienza asumiendo que existe una historia previa, la precomputación. Esta surge antes del primer ordenador digital y consta de las máquinas mecánicas, aparatos formidables pero que no son considerados un ordenador como tal por no resolver problemas generales. En la época de la precomputación encontramos personajes como Charles Babbage (su idealización de máquina analítica), Ada Lovelace (tuvo ideas innovadoras sobre lo que era posible hacer con una máquina mecánica y aunque no se le pueda considerar la primera programadora, no significa que no tuviera relevancia), Joseph-Marie Jacquard (su telar, para tejer patrones de tela), Charles Mahon (su demostrador lógico), Wolfgang von Kempelen (*El Turco*, su autómata que jugaba ajedrez), Gottfried Leibniz (su lenguaje universal), Sir Samuel Morland (su máquina de multiplicar) y Blaise Pascal (su máquina calculadora).

Una historia previa presupone que existe una historia actual. Esta surge a mediados de la década de 1940, con los primeros ordenadores digitales. Es aquí donde la historia de los LP comienza, pues aparece el software, creando así una comunicación con el hardware nunca antes vista.

---

[91] Las negritas fueron añadidas.

Década de 1950 - Los primeros lenguajes de programación

En 1951, Grace Hopper y su equipo crearon el primer compilador —llamado B0, para el LP FLOW-MATIC—, el cual permitió que los programas fueran escritos en lenguaje de alto nivel y luego compilados en código de máquina para su ejecución en una computadora (Mark I). Esto despejó el camino para el desarrollo de lenguajes de programación de alto nivel. Un ejemplo de este tipo de lenguaje es FORTRAN, creado en 1957 por John Backus y su equipo —Sheldon F. Best, Harlan Herrick, Peter Sheridan, Roy Nutt, Robert Nelson, Irving Ziller, Lois Haibt y David Sayre— en IBM. Este permitía a los programadores escribir programas en una sintaxis más cercana al lenguaje humano que al código de máquina, además con el objetivo de ser eficiente para cálculo numérico. De hecho, hasta nuestros días y para sorpresa de muchos, sigue siendo usado por investigadores con fines científicos, por su alta eficiencia.

Un año más tarde apareció Algol (ALGOrithmic Language), que fue creado por un comité internacional. El comité incluía a destacados científicos de la computación de países como Estados Unidos, Alemania, Francia, Suiza y Reino Unido. Entre los miembros del comité se encontraban John Backus, Peter Naur, Friedrich Bauer, Hermann Bottenbruch y otros. Algol trajo varias características nuevas que serían influyentes en otros LP modernos, como la notación en bloques (para representar estructuras de control como los bucles y los condicionales), tipos de datos estructurados (como registros y matrices) y el paso de parámetros por referencias (modificar los datos en su lugar original en vez de hacer copias). Es el primer LP que fue construido por mentes de todas partes del mundo, un hecho que a nuestro parecer no debe pasar desapercibido (pues coordinar a tantos egos nunca es fácil).

También en 1958, surgió Lisp (*List Processor*), el primer lenguaje de programación funcional, enfocado a la inteligencia artificial, que traería consigo una sintaxis —algo extraña por su uso excesivo de paréntesis— para construir programas donde la recursividad y las declaraciones son nucleares. Diseñado por John McCarthy mientras trabajaba en el MIT, su objetivo era crear un lenguaje que pudiera manejar listas de datos de manera eficiente. Este lenguaje tiene la peculiaridad de que creó escuela: un dialecto.

Por ello, de Lisp han surgido muchos lenguajes que derivan de su sintaxis: Scheme, Racket, Common Lisp, Clojure, Emacs Lisp y AutoLisp.

Décadas de 1960 y 1970 – El surgimiento del malvado

En la década de 1960 y 1970 vimos emerger muchos lenguajes de programación.

El primer caso fue BASIC, creado por John Kemeny y Thomas Kurtz en Dartmouth College en 1962. Es un lenguaje que —aunque parezca raro— le hace honor a su nombre. Es tan sencillo de usar que para algunos esa fue su principal desventaja. Obtuvo gran fama, hasta el eminente Edsger Dijkstra lo mencionó: «Es prácticamente imposible enseñar a programar bien a estudiantes que han tenido una exposición previa al BASIC: como programadores potenciales están mentalmente mutilados más allá de toda esperanza de regeneración» (Dijkstra) En fin, tras estas «esperanzadoras» palabras no cabe otra cosa que continuar con el siguiente lenguaje.

Le decimos «malvado» a nuestro querido C. En 1967, Ken Thompson y Dennis Ritchie, en los Bell Labs de AT&T, desarrollaron el sistema operativo UNIX y el lenguaje C. El malvado C se convirtió en uno de los lenguajes más populares y todavía se utiliza ampliamente. ¿Por qué malvado? Bueno, porque su sintaxis fue algo nuevo y, a su vez, complejo de entender. Tanto lo fue que hasta en nuestros días tenemos estudiantes que se olvidan de cerrar una llave, «{ ... }». Además, le quitó responsabilidad al compilador para dársela a lo más inteligente que encontró enfrente: al programador. Los resultados eran previsibles. El bajo nivel es un campo complejo, requiere meticulosidad y tener varios conceptos bien asentados, como el manejo de memoria, la creación de punteros, la conversión de tipos, etc. Sus desventajas —en cuanto a características y sintaxis— fueron traspasadas a otros lenguajes. De ahí su legado de maldad.

Niklaus Wirth creó Pascal en 1970, un lenguaje de programación utilizado principalmente para la enseñanza y la investigación. Y tiene sentido, pues Wirth siempre ha estado más interesando en los humanos que en los ordenadores; esto se ve reflejado en sus proyectos educativos (a saber, *Proyecto Oberon*). Pascal tuvo varias innovaciones, como permitir a los programadores definir sus procedimientos y funciones para modularizar su código, tipos de datos definidos por el usuario, varios bucles (`while`, `for`, `repeat`) y sentencias de control (`if`, `case`).

En 1972, Alan Kay y su equipo en Xerox PARC desarrollaron Smalltalk, uno de los primeros lenguajes de programación orientados a objetos. Smalltalk produciría una antiinfluencia, porque luego surgieron otros «lenguajes orientados a objetos» que hicieron todo lo contrario a las ideas de Kay.

Décadas de 1980 y 1990 – Los grandes elefantes salen a escena

En estos años aparecieron C++ y Java. Con decir eso ya deberíamos tener suficiente para avanzar a décadas posteriores, pero haremos el esfuerzo de explicarlos sutilmente.

C++, de Bjarne Stroustrup, vino —en 1983— a ser un intento de reemplazo de C. Mantenía una compatibilidad total con este, pero añadía nuevas abstracciones, como las clases, las herencias, interfaces y todo tipo de cosas que hacen —en algunos casos— más complicado el desarrollo de software. También trajo la metaprogramación, que, aunque interesante, no deja de ser difícil de aprender.

Java quiso intentar corregir las falencias de C++ añadiendo cuestiones como la gestión automática de memoria (quitar la responsabilidad al programador con su recolector de basura) y, con un giro hacia la industria, se presentó como herramienta para el desarrollo de software empresarial más que para la programación de sistemas (bajo nivel). Java fue creado por James Gosling en 1995.

Entre estos dos elefantes surgió uno que hoy es tan o más popular que ellos: Python. Creado por Guido van Rossum en 1991, es un lenguaje de programación interpretado de alto nivel, utilizado en la ciencia de datos, el aprendizaje automático, el desarrollo web, y entre otras áreas. Cuenta con tantos usuarios como fanáticos. Algunos ya no quieren programar en nada más que no sea Python. Con una sintaxis simple, se ha ganado su lugar resistiendo a comentarios que lo acusan de ser lento, lo que en muchos casos en realidad quiere decir: «Mi código es lento, independientemente del lenguaje».

Nuevo siglo hasta nuestros días - Intentos modernos

Con el permiso de Php, Ruby, JavaScript y C#, pasamos a comentar otros LP.

Rust se presentó como una alternativa para la programación de sistemas, un ámbito donde la reina indiscutida es C. Rust proporciona una mayor seguridad al momento de programar y evita errores comunes como el acceso indebido a un índice de un arreglo o la conversión de tipos de datos de una variable. Además, aumenta la presencia de la inmutabilidad. Rust fue creado por Mozilla Research, con un equipo principal liderado por Graydon Hoare. El desarrollo de Rust comenzó en 2006 y se presentó oficialmente al público en 2010.

Por aquel tiempo también fue creado Golang de Google. El equipo principal detrás de este lenguaje estaba liderado por Rob Pike, Ken Thompson y Robert Griesemer, quienes lo diseñaron con la intención de crear un lenguaje de programación que fuera fácil de aprender, rápido y seguro. Algo como «Tan eficiente como C pero fácil de usar». Algunos todavía lo consideran un lenguaje difícil de usar, aunque, más bien, debe tratarse de una falta de conceptos inherentes a la programación de sistemas.

Una historia de los LP sin JavaScript es quizás imposible. Por ello, mencionar a TypeScript parece prudente. TypeScript fue creado por Microsoft y su desarrollo fue liderado por Anders Hejlsberg, quien también es conocido por su trabajo en la creación de otros lenguajes de programación populares como C# y Turbo Pascal. El desarrollo de TypeScript comenzó en 2010 y se basó en JavaScript, pero añadiendo tipos estáticos opcionales, clases y otros elementos de programación orientada a objetos para mejorar la escalabilidad y la mantenibilidad del código. Fue lanzado al público en 2012 como una herramienta de código abierto y ha ganado popularidad en la comunidad de desarrollo de JavaScript —para alegría de los enemigos de JavaScript— y en proyectos que utilizan la plataforma web de Microsoft, como Angular y Visual Studio Code.

Quizás el último LP interesante de nombrar sea Julia. Este fue creado por un equipo de desarrolladores e investigadores liderado por Jeff Bezanson, Stefan Karpinski, Viral B. Shah y Alan Edelman, en el MIT en 2009. El objetivo principal del equipo era crear un

LP que pudiera combinar las ventajas de lenguajes como Python y R en términos de facilidad de uso y análisis de datos con la capacidad de ejecutar código de alto rendimiento de C, C++ o FORTRAN (aún genera dudas dicha afirmación, pero siempre es bienvenido un LP que quiera vencer a Python). Desde su lanzamiento en 2012, Julia ha ganado seguidores en la comunidad de ciencias de datos y computación científica, y se utiliza en una amplia variedad de aplicaciones, incluyendo la investigación, la ciencia de datos, la optimización matemática, la visualización y la simulación numérica.

La historia de los LP sigue avanzando por varias vías: los lenguajes que son más de lo mismo y no traen nada nuevo; los que son excelentes experimentos académicos, como Agda (basado en Haskell), pero serán usados por pocas personas en el mundo; y los que intentan derrocar a grandes lenguajes proponiendo mejoras que deben luchar contra el código legado de estos, el principal enemigo de los nuevos lenguajes. Además, hay un creciente número de lenguajes de dominio especifico que intentan dar solución a nichos específicos. ¿Cuál será la siguiente revolución en los LP? No se sabe, pero sí tenemos algo claro: seguirán con nosotros mientras exista la computación.

1.3. Componentes de un lenguaje de programación

Todo LP tiene una especificación gramatical que contiene una sintaxis y una semántica. Ahora seguiremos con una sucinta introducción de ambos términos desde un punto de vista general hasta llegar a lo particular: su uso en la ciencia de la computación.

1.3.1. Sintaxis

La sintaxis es el orden y relación entre las palabras. Así, si alguien escribe «Casa vista la está» tiene un problema de sintaxis, pues lo correcto sería decir «La casa está a la vista». Los problemas de sintaxis provocan una falta de comprensión, leer se vuelve confuso y raro, no se sabe con claridad qué quiere comunicar el autor del texto. Esto mismo ocurre en los LP, con una leve diferencia respecto al lenguaje natural: un error de sintaxis en un lenguaje natural provoca que el interlocutor no entienda al emisor, en cambio, un error de sintaxis en un LP devuelve un error desde el compilador. El compilador responde «Esta sintaxis no es válida en la gramática de este lenguaje».[92]

Un error de sintaxis surge cuando se intenta romper una regla gramatical del lenguaje.[93] Ejemplo: si el siguiente programa —escrito en Python— debe devolver la concatenación de dos listas, ¿cuál es el error?

```
[1, 2, 3] + [4, 5, 6]
```

El operador «+» de suma es invalido, pues este no admite listas como valores aceptados. (En Python se usa el operador «++» para concatenar listas).

Los errores de sintaxis no suelen presentar un problema complicado porque tanto los IDE como los editores de códigos pueden detectarlos mientras usted teclea.

1.3.2. Semántica

La semántica se refiere a los aspectos del significado de un lenguaje natural o artificial. Los problemas de ambigüedades son típicos dentro de la semántica. Considere la siguiente oración: «Vi a una mujer con un código en su pantalla». Puede tener dos interpretaciones, por un lado, la mujer puede estar programando y, por otro, la mujer tiene un código en su pantalla pero ella no lo hizo.

Aunque son más simples si los comparamos con el lenguaje natural, hay problemas semánticos bastante complejos de detectar en los lenguajes de programación.

Por lo general, los LP que usan un compilador pueden detectar errores semánticos en tiempo de compilación. En cambio, los lenguajes de programación que hacen uso de intérpretes solo los pueden detectar en tiempo de ejecución. Esto se debe a que estos

---

[92] Para un ejemplo de una hermosa especificación puede remitirse al primer capítulo del libro *The AWK Programming Language* de Alfred Aho, Brian Kernighan y Peter Weinberger. Resulta inspirador para cualquiera que desee diseñar su propio lenguaje de programación.

[93] Las reglas de cualquier lenguaje de programación difieren de las de un lenguaje natural en que no son flexibles, sino deterministas.

lenguajes no requieren que los tipos de datos se definan, lo que puede producir errores semánticos que nada más se manifiestan durante la ejecución del programa.

Un ejemplo: crear un programa donde intenta utilizar una variable no definida.

```
y = 10
x = y + z + 1
print(x)
```

Este código devuelve un error semántico porque la variable `z` no está definida, a pesar de ser sintácticamente válido.

Otro ejemplo ocurre cuando hay incompatibilidad de operadores entre tipos de datos distintos:

```
1.01 + “1”
```

Los problemas semánticos pueden ser en extremo complejos de detectar en las siguientes condiciones (no excluyentes):

- **Bases de códigos grandes**. Miles o millones de líneas de código pueden hacer muy difícil encontrar errores de este tipo. En tal problema, es importante usar herramientas de análisis estáticos para disminuir inconvenientes.
- **Lenguajes dinámicos**. Como se mencionó antes, al ser lenguajes que permiten el cambio de tipos de una variable en tiempo de ejecución, puede ser difícil encontrar y resolver problemas semánticos porque se vuelve complejo seguir un flujo de ejecución tan permisivo.

1.4. Categorías de lenguajes

Así como cualquier LP tiene una gramática, con una sintaxis y una semántica, también se puede categorizar por su ámbito de funcionamiento.

1.4.1. Generales

Desde la creación de los primeros LP —como FORTRAN, COBOL o LISP— ha estado presente la idea de que estos puedan usarse para resolver problemas de diferente ámbito, científicos o industriales. Dar con un punto medio es complicado, unos LP puede dar mayor predominancia a la eficiencia para aplicaciones científicas y otros buscan la legibilidad y modularidad para facilitar la creación de aplicaciones de empresas. El «lenguaje de programación unificado» es una utopía. La sintaxis y la semántica están entrelazadas con los problemas que se intentan resolver, de ahí que sea cierta la afirmación «La elección de un LP depende del problema». No es lo mismo usar C++ para analizar datos que usar Python; no es lo mismo usar Julia para hacer videojuegos que usar JavaScript; no es lo mismo usar Python para crear controladores que usar Rust, etc. Claro que con todos ellos se puede lograr el mismo resultado, lo que cambia es la predisposición de su diseño para abordar ciertos problemas.

1.4.2. Dominio específico

Un dominio específico aborda un problema o un conjunto de problemas que se dan en un ámbito concreto. Un típico ejemplo es el manejo de datos. Es requisito usar SQL para consultar datos dentro de una base de datos relacional. Entonces, SQL es un LP de dominio especifico, pues no está diseñado para crear aplicaciones web, ni microservicios, ni animaciones.

Estos lenguajes se agrupan bajo el nombre *Domain Specific Languages* (DSL) y, a su vez, los hay de dos clases: externos e internos.

Externos

Externo significa autonomía. Es decir, un DSL de este tipo no requiere de otro lenguaje para funcionar, tiene una implementación (compilador, interprete o hibrido) propia. Así, tendría una independencia similar a un LP general, aunque para resolver problemas acotados.

Ejemplos (aparte de SQL): DOT (describir grafos), PlantUML (dibujar UML), VHDL (diseño de hardware) y LaTeX (generación de documentos formales), entre otros.

Internos (embebidos)

Interno significa dependencia. Los DSL de esta clase usan otro lenguaje —comúnmente, de ámbito general— para operar. Se los puede comparar con una biblioteca (API), pero con algunas diferencias: pueden extender la sintaxis del lenguaje huésped y, por ello, tienen mayores capacidades para crear programas. De todas formas, a medida que los LP avanzan y se vuelven sofisticados, la diferencia entre API y DSL internos suele ser cada vez más sutil.

Un clásico ejemplo es Ruby and Rails (RoR), framework web para Ruby. RoR incorpora nuevas expresiones a Ruby, aunque su sintaxis es limitada, pues está restringida por el lenguaje huésped.

En el ecosistema web hay varios casos. Por ejemplo, React y Angular para JavaScript,. que expanden JavaScript con nuevas características. JQuery también es un ejemplo.

1.5. Estilos de lenguajes

Hay muchos estilos de LP[94] que pueden ser vistos como diferentes teorías que representan la computación.

1.5.1. Funcional

La programación funcional cuenta con varios conceptos principales: funciones puras, funciones de orden superior (*higher-order*), *pattern matching*, evaluación perezosa, transparencia referencial e inmutabilidad. Todos ellos se sostienen por conceptos computacionales que son transversales, como las funciones matemáticas, la recursividad y las operaciones con listas (Chacón Sartori, *Computación y programación funcional*). El funcional es, quizás, entre todos los estilos de programación, el más cercano a las

---

[94] En el Tomo II se presentaron los problemas del concepto de «paradigma de la programación» y también por qué sería conveniente apostar por otro concepto, como el de «principios». No obstante, en este apartado se seguirá una revisión tradicional, aunque en vez de usar «paradigma» se usará «estilo». Para revisar en qué consiste el nuevo enfoque —basado en principios— para profundizar en la programación puede recurrir al Tomo II.

matemáticas, primero por tradición histórica y, segundo, por la búsqueda del rigor, que es amiga la de fiabilidad.

Entre todos los conceptos que rodean al sistema funcional, la transparencia referencial es el que consideramos más relevante, por su trasfondo filosófico. Por ello, pasamos a definirla junto a un ejemplo en Python.

La transparencia referencial significa que una expresión —que contiene funciones— puede ser reemplazada por su valor sin alterar el comportamiento del programa. Es decir, una función pasa a ser como un valor y, por tanto, ese valor es equivalente a usar dicha función, lo que provoca que no cambie el funcionamiento del programa.

Ejemplo: sumar dos números.

```
(define sum
  (lambda (n1 n2)
    (+ n1 n2)))
```

Entonces, si `(sum 10 20) -> 30`, podemos decir que es lo mismo que:

```
(sum 10 20) = (sum (sum 5 5) (sum 10 10))
```

Porque la expresión `(sum 5 10)` puede ser reemplazada por una nueva expresión `(sum (sum 5 5) (sum 10 10))` y ambas devolverán 30, manteniendo el programa con el mismo funcionamiento.

La capacidad de reemplazar una funcionalidad mediante otra expresión tiene una carga filosófica que conecta con la filosofía del lenguaje (análisis sobre el lenguaje natural) para entender el contenido semántico de diversas oraciones.

En suma, el poder de la programación funcional es que obliga al desarrollador a reducir al mínimo la inmutabilidad de su código, que, en muchos casos, crea dolores de cabeza cuando necesita escribir programas que van desde creación de una API hasta sistemas concurrentes.[95]

1.5.2. Imperativo

Este estilo, a diferencia del funcional, abraza la mutabilidad sobre la inmutabilidad, la creación de variables sobre la creación de funciones y las iteraciones sobre la recursividad. Esto se debe a un último motivo: la legibilidad y la fácil curva de aprendizaje, al menos en un comienzo.

Lenguajes de programación que cumplen este estilo son FORTRAN, C, C++, Python, Java y un largo etcétera. No es necesario que entremos en detalles en este estilo porque, en su totalidad, todos los ejemplos de códigos expuestos en el Tomo I son de esta clase.

1.5.3. Orientado a objeto

La orientación a objeto (OO) es un derivado del estilo imperativo, pero con mayor poder de encapsulación y abstracción y con un énfasis en el intercambio de mensajes. Clásicos representantes son Java, C#, C++, Smalltalk, etc., aunque como puede suponer, ninguno de estos lenguajes implementa la OO de manera idéntica, hay matices y, en algunos casos, grandes diferencias. «Yo inventé —decía Alan Kay, creador de Smalltalk— el término orientado a objetos, y puedo decirle que no tenía C++ en mente». Citas de este tipo son habituales entre los especialistas de la OO. C++ acepta la herencia múltiple, una aberración incomprensible para expertos de otros lenguajes OO. Y es que C++ nunca fue pensado para ser un lenguaje OO como tal, sino para ser compatible con C añadiendo abstracciones que permitieran modular el código para hacerlo fácil de mantener. Bjarne Stroustrup, creador de C++, piensa que un lenguaje con un único estilo (paradigma) no es práctico, él concibe C++ como un lenguaje que deja a disposición del programador múltiples formas de programar sin encasillarlo en solo una (Stroustrup).

---

[95] Para una introducción teórica y práctica de la programación funcional podría considerar el libro *Computación y programación funcional*, editado por Marcombo en 2021.

Dejando de lado estas disyuntivas, lo que está claro es que la OO vino a resolver un problema que a mediados del siglo XX aún no era un tema: tener un lenguaje que permitiera crear proyectos grandes, con centenares de programadores trabajando en él. Por ello, conceptos como tipos abstractos de datos, clases, herencias, interfaces, intercambio de mensajes, niveles de visibilidad, encapsulación, polimorfismo, etc. vienen a resolver este problema.

Aunque suene repetitivo, insistimos en que no hay una «bala de plata» en la computación. En lenguajes como Java, recientemente se han incorporados expresiones para hacer su código más compacto y menos verboso, algo que durante muchos años constituyó su principal crítica. Los lenguajes con tantas características —piense en C++ o en Java— no son difíciles de aprender a usar, pero sí cuesta dominarlos, que es distinto. En otros lenguajes, como Python, la OO es más amigable por su sintaxis y ausencia de sistemas de tipos estáticos. Pensar en tipos es complicado, y es por eso —y no tan solo por ser funcionales— que lenguajes como Haskell no son populares. Al final, la elección de un lenguaje OO depende no solo del problema, sino también de la cantidad de programadores, de qué tecnologías dominan estos y de las restricciones de tiempo del proyecto.

1.5.4. Otros

Hay muchos otros estilos de programación, que incluyen el lógico, el reactivo, el concurrente, el probabilista y varios más.[96] De estos la mayoría son solo extensiones de los estilos previos (funcional, imperativo, orientado a objetos), excepto el lógico y el probabilista. Dados los avances de la inteligencia artificial (IA), ahora nos decantamos por hablar del estilo probabilista.

Hay un interés natural en la academia y en la industria por la inteligencia artificial, en particular por el aprendizaje automático (y su subárea el aprendizaje profundo), dada su

[96] Por supuesto, dejamos aquí de lado los lenguajes de programación cuánticos que «viven» sobre su propia teoría de la computación.

popularidad. Hoy, para trabajar con modelos de aprendizaje —que son naturalmente probabilistas— se usan bibliotecas de lenguaje imperativo u orientados a objetos (Scikit-learn, Keras, PyTorch, etc.). Pero estos lenguajes, aunque eficientes, no capturan la «esencia» probabilista de estos programas. Así que, en el campo de la teoría de lenguajes de programación, varios investigadores trabajan en encontrar un diseño de LP que permita crear modelos de aprendizaje en un entorno amigable, reduciendo así los tiempos de programación. El objetivo final: reducir la complejidad para crear y entrenar estos modelos.

Lenguajes de programación probabilísticos

En los lenguajes de programación probabilísticos (LPP) —y esto los diferencia de usar, por ejemplo, Python con Scikit-learn— se modelan los datos y la *incertidumbre* que existe en ellos a través de distribuciones de probabilidad. Esto hace que los modelos sean más naturales y flexibles y ofrezcan una mayor facilidad para realizar inferencia estadística y ajuste de parámetros. En cambio, una biblioteca de Python como Scikit-learn utiliza principalmente algoritmos de aprendizaje supervisado y no supervisado que no modelan la incertidumbre de los datos de forma explícita. Por tanto, estos últimos son más útiles para problemas donde la incertidumbre es menos relevante y se busca un ajuste preciso a los datos observados.

Otra cuestión que distingue a los LPP es el flujo de un programa. En un LP tradicional, primero se pasan como entrada los argumentos al programa y este devuelve una observación (salida). En un LPP es al revés, la entrada sería un modelo con una distribución de probabilidades, que proporciona las observaciones, y estas devuelven los parámetros, mediante inferencia probabilística (véase la **Figura 46**).

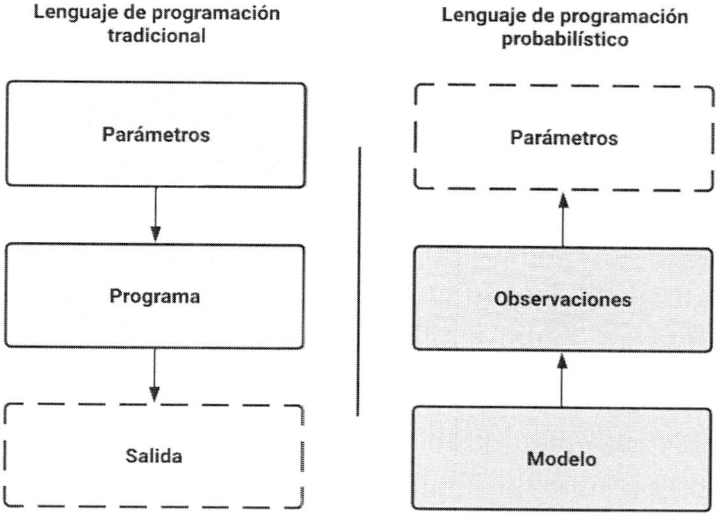

Figura 46. *El flujo en un código escrito en un lenguaje de programación tradicional (izquierda) necesita de parámetros (o argumentos) y programa (por ejemplo, una función) para lograr una salida; en cambio, el flujo en un código escrito en un lenguaje de programación probabilístico (derecha) necesita de un modelo que genere las observaciones, para luego obtener los parámetros más adecuados para lograr una representación completa de la incertidumbre en las predicciones y estimaciones.*

En cuanto a su funcionamiento, un LPP se diferencia del aprendizaje automático clásico en que el objetivo es modelar la incertidumbre y las relaciones probabilísticas entre las variables. Algo que el aprendizaje automático no toma en cuenta. Para hacerlo, en un LPP se definen modelos probabilísticos que describen cómo se generan los datos observados a partir de variables latentes (variables no observadas o desconocidas en un modelo) y parámetros desconocidos.

Así pues, en un modelo de LPP se especifica un modelo generativo, que es una expresión matemática que describe cómo se generan los datos. Además, se especifican las distribuciones de probabilidad para las variables del modelo y los datos observados. A partir de esta especificación del modelo, se realiza la inferencia Bayesiana para obtener la distribución posterior de las variables del modelo. La distribución posterior se utiliza para hacer predicciones y tomar mejores decisiones.

1.6. Diseño e implementación

Según Alfred Aho —ganador del premio Turing 2020— para comenzar a diseñar un LP primero se debe escribir un tutorial sobre este, es decir, sentarse en una mesa y escribir varios pequeños programas. Así uno puede darse cuenta de en qué está fallando el lenguaje en cuanto a su expresividad.[97] Un ejemplo notable de esto viene del propio Aho, ya que escribió un maravilloso tutorial de AWK (del cual él es coautor).[98]

El diseño de un lenguaje comienza con la gramática. Luego, la implementación se puede hacer en diversos LP, usando algún generador sintáctico (*parser*) que permita crear intérpretes y compiladores. Herramientas de este tipo incluyen ANTLR, Yacc/Bison, Lark y Racc, entre otras.

Para demostrar cuan fácil es en la actualidad *comenzar* a hacer intérpretes, mostraremos un ejemplo a continuación.

Ejemplo: Supongamos que necesitamos crear una calculadora que acepte operaciones matemáticas básicas (suma, resta, multiplicación, división). Lo primero es crear la gramática, luego generar el *parser* y, finalmente, el evaluador. Todo lo haremos usando la biblioteca Lark de Python.

Dado el siguiente programa:

```
a = 5 + 10; b = 4 + 2
3+a+b*2
```

El intérprete debe devolver 30.

---

[97] Esto lo sugirió (Alfred Aho) amablemente en un intercambio de emails (con el autor de este libro) hace varios años.

[98] El tutorial corresponde al primer capítulo del libro *The AWK programming language*, disponible en https://archive.org, escrito junto a Brian Kernighan y Peter Weinberger en 1988.

Comenzamos definiendo la gramática. En Lark la gramática es EBNF (*Extended Backus-Naur Form* [Forma Extendida de Backus-Naur]),[99] es decir, es fácil de leer y de extender.

```
From lark import Lark, Transformer, v_args


calc_grammar = “”””
    ?start:


    expr: sum
          | NAME “=” sum     -> assign_var
          | expr “;” expr


    ?sum: product
        | sum “+” product   -> add
        | sum “-“ product   -> sub


    ?product: atom
        | product “*” atom  -> mul
        | product “/” atom  -> div


    ?atom: NUMBER           -> number
         | “-“ atom         -> neg
         | NAME             -> var
         | “(“ sum “)”


    %import common.CNAME -> NAME
```

[99] Es una forma poderosa y expresiva de definir la sintaxis de un lenguaje formal y se utiliza en muchos lenguajes de programación, como Python y C#.

```
    %import common.NUMBER
    %import common.WS_INLINE

    %ignore WS_INLINE
“”””
```

Luego definimos la clase `CalculateTree`, que es el evaluador para el caso de las variables. Esta es necesaria para mantener las variables —declaradas en nuestro interprete— en memoria, almacenadas en un diccionario para luego ser usadas.

```
@v_args(inline=True)
class CalculateTree(Transformer):
    from operator import add, sub, mul, truediv as div, neg
    number = float

    def __init__(self):
        self.vars = {}

    def assign_var(self, name, value):
        self.vars[name] = value
        return value

    def var(self, name):
        try:
            return self.vars[name]
        except KeyError:
            raise  Exception(“Variable  no  declarada:  %s”  %
name)
```

El no-terminal `expr` en su primera regla se le asigna a la función `assign_var`, que se debe definir dentro de `CalculateTree` recibiendo `name` y `value` como argumentos. Luego también se define la función `var`, que recibe como argumento el nombre de la variable y lo devuelve. Las funciones aritméticas ya son proporcionadas por Lark, por tanto, no es necesario definirlas.

Finalmente, se crea un objeto Lark con la gramática (`calc_grammar`), el tipo de algoritmo de *parser* (en este caso un `lalr`) y la clase `CalculateTree`, que es el evaluador. Luego creamos una variable que será nuestro *parser* (`calc`) para evaluar expresiones.

```
Calc_parser = Lark(calc_grammar, parser='lalr', transformer=CalculateTree())
calc = calc_parser.parse

print(calc("a = 5+10; b= 4+2")) # a = 15, b = 6
print(calc("3+a+b*2")) # 30
```

Diseñar e implementar LP es algo fascinante. El ejemplo anterior, aunque básico, porque un *parser* de un LP podría tener cientos de líneas de código, no deja de ser una tarea atractiva, pues construirlo, probarlo, compartirlo y darse cuenta de que le ayuda a resolver problemas gracias a la gramática que inventó es una sensación extraordinaria. Es como crear un nuevo mundo.

1.7. Futuro

Los LP son el corazón de la computación. Lo que les depare el futuro es incierto, pero, al mismo tiempo, apasionante, porque una cosa está clara: seguirán presentes como la herramienta predilecta en la vida del programador, que es —parafraseando a Joseph

Weizenbaum— un creador de universos en los que solo él es responsable de diseñar y establecer sus propias reglas.[100]

Teniendo en cuenta lo anterior, a continuación dejamos algunas áreas que, especulamos, serán importante en el futuro:

- **Los asistentes de código**. Ya no es nuevo mencionar a GitHub Copilot u otros asistentes de similares características. Es probable que se integren cada vez más a los lenguajes de programación, tanto que llegado un día sean capaces de entender su proyecto personal escrito en un lenguaje X y le puedan sugerir mejoras de código. Será como tener un compañero con muchos años de experiencia sentado a su lado dándole consejos.
- **Nuevos estilos**. Hay muchas formas de concebir la computación, y cada cierto tiempo nace una nueva. Los lenguajes de programación probabilísticos son una posible alternativa para la inteligencia artificial, que exige, cada día, construir más modelos de aprendizaje. Contar con lenguajes que capturen su naturaleza y puedan hacer más con menos podría crear una diferencia.
- **Incremento de lenguajes embebidos**. Crear hoy en día un nuevo Java o un C++ parece casi una locura, sobre todo para una sola persona. Por tanto, donde más podría una persona —o un grupo reducido de programadores— marcar la diferencia es en la creación de LP que vivan dentro de otros ya establecidos. Considere el caso de Pyro —un LP probabilístico que es parte de Python— mencionado en este capítulo.

---

[100] La cita original es la siguiente: «El programador es un creador de universos de los que solo él es el legislador. Ningún dramaturgo, ningún director de escena, ningún emperador, por poderoso que sea, ha ejercido jamás una autoridad tan absoluta para disponer un escenario o un campo de batalla y para comandar actores o tropas tan inquebrantablemente obedientes.» (Weizenbaum)

1.8. Conclusión

Los lenguajes de programación (LP) son una bella pieza que enhebra todo lo que conocemos de la computación. En este capítulo comenzamos con una síntesis de la historia de los LP. Conocimos los elementos que conforman un LP, además de revisar cómo se agrupan. Asimismo, vimos los distintos estilos de programación que existen: el funcional, el imperativo, el orientado a objeto y uno que ha comenzado a ganar popularidad, el probabilista. Para terminar dimos algunas pinceladas sobre cómo se puede diseñar uno.

1.8.1. Lecturas sugeridas

Hay dos textos que consideramos cruciales para aprender no tan solo sobre el diseño de lenguajes de programación, sino también sobre cómo implementarlos. Uno es un clásico y ha sobrevivido al paso del tiempo, el otro es contemporáneo.

- *Compilers: Principles, Techniques, and Tools* de Alfred Aho, Jeffrey Ullman, Ravi Sethi y Monica Lam. Conocido como «El libro del dragón», es una referencia indispensable para todo aquel que quiera aprender a crear lenguajes de programación. Tiene un fuerte contenido teórico, aunque sin abandonar la práctica.
- *Crafting Interpreters* de Robert Nystrom. El autor se embarcó en una tarea complicada: hacer un libro sobre la creación de lenguajes de programación en esta época (después del 2020), una que parecía cerrada, en la que no había nada que decir sobre esta materia, tan estudiada y con tantos buenos libros. Sin embargo, Nystrom nos demostró que estábamos equivocados, que hay todavía mucho que decir y que este apasionante mundo sigue vivo. Aquí lo acerca a un público amplio, reduciendo la teoría y aumentado la práctica.

CAPÍTULO 2
SISTEMAS OPERATIVOS

Para un programador, un sistema operativo se define por su API.

CHARLES PETZOLD

2.1. Introducción

Un sistema operativo (SO) es un software que actúa como intermediario entre el hardware y el software de un ordenador. Su función principal es coordinar, priorizar y gestionar todos los programas que se ejecutan en el equipo. El SO se comunica con el CPU para asignar recursos a la memoria RAM que necesitan los programas, guardar datos en el disco duro y controlar cualquier periférico. Un sistema operativo eficiente puede aprovechar mejor los recursos del hardware, lo que afecta significativamente al rendimiento del ordenador. Incluso en sistemas embebidos con hardware de bajas prestaciones se utilizan sistemas operativos minimalistas que contienen solo las funcionalidades básicas necesarias y que consumen pocos recursos.

A modo de analogía, podríamos pensar en alguien que gestiona las finanzas y las relaciones interpersonales en una familia, como los padres. Establecen reglas y cómo se gastará el dinero en la casa, y los hijos simplemente deben acatarlas. Un SO funciona de manera similar, ya que es responsable de gestionar eficientemente los procesos en el computador.

Así, el sistema operativo es una parte fundamental de cualquier ordenador y su correcta gestión es clave para obtener un buen rendimiento. Un SO eficiente y bien diseñado puede aprovechar mejor los recursos del hardware y mejorar la experiencia del usuario.

Este capítulo comenzará con una breve historia de los sistemas operativos.[101] Luego se presentarán los conceptos que cada sistema operativo moderno cumple: virtualización, concurrencia y persistencia. Finalizaremos con algunas reflexiones sobre cómo podrían evolucionar los sistemas operativos en el futuro.

2.2. Breve historia

Actualmente es extraño encontrar un computador sin un sistema operativo; están presentes en los móviles, portátiles, ordenadores de escritorio y distintos aparatos del hogar. Pero hubo un tiempo, con la llegada de los primeros computadores digitales, en el que estos no tenían un sistema operativo. Más bien operaban bajo rutinas preprogramadas sin un «programa central» que funcionase no solo como un gestor de recursos, sino también como coordinador entre el software y el hardware.

Los primeros ordenadores digitales: década de 1950

En estos años arribaron los primeros ordenadores digitales de propósito general, que trajeron consigo la idea del almacenamiento de programas mediante dispositivos físicos externos. Computadoras como la UNIVAC I (1951) e IBM 650 (1953) usaban cintas magnéticas y tarjetas perforadas. Ambas servían para almacenar y transmitir información.

Por entonces existía una débil interacción humano-máquina, pues no había mecanismo para poder controlar a los ordenadores de mejor forma. Era una época con grandes limitaciones de hardware y, por ello, también de software. Aunque a finales de esta década (1950) comenzaron a aparecer nuevas tecnologías que ocuparían el lugar de otras: los transistores sustituyeron a los tubos de vacío; las cintas magnéticas y los discos duros, a las tarjetas perforadas; nuevos lenguajes de programación como FORTRAN, a varios lenguajes ensambladores (de ordenadores de IBM, como el modelo 704 y el 780); y el primer módem (modulador-demodulador), llamado Modern Bell 101, dejó obsoletos a

[101] En esta historia nos centramos en los sistemas operativos de propósito general. Por esto, dejaremos de lado otros tipos de sistemas operativos, como los de tiempo real (VxWorks, QNX, FreeRTOS, etc.) o de red (Cisco IOS, Junos OS, RouterOS, etc.).

los módems de frecuencia desplazada que comunicaban datos a través de líneas telefónicas analógicas.

La revolución comienza: los primeros sistemas operativos

Los primeros años de la década de 1960 fueron auspiciosos. En 1961, apareció el primer SO que incorporó tiempo compartido (CTSS [*Compatible Time-Sharing System*]), una técnica de multiprogramación que permite a varios usuarios compartir simultáneamente los recursos de un ordenador, como la CPU, la memoria y los dispositivos de entrada y salida. En otras palabras, múltiples usuarios podían ejecutar a la par un mismo programa sin esperar a que otro usuario terminara de utilizarlo, aumentando de esta forma la productividad de los usuarios del SO. Esto sería crucial en el diseño de los SO modernos y crearía una nueva área de investigación: los SO basados en tiempo compartido.

CTSS fue diseñado por Fernando Corbató, Bob Daley y Marjorie Merwin-Daggettfue, todos ellos pioneros de la ciencia de la computación en el desarrollo de sistemas operativos. CTSS fue probado por primera vez en un IBM 709 y tuvo la peculiaridad de que tenía cuatro entradas para la Friden Flexowriter, un tipo de máquina de escribir estadounidense (Vleck). Luego apareció su sucesor, el CTSS2, que mejoraría sustancialmente el rendimiento del sistema, así como su capacidad para gestionar la memoria y el disco duro.

Más adelante en esta década, nació el Darmouth Time Sharing System, que fue uno de los primeros SO en ser ampliamente utilizado en una universidad, lo que provocó una mayor adhesión a este tipo de SO en otras entidades educativas.

Los SO basados en tiempo compartido significaron una revolución, pues muchos otros surgieron en la segunda mitad de la década de 1960, como TSOS, de RCA; RAX, de IBM; MULTICS, del MIT; Bell Labs y General Electric; MTS, de la University of Michigan, y ORVYL, de Stanford University, entre otros.

Década de 1970: UNIX, una nueva era

La década de 1970 comenzaría fuertemente con la aparición de UNIX,[102] creado por Ken Thompson, Dennis Ritchie y otros ingenieros en Bell Labs. Fue probado en un DEC PDP-7 para luego ser portado a un PDP-11. UNIX trajo varias novedades:

1. **Multiusuario y multitarea**. UNIX permitió a varios usuarios trabajar a la par en el mismo ordenador y ejecutar múltiples procesos de manera concurrente.
2. **Estructura modular**. UNIX fue diseñado con una arquitectura modular, lo que permitió separar las diferentes partes del SO en pequeños componentes interconectados, lo que facilitó su mantenimiento y actualización.
3. ***Shell* y herramientas de línea de comandos**. UNIX introdujo el concepto de *shell*, que permitía a los usuarios interactuar con el SO a través de una interfaz de línea de comandos. Además, se incluyeron diversas herramientas de línea de comandos, como *grep* y *sed*, entre otras, que permitían manipular y procesar texto de manera eficiente.
4. **Sistema de archivos jerárquico**. UNIX implementó un sistema de archivos jerárquico que permitió a los usuarios organizar sus archivos y directorios de manera lógica y fácilmente accesible, añadiendo mecanismos de restricciones de acceso, ya sea de lectura o de escritura.
5. **Portabilidad**. Una de las características más novedosas y destacables de UNIX fue su portabilidad. Fue desarrollado para correr en varias plataformas y arquitecturas diferentes, lo que permitió su expansión y uso en una gran variedad de sistemas y dispositivos.

[102] El nombre originalmente iba a ser «UNICS» (*UNiplexed Information and Computing System)*, en referencia al sistema operativo MULTICS del que UNIX se derivó. Sin embargo, se cambió a «UNIX» porque se consideraba más corto y fácil de pronunciar.

Ordenadores más baratos, humanos más costosos

«El hardware se volverá cada vez más asequible y la necesidad de especialistas será aún mayor» podría ser el titular de la década de 1980. Algunas de las principales novedades con respecto a los SO fueron las siguientes:

- **Interfaz gráfica de usuario (GUI).** La GUI se popularizó con el lanzamiento de Apple Lisa en 1983 y Macintosh en 1984. Microsoft también lanzó su primera versión de Windows en 1985. La GUI permitió una interacción fácil y visual entre el usuario y el SO.
- **Sistemas de archivos distribuidos.** En la década de 1980 surgieron SO distribuidos, que permitían compartir recursos y archivos entre diferentes ordenadores a través de una red.
- **Virtualización.** La virtualización permite la creación de varias máquinas virtuales en un único ordenador físico, lo que permite a los usuarios ejecutar varios SO en una sola máquina.
- **Multiprocesamiento simétrico (SMP, *Symmetric Multiprocessing*).** Los SO de la década de 1980 también introdujeron la capacidad de procesar varias tareas al mismo tiempo en un sistema de multiprocesamiento simétrico, donde cada procesador tiene acceso a la misma memoria y puede ejecutar cualquier tarea.
- **Sistemas de gestión de memoria virtual.** Asimismo, se introdujeron técnicas de gestión de memoria virtual, que permitían a los usuarios acceder a más memoria de la que tenían físicamente instalada en su sistema. Esto se logró mediante el uso de un espacio de almacenamiento temporal en disco y la gestión de los datos que se almacenaban en la memoria física y en el espacio de almacenamiento temporal.

Dentro de una red global: década de 1990

Los SO se volvieron masivos por necesidad, primero porque el hardware avanzó notoriamente y, segundo, porque las redes de comunicaciones proliferaron, logrando de esta forma aumentar la necesidad de aprovecharlas.

Los hechos más destacados se pueden resumir en los siguientes puntos:

- **Sistemas de ficheros distribuidos**. Estos permiten el acceso a ficheros y recursos en múltiples sistemas conectados en red como si fueran locales. Esto permite que los usuarios accedan a los recursos desde cualquier lugar de la red y ayuda a mejorar la eficiencia en entornos de múltiples usuarios.
- **SO de 64 bits**. En este periodo surgieron los SO de 64 bits, que permitían el uso de más memoria y la gestión de archivos más grandes. Esto hizo aumentar el rendimiento y la escalabilidad de los SO.
- ***Clustering***. Los sistemas operativos de la década de 1990 también introdujeron el *clustering*, que permite a varios servidores trabajar juntos como un único sistema, mejorando así la disponibilidad y la escalabilidad del sistema.
- **Sistemas operativos de red**. Los sistemas operativos de red se desarrollaron para soportar la creciente demanda de entornos de red, proporcionando funciones de red integradas y soporte para múltiples protocolos de red.
- **SO móviles**. También fue el comienzo de los SO móviles, como Palm OS y Windows CE, que permitieron el uso de dispositivos móviles para la computación y la comunicación en línea. Por lo general, estos SO tenían capacidades reducidas para evitar consumir demasiados recursos, debido a las limitaciones de su hardware.

Un punto aparte fue la invención del programador-estudiante finlandés Linus Torvalds, que en 1991 creó Linux. Torvalds comenzó a trabajar en el núcleo del SO como un proyecto personal mientras estudiaba en la Universidad de Helsinki. Se inspiró en el sistema operativo UNIX y decidió crear una alternativa gratuita y de código abierto. Para este propósito, Torvalds utilizó MINIX[103] como base para desarrollar el núcleo de Linux,

---

[103] Creado por el profesor Andrew Tanenbaum en la Universidad Libre de Ámsterdam. MINIX era un sistema operativo pequeño y de código abierto desarrollado en la década de 1980, diseñado para enseñar los conceptos de diseño de sistemas operativos a estudiantes universitarios. Cabe

pero en lugar de seguir el enfoque microkernel utilizado por MINIX, Torvalds optó por un enfoque monolítico, en el que todo el código del SO se ejecuta en el espacio del núcleo. A lo largo de los años, Linux ha evolucionado para incluir características de ambos enfoques y hoy en día se considera un sistema operativo híbrido.

Principios de siglo: la nube y la seguridad (2000-2010)

Con el nuevo siglo, y mientras se hacían más presentes en nuestras vidas Internet y la web, también llegaron mejoras en los SO. En 2001, apareció Windows XP de Microsoft, que produjo un gran revuelo entre los usuarios de ordenadores personales. Este funcionaba bastante bien para su época, además de proporcionar varias ventajas sobre sus antecesores: (1) una interfaz gráfica mucho más amigable; (2) era más estable (algo que se les reprochó a versiones anteriores de Windows, como la 95 y la 98); (3) su rendimiento era superior, con menos recursos físicos podía hacer más, dado que mejoró su capacidad de multitarea, lo que permitía a los usuarios trabajar con varias aplicaciones al mismo tiempo sin que el sistema se ralentizara.

A su vez, y en el mismo año, apareció Mac OS X de Apple, que reemplazó a su versión anterior, Mac OS 9. Su interfaz era moderna y limpia, con mayor seguridad y estabilidad y con nuevas funcionalidades como Time Machine (copias de seguridad automáticas) y Spotlight (búsquedas rápidas).

Por otro lado, Linux comenzó a consolidarse como una alternativa seria a los SO comerciales. La comunidad de desarrolladores de Linux creció y surgieron muchas distribuciones, con distintos enfoques y características para atajar distintos problemas. Algunas de las más destacables fueron Fedora, en 2003; Ubuntu y CentOS, en 2004; y openSUSE, en 2005.

---

señalar que Tanenbaum escribió *Operating Systems: Design and Implementation*, un libro de referencia de los sistemas operativos, traducido a varios idiomas.

La llegada de nuevas versiones de Windows también produjo entusiasmo. En 2006, se anunció Windows Vista, y tres años más tarde apareció Windows 7. Aunque ambos trajeron mejoras sobre Windows XP, no lograron desplazarlo del todo.[104]

Esta década vería nacer a dos importantes SO móviles. El primero fue iOS de Apple (llamado iPhone OS). Fue lanzado en 2007 y trajo una serie de innovaciones a la industria de los dispositivos móviles. De hecho, fue el primer móvil en ofrecer una interfaz complemente táctil, lo que hacía que la interacción fuera natural e intuitiva, así como aplicaciones preinstaladas, por ejemplo, Safari (navegador web de Apple) y el correo electrónico. Asimismo, iTunes permitía a sus usuarios comprar y descargar música mientras realizaban otras actividades con el móvil. Por último, gracias al bloqueo automático, el móvil era capaz de apagar la pantalla automáticamente después de un periodo de inactividad, lo que ayudó a prolongar la duración de la batería, y gracias al funcionamiento multitarea, los usuarios podían hacer múltiples tareas simultáneamente, como escuchar música mientras escribían un correo electrónico, navegar por un sitio web mientras realizaban una llamada, etc.

El segundo fue Android, creado por Google. Se convirtió en uno de los SO más populares para dispositivos móviles. Introdujo una interfaz de usuario moderna basada en gestos, soporte para múltiples aplicaciones y una amplia gama de características para personalización. A diferencia de iOS de Apple, Android se centró en (1) proporcionar un enfoque de código abierto (iOS es un SO cerrado y exclusivo de Apple), que permitió a los fabricantes modificar el SO según sus necesidades; (2) dar soporte a múltiples fabricantes (relacionado con el primer punto); y (3) integrar los servicios de Google, esto es, que fuera fácil acceder a Google Maps, Gmail o Youtube. A diferencia de iOS, Android

---

[104] Microsoft anunció el fin del soporte para Windows XP el 8 de abril de 2014. Esto significa que Microsoft dejó de proporcionar actualizaciones de seguridad y soporte técnico para Windows XP después de esa fecha. A partir de entonces, los usuarios de Windows XP debían migrar a una versión más reciente del sistema operativo, como Windows 7, 8 o 10, para recibir actualizaciones de seguridad y soporte técnico. Lo sorprendente fue que, para esa fecha, aún existían millones de ordenadores con esta versión.

mejoró no solo la capacidad de multitarea, sino que también dio la posibilidad a los usuarios de cambiar fácilmente entre aplicaciones y mantener varias abiertas a la vez.

Sistemas operativos modernos (2011-actualidad)

Durante estos años la seguridad comenzó a tener importancia sobre otras características. Además, con la llegada de nuevo tipo de hardware, a saber: las *tablets*, provocó que los SO añadieran soporte a interfaces táctiles.

Windows sigue siendo el SO dominante en los ordenadores de escritorio, por su gran compatibilidad con las GPU, que le permite ser líder en la industria de los videojuegos. Han surgido Windows 8 y 10, que incorporaron una moderna interfaz de usuario, mejoras en el rendimiento, mayor énfasis en la seguridad e integración de la nube.

Apple y Google se han consolidado como las dos empresas lideres en SO móviles. Desde 2011, iOS y Android han incorporado diferentes características, como el pago a través del móvil, integración con asistentes personales como Siri o Google Assistent, compatibilidad con sistemas de respaldo en la nube (piense en iCloud o Google Drive), etc.

En cuanto a mejoras generales y técnicas encontramos las siguientes:

- **Contenedores**. Los contenedores son un tipo de virtualización que permite crear entornos aislados para aplicaciones compartiendo el mismo SO. Esto ha permitido una mayor eficiencia y flexibilidad en el despliegue de aplicaciones y servicios. Ejemplo: desde la versión de Windows 10 de 2018, Microsoft introdujo la función «Contenedores de Linux nativos», que permite a los desarrolladores crear y ejecutar contenedores de Linux directamente en la plataforma de Windows, utilizando herramientas y tecnologías de contenedores estándar como Docker (Microsoft).
- **Integración**. Por ejemplo, Microsoft lanzó WSL (*Windows Subsystem for Linux*), que representó un paso más allá en los contenedores Linux, pues no es un contenedor en sí mismo, sino una característica de Windows que permite a los usuarios ejecutar un sistema operativo Linux en una especie de «máquina virtual ligera» dentro de Windows. También tenemos tecnologías como Hyper-

V, que es un hipervisor de virtualización de Microsoft que ejecuta directamente en el hardware del ordenador y permite a los usuarios crear y administrar máquinas virtuales en un entorno seguro e independiente. WSL, por su parte, también utiliza la tecnología *User-Mode Linux* para proporcionar una capa de compatibilidad que permite ejecutar el kernel de Linux en un espacio de usuario dentro de Windows. Esto permite al usuario trabajar con aplicaciones de línea de comandos de Linux y herramientas de desarrollador (Avram).

- **Seguridad**. Dado que los ordenadores se encuentran en todos lados, los recursos invertidos en seguridad se han incrementado. Linux ha mejorado significativamente en términos de seguridad, con la introducción de mejoras en la autenticación, la gestión de permisos y el cifrado de disco. También se han introducido tecnologías de contenedores como Docker, que permiten una mayor seguridad y eficiencia en la ejecución de aplicaciones.
- **Nube**. Los SO han evolucionado para integrarse mejor con la nube, lo que permite una mayor eficiencia y flexibilidad en el uso de recursos y una mayor capacidad de escalado. Un ejemplo de esto fue Chrome OS, un SO de Google basado en Linux y distinto de Android, que tiene la peculiaridad de que utiliza Chrome como interfaz de usuario. Fue diseñado para personas que pasan la mayor parte del tiempo conectadas a Internet. Viene instalado en los ChromeBooks, unos portátiles de Google, y aunque los primeros fueron lanzados en el 2010, no sería hasta avanzada esta década que comenzaron a ganar en popularidad.
- **Experiencia de usuario**. Ejemplo: en Linux se han introducido mejoras en la interfaz de usuario y en la experiencia de usuario en general, con la introducción de nuevos entornos de escritorio como GNOME 3, KDE Plasma y Unity.

En suma, la historia de los SO ha sido vertiginosa y se ha visto influenciada por los avances del hardware y las tendencias que impone la sociedad.

2.3. Conceptos fundamentales

Para entender los conceptos fundamentales de un SO podríamos comenzar preguntándonos qué ocurre cuando un programa se ejecuta. Esta pregunta la respondieron notablemente Remzi H. Arpaci-Dusseau y Andrea C. Arpaci-Dusseau en su libro *Operating Systems: Three Easy Pieces*, que pasamos a citar:

> Pues bien, un programa en marcha hace una cosa muy sencilla: ejecuta instrucciones. Muchos millones (y hoy en día, incluso miles de millones) de veces por segundo, el procesador obtiene una instrucción de la memoria, la descodifica (es decir, averigua de qué instrucción se trata) y la ejecuta (es decir, hace lo que se supone que debe hacer, como sumar dos números, acceder a la memoria, comprobar una condición, saltar a una función, etc.). Una vez terminada esta instrucción, el procesador pasa a la siguiente, y así sucesivamente hasta que el programa se completa.
>
> (H. Arpaci-Dusseau y C. Arpaci-Dusseau)

Ahora la pregunta siguiente es esta: ¿Cómo lo hace? Y cualquier respuesta a un «cómo» conlleva entender conceptos; hay tres de estos que son claves para hallar la esencia de los SO: virtualización, concurrencia y persistencia.

2.3.1. Virtualización

La virtualización es la capacidad de un SO de usar recursos físicos (tales como CPU, memoria RAM o disco duro [hardware]) y transformarlos en una representación abstracta —virtual— que permita sacar mayor provecho a estas representaciones y que facilite su uso. De ahí proviene su nombre, «virtualización». Prácticamente cualquier SO moderno tiene algún tipo de virtualización.

Para usar la virtualización es necesario que el SO cuente con un conjunto de interfaces de programación (API) para poder ejecutar programas, acceder a dispositivos periféricos o memoria y realizar cualquier otra operación relacionada con el hardware. Un SO, por tanto, requiere de un API con llamadas al sistema para poder operar.

Los programas que se ejecutan necesitan recursos, de hecho, necesitan compartir recursos con otros programas. Por tanto, aunque no es su única labor, un SO es un gestor de recursos, los cuales dan y quitan prioridad a procesos y «matan» procesos llegado el caso.

A continuación, se presentan los dos tipos principales de virtualización.

Virtualización de CPU

Con virtualizar la CPU en un SO nos referimos a la técnica que busca emular una CPU en software para que varios sistemas operativos y aplicaciones puedan compartir la misma CPU física. Esta permite que múltiples SO se ejecuten en un solo servidor físico al mismo tiempo, lo que maximiza el uso del hardware y reduce los costes. También permite la creación de entornos de prueba y desarrollo aislados para probar nuevas aplicaciones y configuraciones del sistema sin afectar al entorno de producción.

Los sistemas VPS (*Virtual Private Server*) son un ejemplo de varios SO que se ejecutan en un solo servidor y comparten recursos.

También, y en una escala menor —aunque cercana para un desarrollador—, se puede probar ejecutando varias veces un mismo programa en un ordenador con un solo CPU. Considere el siguiente ejemplo en C++:

```
#include <iostream>
#include <unistd.h>

using namespace std;
int main(int argc, char *argv[]) {
    char letter = argv[1][0];
    pid_t pid = getpid();

    while (true) {
       // Muestra el PID del proceso y el argumento (letra)
```

```
        cout  << "PID: " << pid << ": " << letter << endl;
        sleep(1);
    }
    return 0;
}
```

Si compilamos:

```
g++ virt_cpu.cpp -o virt_cpu
```

Luego lo ejecutamos múltiples veces:

```
>> ./virt_cpu X & ./virt_cpu Y & ./virt_cpu Z &
[1] 36412
[2] 36413
[3] 36414
PID 36412: X
PID 36413: Y
PID 36414: Z
PID 36412: X
PID 36413: Y
PID 36414: Z
PID 36413: Y
```

Esto produce la «ilusión» de que estos programas se están ejecutado en un ordenador con múltiples CPU, lo cual no es así, sino que ocurre gracias a la virtualización. Ahora bien, ¿cómo elige el SO qué programa ejecutar primero? Esto depende de las políticas que tenga el SO, de los algoritmos responsables de velar por la asignación de recursos del sistema.

Virtualización de memoria

La virtualización de memoria se refiere a la técnica que permite que los procesos tengan su propio espacio virtual de la memoria, independientemente de cómo se asigna realmente la memoria física en el sistema. Está estrechamente relacionada con los sistemas distribuidos porque permite distribuir la memoria para ser utilizada como un sistema de caché, para crear capas de comunicación con el objetivo de compartir recursos entre CPU o GPU.

Ejemplo: Mostrar la dirección de memoria de un puntero; después, cada segundo, el PID junto al valor del puntero.

```
#include <iostream>
#include <unistd.h>

using namespace std;
int main() {
    // Inicializa un puntero a un entero con valor 0
    int* ptr = new int(0);
    cout << "Dirección de memoria de p: " <<  p << endl;
    while (true) {
        // Muestra el PID del proceso
        cout << "PID del proceso: " << getpid() << endl;
        // Muestra el valor del puntero
        cout << "Valor del puntero: " << *ptr << endl;
        *ptr += 1;
        sleep(1);
    }
    delete ptr; // Libera la memoria asignada al puntero
    return 0;
}
```

Si luego compilamos y ejecutamos:

```
>> g++ virt_mem.cpp -o virt_mem
>> ./virt_mem & ./virt_mem &
[1] 1361
[2] 1362
Dirección de memoria de p: 0x600002530000
Dirección de memoria de p: 0x600002120000
PID: 1361, puntero: 0
PID: 1362, puntero: 0
PID: 1362, puntero: 1
PID: 1361, puntero: 1
```

Aquí se puede apreciar que la dirección de memoria del puntero `p` puede ser distinta en cada ejecución —o igual, en algunos casos—, y es que el SO asigna un bloque de memoria a cada proceso en ejecución. Por tanto, la dirección de memoria de `p` no es una dirección de memoria física, sino una virtualización de la memoria creada por el SO. Este pequeño ejemplo demuestra lo que es la computación: una historia de abstracciones.

Virtualización de memoria no es lo mismo que memoria virtual. La memoria virtual es la técnica utilizada por los SO para permitir que un programa acceda a más memoria de la que realmente está disponible en la RAM física del sistema, mediante la creación de una ilusión de memoria adicional en el disco duro (swap). Más bien, la tecnología de virtualización de memoria es una posibilidad-derivación de las técnicas de gestión de memoria y de la memoria virtual.

2.3.2. Concurrencia

Si solo pudiéramos usar un programa a la vez, por ejemplo, si no pudiéramos escuchar música mientras navegamos por Internet o no pudiéramos leer un email mientras miramos nuestro programa favorito por YouTube, usar un ordenador sería, francamente, un tedio. La concurrencia ha sido uno de los grandes desafíos de la computación y los SO tiene mucho que decir.

Los problemas de concurrencia surgieron primero en los SO, el caso de la virtualización es un ejemplo. El SO debe realizar muchas tareas —concurrentemente— para seguir funcionando, independientemente del total de núcleo que posea el CPU.

Ejemplo: Incrementar el valor de una variable entera compartida mediante dos hilos (concurrentes).

```
#include <iostream>
#include <thread>
#include <mutex>

using namespace std;
// Objeto mutex para sincronizar el acceso a la variable
compartida
mutex mtx;

void increment(int &shared_var) {
    for (int i = 0; i < 10000; i++) {
        // Bloquear el mutex antes de acceder a la variable
compartida
        mtx.lock();
        shared_var++;
      // Desbloquear el mutex después de acceder a la variable
compartida

        mtx.unlock();
    }
}
```

```
int main() {
    int shared_var = 0;
    thread thread1(increment, ref(shared_var));
    thread thread2(increment, ref(shared_var));

    thread1.join();
    thread2.join();

    cout << "El valor final de la variable compartida es: "
<< shared_var << endl;

    return 0;
}
```

En este ejemplo hay una función `increment` que incrementa el valor de un entero `shared_var` en 10000. Teniendo en cuenta que hay dos hilos, el valor final de `shared_var` debería ser 20000.

Si ejecutamos este código no hay problemas; sin embargo, si quitamos las líneas donde se ejecutan los `join` para cada hilo, el comportamiento se vuelve impredecible. Esto se debe a que `join` es el método responsable de esperar a que un hilo termine de ejecutarse; si los quitamos, entonces el programa podría terminar con un solo hilo completado, con ambos a medio camino (sin terminar el `for`) o, peor aún, con ninguno. Este comportamiento se vería reflejado en el valor final de `shared_var`. Otra consideración es que, si el `lock` y el `unlock` se quitan, no hay ninguna seguridad de que no exista un *data race* —múltiples tareas intentando acceder a un mismo recurso simultáneamente—, lo que produciría, de nuevo, un comportamiento impredecible.

La concurrencia juega un papel preponderante en cómo todos los procesos se ejecutan, se coordinan y comparten recursos en un SO.

2.3.3. Persistencia

Imagínese la siguiente situación: usted está escribiendo un documento, lo guarda, luego apaga su ordenador y al día siguiente lo vuelve a encender, abre su editor de texto y se sorprende al ver que su documento ya no existe. Sería un desastre. Además de un «volver al comienzo» *ad infinitum*.

Un dispositivo como la DRAM solo trata con información volátil, de esta forma la memoria solo puede retener la información mientras el ordenador esté encendido. Si el ordenador falla, se corta la energía o alguien lo lanza por la ventana (es probable que en este caso ni la persistencia ayude), entonces la información se perderá. Para poder persistir la información se requiere de un dispositivo físico, como un disco duro (sea este magnético, de estado sólido, híbrido [magnético y sólido] o externo).

A diferencia de lo que ocurre con la CPU y la memoria, el SO no crea una virtualización para el disco duro, aun cuando usando herramientas de contenedores como Docker existen mecanismos para «virtualizar espacio de disco duro». La labor de SO es más bien compartir información mediante un sistema de ficheros.

Cada SO tiene su sistema de ficheros; Windows no usa el mismo que UNIX, ni el de Android es el mismo que el de iOS. Cada uno cuenta con un sistema que sea acorde a su hardware, para así sacarle mayor provecho y, a su vez, cumplir con sus propias necesidades.

Ejemplo: Crear un fichero en `/tmp/prueba` con el contenido «¡Hola, Mundo!».

```
#include <iostream>
#include <fstream>
#include <filesystem>

using namespace std;
```

```
int main() {
    // Path del archivo a crear
    filesystem::path file_path = "/tmp/file";

    // Crear el archivo y abrirlo en modo de escritura
    ofstream file(file_path);

    if (file.is_open()) {
        // Escribir el contenido en el archivo
        file << "¡Hola, Mundo!" << endl;

        // Cerrar el archivo
        file.close();

        cout << "El archivo ha sido creado con éxito en " <<
file_path << endl;
    } else {
        cerr << "Error al abrir el archivo " << file_path <<
" en modo de escritura." << endl;
        return 1;
    }

    return 0;
}
```

Cuando escribimos un programa —como en el ejemplo anterior— que persista información es importante recordar que existen tres fases irrenunciables: abrir el fichero, leer el contenido o modificarlo y cerrar el fichero. Cada lenguaje de programación presenta distintas interfaces y mecanismo de abstracción para lograrlo.

Considere el mismo ejemplo anterior, pero sin invocar la función de cierre del fichero (`close`). Podría suceder lo siguiente:

1. **Pérdida de información**. Si el programa se bloquea o se produce un error antes de cerrar el archivo, se puede perder la información que no se ha escrito en el archivo.
2. **Inconsistencia de los datos**. Si varios programas intentan acceder al mismo archivo y uno de ellos lo modifica sin cerrarlo adecuadamente, puede producirse una inconsistencia de datos en el archivo.
3. **Problemas de rendimiento**. Si el archivo no se cierra adecuadamente, el SO puede experimentar problemas de rendimiento, ya que los recursos que se utilizan para mantener el archivo abierto no se liberan.

Si somos cuidadosos con estas cuestiones, nuestra relación con el SO mejorará, pues instrucciones incorrectas o la falta de ellas puede provocar que le demos problemas insalvables al SO.

2.4. Futuro

Una predicción futura siempre es, en parte, una apuesta. Una apuesta porque algunos de los puntos que se presentarán a continuación pueden perder relevancia con el tiempo o, por el contrario, volverse más relevantes de lo que pudimos prever:

- **Realidad aumentada y virtual**. La realidad aumentada (RA) y la realidad virtual (RV) son tecnologías emergentes que están ganando popularidad en varios campos, como los juegos, la educación y la medicina. En el futuro, es posible que los SO integren características de RA y RV para mejorar la experiencia del usuario y permitir nuevas formas de interactuar con los dispositivos.
- **Mayor compatibilidad entre plataformas**. Hoy, hay una gran cantidad de plataformas y dispositivos diferentes que utilizan distintos SO y, por lo mismo, de sistemas de archivo. Quizás en el futuro sea posible que los SO se vuelvan más

compatibles entre sí, lo que permitirá una mayor interoperabilidad entre dispositivos y sistemas. ¿Se imagina transferir archivos, programas, de forma amena y sencilla entre UNIX y Windows?

- **Inteligencia artificial y automatización**. La inteligencia artificial (IA) y la automatización se están volviendo cada vez más importantes en muchos ámbitos de la tecnología (véase el caso de las IA generativas). En el futuro, quizá sea posible que los SO integren características de IA y automatización para mejorar la experiencia del usuario y hacer que el uso del SO sea más fácil y eficiente. ¿Qué tal si un día enciende su SO y comienza a conversar con él como si fuera su asistente personal?
- **Seguridad y privacidad**. La seguridad y la privacidad son preocupaciones cada vez mayores para los usuarios de tecnología. En la actualidad —y aún más en el futuro— es probable que los SO se centren con mayor fuerza en la seguridad y la privacidad, proporcionando herramientas y características que permitan a los usuarios proteger sus datos y su identidad en línea. Los datos personales son fundamentales para un ser humano, pues guardan sus historias, sus problemas, sus sueños, Etc. y, por tanto, la labor de los usuarios será exigir a las empresas que cumplan con sus políticas de privacidad.

2.5. Conclusión

Los sistemas operativos representan una pieza sofisticada de la computación, que sostiene en gran parte la simbiosis entre el software y el hardware. Sin un sistema operativo todo sería proclive a errores, no tan solo a nivel de software, sino también de hardware. Es, dicho con otras palabras, un intermediario que procura que los recursos físicos de un ordenador estén bien gestionados a través de inteligentes abstracciones de software.

2.5.1. Lecturas sugeridas

Entre los grandes libros sobre sistemas operativos que son interesantes, instructivos, amenos y rigurosos, le recomendaremos dos, pues en ellos se combinan el pasado y el futuro. Uno es un libro clásico y el otro, moderno, que entrega un aire fresco al área.

- *Modern Operating Systems* de Andrew Tanenbaum y Herbert Bos. Este es el clásico, porque ha sobrevivido al paso del tiempo —es antifrágil, como diría Nicholas Taleb— y sigue siendo una obra de referencia sobre los sistemas operativos en varias universidades alrededor del globo. Su calidad está probada.
- *Operating Systems: Three Easy Pieces* de Remzi H. Arpaci-Dusseau y Andrea C. Arpaci-Dusseau. Un libro moderno que cambia la forma de escritura de los típicos libros sobre sistemas operativos y que usa un lenguaje divertido. Sin perder rigor, presenta las características fundamentales de todo sistema operativo; es más, gran parte de este capítulo se basó en este libro.

CAPÍTULO 3
BASE DE DATOS

Sin datos limpios, o sin datos lo suficientemente limpios, la ciencia de datos no sirve para nada.

MICHAEL STONEBRAKER

3.1. Introducción

Desde la antigüedad, los seres humanos han intentado dejar registro de sus vivencias para poder volver a ellas en el futuro. Desde la versión primigenia de la especie, siempre ha habido el anhelo de dejar algún tipo de rastro para que los demás puedan saber que había comida o una zona segura. Posteriormente, gracias a los avances de la sociedad, surgieron construcciones como librerías, hospitales y oficinas gubernamentales, lo que llevó a la necesidad de encontrar el sistema adecuado para almacenar y recuperar información. Así que esto es algo que ha estado siempre presente a lo largo de nuestra existencia. Es algo nuestro. Es un intento de traspasar nuestros recuerdos a la siguiente generación. Es una forma de no ser *borrados*.

La información digital se puede representar en diferentes formatos en un ordenador, como fotos familiares, documentos de texto, planillas de cálculo o películas descargadas de Internet. Sin embargo, es importante mantener esta información de forma *persistente*, lo que significa que, si se apaga el ordenador y se vuelve a encender, se puede volver a acceder a esa información. Cada sistema operativo, como Windows o macOS, tiene un sistema de ficheros donde se pueden crear carpetas, construir jerarquías y añadir todo tipo de documentos, los cuales se guardarán en el disco duro de forma persistente.

Sin embargo, si necesitamos almacenar otro tipo de información, estructurada, relacionada con una cierta lógica de negocio, con datos incluso ajenos (de clientes, por ejemplo), es necesario un gestor de información: a esto le llamamos base de datos (BD).[105] Y no es simplemente un mecanismo para almacenar y acceder a datos, es toda una telaraña de componentes que trabajan de manera coherente y al unísono para satisfacer las necesidades del usuario que la utiliza.

Hay diversos tipos de bases de datos en la actualidad que se pueden agrupar en dos clases: relacionales y no relacionales. Las primeras son las más antiguas, pues llevan décadas de funcionamiento y, en el último tiempo, han vuelvo a renacer gracias a nuevos avances técnicos que se han sintetizado bajo el nombre de NewSQL (en la sección de Avances, al final de este capítulo, trataré el tema). Por otro lado, tenemos las no relaciones, conocidas en el «bajo mundo» como NoSQL —un error, pues más que negar al lenguaje de dominio especifico SQL,[106] es una manera de escapar del modelamiento de datos basado en relaciones—.

El modelo relacional obliga a ser ordenado en la forma en que se gestiona la información, mientras que los sistemas no relacionales presentan flexibilidad en la gestión de los datos. Ambos sistemas buscan manejar la información con el mismo objetivo, pero tienen distinta forma de llevarlo a cabo. La elección del sistema a utilizar depende exclusivamente del problema que se quiera resolver.

---

[105] Técnicamente, incluso una carpeta con información podría considerarse una base de datos, sin embargo, esta definición se ha omitido por ser irrelevante para nuestro caso. Así que cuando se mencione la base de datos (BD) se hace referencia a los sistemas de gestión de base de datos (SGDB).

[106] SQL siempre ha estado asociado a las BD relacionales, aunque, por absurdo que parezca, algunas BD no relaciones cuentan con lenguajes propios que no están demasiado alejados de SQL en cuanto a su sintaxis.

En este capítulo, se presentará una breve historia de las BD en general, su comienzo y evolución; luego, explicaré cuáles son las características de las BD relacionales. Después, ahondaré en qué se diferencian las BD no relacionales. Finalizaré con algunas perspectivas de futuro.

3.2. Breve historia

La historia de las BD —entendidas como aplicación— está estrechamente ligada a la historia de los modelos de datos, pues una BD no es más que *su* realización aplicada (implementación). En la siguiente historia, aunque es una síntesis, se destacarán los puntos más innovadores y relevantes de la historia de las BD, y nos enfocaremos en su evolución tecnológica. Esta transcurre con rapidez de manera cronológica desde la década de 1960 hasta nuestros días, cuando el concepto de Big Data domina.

Década de 1960 – El surgimiento de las primeras bases de datos

El primer tipo de BD inventado fue el *navegacional.* Este estuvo compuesto por dos modelos de datos: uno basado en red (*network model*) y otro basado en jerarquía (*hierarchical model*). El nombre «navegacional» viene de la manera de acceder a los registros: a través de una consulta, esta realiza una búsqueda referencia a referencia, de manera iterativa similar a moverse por los nodos/vértices de un grafo, es decir, esa forma de navegar a través de los registros es similar a recorrer el camino de un nodo a otro dentro de un grafo. De ahí el modelo de red y de jerarquías.

El modelo de red fue creado Charles Bachman, quien luego lo presentó en la *Conference on Data Systems Languages* (CODASYL). La CODASYL, sin duda, desempeñó un papel importante en su promoción y estandarización. Se trataba de un consorcio de empresas de informática creado en 1959 con la idea —quizá un tanto ingenua— de regular el desarrollo de lenguajes de programación y que, más tarde, se convertiría en COBOL.

Década de 1970 – El modelo relacional de Edgar Codd

Un modelo totalmente diferente fue creado a principios de esta década, el cual, con el paso del tiempo, mostraría superioridad con respecto a los demás. Creado por Edgar Codd, el modelo relacional representa la información como estructuras tabulares (tablas con filas y columnas), a diferencia del modelo navegacional, que usaba enlaces y nodos para conectar la información. En 1970, Codd presentó este trabajo en su artículo «A Relational Model of Data for Large Shared Data Banks» en *Communications of the ACM*.

Donald D. Chamberlin y Raymond F. Boyce, investigadores de IBM, inventaron SQL (para su BD relacional System R) en 1974, un lenguaje de consultas para BD relacionales que, aún hoy, sigue siendo el predominante en la industria.

Año 1976 – Un complemento: otro modelo de base de datos

En 1976, gracias a Peter Chen, surgió el modelo entidad-relación, que proporcionó los fundamentos necesarios para muchos sistemas y para el diseño de metodologías de BD. Chen publicó su trabajo bajo el nombre de «The entity-relationship model: toward a unified view of data» en la revista *ACM Transactions on Database Systems*. Ambos modelos —relacional y entidad-relación— siguen siendo influyentes en la actualidad, aunque fueron trabajos que emergieron de manera independiente.

Década de 1980 – Nuevas bases de datos y asentamiento de las bases de datos relacionales

Dada la necesidad de escalar y guardar objetos complejos, durante esta década emergió la base de datos orientada a objetos (OODBMS). La invención se les atribuye a George Copeland y David Maier, pues ellos querían construir una BD con Smalltalk (un lenguaje de programación orientado a objetos). Sus resultados fueron publicados en su artículo *Making Smalltalk a Database System* (1984).

Las BD orientadas a objetos eran más flexibles que las BD relacionales, pero aumentaban la complejidad del diseño. Además, tenían mayor facilidad de mantenimiento del código y la BD, pero dificultaban la integración con sistemas que no fueran orientados a objetos.

En esta década SQL comenzó a ser el lenguaje de consultas estándar en las BD relacionales. Asimismo, las BD relacionales comenzaron a ser ampliamente usadas en distintos ámbitos.

Década de 1990 – El ecosistema de herramientas

Así como las BD se hacían cada vez más presentes en la tecnología, otras áreas seguían creciendo: la venta de ordenadores, los avances en los sistemas operativos, la miniaturización del hardware... Todo esto potenciado por el surgimiento —en esta década— de Internet y la web.

Aparecieron herramientas que hacían de interactuar con las BD una tarea amena; algunos ejemplos fueron PowerBuilder (SyBase) y Visual Basic (Microsoft). Además, aparecieron otras BD, como MySQL (creada por el equipo de Michael Widenius en 1995), Microsoft SQL Server 6 (1995), Postgres (por el equipo de Michael Stonebraker, en 1996) y Oracle 8 (1997). Una mención especial para MySQL y Postgres, que fueron, desde el comienzo, BD relacionales de código abierto.

Nuevo siglo – La popularidad de las bases de datos sin estructura (no relacionales)

Una de las críticas más frecuentes a las BD relacionales es que son «elefantes». Se suele argüir que son «potentes pero lentas, necesitan demasiado hardware y la mantenibilidad es compleja y costosa». Aun cuando es cierto, estas BD también son bastantes estables y puede rendir bien si están adecuadamente optimizadas por un experto, desde su configuración hasta la forma de construir las consultas. Pero hay veces que no hay tiempo para todo eso y se busca una alternativa rápida: NoSQL viene al rescate.

Con el creciente número de empresas de software que surgen, los tiempos de desarrollo se acortan; se quiere todo rápido. Encontrar BD que con poco conocimiento técnico permitan persistir la información es algo que reduce costes en una empresa, sobre todo si esta no es una entidad que tenga muchas transacciones ni requiera alta fiabilidad en los datos.

Las BD NoSQL (o mejor dicho, no relacionales) son BD cuyos datos no son relacionales, sino que pueden ser estructuras de datos básicas que persisten la información. Hay de varios tipos: documentales, columnares, clave-valor, grafos, etc.

En 2007, Amazon lanzó Dynamo para sus servicios de Amazon Web Services; fue una de las primeras BD clave-valor. En 2008 apareció Apache Cassandra, una BD columnar. En

2009, MongoDB hizo su aparición; esta se basa en documentos similares a JSON (llamados BSON) y se volvió popular por su flexibilidad de inserción, a diferencia de otras BD que requieren que todos los datos estén tabulados y bien estructurados. Muchas otras BD NoSQL han emergido desde entonces y han ganado bastante terreno en las empresas que necesitan BD.

2011 – Aún es pronto para morir: el renacer de las bases de datos relacionales, NewSQL

Aunque las BD NoSQL son útiles para muchas situaciones en las que se requiere crear y lanzar aplicaciones rápidas o no es necesario tener una alta consistencia y fiabilidad en los datos, no deja de ser cierto que sistemas críticos siguen usando BD relacionales (porque proporcionan ACID). En 2011, el analista Matthew Aslett de 451 Group acuño el término «NewSQL» para agrupar a las nuevas BD relacionales que se hacen cargo de las críticas hacia sus predecesoras (principalmente la lentitud) sumando lo mejor de las BD NoSQL. Algunos ejemplos de BD que se consideran NewSQL son VoltDB, CockroachDB, TiDB, SingleStoreDB (antes MemSQL), NuoDB y Spanner de Google Cloud Platform.

2023 – La era del Big Data, la computación en la nube y la inteligencia artificial

En la actualidad, las BD deben ser distribuidas y estar listas para escalar a millones de usuarios conectados simultáneamente. Así, conceptos como Big Data y la computación en la nube se relacionan con las BD. Hoy, estos sistemas pueden ser servicios, esto es, se paga solo lo que se usa. ¿Requiere más cómputo o espacio en su BD? Pues solo debe pagar más. En un mundo así, es difícil prever hacia donde pueden evolucionar las BD.

Además, cabe señalar que con la creciente popularidad de la inteligencia artificial (IA) muchas BD han incorporado módulos de aprendizaje automático para realizar mantenimientos automáticos, mejorar la seguridad y dar sugerencias en el diseño de la BD.

Ejemplos:

- **Oracle Autonomous Database**. Utiliza aprendizaje automático para automatizar tareas de gestión y mantenimiento de la BD, lo que reduce los costes y el tiempo dedicado a estas tareas.
- **Microsoft SQL Server Machine Learning Services**. Es un conjunto de servicios que tiene SQL Server con la capacidad de ejecutar programas de R o Python para tareas predictivas sobre los datos.

Es muy probable que las BD nuevas —y las establecidas— comiencen a aumentar su integración en dos direcciones: (1) en los campos de Big Data, la nube y la IA y (2) con otras BD y lenguajes de programación.

3.3. Bases de datos relacionales

Una BD relacional permite organizar la información usando relaciones. Aunque esta afirmación parezca obvia, estas relaciones difieren de otras.[107] No todas las relaciones son iguales. Por ejemplo, para modelar una BD relacional es normal usar el modelo entidad-relación, que es un modelo conceptual para describir las entidades y sus relaciones en una BD; en cambio, el modelo relacional es lógico y permite representar y manipular datos en una DB relacional.

Así, el modelo entidad-relación permite representar las entidades y relaciones entre los datos, que luego son implementadas en una BD relacional.

---

[107] En BD no relaciones, como las basadas en grafos, también existen relaciones, pero son totalmente distintas en cuanto a cómo representan y almacenan los datos. Una BD relacional tiene un esquema estructurado y tablas que representan los datos, lo que proporciona una gran flexibilidad en la gestión, aunque es limitadas a la hora de representar relaciones complejas. En esto último una base de datos basada en grafos puede ayudar, pues utiliza los nodos y las aristas entre ellos para almacenar información; así, su representación puede ser más precisa, pero puede generar mayor dificultad de gestión y consulta de los datos.

Cuando creamos una BD hay un conjunto de entidades que están en relación con otras entidades. La implementación de una entidad es una *tabla*, y las relaciones se establecen cuando un atributo de una tabla se relaciona con otro atributo de otra tabla. Esta conexión se hace a través de claves que, en este caso, pueden ser primarias o foráneas. Además, estas relaciones pueden tener distintas cardinalidades (veremos ambas cuestiones más adelante).

Ejemplo: Si quisiéramos crear un modelo entidad-relación para un sistema similar a Spotify, tendríamos al menos tres tablas: `Usuario`, `UsuarioBanda` y `Banda`. A un usuario le podrían gustar muchas bandas y una banda podría gustarles a muchos usuarios, o sea, habría una relación 1-N en ambos casos. Entonces se requiere una tercera tabla para guardar dicha relación: la tabla `UsuarioBanda`. A este tipo de tabla se la conoce como tabla asociativa (véase **Figura 47**).

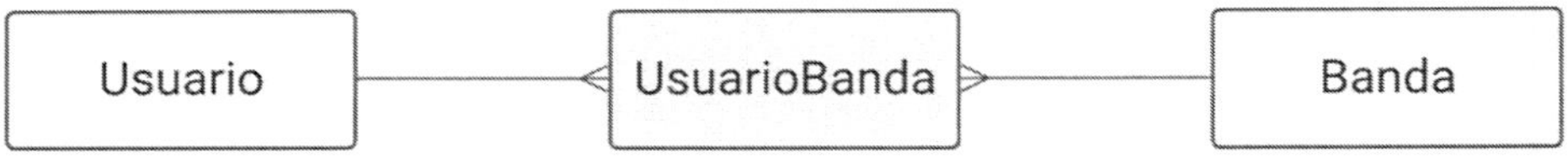

Figura 47. *Un modelo entidad-relación de los usuarios y bandas.*

Las tablas `Usuario`, `UsuarioBanda` y `Bandas` pueden tener varios atributos. Los atributos nacen de la necesidad de acceder a esa información en el futuro. La tabla `Usuario` incluye el nombre, la edad, el país, etc.; la tabla `Bandas` incluye el género musical, el país, el número de álbumes, etc.; y la tabla `UsuarioBanda` representa la conexión entre ambas mediante sus respectivos `id`. Toda esta información es relevante para luego hacer alguna consulta sobre los datos, por ejemplo: ¿qué bandas le gustan a Nuria? ¿Qué bandas son del género Metal? Y alguna otra pregunta interesante como ¿qué bandas podríamos recomendarle a Nuria según sus gustos actuales?

A medida que la cantidad de tablas y relaciones aumenta en una BD, más complejo se vuelve gestionar el sistema. Veamos un ejemplo de esto. En la **Figura 48**, en la parte superior vemos una BD simple con dos entidades y una relación entre sí; en la parte inferior, en cambio, tenemos una BD compleja compuesta de un conjunto de entidades con múltiples relaciones. Este esquema nos da cuenta de algo importante: la forma en que diseñamos las relaciones es crucial para poder gestionar mejor una BD relacional que necesite escalar, no solo en datos, sino también en cantidad de tablas.

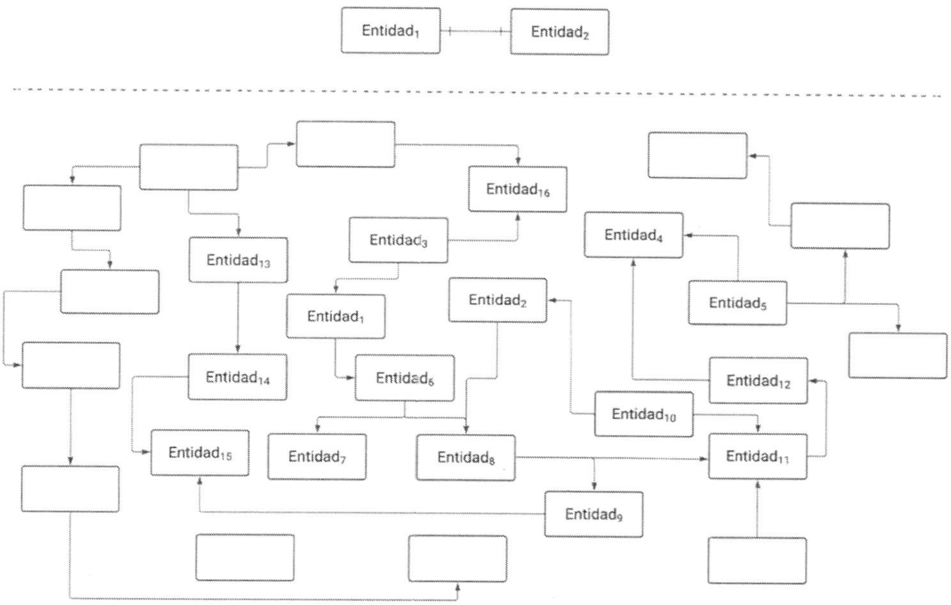

Figura 48. *Dos bases de datos separadas por una línea horizontal. En la parte superior, una simple, con dos entidades y una relación de 1-1, y en la parte inferior, una compleja, con múltiples entidades y relaciones.*

Este problema es viejo y nace por la complejidad de modelar correctamente un problema de negocio en una BD relacional. La necesidad de almacenar más datos, no solo homogéneos sino heterogéneos, supone que, no es posible evitar crear menos relaciones. Ahí radican las grandes ventajas y también las desventajas de los modelos relacionales.

3.3.1. Modelo relacional

Como mencionamos en la anterior subsección (Breve historia), uno de los padres del modelo relacional fue Edgar (Ted) Codd. No obstante, no fue el único. Un personaje que fue colega de Codd por aquellos años fue C. J. Date, quien ha escrito varios libros sobre BD relacionales y teoría relacional (el modelo relacional también se conoce como teoría relacional). En este apartado se explicarán algunos de sus componentes para ahondar en el modelo relacional.

3.3.1.1. Arquitectura de una base de datos relacional

La arquitectura básica de una BD relacional se agrupa en cinco componentes principales (Hellerstein, Stonebraker y Hamilton):

API

Para poder interactuar con una BD desde una aplicación externa es necesario contar con una interfaz de comunicación, como ODBC (*Open Database Connectivity*) o JDBC (*Java Database Connectivity).* Cada BD provee un mecanismo para acceder y manipular los datos, por lo general, con una cuenta de usuario que puede tener distintos privilegios y accesos a las tablas o acciones a realizar sobre ellas.

Motor de almacenamiento transaccional

Es el componente encargado de almacenar y recuperar los datos de la BD. Este componente se encarga de la gestión de los archivos de datos, las transacciones y la concurrencia, así como de la seguridad y la integridad de los datos.

En este se encuentran cuatro subcomponentes:

- **Acceso a métodos**. Se encarga de contener los métodos que manejan el acceso a varias estructuras de datos en el disco duro. Por lo general, todas las BD relacionales comerciales tienen implementados índices: montículo (*heap*) y Árbol B+ (*B+ tree*) (Hellerstein, Stonebraker y Hamilton). Luego cada BD puede tener un índice especial para optimizar su almacenamiento según su diseño.
- **Gestor de bloqueos**. En una BD relacional, las transacciones pueden bloquear recursos, como tablas o registros, para evitar conflictos con otras transacciones que puedan intentar acceder a los mismos recursos concurrentemente. Si dos o más transacciones están bloqueando recursos que otra necesita para completarse, puede ocurrir un *deadlock*.

Ejemplo: Si la transacción A ha bloqueado el recurso R1, la transacción B ha bloqueado el recurso R2 y ambas necesitan acceder a los recursos bloqueados por la otra transacción para completarse, se producirá un *deadlock*. Cada transacción está esperando que se libere el recurso bloqueado por la otra, pero ninguna de las dos transacciones puede continuar porque ambas están bloqueadas. Entonces, el gestor de bloqueos busca evitar estos problemas, además de detectar y resolver situaciones en las que haya ocurrido un *deadlock*.

- **Gestor de log**. Así como el gestor de bloqueos sigue la pista de todos los *deadlocks* ocurridos para resolverlos, el gestor de log es responsable de mantener un registro de todas las transacciones realizadas en la BD. Además, también registra todas las operaciones sobre las tablas: escritura, edición y eliminación. En efecto, el gestor de log es responsable de la lentitud de las BD relacionales, pues cada operación se copia internamente, aunque para el usuario solo haya sido una.
- **Gestor de buffer**. Es el componente encargado de gestionar la memoria del sistema para minimizar la necesidad de acceder al disco y mejorar el rendimiento de las operaciones de la base de datos. En otras palabras, funciona similar a un caché; por ello, cuando ejecuta una consulta por primera vez, tarda más que la segunda o tercera vez que la realiza (salvo que la tabla haya sufrido modificaciones en ese lapso).

Gestor de procesos

Es responsable de administrar y coordinar los procesos que se ejecutan en la BD. Esto incluye la asignación de recursos a los procesos, la planificación y el control del tiempo de CPU, la gestión de la memoria y la interacción con el sistema operativo (SO). De hecho, sus responsabilidades se asemejan a las de un SO en cuanto a la planificación y asignación de recursos, aun cuando no se trate de procesos que se ejecutan en el SO, sino en la BD.

Un subcomponente clave del gestor de procesos es el *control de admisión*, que se encarga de garantizar que los recursos del sistema, como la memoria y el almacenamiento, estén disponibles antes de que se ejecute una consulta. El objetivo final de este es prevenir situaciones en las que una consulta se ejecuta y luego se queda sin recursos, lo que puede provocar errores o ralentizar el rendimiento general de la BD.

Procesador de consultas relacionales

El QRP (*Query Relational Processor*, por sus siglas en inglés) es un componente de una BD relacional que se encarga de recibir y procesar las consultas que los usuarios realizan a la BD. Su función es traducir la consulta escrita en un lenguaje de alto nivel (como SQL) a un plan de ejecución que pueda ser interpretado por el motor de la base de datos. El QRP también se encarga de optimizar el plan de ejecución para mejorar el rendimiento de las consultas. En suma, el QRP es el encargado de recibir, analizar, optimizar y enviar las consultas a los demás componentes de la BD para que se puedan ejecutar de manera eficiente.

Una analogía se puede hacer con la labor de un compilador, pues este recibe un código en un lenguaje X y lo traduce a un lenguaje Y aplicando ciertas optimizaciones para que se ejecute de manera correcta en una arquitectura de computadora específica.

Herramientas de administración

Hay varias herramientas que tiene una BD para monitorizar su comportamiento. Algunas de ellas son el gestor de memoria (revisar qué proceso consume más memoria), los servicios de replicación (hacia otros computadores en una red), el gestor de catálogos (los metadatos de las tablas, índices, vistas, procedimientos almacenados, etc.) y las utilidades por lotes (tareas que ocurren en un segundo plano: creación y eliminación de tablas, carga y descarga de datos, creación o modificación de índices, la realización de copias de seguridad o restauración de datos).

3.4. Bases de datos no relacionales (NoSQL)

Las bases de datos no relacionales (NoSQL) se diferencian de las relacionales en que tienen un esquema flexible, lo que proporciona una mayor libertad para almacenar datos. Pero estas ventajas conllevan sus desventajas: las NoSQL sacrifican consistencia y durabilidad de los datos (ACID [Atomicidad, Consistencia, Aislamiento, Durabilidad]) en favor de escalabilidad y mayor rendimiento.

Existe una amplia gama de tipos de BD NoSQL, entre las que se encuentran las de documentos, las clave-valor y los grafos.

3.4.1. Documentos

Este tipo de BD NoSQL almacena la información en documentos en lugar de tablas (como las BD relacionales). Cada documento representa una entidad y puede tener una estructura flexible, pues no requiere tener una lista fija de atributos o tipos de datos. Un ejemplo es MongoDB, una BD que admite documentos BSON (una variación optimizada de JSON) ideal para insertar documentos con esquemas libres. Los documentos se agrupan en colecciones, y las consultas se pueden realizar en función del contenido de los documentos y de los campos específicos dentro de ellos, mediante su lenguaje propio, *MongoDB Query Language*.

Evidentemente, esto acelera el desarrollo de una aplicación, pues omite las fases de preprocesamiento y consistencia antes de insertar (que pagan un costo en cuanto a mayor tiempo de cómputo) fases que resultan básicas en cualquier BD relacional. Otros ejemplos de este tipo de BD son CouchDB y RavenDB.

3.4.2. Clave-valor

Las BD NoSQL clave-valor almacenan los datos en una estructura de datos simple de clave-valor, donde cada clave es única y está asociada a un solo valor o a un conjunto de valores. Al igual que una tabla hash, una clave-valor es rápida para almacenar y recuperar datos, lo que la hace adecuada para aplicaciones con altos niveles de lectura y escritura. Estas BD no tienen un esquema predefinido y son altamente escalables horizontalmente, lo que significa que se pueden agregar nuevos nodos a la base de datos para aumentar la capacidad de almacenamiento y rendimiento. Dadas estas capacidades, son, por lo general, usadas para sistemas de caché, sistemas de sesiones web, análisis web, etc. Ejemplos de bases de datos clave-valor incluyen Redis, Amazon DynamoDB y Riak.

3.4.3. Grafos

Un grafo es una estructura dinámica y versátil; las BD NoSQL de grafos buscan mantener estas propiedades en un sistema persistente y que, además, aproveche esta topología para realizar mejores consultas sobre los datos. Hay aplicaciones que naturalmente pueden ser representadas como grafos, como las aplicaciones de geolocalización de mapas, de gestión al cliente y de redes sociales o cualquier otra que involucre, de forma explícita, una conexión entre datos. En estos casos tener una BD de grafos podría ser una opción. Algunas de las bases de datos NoSQL basadas en grafos más populares incluyen Neo4j, OrientDB y ArangoDB.

3.4.4. Vectores

Este tipo de BD NoSQL almacena y procesa datos representados por vectores o matrices numéricas. Se utiliza para almacenar y procesar grandes cantidades de datos complejos y altamente dimensionales, como imágenes, señales de audio, vídeos y datos de genómica, entre otros. En una BD de este tipo, los vectores se almacenan como datos estructurados y se indexan para permitir búsquedas y consultas rápidas y eficientes. Las operaciones matemáticas, como la suma de vectores, la multiplicación de matrices y la distancia entre vectores, son fundamentales en este tipo de BD, por tanto, están implementadas de manera nativa.

Dada la alta demanda de sistemas de inteligencia artificial, este tipo de BD se han vuelto populares para satisfacer problemas como el procesamiento de lenguaje natural, la visión por computadora, la minería de datos y el aprendizaje automático. Ejemplos de BD de vectores incluyen Milvus y Pinecone, así como varias bibliotecas con capacidades similares, como Faiss, Annoy, ScaNN y NMSLIB.

3.5. Futuro

Las BD se encaminan a novedosos avances. Estos son algunos de los posibles:

- **Procesamiento de datos en tiempo real.** Las BD deben poder procesar grandes cantidades de datos en tiempo real para que las empresas puedan tomar decisiones basadas en datos de manera eficiente. En un mundo que se vuelve cada vez más rápido, la necesidad de obtener resultados prontamente se vuelve inevitable.

- **Bases de datos distribuidas**. La tendencia es que las BD se distribuyan en múltiples servidores y se ejecuten en la nube, lo que permite una mayor escalabilidad y capacidad de procesamiento. Con los avances de los sistemas distribuidos, las BD se volverán más resilientes a fallas y preparadas para escalar en granjas de servidores (*clusters*).
- **Bases de datos basadas en grafos**. Las relaciones están en todos lados. Las BD basadas en grafos son especialmente adecuadas para la gestión de datos complejos y dinámicos, como las relaciones en redes sociales, las interacciones en sistemas de recomendación o el procesamiento de lenguaje natural. Últimamente se han vuelvo bastante populares. Angles y Gutierrez en su artículo *Survey of graph database models* (2008) proporcionan una buena introducción al tema.
- **Inteligencia artificial**. La integración de la inteligencia artificial y el aprendizaje automático en las bases de datos permitirá que estas sean autónomas y puedan ofrecer recomendaciones y automatizaciones más inteligentes. Esto permitirá ahorrar costes en el mantenimiento de las BD. Algunas investigaciones presentan BD que incorporan las ventajas de la IA, por ejemplo, para mejorar la estimación de costes de una consulta, optimizar el orden de los `join` de una consulta, mejorar en el manejo de índice, etc. (Li, Zhou y Cao).
- **Bases de datos cuánticas**. Las BD para ordenadores cuánticos están en una fase muy temprana, pero, como cualquier ordenador, necesitan algún mecanismo para persistir la información. Y las BD tradicionales no son una opción para un computador cuántico, por tanto, es necesario crear sistemas acordes para ese tipo de hardware. Hoy ya hay investigadores que trabajan en este tema, produciendo nuevas abstracciones para crear DB cuánticas que puedan manejar transacciones según un conjunto de restricciones bajo estados de observación (Roy, Kot y Koch).

3.6. Conclusión

Las bases de datos (BD) son sistemas de enorme complejidad. Sobre todo, si nos referimos a las BD relacionales. Compuestas de varios elementos que permiten almacenar, consultar y gestionar información, son hoy componentes críticos para la seguridad y la privacidad de las personas. En este capítulo revisamos la historia de las BD y las principales categorías de BD: relacionales y NoSQL (BD no relacionales).

3.6.1. Lecturas sugeridas

A continuación, se recomiendan textos que cubren no solo aspectos teóricos, sino también la aplicación de las bases de datos:

- *Architecture of a Database System* de Joseph M. Hellerstein, Michael Stonebraker y James Hamilton. Este artículo da una excelente introducción a la interesante arquitectura de una BD relacional. Muy recomendado.
- *Reading in Database Systems* de Michael Stonebraker, Peter Bailis y Joseph M. Hellerstein. Una recopilación de artículos que van desde la historia de las BD hasta sus recientes innovaciones, escritos por expertos.
- *Relational Theory for Computer Professionals* de C. J. Date. Un extraordinario libro que se «sumerge» en las profundidades del modelo relacional.

CAPÍTULO 4
SISTEMAS DISTRIBUIDOS

Un sistema distribuido es aquel en el que el fallo de un ordenador que ni siquiera sabías que existía puede inutilizar tu propio ordenador.

LESLIE LAMPORT

4.1. Introducción

Un sistema distribuido (SD) es un conjunto de programas cuya operación se distribuye en múltiples nodos (ordenadores) conectados a una red. Así, si un nodo falla el sistema seguirá funcionando. Esto hace que, desde el punto de vista de un usuario, este no se percate de si hubo algún error en alguno de los nodos. Un ejemplo clásico de sistema distribuido es Internet o cualquier aplicación de red social.

Un SD incorpora conceptos como coordinación, tolerancia a fallas y replicación. Estos permiten sostener aplicaciones en las que la escalabilidad es un requisito y su objetivo último. Un sistema centralizado (no distribuido) no puede escalar a millones de usuarios conectados al mismo tiempo, de ahí que los SD sean la respuesta para crear este tipo de aplicaciones. No obstante, hay que temer en cuenta un conjunto de problemáticas que los desarrolladores deben sortear, pues mantener la coherencia, la recuperación de fallas y la coordinación entre todos los nodos presenta retos técnicos tanto o más complicados que diseñar un sistema centralizado.

Este capítulo comienza con una breve historia de los sistemas distribuidos. Continúa con las arquitecturas elementales para distribuir la computación. Luego, sigue con las características transversales a cada una de estas arquitecturas. Finalmente, se concluye con las posibilidades de los SD en el futuro.

4.2. Breve historia

La computación distribuida nace como una alternativa a las limitaciones de la computación centralizada. Y su objetivo fue ganar velocidad de cómputo a través del uso de múltiples ordenadores conectados a una red.

Desde mediados del siglo XX hasta mediados de la década de 1980, los ordenadores eran costosos y grandes. Además, no había una forma de conectarlos entre sí, por lo que cada uno era independiente de los otros. Por tanto, las innovaciones acaecidas por aquellos años tratarían de dar respuesta a dichas problemáticas.

Década de 1980 - La infraestructura

A finales de esta década dos avances fueron cruciales: los microcontroladores, que aumentaron el poder de cómputo, y LAN (*Local Area Networks*), que abriría la puerta a la comunicación entre ordenadores a alta velocidad (van Steen y Tanenbaum).

Otro factor que significó un progreso fue la miniaturización de los ordenadores, por ejemplo, los teléfonos móviles y el resto de dispositivos que permiten construir una red (*router* y *switch*).

1989-1996 - La creación de WWW

A finales de la década de 1980 y comienzos de la siguiente, surgiría la WWW (*World Wide Web*), creada por Tim Berners-Lee. Se trata de un sistema que opera a través de Internet, el cual permite el intercambio de información entre ordenadores con el protocolo HTTP (*HyperText Transport Protocol*), gracias a la estandarización del protocolo TCP/IP y el lenguaje de maquetado HTML, que lo hacen accesible y amigable para los usuarios. Esto condujo a la aparición del primer navegador web: WorldWideWeb (más tarde renombrado como Nexus para evitar confusiones).

Otros avances surgieron a mediados de 1990, no solo en el ámbito del hardware, sino también en el del software. Fue el caso de RPC (*Remote Procedure Calls*), un protocolo de solicitud-respuesta usado para invocar funciones y procedimientos entre ordenadores conectados a una red. De esta manera, entonces, hubo un mecanismo para que un código escrito en un ordenador pudiera ser ejecutado en otro (Lindsay, Gill y Smirnova).

2000-2010 - P2P, servicios web, móviles, nube, IoT

Al terminar la década de 1990 y entrado el nuevo siglo, muchos avances emergieron en los SD. Apareció el protocolo P2P (*Peer to Peer*), que permite intercambios de ficheros —audio, vídeos, documentos, etc.— entre iguales; o sea, si una persona tiene un fichero en un ordenador, se lo puede enviar a otra persona en otro ordenador a través de Internet. Algunos ejemplos de aplicaciones de esto fueron Napster, Kazaa y Ares. En 2001, Bram Cohen diseño el protocolo BitTorrent que consiguió convertirse en uno de los sistemas P2P más atractivos para el intercambio de ficheros grandes. También cabe mencionar la importancia de la criptografía en redes distribuidas y descentralizadas, pues añade seguridad a las transferencias.

Con la popularidad de la web llegaron los servicios web, que permitieron una comunicación en distintos estándares: XML, JSON, SOAP, RDF, CSV, REST, etc., los cuales dan interoperabilidad entre sistemas y plataformas para acceder e intercambiar recursos web.

La convergencia de la tecnología de los clústeres, la virtualización y los *middlewares* conllevó lo que conocemos como la nube (*Cloud Computing*), que permitió el surgimiento de modelos de servicios para aprovisionar aplicaciones y recursos computacionales como un servicio.

Además, gracias a la miniaturización de los dispositivos móviles y a los progresos de servicios en la nube, el IoT (*Internet of Things*) pasó de ser un término de moda a algo real. La idea consiste en tener muchos computadores pequeños conectados a Internet que estén, de manera imperceptible, en nuestro día a día. Ejemplos de estos dispositivos los podemos encontrar al controlar nuestra TV, las luces de nuestra casa, las alarmas, las pulseras que miden nuestro estado físico, los controladores de voz, etc. IoT es un ejemplo perfecto de las posibilidades de los SD.[108]

2010 y actualidad - Edge y Fog Computing

En los últimos años, los SD se han visto potenciados por dos áreas que se explicarán a continuación.

La computación de frontera (*Edge Computing*) trata sobre cómo acercar el poder de cómputo al lugar donde se requiere (cuanto más cerca, mejor). El objetivo es evitar tiempo de latencia entre el lugar de la solicitud y el lugar donde residen físicamente los datos, pues si la latencia es mayor, el tiempo de acceso y proceso de datos se incrementará. En otras palabras: la computación se hace en el mismo dispositivo o en otro muy próximo a este cuando, por ejemplo, se requiere procesar grandes cantidades de datos en tiempo real. La computación en la niebla (*Fog Computing*) es un intermediario entre la computación de frontera y en la nube, es decir, es una forma de optimizar la segunda añadiendo las ventajas de la computación distribuida de la primera (Vo, Dave y Bajpai).

La computación en la nube tiende a ser centralizada, en cambio, la computación de frontera y de niebla son descentralizadas. Además de tener diferencias en la cantidad de dispositivos conectados (véase la **Figura 49**). ¿Por qué se requiere la computación distribuida? Porque los sistemas en la nube suelen mover y procesar grandes cantidades de datos en lugares acotados, lo que provoca cuellos de botella que afectan a la velocidad de procesamiento. Por no hablar de las implicaciones en seguridad de tener todos los datos en un mismo lugar. Si, por otro lado, existe un intermediario que puede realizar la computación en el mismo dispositivo o es compatible con la nube, estaríamos ante computación de frontera o de niebla.

---

[108] La proyección para el año 2030 es que haya, al menos, 29 mil millones de dispositivos conectados al IoT (Vailshery).

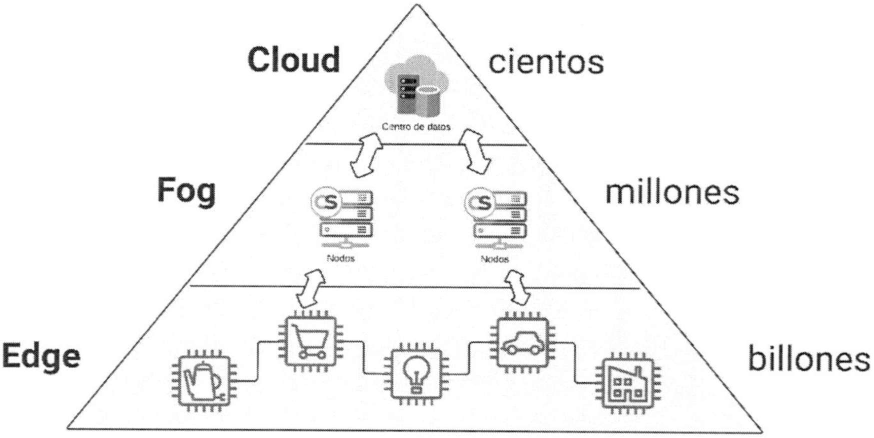

Figura 49. *Aquí se ve la diferencia en la cantidad de hardware que requieren los distintos tipos de computación. También se puede apreciar el cambio desde Cloud a Edge propicia la descentralización de los dispositivos.*

Esto, usar la computación de frontera o de niebla, mejoraría el procesamiento en tiempo real, la capacidad de procesamiento de datos y la variedad de tipos de datos. En la actualidad hay varias áreas de investigación que estudian este tema: *Cloud Offloading* (transferir procesos vastos que consuman muchos recursos en un dispositivo local a sistemas especializados, como la nube), *Data Stream processing* (técnica para procesar en tiempo real grandes cantidades de datos), *Smart Cities* (incorporar a los espacios urbanos dispositivos que puedan monitorizar y analizar los datos adquiridos del entorno) y *Smart grids* (combinación de redes de distribución eléctrica con tecnologías de análisis de datos).

Mientras las tecnologías como el 5G (o 6G)[109] sigan avanzado, es de esperar que los SD seguirán evolucionando en técnicas y herramientas, y en presencia en nuestras vidas. Permitiendo que variedades de dispositivos electrónicos, que van desde televisores y ordenadores personales hasta pulseras, relojes y móviles, puedan continuar operando. Aun cuando un usuario común nunca se enteré de qué tratan los sistemas distribuidos.

[109] Se estima que la tecnología 6G comenzaría a comercializarse en 2030 (https://es.wikipedia.org/wiki/6G_(telefon%C3%ADa_m%C3%B3vil. Revisado en julio del 2023).

4.3. Arquitecturas de computación distribuida

La computación distribuida es al mismo tiempo un área fascinante y compleja, que todavía sigue en pleno desarrollo. Puesto que esta sección busca dar una introducción general a los SD, ahora se presentarán las principales arquitecturas distribuidas que cualquier persona que se proponga como objetivo desarrollar este tipo de software debería conocer.

4.3.1. Basada en capas

Lo elemental de esta arquitectura es que los componentes se organizan a través de capas, y es el orden en cómo se comunican las capas lo que puede variar. Puede ser en forma de cascada, de arriba abajo, de abajo arriba o una mezcla de ambas.

En la siguiente **Figura 50** se puede ver la comunicación de este tipo de arquitectura.

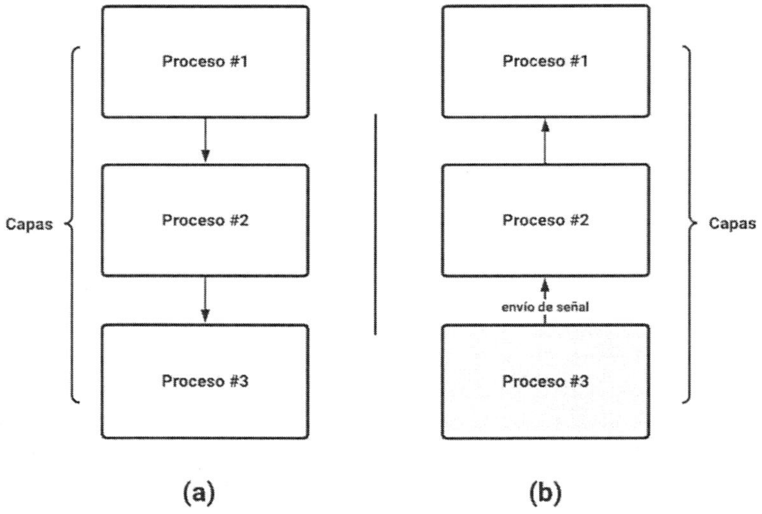

Figura 50. *Diferentes flujos de señales entre capas.*

La primera figura (a) muestra una comunicación hacia abajo; piense, por ejemplo, en la comunicación de una red de comunicaciones o una cadena de procesos conectados que se ejecutan en orden (*pipeline*). Un caso distinto es la figura (b), que muestra cómo una capa inferior envía una señal a una capa superior. Esto se puede dar en los sistemas operativos cuando ocurre un evento: una señal es enviada a un proceso que se encuentra ejecutando para realizar una advertencia o indicar un error.

Protocolo de comunicación

La comunicación entre capas ocurre mediante protocolos de comunicación, y el más usado es el TCP/IP. Este especifica qué mensaje —y qué formato— es posible transmitir, además de preservar el orden de los mensajes enviados en situaciones en las que la retransmisión es necesaria, por ejemplo, cuando la conexión se pierde.

Cada sistema operativo y lenguaje de programación tienen una interfaz para operar con distintos protocolos de comunicación, siendo los *sockets* de Internet —canales de trasmisión que permiten el intercambio de datos— uno de los más comunes.[110] Por tanto, la implementación de algunas interfaces (API) de un protocolo podrían variar según qué herramienta (a saber, sistema operativo o lenguaje de programación) este usando, pero la especificación —su funcionamiento interno— es idéntica. (He aquí otro caso de que la implementación y la especificación no son lo mismo [véase el capítulo de Lenguajes de programación].)

Aplicación

La lógica del sistema se encuentra en la capa de aplicación. Un SD, por lo general, requiere acceso a múltiples tipos de usuarios y servicios externos. Aunque no todos tienen el mismo acceso. La capa de aplicación se agrupa en tres niveles lógicos:

1. **Nivel de interfaz de usuario**. Trata de las interacciones de los usuarios o algún servicio externo.
2. **Nivel de datos**. Tiene que ver con las operaciones hacia las bases de datos o sistemas de ficheros, su consulta y posible edición.

---

[110] Cabe mencionar también el socket UNIX o socket IPC (interproceso), que a diferencia de los que trabajan en Internet (por ejemplo, usando el protocolo TCP/IP) permite usar funciones proporcionadas por el sistema operativo para comunicar procesos, de forma local, utilizando el sistema de ficheros.

3. **Nivel de procesamiento**. Es un intermediario entre el nivel de usuario y de datos. Lugar donde se realiza el pre y post procesamiento de los datos.

Considere un sistema de recomendación de música. El nivel de procesamiento estaría a cargo de crear un ranking de recomendaciones según sus gustos musicales, creando las consultas a la base de datos, recuperando la información y desplegándola en HTML.

4.3.2. Orientada a servicios

La arquitectura basada en capas suele ser simple de implementar y, por la misma razón, cuenta con una desventaja principal: una mayor dependencia-acople entre las capas.

A diferencia de la arquitectura por capas, la orientada a servicio está compuesta de una colección de entidades independientes que son llamadas servicios, objetos o microservicios. Además, cada una tiene una responsabilidad, y su ejecución ocurre en un hilo separado (van Steen y Tanenbaum).

Hay dos «estilos» importantes en arquitecturas orientadas a servicios.

Orientación a objeto

Este estilo se apropia de la tradición de los lenguajes de programación que hacen suyos conceptos tales como la encapsulación, el paso de mensajes, las interfaces, etc. Pero lo hace en un plano mayor, no a nivel de escribir código con un lenguaje de programación, sino de construir sistemas distribuidos. Su diferencia radica en su magnitud: la cantidad de funcionalidades y medios donde se ejecuta (en este caso, un entorno distribuido).

Un componente se llama objeto; el encapsulamiento de datos, estado de un objeto; las operaciones sobre los datos, métodos; y un acceso externo a un objeto, interfaz. Así, la comunicación se distribuye a través de objetos que interactúan exponiendo su interfaz. Pero cabe tener en cuenta que el estado de un objeto (que es interno) no es distribuido, sino local. Únicamente la interfaz de un objeto —que se expone al exterior— se puede considerar distribuida.

Microservicios

En contraste al estilo orientado a objeto, tenemos los microservicios. Estos no reniegan de la idea de independencia de los componentes, sino que la llevan a un extremo: hacer cada vez más servicios pequeños, mutualmente independientes, que permitan construir sistemas grandes. Una filosofía que comparten con UNIX (van Steen y Tanenbaum).

Así como la encapsulación es un concepto clave en el estilo orientado a objetos, aquí, en cambio, la modularización es central. Por tanto, los microservicios representan una verdadera independencia de los servicios. Aunque pequeños, no existen en un tamaño fijo para decir «desde aquí es un microservicio», sin embargo, esta misma ventaja en cuanto a su tamaño e independencia puede ser su pesadilla: la creación de problemas de integración entre servicios. Así, los microservicios se deben usar con conciencia para evitar sobreusos.

Cabe señalar que los microservicios han triunfado en el desarrollo web, sobre todo, por la separación de responsabilidades.

4.3.3. Publicador-suscriptor

La última arquitectura por revisar —aunque no por eso menos importante— es publicador-suscriptor, que presenta todo el sistema como una colección de procesos autónomos. Estos procesos se caracterizan por una separación entre *procesamiento y coordinación*[111] (van Steen y Tanenbaum).

Esta arquitectura se diferencia de las demás en que no hay una comunicación explícita entre procesos. Cada proceso, por tanto, puede suscribirse a otro y entonces enviar una

---

[111] En cualquier sistema distribuido, independientemente de su arquitectura, la coordinación es fundamental; por ello, no es extraño que se le dedicara un capítulo independiente (en el Tomo II). Puesto que no es un concepto exclusivo de la computación, su relevancia bordea lo clandestino, pues muchas áreas lo usan para explicar eventos ordenados, con más o menos acierto, en su acotado sistema. En computación este concepto es relevante, pues va en coincidencia con la interdisciplinaridad de esta, que merece ser destacada y estudiada.

notificación. A ambas acciones se les llama *eventos*, y proporcionan una ausencia de acople entre procesos.

Su ventaja podría parecer evidente: mayor facilidad para escalar, pues se pueden añadir y quitar procesos sin afectar al comportamiento general del sistema. Sin embargo, como cualquier técnica en computación, en la práctica su desventaja radica en su complejidad de implementación.

La comunicación entre un publicador y un suscriptor se realiza por medio de un *middleware*, donde cada evento contiene una descripción, la cual se usa para saber el tópico de la notificación; así se detecta el suscriptor interesado.

Considere el siguiente ejemplo: Un chat inteligente (similar a ChatGPT). Si escribimos una pregunta (cualquiera), esta se envía internamente por medio de un publicador con el tópico «pregunta» y la recibe un suscriptor que acepte dicho tópico. Después de que la pregunta es aceptada, interpretada y procesada, se genera una respuesta y es enviada por otro publicador con el tópico «respuesta»; la recibirá un suscriptor que admita este tópico. De esta forma, la comunicación del sistema se construye en base a publicadores y suscriptores que se comunican mediante un *middleware*. Por ende, si los usuarios de la aplicación aumentan, una forma de escalar sería incrementar el número de publicadores o suscriptores.

4.4. Características

Los SD presentan un reto técnico para cualquier programador. No es un área fácil, ni para diseñar ni para implementar. No obstante, hoy esto se ha vuelvo más accesible, al menos en la fase de la implementación, por la enorme cantidad de buenas herramientas existentes que nos permiten reducir la complejidad a un bajo coste de implementación.

Repasadas las arquitecturas principales de los SD, estamos en condiciones de revisar algunas de sus características que, aunque elementales, se vuelven ineludibles para comprender cualquier SD.

4.4.1. Procesos

El concepto de proceso viene de los sistemas operativos: se define como un programa en ejecución. En el contexto de los SD, un proceso persigue la idea de autonomía. Si los componentes no son autónomos, no son distribuidos. Todo SD necesita cierta independencia, bajo acople, con objeto de procesar y coordinar la computación entre múltiples ordenadores.

Por otro lado, en un ordenador se pueden ejecutar cientos de procesos a la vez, de forma concurrente, compartiendo el mismo CPU y otros recursos (memoria RAM), y su funcionamiento busca ser *transparente* para el usuario. No obstante, esta concurrencia tiene un precio a pagar: con cada nuevo proceso que se crea se debe reservar un espacio de memoria, y esto conlleva un tiempo.

Un hilo (*thread*) es un concepto relacionado con los procesos, pero difiere en algunas cosas. A diferencia de un proceso, un hilo es una unidad de procesamiento dentro de un proceso. O sea, existe solo cuando un proceso está activo. Y puede compartir los mismos recursos de un proceso porque comparten el mismo contexto de ejecución. La ventaja de los hilos sobre los procesos se encuentra en que los primeros son más ligeros y tienen menos sobrecarga al momento de comunicarse y sincronizarse.

Ejemplo: Para ilustrar el uso de hilos se presenta un ejemplo que usa diez hilos, en cada uno se añaden cinco elementos a una misma lista compartida:

```
import threading


def worker(num, list):
    """
    Función que realiza el trabajo en cada hilo.
    """
    for i in range(5):
        list.append(num)
    print(f"Hilo {num} completado.")
```

```
# Crear una lista vacía
list = []

# Crear múltiples hilos y asignarles la tarea de trabajar en
la lista
threads = []
number_threads = 10
for i in range(number_threads):
    t = threading.Thread(target=worker, args=(i, list))
    threads.append(t)
    t.start()

# Esperar a que los hilos terminen su trabajo
for t in threads:
    t.join()

# Imprimir la lista resultante
print("Lista resultante:", list)
```

Cada hilo se crea pasando como argumento una lista `list` y un identificador `i`, además de la función `worker` para ser invocada en cada hilo. Luego, con la función `join` se espera que cada hilo termine su trabajo.

4.4.2. Comunicación

«La comunicación de los interprocesos es el corazón de todo sistema distribuido», dirían Andrew Tanenbaum y Maarten Van Steen. Y no es para dudar, pues la comunicación local, dentro de un ordenador, a través de interprocesos (IPC), es fundamental para la posterior comunicación entre procesos conectados a una red.

Ahora veremos dos tipos IPC que son interesantes: RPC (*Remote Procedure Call*) y MOM (*Message-Oriented Middleware*).

RPC oculta el paso de mensajes entre procesos invocando directamente funciones que pueden estar en otros procesos. Añade transparencia. Es ideal para aplicaciones cliente-servidor por su bajo nivel, aunque una desventaja es que es síncrona: el emisor debe esperar la respuesta del receptor.

Ejemplo: Una comunicación con RPC con dos ficheros, Servidor y Cliente.

Servidor

```
import xmlrpc.server

# Define una función a ser llamada por el cliente
def sum(a, b):
    return a + b

# Crea el servidor RPC
servidor    =    xmlrpc.server.SimpleXMLRPCServer(("localhost",
8000))
print("Servidor iniciado en el puerto 8000")

# Registra la función "suma" como un método RPC
servidor.register_function(sum, "suma")

# Inicia el servidor
servidor.serve_forever()
```

Cliente

```
import xmlrpc.client

# Crea un proxy para llamar al servidor RPC
proxy = xmlrpc.client.ServerProxy("http://localhost:8000/")

# Llama al método remoto «suma» del servidor y obtiene el
resultado
resultado = proxy.sum(3, 4)

# Imprime el resultado
print("El resultado es:", resultado)
```

Al ejecutar primero el Servidor y después el Cliente, este último devolverá:

```
El resultado es: 7
```

Y como se puede apreciar, la función `suma`, declarada en Servidor, es accedida desde un proceso externo, Cliente, mediante un Proxy que proporciona la biblioteca `xmlrpc`.

A pesar de la facilidad de usar RPC, hay ocasiones en que estas abstracciones, que ocultan la complejidad, no son suficientes, pues se necesita un mayor control sobre la comunicación de datos entre procesos.

MOM es una forma de comunicar procesos de mayor nivel que RPC. Funciona a través de un sistema de colas asíncronas (a diferencia de RPC, que es síncrona), es decir, el emisor de un mensaje no necesita esperar la respuesta del receptor.

Para ejemplificar este tipo de comunicación se usará la biblioteca RabbitMQ, popular para el intercambio de mensajes mediante un sistema de colas que usa una arquitectura publicador-suscriptor.

Ejemplo: Envío de mensaje entre un publicador y un suscriptor. Para este ejemplo es necesario tener instalada la biblioteca pika (`pip3 install pika`), implementación del protocolo AMQP (aceptado por RabbitMQ). También debe tener instalado RabbitMQ es su ordenador.[112]

Publicador

```
import pika


# Conexión al servidor RabbitMQ
connection =
pika.BlockingConnection(pika.ConnectionParameters('localhost
'))
channel = connection.channel()


# Creación de la cola
channel.queue_declare(queue='hola')


# Envío del mensaje a la cola
channel.basic_publish(exchange='', routing_key='hola',
body='¡Hola, Mundo!')
print("[x] Enviado '¡Hola, Mundo!'")


# Cierre de la conexión
connection.close()
```

[112] Las instrucciones de instalación se encuentran aquí: https://www.rabbitmq.com/download.html [Revisado en julio del 2023].

Suscriptor

```
import pika


# Función que se ejecuta cuando se recibe un mensaje
def callback(ch, method, properties, body):
    print("[x] Recibido %r" % body)


# Conexión al servidor RabbitMQ
connection                                                     =
pika.BlockingConnection(pika.ConnectionParameters('localhost
'))
channel = connection.channel()


# Creación de la cola
channel.queue_declare(queue='hola')


# Configuración de la función de callback para recibir mensajes
channel.basic_consume(queue='hola',
on_message_callback=callback, auto_ack=True)


print('[*]  Esperando  por  mensajes.  Para  salir  presione
CTRL+C')


# Bucle para recibir mensajes
channel.start_consuming()
```

Si RabbitMQ está activo y ejecuta el suscriptor y el publicador —independientemente del orden—, el suscriptor debería recibir el mensaje emitido por el publicador.

En ambos ficheros ocurre una conexión con el servidor de RabbitMQ.

El publicador crea un `channel` que permite añadir un mensaje a una cola (`hola`). El suscriptor también crear un `channel` que consume, mediante un `callback`, en la misma cola `hola` el mensaje enviado por el publicador.

4.4.3. Coordinación

Así como los procesos y la comunicación son importantes, también lo es cómo los procesos cooperan y se sincronizan entre ellos.

Una forma de entender la coordinación de procesos es comprendiendo los algoritmos de exclusión mutua y de elección.

- Los algoritmos de exclusión mutua buscan evitar que más de un proceso acceda a una sección de ejecución a la vez. Hay muchos: Bakery (*panadería*), Peterson, Ricart-agrawala y Maekawa, entre otros.
- Los algoritmos de elección son aquellos que permiten a los procesos elegir un líder entre ellos. Algunos ejemplos son los algoritmos de Bully, de Chang y Robert y de Hirschberg-Sinclair.

Por otro lado, los SD no solo coordinan la computación, también lo hacen con los sistemas de ficheros. Cuando un fichero nuevo se crea en un nodo, es necesario que se replique en los demás nodos (por ejemplo, Hadoop Distributed File System [HDFS], Amazon S3, Google Cloud Storage, Microsoft Azure Blob Storage y GlusterFS).

4.4.4. Consistencia y replicación

Para aumentar la fiabilidad de un SD hace falta replicación para ganar consistencia. La replicación consiste en crear copias de datos o servicios en distintos nodos (ordenadores) del sistema, lo que permite a los usuarios seguir ocupando en sistema incluso si un nodo falla. Crear replicas genera mayor disponibilidad y fiabilidad de los datos. Evidentemente, esto tiene un coste en cuanto a tiempo y recursos, pues las réplicas deben estar sincronizadas, dependiendo, entonces, de la calidad de la red (latencia) y del tamaño de los datos a replicar.

Un ejemplo de replicación lo encontramos en los sistemas de *caching*. Cuando usted visita un sitio web de manera frecuente, los recursos (imágenes, ficheros de estilos [CSS], iconos) que devuelve el servidor web son almacenados por su navegador para que la próxima vez se cargue más rápido, pues lo va a buscar al caché. Esto también se puede encontrar en los servidores de DNS, proxy, etc.

Y, por supuesto, las bases de datos —sean relacionales o no— cuentan con características de replicación. Lo mismo ocurre con las cadenas de bloques (*Blockchain*): todos los nodos de la red deben mantener una copia del registro de transacción, lo que permite asegurar la integridad y disponibilidad incluso si algunos nodos fallan o se desconectan.

4.4.5. Tolerancia a fallas

Considere la siguiente situación: hay cien ordenadores trabajando de manera sincronizada; procesan y coordinan los datos que provienen de distintos servicios externos. Así, si un ordenador falla, entonces fallaría todo el sistema, y esto *no* sería un SD. En cualquier SD, de hecho, la tolerancia a fallas es sinónimo de funcionamiento, o sea: aunque uno —o varios— ordenadores fallen, el sistema debe seguir operativo. Por ello es que el funcionamiento de un SD aspira a ser transparente.

La replicación es, sin duda, una característica que hace posible la tolerancia a fallas, aunque no es la única, pues también forman parte los algoritmos de recuperación de fallas, de detección de fallos, de consenso, de partición de fallas, de retransmisión, etc.

4.4.6. Seguridad

Cualquier sistema que deba admitir la comunicación de distintos ordenadores en una red presupone una cierta seguridad. Aunque la perfección parece incompatible con la seguridad, de todos modos, aspirar a ella es central para hacer software que sea a la vez confiable y distribuido.

Un SD debe compartir datos, recursos y procesos para poder funcionar. Cuando los datos están aislados en un ordenador, no compartidos, no hace falta seguridad (aunque se pueden tener ciertos resguardos para evitar que intrusos accedan a una información); los peligros principales surgen cuando se está dentro de una red (a saber, Internet).

Para combatir esto, la criptografía tiene un papel preponderante, pues suscribe lo siguiente: «La información no será revelada tal cual es a un externo, sino que se creará otra representación difícil de entender». Esta es la técnica para mantener en secreto e íntegra la información. Como mencionaron George Coulouris y otros, en su libro *Distributed Systems. Concepts and Design*, «el objetivo principal de la seguridad [en los sistemas distribuidos] es permitir el acceso a la información y a los recursos solo a aquellos mandantes que están autorizados a tener acceso» (Coulouris, Dollimore y Kindberg). La cosa se vuelve complicada cuando se saltan esos accesos o cuando las medidas de restricción de acceso a la información son débiles o incluso inexistentes.

4.5. Futuro

El futuro de los sistemas distribuidos tiene varios posibles caminos. Los avances suceden en el ámbito del software y del hardware, los cuales se han ido especializando para mejorar este tipo de sistemas. Un caso es lo que sucede con el *Deep Learning*: en la actualidad se invierten bastantes recursos económicos en la investigación de nuevos diseños de GPU y NPU para centros de datos.

También hay políticas para seguir una agenda verde, en la cual exista una fuerte regulación a favor del medio ambiente, puesto que, como es sabido, este tipo de sistemas son proclives a requerir grandes cantidades de recursos (Lindsay, Gill y Smirnova). Los cambios también suceden debido a un cambio de paradigma: pasar de infraestructura centralizada a descentralizada, para que los sistemas distribuidos puedan adaptarse mejor a la creciente demanda del Internet de las cosas (IoT) y a las tecnologías emergentes como *Blockchain*, *Edge* y *Fog Computing*.

4.6. Conclusión

Los sistemas distribuidos (SD) son parte inherente de la vida de cualquier usuario de un ordenador, sea este informático o un mero consumidor de tecnología. En este capítulo se revisaron tres tipos de arquitecturas para construirlos, así como también cómo los SD se conectan y hacen uso de otras áreas de la computación, a saber, los sistemas operativos y las redes de comunicación. Asimismo, se presentaron las características de distintos tipos de algoritmos relacionados con los SD, que deben hacer frente a los problemas del orden de eventos en el tiempo, la coordinación, la replicación, la tolerancia a fallas y —esencial hoy— la seguridad.

4.6.1. Lecturas sugeridas

Entre los múltiples libros que hay dedicados a este tema, los siguientes nos parecen indispensables:

- *Distributed Systems* de Andrew Tanenbaum y Maarten Van Steen. Es una obra bien documentada para conocer los detalles en el diseño e implementación de sistemas distribuidos. Además, teniendo en cuenta que Tanenbaum es, a su vez, un especialista en sistemas operativos, ofrece un contexto más rico y amplio.
- *Distributed Systems. Concepts and Design* de George Coulouris, Jean Dollimore, Tim Kindberg y Gordon Blair. Un texto que se complementa con el anterior, pues aporta muchos ejemplos de estudios de sistemas distribuidos presentes en la industria.

CAPÍTULO 5
INTELIGENCIA ARTIFICIAL

Propongo que nos planteemos la siguiente pregunta: «¿Pueden pensar las máquinas?» Para empezar, habría que definir el significado de los términos «máquina» y «pensar».

ALAN TURING

5.1. Introducción

La inteligencia artificial (IA) es el área más fascinante en la actualidad, no solo por sus avances técnicos, sino también por sus implicaciones en la sociedad. Cada cierto tiempo surgen nuevos productos y servicios que prometen resolver complejos problemas gracias a la IA. La comunidad de desarrolladores también «sufre» toda esta popularidad, pues anualmente nacen nuevas herramientas, bibliotecas y modelos pre-entrenados[113]. La cantidad de recursos para aprender sobre IA (videotutoriales, entradas de blogs, libros...) crece cada día.

La IA es un área amplia de conocimiento que abarca mucho más que la computación; incluye a las matemáticas, la neurociencia, la robótica, la estadística e incluso a la filosofía (pues está impregnada de problemas éticos). Su objetivo se puede definir del siguiente modo:

---

[113] Los modelos pre-entrenados más populares en estos momentos son DALL·E y ChatGPT, aunque hay muchos más.

> Intentar replicar o superar el funcionamiento cognitivo (memoria, razonamiento, aprendizaje, percepción, etc.) de un ser humano a través de métodos artificiales (computación).

De ahí el uso de los términos «inteligencia» y «artificial», aunque, como usted puede prever, el primer término es todavía un concepto cargado de ambigüedad y poca precisión.

Para entender la importancia de la IA en nuestro presente es necesario conocer su pasado, su historia, su contexto y sus personas. Estoy convencido de que cualquier profesional debe conocer la historia de su campo para evitar cometer errores del pasado.

Por ello, en este capítulo, comenzaré repasando —someramente— la historia de la IA. Luego continuaré definiendo lo que es el aprendizaje automático (*Machine Learning*) y el aprendizaje profundo (*Deep Learning*). Finalmente, presentaré los principales problemas éticos que suscita esta ambiciosa área del conocimiento.

5.2. Una breve historia

Es importante mencionar que intentar escribir la historia de la IA es una empresa enorme, pues está compuesta de diversos subcampos de estudio que han ido evolucionando en las últimas décadas. Ante tal problema, decidí que aquí expondré, de manera concisa y cronológica, los eventos que considero importantes para entender el nacimiento de la IA.

1950 - Turing. ¿Las máquinas pueden pensar?

Alan Turing publicó su artículo *Computing Machinery and Intelligence,* donde presentó el juego de la imitación, una prueba para saber si un ordenador puede imitar y engañar a un ser humano y, por tanto, suponer que es «inteligente».

A pesar de que en el artículo no hay ningún método formal, este tuvo enormes implicaciones filosóficas que llegan hasta nuestros días. El juego de la imitación en la actualidad se llama «Prueba de Turing». Algunas preguntas resultantes de este trabajo son: ¿Si un ordenador pasa la prueba, puede considerarse inteligente? ¿Qué tipo de preguntas debería hacer el humano para evitar ser engañado con facilidad? ¿Qué es inteligencia?

1951 – El tablero

El primer programa que mimetizó las decisiones de un humano fue escrito por Christopher Strachey para jugar a las damas, un clásico juego de tablero de mesa. Fue originalmente programado para ejecutarse en algún ordenador del National Physical Laboratory, en Reino Unido. Sufrió múltiples problemas, pues el programa exigía más memoria de lo disponible en la época. Strachey, más tarde, reescribiría el programa para ejecutarlo en el University of Manchester's Ferranti Mark 1, el cual pudo completar partidas y obtener una mayor velocidad para jugar.

En 1952, Arthur Samuel, un informático de IBM, escribió otro programa para jugar a las damas. Esta vez, a diferencia de lo realizado por Strachey, su programa podía jugar mucho mejor y transformarse en un «jugador artificial» respetable. Lo interesante del programa realizado por Samuel es que incorporaba una técnica llamada *Alpha-beta-pruning* que intenta medir la mejor jugada posible según las posiciones de las piezas en el tablero, descartando las que son menos probables; así, la cantidad de decisiones que debe explorar el programa se reduce. Esta técnica usa métodos de la teoría de juegos inventada por John von Neumann y Oskar Morgenstern.[114] Es el caso de *Minimax*, un método de decisión que le permite al programa elegir el mejor movimiento suponiendo que el adversario escogerá un movimiento que pueda perjudicarlo. Esto se hace mediante un árbol de búsqueda que contiene todos los movimientos posibles. Finalmente, en 1961, el programa podía mejorar su juego después de cientos de partidas consigo mismo y alcanzó un nivel de maestría.

[114] En 1944, ambos publicaron el artículo *Theory of Games and Economic Behaviour*, el cual dio inicio al área de la teoría de juegos e influiría a otro campo más tarde: el aprendizaje automático.

1956 – La conferencia de Dartmouth

John McCarthy organizó durante el verano una conferencia en Dartmouth College, Hanover, New Hampshire (EE. UU.). Ahí se reunieron —durante seis semanas— destacados investigadores tales como Arthur Samuel, Ray Solomonoff (quien trabajaba en sus modelos de inferencia inductiva), Marvin Minsky (quien publicó un influyente artículo, *Steps Toward Artificial Intelligence*), Claude Shannon (padre de la teoría de la información), Allen Newell y Herbert Simon (quienes más adelante ganarían juntos el premio Turing por crear dos de los primeros programas para IA: *Logic Theorist* [1955][115] y *General Problem Solver* [1957]).

Aunque la conferencia por sí misma no generó ningún avance en la investigación de la IA, las conversaciones y discusiones ahí ocurridas sin duda influyeron en los integrantes de esta que, más tarde, hicieron enormes aportes al área.

1958 – El perceptrón

Frank Rosenblatt introdujo el primer algoritmo del perceptrón en su artículo *The perceptron: A probabilistic model for information storage and organization in the brain*, el cual utilizó para reconocimiento de imágenes.

Un perceptrón por lo general tiene cuatro componentes: una serie de valores de entrada numéricos, una serie de pesos que sirven para ajustar los valores de entrada, una función de paso que suma todos los pesos desde los valores de entrada para generar el valor de salida y el valor de salida, que usualmente es 0 o 1 (un clasificador binario). Por lo general, para generar ese valor 0 o 1, la serie de valores de entrada se multiplica por los coeficientes de peso: el resultado es un valor que puede ser positivo o negativo. Si es positivo y es mayor a un umbral determinado, devuelve un 1 (se activa), en caso contrario, devuelve un 0.

---

[115] En este trabajo, Newell y Simon probaron teoremas que fueron presentados en el libro *Principia Mathematica* de Bertrand Russell y Alfred North Whitehead usando métodos de búsquedas y heurísticos.

Formalmente se define de la siguiente forma: $f(x) = \begin{cases} 1, & w \cdot x + b > 0 \\ 0, & en\ otro\ caso \end{cases}$

Donde:

- x es el vector de entradas de número reales.
- w es el vector de pesos de números reales.
- b es el sesgo o umbral (un valor constante que no depende de ningún otro valor).
- $f(x)$ es la función de paso o de activación que recibe x y aplica un producto escalar con w, para devolver un valor binario.

La operación $w \cdot x$ se traduce en: $\sum_{i=1}^{m} w_i \cdot x_i$, que es el producto escalar entre los valores de entrada y los pesos. El valor que devuelve $f(x)$ puede ser 0 o 1.

Si realizamos la operación con un solo perceptrón, nos damos cuenta de sus limitaciones. Operaciones binarias tales como AND y OR pueden exitosamente aprender su resultado con un único perceptrón (se puede separar por una línea); en cambio, la operación XOR no puede ser aprendida, pues necesita dos líneas (dos perceptrones).

En 1959, como dato curioso, se mencionó por primera vez el término *Machine Learning* en un artículo de Arthur Samuel que describía un programa para jugar a las damas.

1960 – Métodos bayesianos

Ray Solomonoff, en su artículo *A Preliminary Report on a General Theory of Inductive Inference*, inventó el concepto de «probabilidad algorítmica»[116] aplicando inferencia estadística e inferencia Bayesiana, que más tarde tendría enormes implicaciones en el aprendizaje automático. Las ideas expuestas en este artículo no solo tratan temas matemáticos, sino que también tocan cuestiones filosóficas (Solomonoff):

1. *La teoría más simple es la mejor* (navaja de Ockham). En su artículo él marca como fundamental el hecho de mantener secuencias «simples».

[116] También se conoce como «probabilidad de Solomonoff» y es parte de la teoría algorítmica de la información que, a su vez, es una rama de la teoría de la computación.

2. *Si más de una teoría explica los datos, mantengamos todas las teorías* (Epicúreo: acumular el máximo de placer). Él mencionó que, si diferentes métodos describen una secuencia, no se deben descartar, más bien, cada uno puede dar un peso para calcular la probabilidad de la secuencia.

Así, el área de probabilidad algorítmica provee los fundamentos del aprendizaje automático usando los métodos bayesianos para calcular y actualizar las probabilidades sobre los datos disponibles.

1964 – ELIZA

En esta década el área de *procesamiento de lenguaje natural* estaba cobrando fuerza; su objetivo, desde un comienzo, fue entender el lenguaje natural a través de ordenadores. Joseph Weizenbaum[117], informático considerado uno de los padres de la cibernética, desarrolló entre 1964 y 1966 un software llamado ELIZA[118] que simulaba sesiones de psicoterapia mediante conversaciones de texto. Fue bastante convincente, pues muchas personas pensaron que trataban con un terapeuta, aunque Weizenbaum siempre se enfocó más en los aspectos computacionales de ELIZA que en los psicoterapéuticos. Este software se puede considerar el primer «Chat Bot» de la historia y tras las bambalinas era bastante simple, pues muchas de sus frases ya estaban previamente almacenadas.

1965 – Dendral

Este fue el primer sistema de IA que entró en la categoría de *sistema experto*. Un sistema experto es un software que puede tomar decisiones de manera automática según reglas preexistentes, dadas por expertos de un campo especifico. Así, por ejemplo, Dendral era

---

[117] Para los interesados en la conexión entre la informática y filosofía, Weizenbaum escribió el libro *Computer Power and Human Reason: From Hudgment To Computation* (1976) que menciona los problemas éticos y las consecuencias que puede tener la IA en nuestra sociedad. Además, Weizenbaum fue un pacifista que siempre estuvo en contra de usar el conocimiento adquirido en la IA para construir robots que puedan causar daño a los humanos.

[118] En 1966, su trabajo fue presentado en el artículo *ELIZA — A Computer Program for the Study of Natural Language Communication between Man and Machine.*

una aplicación que permitía identificar las moléculas orgánicas desconocidas; este sistema se alimentaba de las reglas propuestas por científicos del área química. Fue desarrollado por Edward Feigenbaum (informático, ganador del premio Turing en 1994) y Joshua Lederberg (genetista, ganador del premio Nobel en 1958).

1967 – El vecino más cercano

El primer algoritmo del vecino más cercano surgió en 1967 con el artículo *Nearest Neighbor Pattern Classification* de Thomas M. Cover y Peter E. Hart. Típicamente, se le conoce como *k-NN* (*k-nearest neighbor*) y es una clase de algoritmo de aprendizaje automático que permite categorizar objectos y agruparlos. Se utiliza, en particular, en el área del aprendizaje no supervisado.

La idea central del algoritmo es computar la distancia de un objeto con respecto a otros objetos (vecinos) y así ir agrupando a los que están más próximos. Un ejemplo práctico: si usted compra un libro en algún sitio web, el sistema le podría recomendar otro similar (hay más posibilidades de que le guste); lo mismo ocurre con la música que escucha (esto se conoce como sistemas de recomendación).

1969 – El libro: *Perceptrons*

Marvin Minsky y Seymour Papert publicaron durante ese año su libro *Perceptrons,* que provocó enormes repercusiones en el campo de la IA. En el libro, los autores mostraron que los perceptrones (que son modelos lineales) no pueden resolver la operación XOR, lo que trajo un gran abandono en las publicaciones relacionadas con el área de las redes neuronales artificiales. A esta etapa se la conoce como el «primer invierno» de la IA, que duró desde 1974 hasta 1980.

En 1970, Minsky dio una entrevista a *Life Magazine* donde dijo que las máquinas podrían alcanzar una inteligencia general similar al promedio de los humanos, y que aquello podría lograrse en tres a ochos años. Esto, por supuesto, no ocurrió, pero sirve para mostrar la confianza que existía en aquellos años (Haenlein y Kaplan).

1974-1980 - El primer invierno de la IA

Como dijimos antes, uno de los responsables del primer invierno de la IA fue el trabajo de Minsky y Papert, sin embargo, no fue el único causante. El gobierno británico le solicito a James Lighthill un informe sobre la factibilidad de la IA, que fue titulado *Lighthill Report*, donde él hizo una dura crítica a la IA. «En ninguna parte del campo de la IA —mencionó Lighthill— los descubrimientos que se han realizado, hasta ahora, han producido el gran impacto que se prometió en un comienzo». Esto produjo que el gobierno británico cortara el financiamiento, excepto a tres universidades (Edimburgo, Sussex y Essex). Más tarde, el gobierno de los EE. UU. tomaría la misma decisión. El invierno había comenzado.

También podemos añadir otras causas:

- **Limitada computación**. Los algoritmos de la IA, como las redes neuronales, son intensivos en computación. El espacio de búsqueda crece exponencialmente. Además, requiere manejar grandes cantidades de datos. En aquella época estos eran problemas, pues los ordenadores no estaban lo suficientemente avanzados.
- **Limitado ecosistema de herramientas**. Los problemas de la IA son complejos y, por lo general, multidisciplinarios. Esto quiere decir que, por aquel entonces, no había suficientes herramientas para tratar estos problemas y muchas cosas se debían comenzar desde cero (por ejemplo, no había prácticamente reutilización de código).

1982-1986 – Surgimiento de las redes neuronales artificiales y de los sistemas expertos

Después de la invención del perceptrón en la década de 1950, gracias a Frank Rosenblatt, el concepto de «redes neuronales artificiales» comenzó a popularizarse. Fue, principalmente, producto de dos avances significativos:

- En 1982, John Hopfield publicó su artículo *Neural networks and physical systems with emergent collective computational abilities*, en el cual presentaba la idea de «neural networks», las cuales pueden realizar cómputos usando perceptrones (se conocen también como *Hopfield Network*).

- En 1986, David Rumelhart, Geoffrey Hinton [119] y Ronald J. Williams publicaron un artículo bajo el nombre *Learning representations by back-propagating errors*. En él, describieron por primera vez el algoritmo «backprogration», que permite iterar a través de las capas de neuronas ajustando sus pesos (retroalimentación) y aumentando así su exactitud, lo que, por consiguiente, mejora sus predicciones. Este algoritmo es el corazón de las redes neuronales artificiales.

Los sistemas expertos son un tipo de sistema dentro de la IA que requiere el conocimiento de expertos —en un campo específico— para crear reglas que luego el software usa para tomar decisiones de manera automática. Es decir, son sistemas que dependen de los especialistas para construir su «base de datos de conocimiento». Además, son sistemas que hacen uso de la lógica simbólica y no de probabilidades, como es el caso del aprendizaje automático. Por lo mismo, están dentro de la categoría de Inteligencia artificial simbólica.

A pesar de que habían sido introducidos algunos años antes, no fue hasta mediados de la década de 1980 que comenzaron a popularizarse.

- Durante estos años surgieron algunos exitosos sistemas expertos:
  - En 1983, surgió DELTA, un sistema creado por General Electric para diagnosticar averías de locomotoras diésel. Contenía aproximadamente 530 reglas (Bonissone y Johnson).
  - XCon —antes se llamó R1 y luego paso a ser XCon por e**X**pert **CON**figurer— fue escrito originalmente en 1978 por John P. McDermontt. Sin embargo, no fue hasta 1986 que alcanzó su mayor éxito. Este sistema permitía asistir en la compra de nuevos ordenadores

[119] Fue galardonado en 2018 con el premio Turing por su trabajo en el aprendizaje automático, junto a Yoshua Bengio y Yann LeCun.

mediante los requisitos de los clientes. Así, mucho trabajo fue automatizado. En consecuencia, este sistema reemplazó a varias personas que tenían gran carga laboral y que estaban al borde de la jubilación (Agin). Alcanzó a tener más de 2500 reglas (Polit).

- Los sistemas expertos, por lo general, estaban programados en LISP,[120] que, por aquel entonces, era el estándar para construir sistemas expertos.

- Otro lenguaje que fue utilizado en el desarrollo de sistemas expertos fue Prolog, que surgió en 1972, principalmente para tratar con problemas de automatización de teoremas a través de hechos y reglas. Se considera el primer lenguaje de programación que toma la lógica como raíz en su construcción, algo interesante, pues era totalmente diferente a cualquier otro lenguaje antes visto.

1986-1993 – Segundo invierno de la IA

En este periodo comenzó a decaer la popularidad de los sistemas expertos. Las primeras críticas ya habían comenzado en 1984, cuando John McCarthy, refiriéndose a los sistemas expertos, dijo «casi ninguno de ellos tiene conocimiento sobre el *sentido común* y la habilidad necesaria que posee cualquier ser humano que no esté incapacitado». Esto se sumaba a la necesidad de mejor hardware, que en los años antes de entrar a la década de 1990 era limitado. La evolución del hardware cobraría vida a finales de la década de 1990.

1995 – *Random forests* y *Support Vector Machines*

También conocido como «bosques aleatorios» este es, en la actualidad, uno de los algoritmos más populares del aprendizaje automático. *Random Forest* es una evolución de los *Decision Trees* (arboles de decisión), pues evita el sobreajuste[121] y mejora las

---

[120] Es un lenguaje de programación funcional creado por John McCarthy en la década de 1950. Este lenguaje es considerado uno de los primeros lenguajes de programación junto con FORTRAN y COBOL.

[121] Hace referencia al efecto de sobreentrenar el conjunto de entrenamiento hasta el punto de que el algoritmo se aprende los datos del conjunto de memoria y, por tanto, las predicciones son de mala calidad en un conjunto de datos no visto.

generalizaciones en el conjunto de entrenamiento. En 1995, Tin Kam Ho lo presentó en el artículo *Random Decision Forest*.

Curiosamente, durante ese mismo año, Corinna Cortes y Vladimir Vapnik publicaron su artículo *Support-vector networks*. *Support Vector Machines* (en español, *Máquina de soporte vectorial*). Al igual que el algoritmo mencionado en el párrafo anterior, es un clásico algoritmo de clasificación en el aprendizaje automático. Este se utiliza para problemas de clasificación con dos categorías (binarias) y acepta vectores de entrada no lineales que mapean espacios de características de alta dimensión.

1997 – *Deep Blue*

En 1988, el equipo de IBM había construido *Deep Thought*, un programa para jugar al ajedrez que, para esa fecha, ya tenía el nivel de un gran maestro internacional. Técnicamente podía analizar 700 mil movimientos por segundo y anticipar hasta 20 movimientos. En octubre de 1989, el campeón de ajedrez Gary Kasparov se enfrentó a *Deep Thought* y lo venció fácilmente en dos ocasiones. Este suceso hizo que IBM atrajera a más personas talentosas a su equipo, para así aumentar la cantidad de movimientos que su programa podía realizar con la intención de que su calidad de juego aumentara.

En 1997 y después de arduos años de trabajo, el sucesor de *Deep Thought* emergió: *Deep Blue*. Su capacidad de búsqueda de movimientos se incrementó a 200 millones por segundo (Campbell, Hoane Jr. y Hsu).

En 1996, *Deep Blue* volvió a jugar contra el campeón mundial ruso en una partida de seis juegos. Kasparov ganó de nuevo, pero aquí sucedió algo extraordinario: *Deep Blue* ganó una partida a Kasparov, a pesar de perder en el global. Este suceso sería el preámbulo de lo que iba a ocurrir un año más tarde.

Deep Blue volvió a jugar contra Kasparov en una partida de seis juegos —el software de la máquina llegó más reforzado, por tanto, su nivel de juego era superior— y, por primera vez, una máquina ganó a un campeón mundial en la partida global. Este suceso sería un punto de inflexión en la historia de la tecnología y, en particular, de la IA.

1998 – Redes neuronales convolucionales

Yann LeCun y su equipo habían publicado en 1989 el artículo *Backpropagation Applied to Handwritten Zip Code Recognition*, el cual abría la posibilidad de que las redes neuronales podían ser útiles para reconocimiento de imágenes, encontrar patrones en los pixeles y, a través de un conjunto de datos de pruebas (en este caso, números escritos a mano), crear predicciones.

Un año más tarde, en 1990, se publicó *Neocognitron: A Self-organizing Neural Network Model for a Mechanism of Pattern Recognition Unaffected by Shift in Position,* de Kunihiko Fukushima, que estableció los fundamentos para el avance que surgiría a finales de la década.

En 1998, LeCun, junto a Bottou, Bengio y Haffner, publicó un trabajo notable y que representa la continuación del trabajo mencionado en el párrafo anterior. Este artículo, titulado *Gradient-based Learning Applied to Document Recognition,* sería el primero en el que aparece el término «redes neuronales convolucionales». Se trata de un tipo de red que mejoraría sustancialmente el reconocimiento de patrones en imágenes utilizando redes neuronales, con una gran influencia en los aspectos biológicos de la corteza visual.

2005 – El coche autónomo de Stanford

El año anterior, 2004, DARPA comenzó a organizar una carrera de coches autónomos en la que diferentes instituciones competían con sus prototipos. No hubo ningún ganador, pues ninguno de los coches alcanzó la meta. Este evento se conoce como DARPA Grand Challenge.

Lo interesante surgió en el año 2005, cuando el coche autónomo Stanley (desarrollado por el equipo de la universidad de Stanford) llegó primero a la meta, después de recorrer 228 kilómetros. Este coche autónomo venía equipado de un LIDAR, GPS, cámara y otros sensores de movimientos. Además, hacía uso de algoritmos de aprendizaje automático (a saber, de clasificación) para detectar objetos que podrían ser obstáculos que pudieran surgir en el camino (Thrun).

Desde aquí en adelante comenzaría toda una nueva ola llena de entusiasmo en la IA —«un verano»—, pues se daban las condiciones en cuanto a la evolución del hardware y del ecosistema para reimpulsar el aprendizaje automático y profundo.

2006 – El amanecer del aprendizaje automático (Deep Learning)

Como vimos en las décadas anteriores, los algoritmos como *Random Forest* y *Support Vector Machines* comenzaron a hacer grandes avances en el campo del aprendizaje automático (*Machine Learning*) y, por otro lado, los avances de las redes neuronales artificiales comenzaron a dar frutos.

En 2006, Geoffrey Hinton y su equipo describieron por primera vez el término *Deep Learning* (en el artículo se usa el término *Deep Networks* que, para efectos prácticos, es lo mismo) cuando presentaron un nuevo tipo de arquitectura de redes neuronales con múltiples capas de neuronas para el reconocimiento de dígitos escritos a mano, mejorando así muchos algoritmos de aprendizaje que existían en esos años. Esto demostró que una arquitectura de múltiples capas podría tener efectos prometedores en el futuro (y así fue).

2010 – El primer asistente personal por voz

En 2010, la empresa Siri Inc. lanzó su aplicación —del mismo nombre— para iPhone. Esta aplicación es un sistema que acepta consultas por voz, por ejemplo, ¿qué hora es? ¿cuál es la temperatura actual? ¿Quién es X persona?, etc. Ese mismo año Apple adquirió la compañía e integró Siri en su sistema iOS por defecto.

A pesar de que en un comienzo fue rechazado por muchos usuarios, pues no era del todo fiable para dar respuestas, en la actualidad, su aceptación se ha ido incrementando (Agin). Siri usa un modelo de aprendizaje profundo.

2011 – Analizando el lenguaje natural

Desde el 2006, IBM se encontraba en la búsqueda de un nuevo desafío después de la victoria de Deep Blue a Kasparov, así que por aquel entonces se puso como objetivo crear un sistema que pudiera jugar *Jeopardy*, un concurso de televisión estadounidense que consiste en preguntas y respuestas de todo tipo (en lenguaje natural). A este sistema le llamaron IBM Watson.

En 2011, IBM Watson participó en el concurso y pudo superar a los mejores jugadores (humanos). Como dato técnico: Watson usaba una base de datos local y no estaba conectado a Internet. Y hacía uso de una amplia gama de técnicas dentro de distintas áreas de la IA: aprendizaje automático, aprendizaje de lenguaje natural, razonamiento automático, búsqueda y recuperación de información, etc.

2015-2017 – El comienzo de DeepMind

DeepMind es una compañía británica fundada en 2010 pero que comenzó a tener un gran impulso cuando fue adquirida por Google en 2014.

En estos años, 2015-2017, DeepMind hizo grandes avances en la IA:

- **AlphaGo (2015)**. Go es un juego de tablero de origen chino que es bastante popular en oriente. DeepMind decidió crear un programa que aprendiera a jugarlo dada la gran cantidad de combinaciones que requiere. En palabras de Wooldridge: «Go es mucho más grande que el ajedrez en cuanto al tamaño de su tablero y al factor de ramificación. Y las partidas de Go pueden durar mucho tiempo: 150 movimientos en una partida es habitual» (Wooldridge). En 2015, AlphaGo se convirtió en el primer programa de ordenador en ganar una partida de Go a un jugador profesional (en un tablero 19 x 19). El programa estaba construido combinando métodos de aprendizaje supervisado (ejemplos de partidas reales hechas por expertos [humanos]) y aprendizaje reforzado (retroalimentación y mejoramiento desde partidas realizadas contra sí mismo).
- **AlphaZero (2017)**. A diferencia de AlphaGo, que estaba diseñado para jugar Go, AlphaZero tiene un enfoque más generalista, pues puede jugar varios juegos de tableros, como el Ajedrez, Shōgi y Go. Eso sí, hay que tener en cuenta que cuando se dice «generalista» hacemos hincapié en la capacidad de abarcar más

juegos de tablero; en ningún caso está diseñado para hacer cosas más allá de jugar a ese tipo de juegos aún, por tanto, es un sistema especifico.

2017 – El surgimiento de sofisticados modelos de aprendizaje profundo

Transformer es el nombre de un nuevo modelo de aprendizaje profundo presentado por Google Brain.[122] Este modelo ha tenido bastante impacto en la comunidad de la IA. Su aplicabilidad se encuentra en el área del procesamiento del lenguaje natural y el reconocimiento de imágenes. Ha ganado terreno sobre otros modelos tales como RNN y LSTM. En la actualidad hay varios modelos con un entrenamiento previo que ya, como su nombre indica, vienen con grandes cantidades de datos entrenados y listos para usar, por ejemplo, BERT (*Bidirectional Encoder Representations from Transformers*) y GPT (*Generative Pre-trained Transformer*).

Ambos son modelos de uso general, esto es, pueden ocuparse no solo de una tarea en específico, sino de una amplia gama de estas. Estos dos modelos pueden hacer varias tareas con textos: generación de conversaciones (chatbot), similitud, resumen, clasificación, entender las consultas de un usuario, etc.

2018 – Resolviendo complejos problemas de biología

Como mencionamos antes, DeepMind comenzó a hacer grandes avances en los juegos de tableros, que tienen una gran complejidad, pues la cantidad de combinatorias de movimientos es enorme. Sin embargo, DeepMind comenzó a abordar otros tipos de problemas, de orientación más práctica: es el caso de la predicción de la estructura de las proteínas. Un problema que durante décadas ha sido un total desafío para los biólogos y que, en términos prácticos, si se resuelve puede ayudar al tratamiento del alzhéimer (Wooldridge).

---

[122] Es el nombre de un equipo de Google dedicado al trabajo de nuevos modelos para el aprendizaje profundo.

Este programa se llama AlphaFold y se construye sobre redes neuronales profundas (*Deep Learning*). Abrió el camino para que técnicas de IA puedan ser usadas en el área de la biología y, por derivación, en la de la salud.

2019 – Los primeros atisbos para entender por qué funcionan los modelos de Deep Learning

En este año, Zeyuan Allen-Zhu, Yuanzhi Li y Zhao Song publicaron el artículo *A Convergence Theory for Deep Learning via Over-Parameterization,* que comienza a desvelar por qué los modelos de aprendizaje profundo funcionan y bajo qué circunstancias lo hacen. Este trabajo se une al realizado años antes por Chiyuan Zhang y otros, en su artículo *Understanding deep learning requires rethinking generalization* (2017). Estos son fundamentales, pues se carece de una teoría que explique el funcionamiento del aprendizaje profundo, cómo opera internamente, cómo descubre patrones de manera automática... Aunque sí está entre los objetivos para alcanzar una mayor explicabilidad.[123] No obstante, aún siguen siendo los primeros pasos.

2020-Actualidad – Modelos basados en Transformers

En 2020, GPT-3 fue presentado por OpenAI (empresa fundada en 2015 por Elon Musk y Sam Altman). Este es un modelo con un entrenamiento previo que tiene una capacidad de 175 000 millones de parámetros. Supera a su antecesor, el GPT-2 y, por consiguiente, al primer modelo GPT.[124]

Sus características más importantes son la siguientes:

- En The Guardian hicieron un experimento para crear pequeños ensayos usando GPT-3 (The Guardian). Muchos de sus párrafos parecen bastante convincentes

[123] La explicabilidad es un área de investigación en IA que busca justificar los modelos de aprendizaje para que, en última instancia, puedan ser comprendidos por personas involucradas en un proyecto sin necesidad de ser técnicas.

[124] Algo interesante de esta época es la relevancia de las grandes empresas privadas. Es probable que se deba a que para conseguir grandes cantidades de datos y poder entrenarlos se requieren muchos recursos económicos, algo que para una persona o un grupo de estas sería complicado.

y ya se comienza a especular sobre los peligros que podría traer (por ejemplo, las noticias falsas).

- Traducir lenguaje natural a código en un lenguaje de programación. Esto fue integrado en el servicio de Microsoft Power Apps (Langston).

OpenAI anunció en 2021 su nuevo modelo: Codex, que desde el lenguaje natural genera código en un lenguaje de programación (Chen, Tworek y Jun). Es popular principalmente porque GitHub lo usó en su sistema Copilot, un generador de código integrado a Visual Studio Code que permite generar código que tiende a ser rutinario en programación desde instrucciones escritas en un lenguaje natural. Copilot fue entrenado con millones de líneas de códigos desde repositorios públicos de GitHub. Por otro lado, a pesar de su popularidad, ha creado controversia, pues el modelo se entrena-alimenta de código ajeno, de usuarios que han subido su código a GitHub. Algunos plantean que esto ocasionará discusiones éticas.

Otro modelo de OpenAI que ha generado bastante revuelo es DALL-E. Este permite generar un conjunto de imágenes desde la entrada de texto. Algunos resultados han mostrado ser sorprendentes; en otros casos, no tienen ningún sentido. Su valor está en juego. A esto se le puede sumar ChatGPT, que en el momento en que escribo estas líneas (finales del 2022) se encuentra en boca de todos, y aunque muestra resultados emocionantes, se puede decir lo mismo: muchas respuestas carecen de lógica, tanto en cuanto a veracidad como a sentido. Con todo, un porcentaje de error no quita la posible revolución tecnológica que podría provocar.

Cada año surgen nuevos modelos, cada vez más grandes y cada vez más «hambrientos de recursos»: necesitan más capacidad de cómputo, pero ¿será esto el camino hacia el gran sueño de la IA de acercarse a la inteligencia humana o acaso caeremos en otro invierno?[125]

---

[125] Hay muchas voces que especulan que los modelos probabilísticos del aprendizaje automático y profundo no van a poder avanzar sin que se tenga en cuenta la IA simbólica.

Vistos algunos de los eventos más relevantes de la historia de la IA, es hora de revisar dos «escuelas» o enfoques para afrontar los retos de la IA.

5.3. Enfoque simbólico

El enfoque simbólico fue una corriente dominante dentro de la IA que alcanzó su esplendor durante la segunda mitad del siglo XX. Los sistemas de este tipo tratan de crear razonamiento lógico mediante representaciones basadas en símbolos. Los sistemas expertos fueron una de sus formas más aclamadas; estos sistemas requerían el conocimiento de un experto humano para poder crear una base de datos de reglas, para que así el sistema experto pudiera procesar las reglas deductivamente.

Estas reglas operaban a través de decisiones `if-then` (si-entonces) y, aunque tuvieron éxito en su momento, en las últimas décadas se han visto desplazadas por el enfoque probabilista (se usan algoritmos de aprendizaje automático y redes neuronales artificiales para inferir patrones y relaciones en grandes conjuntos de datos). Aun cuando el enfoque simbólico es eficaz en la resolución de problemas formales y bien estructurados, presenta series de limitaciones en la resolución de problemas complejos e incompletos que requieren un conocimiento no tan solo flexible, sino contextualizado.

Algunas de las herramientas típicas en esta área son las siguientes:

- Lenguajes de programación que admiten tratamiento simbólico: Lisp, Prolog o Python con bibliotecas como SymPy o Pyke, las cuales permiten manipulación de símbolos y la inferencia lógica.
- También existen otras herramientas que son avanzadas, como Cyc, que es un motor de inferencia basado en ontologías[126] y reglas.

---

[126] En computación, una ontología se refiere a una representación formal y explícita de los conceptos y entidades relevantes de un dominio, así como a las relaciones entre ellos. Por otro lado, y a modo de conocimiento extra, la ontología en filosofía trata sobre la naturaleza final de los existentes, esto es, dar una explicación coherente a las siguientes preguntas: «¿Qué es un algoritmo?» o «¿Qué es un número?». Fundamental en la filosofía de la computación.

5.4. Enfoque probabilista

El enfoque probabilista no es nuevo. De hecho, ha estado presente desde hace bastante tiempo, pero no fue hasta la primera década del siglo XXI que se comenzó a tomar en serio, no porque antes no hubiera sido efectivo, sino porque por fin se contaba con un hardware que podía ejecutar los algoritmos. Este tipo de enfoque requiere de muchos datos, lo que se traduce en la necesidad de mayor cómputo.

5.4.1. Aprendizaje automático (*Machine Learning*)

El aprendizaje automático (ML) es un área compuesta de algoritmos que realizan predicciones desde una serie de datos históricos.[127] Sin datos, no es posible trabajar en ML.

Pero eso no significa que el ML pueda ser reducido a una simple lista de algoritmos. El objetivo final del ML es construir modelos predictivos que permitan resolver problemas humanos. Por ejemplo, ¿qué producto —según su historial de compras— se le podría ofrecer a un usuario? ¿Cómo prever si un estudiante suspenderá una asignatura para así tomar medidas preventivas? ¿Cuán probable es que exista una amenaza en una red informática según el comportamiento de algún software?

Estos problemas pueden derivar en cuestiones teóricas o aplicadas a la industria. Es un área con un fuerte componente práctico y cualquier usuario se puede percatar de ello, por ejemplo, al recibir una notificación de que podría seguir a una persona en redes porque es probable que la conozca o al recibir la sugerencia de un video que le podría interesar.

Si el objetivo es crear modelos predictivos, esto requiere de una serie de pasos previos. A continuación, los indispensables:

1. Adquirir datos.
2. Limpiar los datos y extraer las características relevantes.
3. Construir el modelo seleccionando el algoritmo adecuado.

---

[127] Comúnmente se refiere al área probabilista-estadística de la IA, para hacer el contraste con el área de razonamiento simbólico (que sigue reglas exactas).

4. Evaluar el modelo.
5. Desplegar el modelo.

Puesto que la del ML es un área basta, hay otras consideraciones que son igualmente importantes:

- **Detectar los problemas humanos**. Aun cuando los problemas técnicos son importantes, identificar la necesidad del cliente es más prioritario, porque muchas veces el cliente no sabe lo que quiere. Aquí la labor del buen informático es crucial: indicar el camino en medio de la niebla.
- **Contar con datos**. Parece evidente, pero si no se cuenta con una cantidad suficiente de datos, al menos para crear modelos predictivos que no estén sesgados (sobreajustados), es mejor centrarse en incrementar la recolección de datos.
- **Establecer hitos claros y medibles**. Sin tener claro un objetivo principal y sus subobjetivos es difícil saber si los modelos predictivos están teniendo resultados.
- **Dar explicaciones al cliente**. Hay modelos predictivos que son complejos de explicar a los clientes —piense en las redes neuronales artificiales—, pues no está claro cómo explicar adecuadamente a una persona no técnica cómo funciona el modelo y cómo este llegó a un determinado resultado.

5.4.2. Aprendizaje profundo (*Deep Learning*)

El aprendizaje profundo (DL) es un área que permite encontrar patrones útiles en los datos de modo *automático*. El aprendizaje automático (ML) por lo general requiere de alguna persona que seleccione las mejores características (*features*) del modelo, pues malas características producen malos modelos, incluso si estos tienen muchos datos; en contraste, el DL busca automatizar este proceso. Por ello, el DL se suele usar para predicción audiovisual, pues en ese tipo de formato no hay características tan específicas. Por ejemplo, no podemos decir «un gato es de estas características», ya que hay tantos gatos, de distintas formas (color, tamaño, pelaje, etc.), que el trabajo lo derivamos a las redes neuronales artificiales que, de forma automática, —y luego de entregarle al modelo muchas fotos de gatos— encontrará los patrones que lo diferencia.

El DL lo logra mediante el uso de redes neuronales artificiales, las cuales están compuestas de múltiples capas —de ahí el nombre de «profundo»—. Mientras más capas tiene una red, más profunda es, aunque no hay un número exacto para indicar que, sobrepasado dicho número, estamos en presencia de una red profunda.

Se puede situar al DL como un área dentro del ML que, a diferencia del ML, ha alcanzado bastante resonancia por sus grandes resultados en diversas áreas: reconocimiento de imágenes, juegos (ajedrez, Go, Shōgi), biología (AlphaFold), asistentes de código (GitHub Copilot) y generadores de lenguaje natural (ChatGPT, Google Bard, Bing Chat). Las últimas son, probablemente, las que han provocado mayor impacto en la sociedad: los generadores automáticos de texto (código y natural) han mostrado resultados de calidad, nunca vistos con anterioridad, aunque todavía estamos lejos de asumir que una máquina puede «pensar» o ser «consciente» como un humano. Ya que estos sistemas carecen de otras características humanas, como la intuición, la creatividad, la demostración de emociones, etc.

En la actualidad recientes investigaciones buscan combinar las fortalezas de las técnicas de redes neuronales profundas con técnicas de procesamiento simbólico, como la lógica y representación del conocimiento. A esta área se le llama Neuro-Symbolic. Prometedores resultados han surgido de este campo, como la creación de modelos sin supervisión explicita que aprenden mirando imágenes o leyendo preguntas y respuestas (Jiayuan Mao). En efecto, se especula que para seguir avanzando en el aprendizaje profundo es necesario el razonamiento simbólico, pues este último es crucial para crear conocimiento verificable, exacto, evitando así casos como los de ChatGPT, que inventa mucha información —a saber: libros, autores de libros, resolución de problemas que nunca han ocurrido, eventos históricos inexistentes, etc.— producto de su dependencia en las estrategias probabilistas para generar textos (Metz y Collins).

5.5. Futuro

Los retos de la IA en el futuro son apasionantes. Aquí una lista de ellos, agrupados por subáreas:

- **Ética y privacidad**. La IA tiene grandes ventajas para la sociedad, pero, a su vez, plantea preocupaciones éticas sobre lo que puede hacer y sobre cómo podría resolver un software cierto tipo de situaciones extremas (a saber, un coche autónomo: dilema del tranvía).[128] Además, si un modelo de aprendizaje se entrena con datos públicos, ¿qué ocurre con los derechos de autor y su privacidad, se pierde? ¿Quién se hace responsable de lo que genere el modelo?
- **Transparencia y explicabilidad**. Los sistemas de IA pueden tomar decisiones que son difíciles de entender y explicar a humanos. Tener un flujo explicativo de cómo se tomó una decisión por parte de un sistema de IA es primordial. Esto presenta enormes retos técnicos, sobre todo en áreas como el aprendizaje profundo, por la propia mecánica de funcionamiento de las redes neuronales artificiales, que, como conviene repetir, tienden a ser cajas negras: se desconoce cómo llegaron a un resultado.
- **Interacción hombre-máquina**. Los avances de la robótica son sorprendentes (véanse los vídeos de Boston Dynamics). Humanoides que saltan, que bailan, que se mueven con gran soltura... Sin embargo, aún están lejos de mimetizarse en nuestra vida social. Hay cuestiones humanas que son complejas de replicar, por ejemplo, la mano humana es un tema técnico muy complejo de llevar a aparatos mecánicos, puesto que tiene 27 huesos, músculos, tendones, nervios, lo que la hace versátil y capaz de realizar una gran cantidad de movimientos y tareas diferentes.
- **Escalabilidad y eficiencia**. Un modelo GPT puede tardar varios días o incluso semanas en entrenarse y requiere gran poder de cómputo, lo que se traduce en bastante consume de energía. Una idea de cuan costoso es computacionalmente

---

[128] Para profundizar en temas éticos sobre la IA, puede dirigirse al capítulo de Ética (Tomo II).

entrenar esta clase modelo puede deducirse del anuncio de Microsoft sobre su colaboración con OpenAI: «El supercomputador desarrollado para OpenAI es un sistema único con más de 285 000 núcleos de CPU, 10 000 GPU y 400 gigabits por segundo de conectividad de red para cada servidor de GPU».[129]

5.6. Conclusión

La inteligencia artificial (IA) está subiendo a la cumbre, pero no sabemos si llegará a su objetivo último: crear sistemas informáticos capaces de imitar o superar la mente humana. Sí, en cambio, podemos observar su evolución histórica y sus ramas más predominantes. En este capítulo se repasó su auge, pasando por sus periodos de reducción en la investigación (inviernos), hasta su renacer. Vimos los dos enfoques principales de la IA: el simbólico y el probabilista. El último está representado por el aprendizaje automático y el profundo, basados en la toma de datos históricos para encontrar patrones y crear predicciones. Son esenciales para entender los avances —actuales— de la IA. Sin embargo, falta mucho por hacer, por descubrir, por investigar, para poder afirmar cuáles serán sus posibilidades.

5.6.1. Lecturas sugeridas

Los textos sobre IA son tan extensos como las subáreas que la forman. Por ello, se recomienda una obra que aborda la IA de forma muy general.

- *Artificial Intelligence: A Modern Approach* de Stuart Russell y Peter Norvig. Es, quizás, el libro de referencia cuando se quiere obtener un panorama general sobre la inteligencia artificial.

---

[129] Noticia del 2020 (puede asumir que los números en la actualidad son mayores): https://news.microsoft.com/source/features/ai/openai-azure-supercomputer/ [Revisado abril de 2023].

TOMO IV

–

SOMOS HUMANOS

El software afecta a las personas. Un informe de la empresa CISQ del año 2020 estimó que las empresas en EE. UU. pierden 2,08 billones de dólares estadounidenses por software de mala calidad.[130] Se refiere a los famosos *bugs*, errores involuntarios que surgen en un sistema, y al coste que supone corregirlos. Los errores en el software hacen perder dinero, y no solo eso, producen un malestar en los clientes. No parece que estos números se vayan a reducir en los próximos años, pues cada día la demanda de nuevas aplicaciones crece en el mercado. Las necesidades de la industria avanzan más rápido que las técnicas y metodologías para hacer productos de calidad. El escenario parece desalentador.

Un proyecto de software, por lo general, no tiene un final; es más, se diseña para poder evolucionar de manera sostenible en el tiempo. Esto no solo se refiere a un incremento en cuanto a líneas de código, sino también a la cantidad de personas que trabajan con el código (las cuales pueden integrarse o abandonar el proyecto).

Dicho de otro modo, tenemos de que preocuparnos: (1) diseñar un código que permita crecer armónicamente, de manera flexible, soportando nuevos requisitos; y (2) formar un buen equipo de trabajo que privilegie la comunicación y la cooperación para que el proyecto pueda seguir adelante, incluso si ocurren imprevistos como la rotación de personal, pues esto último presupone una metodología de trabajo que es independiente de alguna persona en específico. Resolver estos dos problemas tiene gran complejidad y ha traído de cabeza durante años a muchos investigadores y profesionales de la industria.

Esta parte trata sobre los proyectos de software y todo lo que los rodea. Y sobre la creación de un equipo humano para construir un proyecto, así como el impacto de su creación.

---

[130] https://www.it-cisq.org/pdf/CPSQ-2020-report.pdf. [Revisado en junio del 2023].

He aquí una figura que presenta la relación de los siguientes tres capítulos:

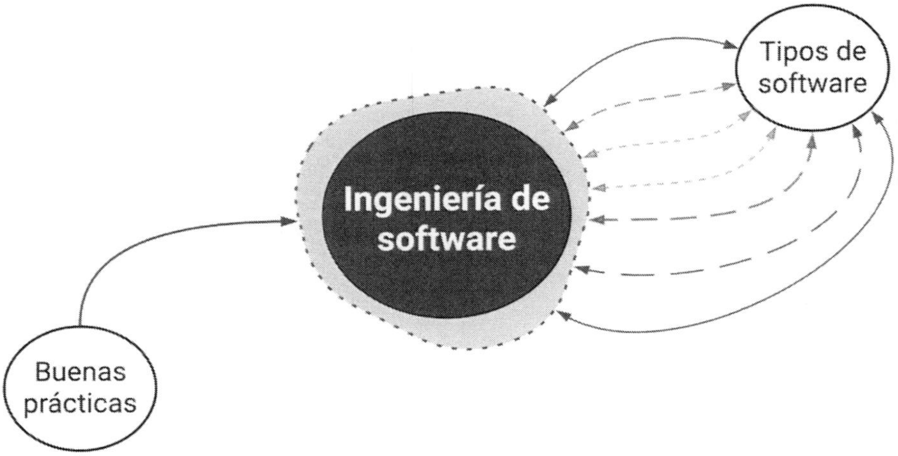

Figura 51. *La relación de los tres capítulos presentes en esta parte. El primer capítulo, "Buenas prácticas", es el requisito y antesala al corazón de la siguiente parte: "Ingeniería de Software". Para concluir, tenemos el capítulo "Tipos de software".*

Una historia ficticia

Algo relevante de este libro y que lo diferencia de todos los demás es la incorporación de personajes ficticios. A través de diálogos se explorarán los entresijos de lo que significa desarrollar proyectos de software y cómo esta actividad, más que ser una labor solitaria y alejada de toda interacción humana, requiere comunicación, coordinación y sinergia entre todos sus miembros.

Resumen de capítulos

Capítulo 1: Buenas prácticas

Este capítulo (diálogo) presenta algunas reflexiones sobre qué son las buenas prácticas en el desarrollo de software, ¿existen o son meras imposibilidades a la hora de programar?

Capítulo 2: Ingeniería de software

Un proyecto de software en cualquier metodología de desarrollo tiene etapas: algunas son lineales, otras son cíclicas y en otras ocasiones ni lo uno ni lo otro, sino más bien son etapas cortas y con objetivos claros. Aquí entramos al debate sobre qué es una metodología y por qué son importantes. Este dialogo explora aquello.

Capítulo 3: Tipos de software

Este capítulo (diálogo) busca mostrar la complejidad del software, pues los hay de muchos tipos. No es lo mismo crear una aplicación web que escribir un compilador. Ambos son proyectos que, dependiendo de los requisitos, pueden llegar a ser estratosféricamente distantes en cuanto a su complejidad.

CAPÍTULO 1
BUENAS PRÁCTICAS

I

Al cerrar el libro *Cartas a Lucilio* de Séneca, Joseph se sentía reconfortado, o al menos eso parecía. En su piso de la calle Bruc, en Barcelona, una serie de fotos y varios cuadros de distintas figuras que él admiraba adornaban las estanterías. Entre ellos estaba Bertrand Russell; en otra esquina estaban Alan Turing y su querido Escher, del cual tenía muchos cuadros que adornaban su hogar. También había ediciones del *El quadern gris* de Josep Pla. No había ningún filosofo continental, los odiaba.

Pocas fotografías familiares poseía, si acaso algunas con décadas de antigüedad —con marcos viejos y descuidados—, donde una versión joven de él mismo emergía junto a sus padres, ya fallecidos. Y es que a los 60 años es normal quedarse más solo si uno no formó familia. Aunque Joseph nunca se había sentido totalmente solo. Tenía una compañía indispensable: la computación. La computación que, para él, consistía en algo distinto a lo que comúnmente se conoce.

Tuvo una brillante carrera académica, gracias a la que gozó gran parte de su vida, formando a nuevas generaciones de informáticos catalanes y yendo a conferencias (muchas de las cuales no sirvieron de nada, sostenía Joseph). Pero sirvieron para comer gratis, viajar gratis, ganar unas risas gratis.

Tampoco se podría decir que era un solitario por voluntad o placer: a los 40 años su esposa había fallecido en un accidente y después de eso nunca se pudo recuperar del todo, por lo que abandonó sus esfuerzos por compartir con los demás, por dar a otros (no tanto a sí mismo). No obstante, un pequeño grupo de amigos siempre lo rodeaba, para jugar a juegos de mesa y beber unas cervezas. Aunque su predilección siempre fue el café con leche.

2023 era un año especial para él, porque sería su penúltimo año antes de jubilarse de la docencia universitaria. Su proyecto por aquel entonces consistía en sacar adelante un curso optativo llamado Filosofía del software. Además de un gran conocimiento en computación (Joseph se dedicó a la lógica computacional durante gran parte de su vida), tenía una notoria inclinación hacia la filosofía, su guarida y resguardo ante algunas desventuras que le había deparado la vida.

Pero, como era de suponer, las cosas no eran tan simples. Primero debía esperar que le aceptaran el curso, luego —quizá más difícil— que hubiera interesados en inscribirse a él.

II

A un mes de comenzar el semestre y con un otoño creciente en Barcelona, Joseph recibió un email informándole de que su curso había sido aceptado, pues había dos interesados, y su primera reacción fue de incredulidad. Miró si se trataba de algún email falso, de esos que le llegaban a menudo a la bandeja de entrada y reenviaba a algún colega de trabajo para hacerle una broma. Pero no, este era real.

A pesar de que pareciera que dos era un número escaso de interesados, ambos eran estudiantes de último año del grado de ingeniería informática. Esto era bueno, una sonrisa se le dibujó en el rostro, aunque Joseph no supo explicarse por qué. No sabía qué decir, pues en los últimos cinco años había intentado infructuosamente impartir el curso sin éxito, sin interesados, sin la oportunidad de reflexionar sobre cuestiones profundas del software. Y es que como era de suponer, en aquellos tiempos dominados por todo lo relacionado a la inteligencia artificial (IA), con cursos de moda que prometían una salida rápida al mercado para estar «al día» y con una buena paga, un curso que contuviera la palabra «filosofía» era antipublicidad, sobre todo en una carrera dominada por la tecnología.

Filosofía del software se definía, en palabras del propio Joseph, como «el estudio del software en sí mismo, su diseño, su metodología y sus características». Se diferenciaba de la ingeniería de software en su amplitud y generalidad. Joseph creía que el software era un artefacto de complejidad. Cuantos más requisitos fueran cubiertos (traduciéndose en nuevas características, o sea, más código), más aumentaba la complejidad, pues existían más puntos de fallas.

Su plan de estudio era breve. Primero comenzaría sus conversaciones —no le gustaba llamarlas clases— con las buenas prácticas, luego con los desafíos de llevar un desarrollo de un proyecto y seguiría con los tipos de proyectos de software. Los siguientes temas lo vería en el camino (serían siete conversaciones). Las conversaciones serían en forma de diálogos. Como los diálogos de Platón, aunque esto nunca llegó a afirmarlo.

III

Primer dialogo, 2023

Joseph: Debo admitir que cuando me enteré de que tendría dos alumnos me sorprendió, nunca me imaginé impartir este curso. Ya sabéis, la filosofía no vende en este departamento, y menos si se combina con la palabra software. En fin, prefiero conoceros, ¿podríais presentaros?

Hélia: ¡Hola! Mi nombre es Hélia, soy estudiante de último año de ingeniería informática, especializada en ingeniería de software.

Joseph: ¿Qué te interesó de este curso, Hélia?

Hélia: Para ser sincera nunca había leído sobre filosofía de software, me parece que la filosofía no tiene nada que ver con el software, así que por curiosidad me inscribí.

Joseph: Me interesa saber tu opinión sobre ello. Pero mientras, continuemos con los demás... ¡Bueno, solo hay uno más!

Albert: ¡Ja! Yo también estoy en el último año de la carrera de ingeniería informática, misma especialidad; pero a diferencia de Hélia, he leído algo de filosofía de la computación y sí me interesa la conexión con la filosofía.

Joseph: Muy bien, tengo curiosidad por saber qué has leído... Muy bien, ¡comencemos! ¿Qué es para vosotros una buena práctica?

Hélia: Una buena práctica en el desarrollo de software involucra formalidad. No me agrada el código producido por ciertos lenguajes, solo inducen a cometer errores.

Joseph: ¿A qué te refieres con formalidad?

Hélia: Verificación de código... Todo eso de las metodologías de pruebas y error me parece que solo aumenta los problemas en vez de crear soluciones.

Joseph: Hélia, ¿qué opinas de la documentación?

Hélia: No creo mucho en su utilidad. Yo creo más en la composición de programas, la programación funcional y esas cosas.

Joseph: ¿Y tú, Albert?

Albert: Yo creo que la documentación es una buena práctica. Las composiciones y todas las abstracciones nos alejan del ser humano y nos hacen olvidar que construimos software para personas, no para máquinas.

Hélia: Asumo que lo dices porque no sabes programar en funcional. Un buen código funcional es la documentación. Además, ¿cómo evalúas una documentación?

Albert: No todo se debe evaluar, Hélia. Por lo demás, primera vez que me entero de que en la programación funcional no se documenta.

Joseph: A ver, Hélia, ¿qué problemas ves en la documentación?

Hélia: Lo mismo que le dije antes a Albert. Es lenguaje natural, lleno de subjetividad y error.

Joseph: ¿A qué documentación te refieres?

Hélia: A comentar el código.

Albert: Vale, vale, documentar es más que eso. Por ejemplo, crear documentos para los usuarios de la herramienta.

Hélia: ¿No sabes que hay generadores automáticos para eso? De hecho, es una de las ventajas de la programación funcional. Su capacidad de crear excelentes analizadores estáticos, gracias a sus sistemas de tipos. Un ejemplo es haddock para Haskell.

Joseph: Veo dos cosas en vuestros planteamientos. Hélia defiende una postura que apela a una mayor confianza en ciertas herramientas (lenguajes funcionales) y Albert, en cambio, comenta que hay tareas que es mejor no automatizar, como lo es documentar, ¿estoy en lo correcto?

Albert: No es tan así, yo creo en la automatización, pero hay cosas que se solucionan mejor conversando. Por ejemplo, mantener una convención de código es importante para proyectos grandes, donde muchos programadores van añadiendo código.

Hélia: Eso es otra cosa. No estoy en contra de estandarizaciones de código, sino de comentar el código y hacer el trabajo de documentar de manera manual.

Joseph: Me parece curiosa la pasión con la que expresáis vuestras posiciones sobre un mismo objetivo.

Hélia: No sé si tenemos el mismo objetivo, yo creo que escribir buen código va antes que crear un buen proyecto. Me explico: privilegio la calidad compositiva de un programa, no tanto el producto derivado de este.

Albert: Eso que acabas de decir no es ingeniería de software, solo es pasión por la abstracción. El desarrollo de software conlleva un factor humano, relacionarse, problematizar situaciones, etc.

Hélia: Tienes ideas románticas, ¡esto es algo técnico, no se trata de ser el más simpático de la clase! El objetivo último del desarrollo de software es reducir los errores, por tanto, lo primero es el código, y lo segundo, también el código.

Joseph: Hélia, ya que te veo entusiasmada, ¿qué opinas de los principios SOLID? Ya que hablamos de buenas prácticas.

Hélia: Patrañas, sin más.

Albert: ¡Ja! Obvio, una chica que solo alaba la programación funcional no puede tener una opinión fundada sobre nada orientado a objeto.

Hélia: Quiero decirte que he trabajado con Java y sé de lo que hablo. Los principios SOLID, al igual que los diseños de patrones, solo esconden formas rutinarias de solucionar problemáticas conocidas. Sobre cuestiones desconocidas no sirven de nada, menos respecto a la toma de requisitos del negocio: fundamental para hacer programas fiables. Tanto SOLID como los diseños de patrones son puras generalidades, vagas en el mejor de los casos.

Albert: ¿Comienzas con el principio de autoridad? SOLID se puede ver como prácticas de diseño de software muy generales que pueden aplicarse a cualquier sistema. En su flexibilidad radica su fortaleza. ¿Qué software hace algo realmente nunca visto antes? No conozco ninguno.

Joseph: Bueno, bueno, para ser el primer diálogo ha sido bastante intenso, pero sin grandes datos sobre la mesa... Más bien solo tenemos opiniones cruzadas sobre vuestra experiencia. Y el software es algo más que eso, ¿no? En el siguiente encuentro trataremos la ingeniería de software como actividad.

CAPÍTULO 2
INGENIERÍA DE SOFTWARE

IV

El movimiento recurrente de su pierna derecha mientras escribía resultaba, como mínimo, inquietante. La ansiedad era un estado habitual en Joseph, pero lo consideraba normal. Sobre todo, cuando escribía en su diario. Escribía y escribía reflexiones de su día anterior, como buscando que no se perdieran en el tiempo. «La vida es demasiado corta», decía. Quizá su ansiedad venía del recuerdo del diálogo entre Hélia y Albert. Le recordaba el debate de la década de 1970, que enfrentó a los que creían en la verificación formal como medio para aumentar la calidad del software (a priori) y los que creían que esa alternativa era inviable y, por tanto, había que apostar por diseñar pruebas del sistema (mejorar mediante la práctica a posteriori). Al revisar sus documentos vio que en el primer grupo aparecían Dijkstra y Hoare, y más recientemente, Lamport. En el otro grupo estaban Richard A. De Millo, Richard J. Lipton y Alan J. Perlis.[131] La discusión no era un grato recuerdo.

Joseph había pertenecido al primer grupo, creía que el software podía ser verificable en su totalidad y que las pruebas dinámicas (a través de probar y errar) eran algo absurdo que solo perjudicaría la calidad del software. Pero el tiempo le había demostrado, sobre todo cuando la industria del software se expandió, que, igual que Kurt Gödel derrumbó la

---

[131] Esto fue expuesto en el artículo «Social processes and proofs of theorems and programs» de 1979, en *Communications of the ACM*.

posibilidad de Hilbert de hacer a las matemáticas infalibles, lo mismo había sucedido con el desarrollo de software Ahora todo era cambiante y subjetivo, y el «sueño» formal había quedado relegado a proyectos muy específicos. Cuando pensaba en eso, Joseph siempre miraba el cuadro de su mujer fallecida, sin saber muy bien por qué.

V

Segundo dialogo, 2023

Joseph: Quiero comenzar preguntándoos a ambos qué entendéis por ingeniería de software.

Hélia: Un grupo de prácticas imposibles de aplicar creado por ociosos que renunciaron a todo tipo de comprobación empírica.

Albert: ¡Vamos de nuevo, Hélia! Eso no es así. La ingeniería de software es un área respetable dentro de la investigación científica que busca encontrar metodólogas y buenas prácticas para hacer un mejor software, sobre todo en esta época, en la que se busca que los sistemas no solo sean escalables, sino también eficientes.

Hélia: Eso que acabas de decir parece una definición de la Wikipedia, la verdad. La cuestión es simple, ¿han disminuido los bugs en estas décadas de inversiones y estudios de la ingeniería de software? Enciende tu móvil y comprueba las actualizaciones de tu aplicación favorita, verás que los errores siguen ahí.

Albert: ¿Y eso qué tiene que ver? ¿Desde cuándo un área de investigación depende de su utilidad práctica?

Hélia: ¡Pues debería! ¿De qué sirve crear teoría y metodologías que solo su creador usa? ¿En qué empresa de software —de éxito— los ingenieros usaron el libro de Ian Sommerville o el de Roger S. Pressman?

Joseph: Yo creo que eres algo injusta, Hélia, los dos libros que mencionas fueron buenos en su momento. Aun cuando es verdad que la ingeniería de software no es como otras ingenierías en cuanto a su rigurosidad. No deja de ser una aspiración a lo que debería ser el desarrollo de software.

Hélia: Puede ser, pero mi argumento es el siguiente: hay una renuncia por parte de la comunidad ante la complejidad del software. Es como si dijéramos «Bueno, esto es complejo, debemos asumir que siempre habrá errores, solo queda hacer pruebas e irnos a dormir». Y se acabó, siguen en esa espiral.

Albert: Pero las metodologías siguen avanzando, por ejemplo, yo creo que el movimiento agile fue beneficioso durante un buen tiempo, hasta que algún iluminado creyó que todo debía ser ágil y se fue todo a la mier...

Joseph: Buena acotación, Albert. El manifiesto ágil de software decía: «Software funcionando sobre documentación extensiva» y lo que sucedió es que muchos olvidaron que decía «documentación extensiva», no «ausencia de documentación».

Hélia: Esa era otra patraña. Los «agilistas» se transformaron en una secta, donde los únicos ágiles eran los que vivián de ello. ¿Sabéis cuántos ganaban dinero vendiendo cursos de humo?

Albert: En eso tienes razón, Hélia. La agilidad vino como una «revolución» a las metodologías de software tradicional; algunos afirmaban ser capaces de atrapar el dinamismo de nuestro mundo, pero, en verdad, todo se fue desvirtuando. Aunque sigo compartiendo la idea original del manifiesto.

Joseph: Creo que, así como hay herramientas más adecuadas que otras para un problema, hay también metodologías para cada cosa.

Hélia: Caes en el subjetivismo, Joseph. Hoy me invento una metodología de nombre «Los unicornios extremos: hacer lo imposible en lo posible» y la usaré solo yo, porque resuelve mis problemas, y ya, es una válida metodología de desarrollo porque resuelve problemas.

Joseph: El punto que acabas de decir es interesante porque esconde la pregunta de qué entendemos por metodología. De hecho, te contradices, pues tú apelas a la importancia de la verificación, es decir, de tener métodos formales para saber si algo es verdadero. En tu «metodología», ¿cómo verificas algo que solo usas tú?

Hélia: Mmm, es verdad... Pero fue una exageración para hacer énfasis en que hay muchas metodologías que viven en libros, que se usan muy poco, y ya se da por hecho que son válidas y respetables.

Joseph: No creo que sea tan así. Consideremos la metodología en cascada —por ser la más criticada—; para avanzar al siguiente paso del desarrollo, el anterior debe estar completado, por ello el nombre de cascada, de arriba abajo. Esta es útil para proyectos pequeños y con los requisitos bien definidos.

Albert: El problema de eso es que no hay requisitos estáticos o bien definidos, el cliente cambia según el día, lo sabes.

Joseph: Si quiero descargar el calendario de partidos de fútbol y luego generar un `CSV` con ellos, la metodología en cascada sería válida porque tengo claro los requisitos.

Hélia: Supongo que nos quieres hacer caer en la trampa, ¿no? Es obvio que, si tengo un «proyecto» como ordenar de mayor a menor una lista de números, da igual la metodología que use, siempre va a funcionar.

Albert: La metodología tiene que ver con el tamaño de un proyecto.

Joseph: ¿O con la cantidad de líneas de código?

Hélia: Me parecen iguales, si hay mucho código no puede ser un proyecto pequeño, a menos que el que escriba eso no sepa programar.

Joseph: Asumamos que es alguien experimentado, ¿cuándo podríamos considerar que estamos frente a un proyecto de software y no un mero experimento personal y puntual?

Albert: El número de requisitos.

Joseph: ¿Cuántos, dos o cinco o cien?

Hélia: ¿Cuánto es Big Data? ¿Cuándo es eficiente mi algoritmo? ¡Por favor, Joseph! Como decía Ludwig Wittgenstein «los límites de mi lenguaje son los límites de mi mundo». En estos temas de comprender el lenguaje natural coincido en que no hay manera de tener un sistema preciso sin la necesidad de un acuerdo entre personas.

Albert: Ja, ja. Al final no eres tan dogmática, ¿no?

Hélia: Graciosito.

Joseph: ¿Qué os suscita la siguiente cita? «La complejidad del software es una propiedad esencial, no accidental. Por lo tanto, las descripciones de una entidad de software que abstraen su complejidad a menudo abstraen su esencia». Es de Frederick Brooks.

Hélia: ¿Qué es una propiedad esencial? Me parece otro intento más para rendirse frente a la complejidad. ¿Qué otra forma hay en computación para reducir la complejidad que no sea la de abstraer? Por otro lado, eso de «esencia» me parece más de un teólogo que de un ingeniero de software.

Albert: Bueno, Brooks solía crear citas de ese estilo, para crear impacto, simplificando el asunto en exceso. De todos modos, creo que su idea era «si nos ponemos a añadir cada vez más abstracciones, terminamos abstrayéndonos de todo». Esta cuestión es mi principal crítica a la programación funcional, a la teoría de categorías y a todas esas cuestiones relacionadas... Porque tienen tantos tipos de abstracción que al final mi pregunta es: «¿Qué problemas estamos resolviendo?». Es más un tema intelectual que un tema real, es decir, similar a tener una bella teoría matemática del universo pero que no predice nada.

Hélia: Veo que quieres criticar la teoría de cuerdas sin decirlo. La programación funcional reduce la complejidad con bellas abstracciones, no lo contrario.

Albert: ¿Tipos sobre tipos que, a su vez, están sobre otros tipos?

Hélia: Eso es una caricatura, Albert. Podría decir lo mismo de lenguajes como Python, donde todo es mutable, donde solo hay vagas restricciones. Por supuesto, si añades capas de abstracciones innecesarias, la complejidad aumenta en vez de disminuir.

Joseph: Veo que volvemos al tema de los límites del lenguaje. Creo que por hoy es suficiente, pues hemos tocado varios temas. El próximo diálogo será sobre tipos de software, espero que mantengáis la misma energía que hasta ahora.

CAPÍTULO 3
TIPOS DE SOFTWARE

VI

Las cosas no estaban tan bien. Los malestares físicos eran cada vez peores para Joseph. Ya no podía salir a hacer largas caminatas como antes, y ni hablar de montar su querida bicicleta Canyon, de color negro, que antes podía balancear con una sola mano. Todo eso iba pasando al olvido; únicamente escribía. Sin embargo, antes de su tercer diálogo, una sonrisa se dibujó en su rostro, como un fugaz rayo, producto de la suerte que el mismo mencionaba con orgullo: «Tengo dos excelentes alumnos, no son solo técnicos». También lo escribía en su diario.

En su escritorio había dos libros. El primero era *The Essentials of Modern Software Engineering,* de varios autores que no recordaba pero que le parecía un libro muy novedoso. El segundo era *A Philosophy of Software Design* de John Ousterhout, al cual siempre que lo veía sentía que le había robado el nombre para su curso. Luego recapacitaba: «Esto no es solo diseño de software, es software, software, software...».

Había tantos tipos de software que Joseph se abrumaba; era imposible seguir todas las posibilidades del software. Pensaba en la inteligencia artificial (IA) y ya se le venían a la cabeza decenas de aplicaciones.

Joseph repetía para sí mismo: «En el segundo diálogo Hélia parecía menos segura de sus ideas que en el primero, eso es bueno». De Albert se decía: «Él no ve utilidad en la programación funcional, es como si en el desarrollo de software hubiera solo un tipo de software».

El escritorio se movía bastante. Su pierna derecha seguía en movimiento contra el suelo mientras escribía sobre los siguientes diálogos, que serían un total de diez. Joseph era bastante perfeccionista, cada dialogo le suscitaba nuevas ideas, haciéndole cambiar el enfoque de los próximos diálogos. Sobre ello escribía. Escribía todo el tiempo.

VII

Tercer dialogo, 2023

Joseph: Hélia, como apasionada de la programación funcional, ¿crees que hay tipos de software —por usar la terminología darwiniana— más aptos para ese estilo de programación?

Hélia: Evidentemente que sí, aunque creo que cualquier tipo de software se puede beneficiar de él. Por ejemplo, los sistemas criptográficos se pueden beneficiar de la programación funcional, pues requieren fiabilidad del código y concurrencia, además de tener varias operaciones matemáticas que son simples de hacer con esta. De hecho, cualquier sistema de seguridad informática saldría beneficiado.

Albert: Pero la mayoría usan lenguajes de bajo nivel como C; últimamente, Rust. ¿Qué lenguajes funcionales puros se usan ahí?

Hélia: Haskell es usado en sistemas de Blockchain, Cardano es un ejemplo.

Albert: Me parecen casos aislados. Además, Haskell es famoso en una cosa: su complejidad de uso.

Joseph: Pero, Albert, ¿qué opinas de las cualidades técnicas de Haskell o de la programación funcional? Hasta ahora tus comentarios son negaciones más que argumentaciones.

Albert: A ver, su sintaxis no me gusta; es intrincada e innecesariamente compleja. Asimismo, los lenguajes con paréntesis, como Lisp, me parecen todavía peores.

Hélia: ¡Es absurda tu no-crítica! Atacas la forma, no el fondo. La mayoría de los lenguajes populares como C++, Java y Python han incorporado características funcionales por sus ventajas para construir software.

Albert: ¿Y? No tiene nada que ver, sus características pueden ser útiles, no lo niego, pero no es lo mismo un lenguaje funcional que uno no-funcional que incorpora lo mejor de los funcionales.

Joseph: Tengo una duda, Albert, ¿qué es para ti la programación funcional?

Albert: Algo que tiene una sintaxis absurda y difícil de entender, con ventajas, pero sobrevalorada.

Hélia: ¿Ves, Joseph? Albert no sabe lo que es la programación funcional. ¡Un estilo de programación no es su sintaxis ni su forma! Es la representación de una teoría de la computación. La programación funcional deriva del cálculo lambda como los imperativos derivan de la máquina de Turing. La sintaxis es una representación, nada más.

Albert: Pero no es útil. En el mundo real no sirve porque no todos los desarrolladores tienen esa capacidad de abstracción ni la requieren.

Joseph: Los tipos de software que hacen uso de la concurrencia se pueden beneficiar de la programación funcional por su afinidad con la inmutabilidad, que permite dividir la computación sin caer en problemas de acceso a un mismo recurso desde distintos procesos, por dar un ejemplo.

Albert: Vale, pero esto igual es posible de hacer con otros lenguajes.

Hélia: ¡Claro! También es posible de hacer con algún lenguaje ensamblador.

Joseph: ¿Qué quieres decir, Hélia? Sin ironías, por favor.

Hélia: Con cualquier lenguaje que sea Turing completo es posible hacer cualquier tipo de software, pero eso no significa que todos sean igual de fáciles de hacer. Un lenguaje funcional permite hacer sistemas concurrentes de forma fácil. Ahorra tiempo de escritura de código.

Albert: ¡Claro, y luego para escribir en un fichero debes escribir como cinco líneas de código! Lo difícil es fácil y lo fácil, difícil. Los fanáticos funcionales aman la abstracción antes que la computación.

Joseph: ¿En qué afecta la abstracción a los tipos de software?

Albert: Creo que lenguajes como Python pueden servir para diseñar cualquier tipo de software, pues tienen la abstracción necesaria, ni más ni menos. No creo en lenguajes más superiores a otros a la hora de diseñar distintos tipos de software.

Hélia: O sea, ¿con Python puedes hacer programación de sistemas o el sistema de propulsión de un cohete como los de SpaceX? Qué ingenuo.

Albert: Nada de ingenuo. Python es un gran lenguaje que proporciona grandes posibilidades para casi todo, ¿no crees, Joseph?

Joseph: Python se ha ganado su lugar gracias a sus ventajas, es compacto, fácil de usar y cuenta con un ecosistema vasto de bibliotecas. Pero yo creo que, más que lenguajes, hay estilos de programación —representaciones de computación, como dijo Hélia— que son más afines para ciertos tipos de software. Para desarrollar un sitio web básico no requieres lenguajes funcionales como Haskell, ni lógicos como Prolog, ni muy eficientes como C++. Con JavaScript y un framework web es más que suficiente.

Hélia: ¡Todo debería ser funcional!

Joseph: Tampoco creo que eso sea adecuado. Lo que dice Albert sobre su complejidad es cierto. Enseñar abstracciones como recursividad, transparencia referencial y funciones puras es duro si lo comparamos a enseñar bucles básicos y crear variables mutables. Hay algo, quizás, en el cerebro humano que nos hace entender mejor una cosa que otra.

Albert: A eso iba, mi cerebro no es funcional.

Hélia: ¡Pues no culpes a Haskell de tu impericia!

Albert: Ahora bien, ¿cómo saber elegir las herramientas según el problema?

Joseph: Ahí está la cuestión, porque ni siquiera es solo el problema, también hay otras restricciones, como comerciales (la empresa solo trabaja con productos de Microsoft, por ejemplo), de tiempo (mejor hacerlo en un lenguaje que te permita ser productivo), de conocimiento (el equipo de desarrolladores usa solo X herramientas) o muchas otras restricciones. Sin contar todo lo relacionado con las comunicaciones con las personas dentro de una empresa. Por eso la experiencia en la industria es relevante; leer libros ayuda, investigar también, pero la experiencia real, del día a día, es invaluable para desarrollar software.

Hélia: ¡Una apología de la ingeniería! No todo el software vive dentro de un proyecto ingenieril, la investigación en informática es muy diferente.

Joseph: Tienes razón, son distintas, la investigación también crea tipos de software, pero por lo general acotados, y «mueren» con el artículo en que se publican los resultados. Nadie crea una aplicación grande en forma de artículo de investigación, porque un producto no es investigación.

Albert: No sé. También la academia admite la posibilidad de que nazca un producto derivado de una investigación.

Joseph: ¡Por supuesto! Pero eso es una posibilidad de la investigación, no un hecho establecido de la investigación.

Hélia: ¡Bla, bla! Esta cuestión ya la mencionaba Peter J. Denning en su artículo, la computación es igual a ingeniería.[132]

Joseph: Sí, Denning y Matti Tedre lo decían, pero tampoco apuntaban a que la computación sea matemática o lógica, sino una combinación de ambas. Tedre en unos de sus libros dijo que «la ciencia de la computación no es una historia, sino múltiples historias».

---

[132] El artículo se llama *Mathematics, Logic, and Engineering in Computing*, 2021, IEEE Computer Society.

Albert: No lo he leído.

Hélia: A mí me obligaron a leerlos. Sus opiniones son interesantes, pero son predicadores que van por el desierto, dicen cosas muy ciertas pero su relevancia e influencia es cercana a cero.

Albert: ¡Entonces son muy buenos!

Joseph: Os veo muy entusiasmados con estos temas. Hasta ahora no os lo había preguntado: ¿Qué es la computación para vosotros?

VIII

Joseph quedó sorprendido con las respuestas de ambos, no pensó que le responderían aquello. Eso lo puso en un estado aún más nervioso mientras tomaba la tercera taza de café. Fue tanta su sorpresa que decidió cambiar el orden de los siguientes diálogos. Quedó así:

- ¿Existe el dualismo software y hardware?
- ¿El final de la programación? Generadores automáticos de código
- La necesidad de una filosofía de la computación
- Computación humanista: el siguiente paso de la computación

Cansado y solo, como solía estar, preparaba sus clases mientras la brisa matutina del mediterráneo golpeaba su cara. Miraba el cuadro de su mujer fallecida. «Al fin —pensó después del último diálogo— siento que todo tiene un sentido».

TOMO V

–

BUENA VIDA

La buena vida es aquella inspirada por el amor y guiada por el conocimiento.

Bertrand Russell

Todos queremos vivir bien, menos los que ya no están (por razones obvias).

Si escribe en su buscador favorito «¿Cómo puedo tener una carrera exitosa como programador?» o «Consejos para ser un mejor programador» es probable que se encuentre con una enorme cantidad de resultados, desde artículos de blog hasta videotutoriales. Los hay en español, en inglés o en casi cualquier idioma. Es algo humano. Aspirar a ser algo más. Aspirar a ser algo mejor.

Desde la antigüedad las preguntas referidas a «¿cómo tener una buena vida?» han tenido en vilo a filósofos y a toda clase de intelectuales de cada época. Queremos ser felices. Sin embargo, es difícil encontrar una respuesta definitiva; es más, usted podría encontrar toda clase de argumentos para lograr esa anhelada felicidad: argumentos más racionales u otros que apelan más a las emociones, argumentos más colectivos u otros más individualistas. Así que parece que nos encontramos en un laberinto sin salida o, al menos, en un laberinto donde la única persona que puede encontrar la salida es usted mismo.

No obstante, recorrer la vida de las personas, sus experiencias, desafíos, logros y dificultades es un tipo de aprendizaje. Aunque eso no significa que se pueda replicar, nos da, al menos, ciertas pautas para afrontar problemas que, muy probablemente, serán similares a los de otra persona. Es como cuando tenemos un mapa en nuestras manos, cada persona lo podría leer de diferente manera, pero todos llegaríamos al mismo destino. Por ejemplo: ¿cómo aprender una tecnología? ¿Cómo relacionarse con los compañeros de trabajo? ¿Cómo escribir un *curriculum vitae*?, etc.

Así, en esta última parte pretendo contarle ciertas cosas que he aprendido durante mi carrera: algunas profesionales y otras más personales, en su mayoría concernientes a la programación. Algunas lecciones podrían serle de utilidad, otras quizá no tanto; de todas formas, tenga presente que muchos de los consejos que aquí doy no son solamente un mero producto de mi experiencia, sino también de lo que he leído sobre otras personas que admiro. Tampoco es mi intención que usted tome cada consejo como algo grabado en piedra, cuestiónelo si es necesario.

Esta parte se divide en dos: aprendizaje de programación y vida personal.

Resumen de capítulos

Capítulo 1: Aprendizaje de programación

El aprendizaje de la programación encierra más cuestiones que escribir código. Se trata de un área extensa, llena de entresijos, de herramientas, de metodologías, de técnicas, de momentos gratos, pero también de desilusiones. Y no solo eso, también hay un diluvio de información que nos dificulta separar el trigo de la paja. Este capítulo busca dar respuestas a las siguientes preguntas: ¿Cómo saber qué herramientas pueden ser útiles? ¿Cómo podemos aprender a seleccionar el contenido de nuestro aprendizaje más sabiamente? ¿Qué buenos hábitos debemos aprender al comienzo? ¿Cómo relacionarnos con los demás?

Capítulo 2: Vida personal

Este capítulo se centra en algo fundamental: la vida no se reduce a la práctica ni a escribir código. Programar, crear prototipos, investigar y compartir conocimientos son cosas que están muy bien, sin embargo, la vida no solo es eso. Las personas quieren ser felices, pero ¿existe eso llamado felicidad? En este capítulo final le doy algunos consejos para construir una vida que aspire, al menos, a ser más llevadera y quizá a encontrar eso tan esquivo llamado felicidad. Aunque, para serle sincero, tamaña empresa quizá sea por definición esquiva. No obstante, eso no hace menos necesario intentarlo.

CAPÍTULO 1
APRENDIZAJE DE PROGRAMACIÓN

A veces es mejor dejar algo en paz, hacer una pausa,
y eso es muy cierto en la programación.

JOYCE WHEELER

1.1. Introducción

Aquí me tiene... Hace un calor terrible en Barcelona (España). A mi lado se encuentra el libro *El programador pragmático* de Dave Thomas y Andy Hunt, el cual hace años leí en su versión original en inglés.[133] Es un libro que contiene varios consejos para ser un mejor programador, no solo respecto a escribir buen código, sino también en cuanto a aspirar a ser un buen profesional.

Este capítulo se divide en tres tipos de consideraciones: las asociadas al uso de herramientas, esto es, a las buenas prácticas para crear software; las que le permiten avanzar en su carrera profesional; y, por último, las filosóficas, que buscan una mayor reflexión sobre su propia vida cómo creador de código. Concluiré con algunas reflexiones sobre el aprendizaje de la programación.

133 *The Pragmatic Programmer, 20th Anniversary Edition.*

1.2. Herramientas

Las herramientas conviven con nosotros. Aunque usted quisiera, no podría escapar de ellas. La programación, como cualquier actividad técnica, requiere de ellas para hacer su trabajo. ¿Se imagina a un carpintero sin su martillo? Pues no sería un carpintero. Lo mismo ocurre aquí.

Ahora bien, existen algunos riesgos en su uso que más vale advertir para luego no lamentarse:

1. El uso excesivo de herramientas puede provocar un cierto sesgo, un fanatismo hacia una herramienta sobre otra, creando así una «guerra» entre personas comprometidas con una u otra opción más que con la resolución de problemas. Así, nos olvidamos de que las herramientas dependen del problema a resolver y no de gustos personales. Las herramientas no deberían ser vistas como una banda musical o un equipo de fútbol, aunque esto es muy humano, pues está en nosotros el deseo de ser «parte de algo».
2. Relacionado con (1), se puede caer en una debilidad teórica, pues usar varias capas de abstracción (herramientas) puede hacer que nos desviemos de los principios elementales, eludamos cómo funcionan las cosas y nos volvamos dependientes en exceso de una herramienta. Un ejemplo de esto es usar un *framework* de Machine Learning sin tener conocimiento de estadística y probabilidades, ¿cómo justificará los resultados obtenidos de su modelo?

Aunque estos riesgos siempre están ahí, cada uno de los siguientes consejos busca encontrar un equilibrio entre alguien que hace un buen uso de una herramienta y otro que tiene la suficiente distancia hacer un análisis racional sobre cómo elegir la adecuada.

1.2.1. El terminal es su mejor amigo

Si le pregunto cuál es la diferencia entre un usuario común y corriente y un programador, ¿qué me respondería? Quizás usted me diría que este último, el desarrollador, emplea a diario lenguajes de programación, escribe código y crea herramientas. Pero aunque todo eso es cierto, hay algo más elemental: el uso de la *terminal*.

Es común ver a un usuario no técnico navegando en sitios web, revisando su email y usando sus redes sociales. Otro ejemplo puede ser una persona que trabaja en marketing, que debe construir campañas de nuevos productos. Un tercero puede ser un diseñador gráfico que trabaja en Photoshop o algún otro software de Adobe. Estos ejemplos tienen en común que no requieren de la terminal.

Entonces, ¿por qué la necesita un programador? ¿Qué la hace indispensable? Resulta que es la manera más práctica para ejecutar procesos y automatizar tareas propias. Imagínese por un momento tener que programar en distintos lenguajes de programación, tener que editar ficheros de texto y luego comprimirlos o tener que configurar que un proceso se ejecute cada día a determinada hora. Todo esto sería posible con herramientas con interfaz gráfica (GUI), pero es tan poco práctico y haría tan lento todo su flujo de trabajo que es algo casi inviable (además de tener que aplicar los atajos rápidos de cada herramienta).

También es evidente que usted, al programar en distintos lenguajes, podría emplear un editor de texto como Visual Studio Code, Atom o cualquiera que esté de moda, pero si necesita hacer alguna pequeña modificación en algún fichero de configuración o crear script no es necesario tener que abrir uno de estos editores con interfaz gráfica (GUI). Incluso no le hace falta el ratón. He ahí otra ventaja de la terminal: olvidarse del ratón y trabajar nada más que con el teclado. Esto puede acelerar su trabajo sustancialmente.

Procurar invertir su tiempo en aprender cómo usar su terminal podría darle grandes beneficios futuros, sin importar cuál sea su sistema operativo. Hay quien diría que tal aprendizaje es incluso un deber. Otros, como yo, le dirán que es simplemente recomendable. Sea lo que fuere, aprender a manipular la terminal le permite automatizar y, por consiguiente, acelerar su trabajo. Las siguientes herramientas las considero relevantes para trabajar dentro de la terminal:

- Bash. Es la interfaz para la terminal del sistema operativo UNIX, además de un lenguaje scripting. Si utiliza UNIX es indispensable saber usar Bash, al menos mínimamente.

- Vim. ¿Necesita editar un fichero dentro de la terminal? Una opción es Vim; otras opciones podrían ser Vi, Emacs o su alternativa moderna, NeoVim. Cualquier opción depende de su gusto, aunque el objetivo se mantiene igual: saber emplear una herramienta que le permita mantenerse en la terminal para crear o editar ficheros e instalar o desinstalar software, entre muchas otras cosas que acelerarán su labor.
- AWK. Un excelente lenguaje de programación para procesamiento de texto. Pensado sobre todo para ficheros estructurados, permite hacer separaciones, agregaciones, búsquedas, etc. Además, su sintaxis es bastante compacta y menos críptica que la de Perl.
- htop. Un visualizador que permite ver los procesos que se están ejecutando en su sistema operativo. Permite monitorizar el consumo de memoria RAM, de CPU, de números de *threads* activos, etc. Fundamental para analizar cualquier proceso. Se encuentra disponible para Linux y macOS. Para Windows existe una alternativa llamada NTop.[134]
- tmux. Permite dividir la ventana de la terminal a placer. O sea, la división no es una división propia de la terminal que utilice, sino obra y magia de tmux. Así puede guardar su configuración de ventana de manera independiente a la terminal con la que trabajé cada día. En mi caso, en Ubuntu uso GNOME Terminal; en macOS, iTerm2. En ambos casos cuando activo tmux obtengo la misma configuración de ventanas.

Hay muchas otras herramientas que son útiles, y hay muchas más que están por llegar. Sin embargo, estas las considero como las bases para comenzar a conocer otras. Y es que una buena herramienta nos hace conocer otra buena herramienta, y así sucesivamente.

Un programador es una persona que conoce muchas herramientas, pero también alguien que se adecúa y no tiene miedo de combinar herramientas para tratar diversos problemas.

---

[134] Repositorio: https://github.com/gsass1/NTop. [Revisado en junio del 2023].

1.2.2. La importancia de depurar

Lo cotidiano en la vida de un programador es que su programa falle y no sepa por qué ni cómo ni dónde ocurrió el error. Pueden pasar horas, o incluso días, y el programador se conforma con añadir un `print` en cada bloque de código para, así, manualmente, poder ir rastreando el error hasta encontrarlo y luego solucionarlo. Esta práctica, normalizada entre los desarrolladores, sean estos novatos o experimentados, produce varios inconvenientes si el error ocurre en un sistema grande, en el que es por naturaleza complejo hacer una trazabilidad.

Depurar es el arte —a veces olvidado— de la programación. No es extraño encontrarse con programadores que no saben usar el depurador de su IDE o que, si no usan un IDE, tampoco saben usar una herramienta que, a través de la terminal, les permita depurar su código. Esto es un error. Depurar es una forma de seguir cada instrucción que se ejecuta (usando interruptores [*breakpoints*]) y un conjunto de tareas como avanzar, retroceder o saltar de un bloque de código (por ejemplo, salir de un bucle). Por tanto, su utilidad deriva en la complejidad del programa que intenta depurar. Si usted se enfrenta al desafío de tratar con proyectos grandes de software, sabrá que usar un depurador le ahorrará horas de trabajo y dolores de cabeza.

La depuración permite, entre otras cosas, lo siguiente: mayor profesionalismo para trabajar. Aprender a utilizar todas las herramientas disponibles para trabajar es, como mínimo, algo indispensable en un profesional serio. Así que, independientemente del lenguaje de programación que use, averigüe cómo utilizar su depurador. Aprender a depurar es similar a aprender a nombrar variables o aprender a escribir comentarios en su código, solo es factible hacerlo bien con la práctica rutinaria.

Mi recomendación es aprender a usar un depurador como GDB (también se le conoce como *GNU Debugger*), que permite trabajar con C, C++, Go o Rust, entre otros.[135] Incluso si no sabe ninguno de estos lenguajes, me parece una buena idea aprenderlo,

---

[135] https://www.sourceware.org/gdb/. [Revisado en junio del 2023].

porque es una herramienta que está dentro de lo que se conoce como «ecosistema UNIX», es decir, una herramienta que se parece a otras presentes en UNIX. Esta, entonces, le entrega un aprendizaje no únicamente sobre cómo usar el depurador, sino también sobre cómo usar una herramienta UNIX, pues todas ellas son más o menos similares en cuanto a su formar de operar.

Algunos textos sobre la depuración que le permitirán profundizar en este tema son los siguientes:

- *Debugging with GDB: The GNU Source-Level Debugger* de Richard Stallman, Roland Pesch y Stan Shebs.
- *Effective Debugging: 66 Specific Ways to Debug Software and Systems* de Diomidis Spinellis.

Que no haya tenido la oportunidad de trabajar en proyectos grandes o crea que no es necesario no debería impedirle aprender nuevas habilidades. Depurar no solo cumple un rol elemental para analizar nuestro código, sino también para hacer un código de calidad.

1.2.3. Cuando el control de versiones es útil

Hacer una defensa sobre el uso del control de versiones parece algo obvio, quizás innecesario, algo que ni siquiera se debería decir o escribir porque ya (se supone) es algo tan normal como vestirse o ir a por un café. Sin embargo, aún hoy, no es tan raro encontrar personas que no usan un control de versiones. Peor aún, hay empresas que no usan control de versiones en sus proyectos. Esto que puede parecer increíble para cualquier persona que estima su tiempo no lo es si analizamos las ingeniosas excusas de los siguientes acusados.

Acusado n.º 1. Trabajo solo, no lo necesito

Esta persona, que podría ser yo mismo en mis primeros años junto al código, guarda para sí una gran confianza y también desconocimiento. Cree, en su ingenuidad, que el uso de control de versiones solo beneficia a un equipo, nunca de modo individual. Se trata de un claro error, pues el control de versiones, cuya utilidad resulta evidente trabajando en equipo, tampoco es cosa menor cuando se trabaja solo. Una persona también es un equipo, ya que necesita trabajar con su yo del pasado y con su probable yo futuro. Tener un registro histórico de los cambios, de las pruebas que ha realizado, es un beneficio directo para este acusado.

Incluso si el proyecto en el que trabaja es tan pequeño que cabría en unas pocas líneas de código, no es menos necesario el uso de un control de versiones. Nunca se sabe cuándo se deberá volver atrás —y ya el Control Z no funciona—. Entonces, en este caso, tener un resguardo ante problemas futuros le hará ahorrar tiempo, además de cultivarle la disciplina, tan necesaria como omitida en la programación.

Acusado n.º 2. ¿git? Demasiada complejidad

Este acusado, a diferencia del primero, supone un problema mayor: la excusa ante el esfuerzo. Es probablemente alguien que requerirá un mayor esmero para valorar lo que la comunidad de desarrolladores ya da por sentado. Y si es verdad que mantener un cierto escepticismo permite abrir nuevos caminos y, además, permite ir en contra del pensamiento encorsetado, no es menos verdad que los argumentos que sostiene este acusado son débiles; no hay por donde tomarlos.

La complejidad de git —el principal control de versiones, aunque no el único— es una realidad. Resolver problemas de conflictos en un mismo fichero modificado por varias personas puede dar dolores de cabeza. Asimismo, regresar a una versión previa no suele ser algo tan amigable (usando hash), y manejar diferentes ramas entre un equipo podría ser complicado. Todas estas son cuestiones ciertas, no obstante, eso no debería significar que no hay que usar git, pues, como cualquier profesional sabe, no todas las herramientas son de nuestro agrado, pero eso no presupone su abandono. Más bien, significa un uso consciente, una comprensión básica, para luego hacer críticas con fundamentos.

(En mis largos años programando y usando el control de versiones nunca he probado todas las posibilidades que ofrece git. Pero las que uso, a diario, son suficientes para hacer un mejor trabajo. Y su «complejidad» es soportable hasta que, quizás, en el futuro surja algo mejor).

Acusado n.º 3. ¡Me obligan a no usarlo!

Este despiadado es el acusado más vil de todos. Ya ni siquiera se trata ser indisciplinado y perezoso, si no que, simple y llanamente, no asume ninguna responsabilidad, pues la deriva a otros. Otros son culpables de sus propias culpas. En su afán por no querer progresar como desarrollador, se inventa cualquier excusa para no usar una herramienta, como la de que «no la uso porque me lo tienen prohibido» y esto contribuye a alimentar a los acusados n.º 1 y n.º 2, ya que no hay vergüenza ni justificación, solo aceptar que sigue órdenes y que, dado su inferioridad jerárquica, no le queda nada más que acatar.

Pero como también un buen desarrollador sabe, cualquier profesional debe no solo aceptar tareas, sino también proponer, debatir, argumentar por qué algo está mal. No aceptar cualquier cosa a ciegas, como alguien carente de toda ética. Sobre todo, cuando estas medidas —equivocadas todas ellas— las toma alguien que no tiene una formación técnica y, quizá, por falta de conocimiento o voluntad, las realiza. Es, en este caso, más importante aún tomar la responsabilidad de persuadir a su contrincante para que tome «la vía correcta», enumerando todos los problemas que ocurrirán por tamaña insensatez. Y si dado el caso la persona insiste en su error, usted estará tranquilo por haberle advertido.

Veredicto

Dicho todo esto, no es menos cierto que el control de versiones tiene su gran utilidad cuando se trabaja en equipo (para felicidad del acusado n.º 1). En efecto, es su razón de ser, y como diría el creador de git, Linus Torvalds: «Puedes hacer muchas cosas con git, y muchas de las reglas de lo que **deberías** hacer no son tanto limitaciones técnicas como lo que funciona bien cuando se trabaja con otras personas» (The Linux Foundation). La preponderancia de lo que ha funcionado con el paso del tiempo es una regla no escrita para el desarrollador de software, y más vale tenerla presente.

Ahora bien, y previo a darle mi veredicto, me gustaría recomendarle un libro sobre cómo aprender a usar correctamente un control de versiones (en particular, git):

- *Pro Git* de Scott Chacon y Ben Straub (disponible en su sitio web).[136]

En suma, el veredicto es que no es posible exculpar a los tres acusados, por las razones previamente expuestas, así que son declarados culpables, pero con posibilidad de rehabilitación.

1.2.4. Manipular texto

Entre las muchas ventajas que tiene el uso de la terminal, una de las más sobresalientes es el tratamiento de ficheros de texto. Imagínese las siguientes tareas para manipular un fichero: necesita filtrar su contenido, eliminar alguna columna, ordenarlo o combinarlo con otro fichero. Alguien que no sepa usar la terminal requerirá una aplicación visual para realizar todas esas manipulaciones, abrir la aplicación, buscar los ficheros, hacer los cambios manualmente... En fin, un gasto de tiempo.

En estos casos lo mejor es usar un lenguaje de programación que sea para procesamiento de texto, para trabajar directamente en la terminal, porque sus programas son de «una línea», es decir, los programas que se crean están pensado para usarse en la terminal (y no salir de esta), pues son breves y concisos. Un caso de lenguaje que funciona así es AWK. Este lenguaje tiene una sintaxis sencilla que facilita la manipulación de texto.[137]

He aquí un breve tutorial.

Supongamos que tenemos el siguiente fichero (`fmi_2021.csv`):

```
País;PIB (en miles de millones);Año de la medición
Estados Unidos;22,675.27;2021
```

[136] Acceso al libro: https://git-scm.com/book/en/v2. [Revisado en junio del 2023].

[137] Otra opción es usar Perl; no lo menciono porque lo encuentro bastante críptico en cuanto a su sintaxis, aunque para hacer procesamiento de texto con *expresiones regulares* no tiene rival. Otra opción es Python, y aunque es verdad que Python es un lenguaje scripting, tendrá que escribir mucho más código para hacer procesamiento de texto si lo comparamos con AWK. Dos reglas podrían ser las siguientes: si su código requiere más de una línea de AWK, use Python; si su código se basa en aplicar muchas expresiones regulares, use Perl.

```
China;16,162.16;2021
Japón;5,152.27;2021
Alemania;4,238.37;2021
Reino Unido;2,622.43;2021
India;2,611.91;2021
Francia;2,582.48;2021
Italia;1,935.56;2021
Brasil;1,460.83;2021
Canadá;1,441.01;2021
```

Filtrar por la columna `país`:

```
awk -F ';' '{ print $1}' fmi_2021.csv
```

Para el separador de columna se usa el argumento -F, y el programa se encuentra entre «{}» con un print de $1. El número seguido del signo $ indica la posición de la columna e inicia por defecto en 1, así que en este ejemplo podría acceder a cada columna con $1, $2 y $3 respectivamente. Como queremos solo filtrar por país, usamos el $1.

Promedio de PIB:

```
awk -F ';' '{acum += $2} END { print acum/(NR-1)}' fmi_2021.csv
```

En el primer bloque entre llaves «{}» se crea una variable `acum` que va acumulando el valor de la columna $2 (PIB). Así, en el bloque `END` (que indica el término) solo queda mostrar el promedio. El `NR` es un variable de AWK que significa el total de líneas del fichero, y como necesitamos omitir la cabecera se resta 1.

En estos dos ejemplos se puede apreciar la idea de «programa de una línea». Tanto filtrar una columna como calcular el promedio de una columna se puede hacer de manera compacta. Le recomiendo añadir AWK a su *stack* de herramientas si necesita manipular ficheros de texto a diario.

Pero el buen manejo de textos no solo se reduce a usar AWK, también es básico aprender a usar comandos de UNIX, `cat`, `grep`, `find`, `head`, `tail`, etc. Todos ellos son comandos fundamentales.

Cualquier buen funcionamiento en informática se erige sobre la combinación de herramientas: la clave está en conocer la combinación que para usted es más cómoda.

1.2.5. Reinventar la rueda

¿Cuánto del software que creamos nos pertenece? Crear un software sin bibliotecas externas parece algo imposible, o al menos no recomendado (véase el caso del desarrollo web). ¿Cuántas bibliotecas externas usa un proyecto común y corriente? Es probable que no sean dos o tres, sino decenas. Existe una confianza ciega en el código externo —por buenas razones que explicaré más adelante—. El desarrollo de software actual se construye sobre otras piezas de código. Atrás han quedado los días en que todo tenía que pasar por la validación del equipo de desarrollo y cada línea nueva era conocida, desde el método para formatear las fechas hasta el que nos permitía realizar consultas a una base de datos. Ahora, somos buscadores de buenas bibliotecas para ahorrar tiempo. Ya no hay tiempo para reinventar la rueda.

Pero reinventar la rueda tiene al menos un caso útil: cuando necesitamos comprender algo profundamente. Una mente curiosa siempre se mantiene aprendiendo; inferimos así que reinventar la rueda no solo es necesario para personas que recién están aprendiendo, sino para cualquiera que quiera profundizar y ampliar su conocimiento en programación.

A continuación, se encuentra una lista de ejemplos donde reinventar la rueda presenta una serie de ventajas a la hora de aprender:

- **Un compilador**. Aprender cómo diseñar e implementar un lenguaje de programación es un ejercicio intelectual bastante estimulante. No solo por la importancia que tienen los lenguajes de programación, sino por su implementación (compiladores), que da la oportunidad de comprender muchas otras áreas: algoritmos, estructura de datos, optimizaciones de bajo nivel (conocer el hardware), etc. «Se aprende a usar un lenguaje de programación al crear uno» es una frase que se podría aplicar a cualquier otro sistema.

- **Un sistema operativo**. Cuando Linus Torvalds creó Linux, usó MINIX como base.[138] Esto indica que no todo el software se comienza de cero, pues entender otro código y apoyarse en este permite una nueva obra y aprendizaje. Entender «el software de software» (sistema operativo) es una forma de comprender cómo funciona el software más cercano al hardware, que no es poco.
- **Una base de datos**. En el gran «zoológico» de bases de datos, las hay de grafos, de clave-valor, de documentos y las vilipendiadas —pero más robustas y populares— relacionales. Cualquiera de ellas representaría un reto técnico. Quizá las del primer grupo —no relacionales— pueden ser más abordables para una única persona, pues son estructuras de datos que deben trabajar de forma persistente; véanse como inspiración las bases de datos (clave-valor) RocksDB y LevelDB, ambas con sus códigos disponibles en GitHub.

Tras leer esta lista se podría concluir que reinventar la rueda es para desarrolladores con gran pericia, pues crear algunos de estos tipos de sistemas no suele ser para un novato, ya que sobrepasa su conocimiento. Sin embargo, el intento puede traerle recompensas incluso si está inacabado. Ganará en experiencia, porque comenzar a implementar un lenguaje de programación, un sistema operativo o una base de datos no significa que deba crear un nuevo C++ o una copia de UNIX, sino algo más modesto, que también es válido, sobre todo si lo que quiere es entender el funcionamiento de estos sistemas.

---

[138] Un clon de UNIX desarrollado por Andrew Tanenbaum en 1987 y explicado en su libro *Operating Systems: Design and Implementation*. Aunque Linux es un núcleo monolítico, MINIX, en cambio, es un micronúcleo (para más detalles puede revisar el capítulo sobre sistemas operativos).

1.2.6. Use generadores de código

Mire, quizás usted no lo sepa, pero desde hace un tiempo, muchos programadores —usted y yo incluidos— usamos generadores de código manuales que, en algunos casos, tienen el nombre de StackOverflow u otro sitio web donde se pueda copiar código.

Son generadores de códigos menos sofisticados, pero, al fin y al cabo, lo son, porque nos ayudan a encontrar un código (solución) a nuestro problema. Buscamos lo que necesitamos en Google y llegamos de una u otra manera a él. Y no hay nada de malo en copiar código, siempre y cuando sepa lo que está copiando. Esto es evidente. Un mínimo de diligencia se necesita para entender lo que hace el código y leer la explicación del usuario que lo presenta. Ahora bien, estos no son los generadores de código a los que me refiero.

Es probable que usted conozca el generador de código —o como me gusta decirle, el asistente de código— más popular del momento: GitHub Copilot. Este, a través de solicitudes en lenguaje natural (por ejemplo, en inglés), nos genera el código que buscamos.

Así, si usted está escribiendo en Python y dentro del fichero `main.py` (por dar un ejemplo) con un comentario escribe: «# cómo enviar un email», nuestro asistente con inteligencia artificial hará magia y le devolverá todo el código necesario para que pueda enviar un email usando Python. Antes comenzaba con una búsqueda en Google y terminaba —inexorablemente— en StackOverflow. Ahora, con unas pocas líneas, ahorra tiempo y se convierte en un programador productivo.

Y es que en nuestra época el tiempo es limitado y la cantidad de herramientas que necesitamos para programar crece cada día. Sin embargo, una gran proporción de las tareas que debemos hacer son repetitivas. No todos los días requerimos crear un algoritmo sofisticado. O crear una funcionalidad que nunca hayamos hecho antes. Más bien muchas de las cosas que tenemos que hacer son repetitivas: invocación a una API Rest, enviar un e-mail, leer un fichero, comprimir una carpeta, etc. En este tipo de circunstancias usar un generador de código es una valiosa ayuda.

Más que ser herramientas que hagan peligrar el trabajo de un programador, yo las veo como herramientas que nos harán más productivos.

Eso sí, antes de abalanzarse, dejar tirado este libro e irse a descargar GitHub Copilot (o el asistente que esté de moda en el momento que lee este libro) tenga en consideración que el código generado —en estos momentos, en 2023— no asegura nada de lo siguiente:

- Seguridad. Un estudio realizado por investigadores de Stanford a finales del 2022 demostró que el código generado por asistentes de IA (OpenAI codex) es más inseguro que el código realizado por los participantes que no contaban con un asistente. Además, los que usaron un asistente de IA se formaron una falsa sensación de seguridad: pensaban que al usar esta herramienta su código era más seguro cuando era lo contrario (Perry, Srivastava y Kumar).
- Fiabilidad. Sumado a lo anterior —sea seguro o inseguro—, el asistente no asegura que el código funcione correctamente. No es extraño solicitar un código y que lo devuelto no haga lo que usted necesitaba o, si lo hace, esté incompleto.
- Legibilidad. Aunque asumamos que el código es seguro y fiable, esto tampoco significa legibilidad. Este es un término asociado a la capacidad de otro humano de entender el código. La ilegibilidad puede deberse a muchos motivos: nombres de variables incorrectos o llanamente ilegibles, construcciones de código más complejas de lo necesario, etc.

Aunque leer los tres puntos pueda sugerir un panorama desolador, esto podría cambiar en un futuro cercano, quizá no en cada punto, pero si en algunos, lo cual sería suficiente para transformar el asistente en una herramienta imprescindible para los desarrolladores.

1.3. Buenas prácticas

¿Buenas prácticas según quién? Esta pregunta retórica es válida para mi cometido. Hoy es común ver personas entregando una lista de «buenas prácticas» sin comprometerse con sus interlocutores. Así pues, la lista de buenas prácticas que le entrego a continuación no solo incluye sugerencias indirectas, sino que debería incitarle a tomar un compromiso con usted mismo. Un compromiso que me propongo *justificar*.

1.3.1. Sobre leer código

El ganador del premio Turing Alfred Aho, en una entrevista, dio los siguientes consejos para todo aquel que quiera ser mejor programador:

> Mi sugerencia número uno es pensar antes de programar. Luego recomendaría escribir mucho código, pedir a expertos que critiquen su código, **leer buen código escrito por otros** y participar en revisiones de código. Si usted es muy valiente, puede intentar enseñar a los estudiantes a escribir buen código.[139] (Biancuzzi y Warden, *Masterminds of programming: Inspiring conversations with creators of major programming languages*, pág. 104)

Y aunque esta respuesta contiene varios consejos, nos quedaremos con uno: «leer buen código escrito por otros», y es que, a mi parecer, es una tarea de la cual no se habla mucho, quizá porque parece algo menor o irrelevante. Pero al igual que para un escritor de literatura su principal escuela no es un curso de escritura creativa, sino la lectura de grandes escritores, lo mismo ocurre al enfrentarnos al código.

Aprender de buenos programadores es un atajo que a veces se subestima. Primero, porque se piensa que la programación solo se aprende mediante cursos, *bootcamps* o en una universidad; y segundo —y en menor medida—, porque se cree que el conocimiento del código se encuentra en los libros, que, aunque necesarios, ya que entregan un orden y una profundidad de los que carece un curso, de igual forma omiten detalles. Esos detalles se encuentran viendo la obra misma. Un software relevante, al igual que un cuadro relevante, sirve para apreciar la técnica, y no solo eso, también sirve para entender su organización, su estructura, su forma de nombrar las variables, su forma de definir las

[139] Las negritas fueron añadidas.

funciones e incluso su forma de comentar. Todo ello conforma los detalles que la lectura de código nos da.

En la actualidad tenemos la ventaja de que hay repositorios públicos. Estos nos permiten encontrar código de calidad y, sobre todo, validado por una comunidad. Sumado a que los hay en todos los lenguajes de programación.

Leer código puede derivar del gusto de usar una herramienta, para así comprender mejor cómo funciona. Además, en el camino uno aprende. Supongamos el siguiente caso: en cada proyecto uso un *framework* en particular, entonces podría pasar de leer la documentación de este a leer su implementación, para entender los detalles ocultos en la documentación. Es útil principalmente cuando no entendemos cómo funciona un método del *framework* y la documentación no entra en detalles.

En suma, leer código es la principal escuela para aprender de los maestros.

1.3.2. Cree una historia de su código

Tucídides, historiador ateniense de la antigua Grecia, dijo: «La historia es un incesante volver a empezar». En su obra cumbre, *Historia de la guerra del Peloponeso,* considerada como un clásico, expone con detalle la guerra que enfrentó a la Liga de Delos (Atenas) y la Liga del Peloponeso (Esparta), en la que vencieron los últimos. La obra es una muestra de que relatar una historia es un incesante regreso al pasado, a una fuente primordial para contextualizarlo y entenderlo todo, aunque esta nunca sea del todo precisa.

El código, del mismo modo, puede contener una historia.

Un código tiene una historia, un contexto y una razón. ¿Por qué no dejar registro de esto? A primera vista parece que con cumplir con el requisito —escribiendo el código— es suficiente. En otras ocasiones, sin embargo, agregar una historia puede ayudarnos a comprender por qué escribimos *ese* código.

La diferencia entre la historia y la documentación es un tema de a quién va dirigida. La documentación se crea para otros; la historia, para uno mismo. Como cuando se escriben anotaciones sobre una lectura, uno acaba enfrascándose en reflexiones personales que se traducen en preguntas, en críticas, en sugerencias o en síntesis. «Una discusión con el autor». Es un trabajo solitario, para intentar recordar el contexto en el que el código fue escrito. Es, por tanto, una labor menos formal, y debería tener un estilo libre, sin las estandarizaciones que nos exige el tipo de documentación clásica de software.

El ganador del premio Turing en el año de 1972, Edsger Dijkstra, fue un asiduo escritor. Con su pluma —que nunca abandonó— alabó y criticó diferentes cuestiones; escribir para él fue una rutina, y en esa rutina reflexionaba sobre los desafíos de la computación de su presente. Una enorme cantidad de escritos muestran su erudición, la capacidad de conectar la historia antigua con los problemas de su tiempo.[140] Aunque estos escritos no podrían considerarse una «historia» en los términos que he presentado, dan cuenta del valor de aprender a pensar a través de la escritura. Es, quizá, lo principal que podamos aprender de Dijkstra.

Esta ardua tarea, la de escribir reflexiones, también se podría equiparar a escribir un diario, con la diferencia de que en este caso los pensamientos atañerían al código y no tanto a su vida personal. Escribir es, por lo demás, una forma de pensar mejor, ya lo decía Leslie Lamport, otro ganador del premio Turing (2013):

> Si usted cree que entiende algo y no escribe sus ideas sobre ello, solo cree que piensa. Para pensar claramente, debe ser capaz de escribir sus ideas claramente. Lo que requiere saber escribir bien. Aprender a escribir bien mejorará su pensamiento.[141]

Asimismo, no basta con escribir, mejor es cuando «escribimos bien».

---

[140] Podría considerar revisar mi libro *Mentes Geniales. La vida y obra de 12 grandes informáticos* para ahondar en la vida de Dijkstra. Por otro lado, la fuente principal de su pensamiento se encuentra en sus archivos EWD (acrónimo de su nombre completo, Edsger Wybe Dijkstra), disponibles en https://www.cs.utexas.edu/users/EWD/. Consiste en una recopilación de todas sus transcripciones (pues el escribía todo a mano), que cubren los años de 1962 a 2002 (año de su muerte).

[141] *Think and Write, with Leslie Lamport* (minuto 1:13), aquí el vídeo: https://youtu.be/RnY5iJea5ww. [Revisado en junio del 2023].

1.3.3. Sobre escribir código

«La escritura —decía Richard North Patterson— no es producto de la magia, sino de la perseverancia». Esa perseverancia que se traduce en escribir, escribir y escribir, y que, en nuestro caso, se trata del *código*. Esa parece ser la consigna para ser un mejor programador. En parte estoy de acuerdo. Un pintor no se hace pintor solamente leyendo libros que explican técnicas de pintura al óleo o leyendo un tratado sobre estética. Una práctica deliberada es conveniente. Y tenga en cuenta que uso la palabra «deliberada», pues si cada día escribo el mismo código, sin ningún reto extra, como una actividad mecánica que no me pone a prueba (como alguien que va al gimnasio y siempre levanta el mismo peso), entonces no voy a ver mejoras.

Evidentemente, esta sugerencia es más útil cuando está dando los primeros pasos en el desarrollo de software. Creo que, con el paso de los años, mientras gana más experiencia, hay tareas que se vuelven rutinarias y, por tanto, es imposible escapar de ellas. Pero si usted se encuentra en el comienzo de su vida profesional, sin duda debe escribir código, mejor dicho, debe escribir *mucho* código. Le hará mejor programador.

La clave se encuentra es ser flexible. Antes mencioné «poner a prueba», y me refiero a resolver distintos problemas que, naturalmente, lo llevarán a aprender diferentes tipos de herramientas. Si quiero aprender a desarrollar una web, entonces voy a tener que conocer JavaScript, HTML y CSS; si quiero analizar datos, Python quizá sea una buena opción; si quiero desarrollar un videojuego, podría explorar C# con Unity; y así sucesivamente. Entonces, los diferentes problemas que intente jugar (resolver) serán un aliciente para aprender cada vez más.

Evitar el *statu quo* es prerrequisito. No le recomiendo a nadie ser un fanático de una tecnología (cualquiera que sea) y, aunque sea verdad que todos tenemos nuestras herramientas con las que nos sentimos más cómodos —pues las entendemos mejor—, no menosprecie ni evite otras. Procure aprender de todas, pues se enriquecerá profesionalmente.

Considere el caso de muchos lenguajes *mainstream* que en los últimos años han incorporado características funcionales; si usted conocía un lenguaje funcional como Haskell, Racket u otro, estas nuevas características no le parecerán extrañas y las entenderá sin problemas.[142] Siempre encontramos ejemplos de este tipo en la programación. Nada está totalmente aislado. Por tanto, conocer lenguajes que tienen un estilo de programación predominante le ayudará a conocer otros lenguajes mejor. El conocimiento nunca ocupa espacio, menos en programación. Y la perseverante escritura de código es la forma de ganar conocimiento.

1.4. Avanzar en su carrera

Hay un momento en la carrera profesional que debemos cambiar de dirección, elegir nuevos retos, elegir nuevos renacimientos, elegir nuevas ilusiones, siempre con la intención de aprender para mejorar.

1.4.1. Averigüe qué tipo de programador es

En 1932, Aldous Huxley escribió *Un mundo feliz,* un libro distópico que trata de un mundo extremadamente capitalista donde todas las personas están obligadas a ser felices y no existe la tristeza (pues todo esta medicalizado para controlar las emociones). Todos son clasificados por castas, racionalizados, y su destino ya está predefinido. El individuo, con sus matices, diferencias, aspiraciones y personalidades, desaparece para dar paso a seres incondicionalmente subordinados al funcionamiento del Estado.

Esta interesante novela nos presenta los peligros de una sociedad que pierde la naturaleza humana, que consiste en la búsqueda de un camino propio. No todos debemos ser iguales, pero sí iguales en oportunidades. Y está bien discernir con otros si estas diferencias están basadas en el respeto. Lo que hace felices a unos puede hacer infelices a otros, es un tema personal, como los gustos, los colores, la música, la ropa o incluso los lenguajes de

---

[142] Como se argumentó en el Tomo II (Principios), los nuevos lenguajes de programación y los ya existentes son multiparadigma por defecto.

programación. Esto lleva a la cuestión de que no hay un solo tipo de programador, hay muchos.

Esta multiplicidad de tipos de programadores, por lo general, se detecta por las distintas afinidades a la hora de construir diferentes tipos de software (por ejemplo, aplicaciones móviles, sistemas embebidos, aplicaciones web, servicios de API, etc.). No es lo mismo alguien que crea todas las interacciones visuales de un sitio web que otro que se divierte haciendo ingesta de datos a una cola de mensajería para luego realizar consultas a la base de datos. Es un tema de contexto y de entorno. De contexto porque depende del significado y la autosatisfacción de las tareas que realiza, y de entorno porque no es lo mismo hacer una tarea que nos gusta en una empresa en la que nos sentimos a gusto que en una que no toleramos.

Mi sugerencia sería la siguiente:

> Construya muchos tipos de software. Esto lo puede hacer de manera independiente. Asimismo, en el ámbito laboral podría cambiar de rol de trabajo para descubrir si las nuevas tareas que hace le gustan más o no. No hay mejor manera de conocerse y saber en lo que tiene afinidad que experimentando por usted mismo.

Para ayudar a esbozar que tipo de programadores existen, ahora daremos una breve descripción de los que considero relevantes. (Sí es verdad que puede haber programadores que son una intersección de más de un tipo; es un tema de énfasis más que algo estricto).

Programador de sistemas de bajo nivel

Estos programadores por lo general trabajan en el desarrollo de compiladores, de sistemas de bajo nivel, de *kernel*, de *drivers*, de software que trabaja con hardware embebido y microcontroladores o de cualquier componente o dispositivo que requiera una mayor cercanía al hardware. Además, su labor implica un conocimiento detallado y riguroso del manejo de los recursos del ordenador (memoria y disco duro). No desperdiciar recursos es fundamental, sumado a poder detectar problemas de rendimiento de un programa para, luego, solventarlos. En suma, el conocimiento teórico y práctico de los sistemas operativos es esencial.

Lenguajes de programación principales: C, C++, Rust.

Conceptos fundamentales de su rol: eficiencia, gestión de los recursos, programación de sistemas.

Lecturas recomendadas:

- *Operating System Concepts* de Abraham Silberschatz, Greg Gagne y Peter B. Galvin. Es un libro clásico —identificado por el dinosaurio en su portada— de sistemas operativos. Este libro le entregará todos los aspectos teóricos sobre los sistemas operativos.
- *Computer Systems: A Programmer's Perspective* de Randal E. Bryant y David R. O'Hallaron, publicado por la Carnigie Melion University. Es otro libro de gran influencia para la programación de sistemas: *kernel*, compiladores y sistemas operativos, entre otros.
- *The Linux Programming Interface: A Linux and UNIX System Programming Handbook* de Michael Kerrisk. Es un texto fundamental para entender los entresijos de programar en UNIX.

Programador visual

El componente principal de este tipo de programadores es que sus desarrollos crean «mundos» visuales que una persona técnica o no técnica pueda apreciar. Los hay de distintas clases, por ejemplo, en la web se les llama *frontend*: creadores de todas las interacciones y componentes que emergen en la pantalla de una aplicación (por ejemplo, web o móvil). Otro tipo es el que crea obras visuales o animaciones. También se pueden añadir los desarrolladores de videojuegos, pues deben crear entornos artificiales. Esto por lo general —en la actualidad— se logra usando motores gráficos (por ejemplo, *Unreal Engine* o *Unity*).

Lenguajes de programación principales: JavaScript, Processing, C++ (videojuegos).

Conceptos fundamentales de su rol: estética adecuada, orientado al usuario final, interacción del usuario.

Lecturas recomendadas:

- Un libro fascinante y peculiar es *The Nature of Code* de Daniel Shiffman.[143] En este libro el autor usa el lenguaje Processing para ayudarnos a comprender los diversos comportamientos de sistemas naturales de nuestro mundo creando diversas simulaciones.
- Con respecto a los videojuegos, muchos desarrolladores usan motores gráficos como *Unreal Engine* o *Unity* más que comenzar desde cero sus «mundos artificiales». Es algo ya estandarizado en la actualidad. Considere los siguientes libros:
    - Para aprender *Unreal Engine* podría revisar el libro *Game Development Projects with Unreal Engine: Learn to build your first games and bring your ideas to life using UE4 and C++* (2020) de Hammad Fozi, Gonçalo Marques, David Pereira y Devin Sherry.
    - Sobre *Unity* una opción es *Unity in Action, Second Edition: Multiplatform game development in C#* (2018) de Joesph Hocking.

Para *frontend* no tengo una recomendación más que procurar buscar un libro de JavaScript con HTML y CSS. La cantidad de herramientas que hay en *frontend* hace que sea muy difícil recomendar algo, pues los cambios son constantes (a saber, en sus *frameworks* web). Por ello, considero una buena idea enfocarse en aprender bien JavaScript junto a HTML y CSS.

Programador de gestión de datos

A diferencia del resto, este programador cuenta entre sus tareas la manipulación de pequeñas o grandes cantidades de datos. No solo decidir cómo almacenarlos, sino extraerlos de distintas fuentes y limpiarlos es también parte de su labor. Su conocimiento

---

[143] Más información en https://natureofcode.com. [Revisado en junio del 2023].

debe consistir en el mantenimiento y construcción de las bases de datos y de los *pipelines* (flujos ordenados de operaciones que se realizan sobre datos) y debe asegurarse de que la transmisión de datos de un punto a otro se realiza correctamente.

Lenguajes de programación principales: Python, Scala, Java, SQL.

Conceptos fundamentales de su rol: *Big Data*, limpieza de datos, procesamiento de cola, base de datos (relacionales y NoSQL), *pipeline*, transmisión de datos en tiempo real.

Recomendación de lecturas:

- **Base de datos relacionales**. Con respecto a los aspectos teóricos del modelo relacional hay dos libros —del mismo autor, C. J. Date—[144] que considero relevantes y se los recomiendo fuertemente:
    - *Relational Theory for Computer Professionals: What Relational Databases Are Really All About* (2013). Una introducción teórica al modelo relacional pensada para informáticos. (Tenga en cuenta que el modelo relacional es un tema matemático más que una cuestión única de los informáticos. De ahí el enfoque particular).
    - *Database Design and Relational Theory: Normal Forms and All That Jazz* (2019). A diferencia del anterior, en este Date presenta la normalización en todas sus fases, desde un enfoque agnóstico y sin aferrarse a una base de datos en especial.
- **Bases de datos no relacionales (NoSQL)**. Una clasificación adecuada y que además realiza un tratamiento de todas las categorías de bases de datos NoSQL se puede encontrar en el siguiente trabajo:
    - *NoSQL Databases* (2011) de Christof Strauch.[145] A pesar de ser un artículo del 2011, no pierde vigencia —al menos no mientras escribo

[144] Date es un destacado investigador de las bases de datos relacionales. Mantuvo contacto con Edgar Codd, creador del modelo relacional.

[145] Disponible de manera gratuita: https://www.christof-strauch.de/nosqldbs.pdf. [Revisado en junio del 2023].

esto, en 2022—. En este libro se presentan las diversas categorías de bases de datos NoSQL (columnares, documentales, clave-valor) junto a los conceptos principales que las fundan (consistencia, particionamiento, modelo de consultas, procesamiento distribuido) usando como ejemplo algunas de las bases de datos más comunes de cada tipo. Recomendado incluso para exploradores de los aspectos históricos.

Programador de analítica

En contraste con el programador que gestiona los datos, este tipo de programador presupone que los datos existen y están disponibles para ser leídos y, por tanto, manipulados y analizados, para finalmente producir predicciones que enriquezcan el negocio. Su objetivo es buscar patrones en los datos que permitan crear modelos predictivos —y de optimización— que puedan responder a preguntas que solicita el negocio (por ejemplo, «¿Por qué el stock se agotó más rápido este mes?», «¿Si se añade una sucursal en tal lugar, en cuánto aumentarán las ventas?»). El concepto de «predicción» lo hace estar cercano a la inteligencia artificial y a subáreas de gran importancia como el *Machine Learning* y el *Deep Learning*. Es probablemente el tipo de programador que más requiere una base sólida en matemáticas, estadísticas y probabilidades.

Lenguajes de programación principales: Python, R, Matlab, Julia.

Conceptos fundamentales de su rol: optimización, modelos predictivos, análisis de datos.

Lecturas recomendadas:[146]

- *Artificial Intelligence: A Modern Approach* de Stuart Russell y Peter Norvig.[147] Probablemente la mejor introducción general a la inteligencia artificial.

---

[146] En este tema hay tanto libros como autores destacados; algunos son más teóricos y otros más prácticos. Dejaré los que considero más generales y que buscan un equilibrio entre ambos mundos.

[147] Más información: http://aima.cs.berkeley.edu. [Revisado en junio del 2023].

- *Probabilistic Machine Learning: An Introduction* de Kevin P. Murphy. Una introducción teórica al aprendizaje automático.
- *Deep Learning* de Aaron Courville, Ian Goodfellow y Yoshua Bengio.[148] La introducción al aprendizaje profundo que ha suscitado una grata recepción tanto en la academia como en la industria.
- *Mathematics for Machine Learning* (2020) de Aldo Faisal y Marc Peter Deisenroth. Un texto útil, sobre todo para repasar los fundamentos matemáticos detrás del aprendizaje automático.
- *The Hundred-Page Machine Learning Book* (2019) de Andriy Burkov. Un libro conciso y ameno, ideal para ingresar al mundo del aprendizaje automático.

1.4.2. Cuando enseñar también significa aprender

En sus entrevistas, en sus libros y en sus charlas entusiastas, el premio nobel Richard Feynman dejaba entrever los pasos que seguía para aprender: (1) elegir un tema o concepto a estudiar y ponerse a ello; (2) explicar lo estudiado con un lenguaje sencillo, como si tuviera en frente a un niño; (3) revisar las áreas donde uno tiene problemas; y (4) volver a organizar y revisar la información. Ahora vuelva a (1).

Este ciclo de retroalimentación se puede apreciar en la siguiente Figura:

[148] Más información: https://www.deeplearningbook.org. [Revisado en junio del 2023].

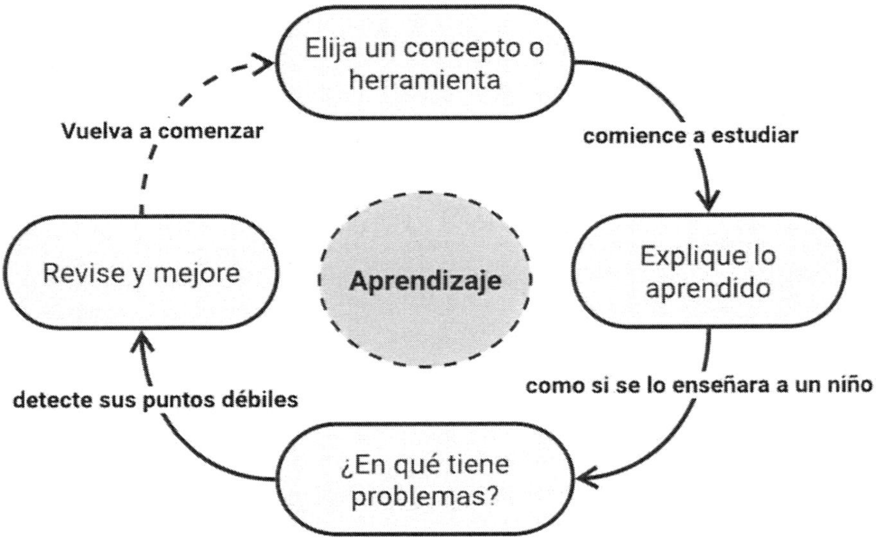

Figura 52. *Método cíclico de aprendizaje de Feynman. Consta de cuatro etapas.*

Esta estrategia cíclica de aprendizaje puede ser adaptada a la programación: (1) elija un concepto o herramienta a aprender, luego experimente con él, realice algún ejemplo práctico; (2) explique lo que aprendió a otro, ojalá enseñando un ejemplo de código; (3) revise en qué partes tiene problemas e intente saber por qué; y (4) a través de la revisión sea crítico con lo que ha hecho y busque una forma de mejorar. Vuelva a (1).

Aunque Feynman nunca dejó por escrito su método, este subyace en todas sus charlas (disponibles en YouTube) y en su libro *¿Está usted de broma, Sr. Feynman?* Este último es una obra en la que predomina el humor, la curiosidad y, sobre todo, su exquisita capacidad de resolver problemas creando ingeniosas analogías con el mundo real (algo que animo a realizar con entusiasmo, además de leer el libro). El aprendizaje, para Feynman, era igual que un juego —observe a un niño jugar con algo que le interesa y verá a lo que me refiero—, como la actitud de un investigador intentando resolver un misterio, un Sherlock Holmes, y nunca una actividad desalentadora que nos obligan a hacer.

Pero hay más: enseñar es un mecanismo de aprendizaje. Escribir un libro es un acto de aprendizaje. Grabar un video o un pódcast es un acto de aprendizaje. Dar clases presenciales también es un acto de aprendizaje. Un buen docente sabe que cuando enseña ambos mundos se reúnen: el de sus alumnos y el suyo, con el afán de aprender. En cierta forma es un acto de libertad y de generosidad hacia los demás, y en otros casos, es un acto de rebeldía ante la vida y consuelo ante la soledad.

Por supuesto que enseñar conlleva riesgos —¿y qué no?—, porque significa exponerse, salir de la zona de confort, de la comodidad de pasar desapercibido, lo cual puede llegar a ser bastante estimulante. Pero yo le animo a exponerse y a compartir. No piense en algo grande. Pueden ser pequeños aportes. Podría considerar participar en algunas redes sociales tales como Quora, Stackoverflow, YouTube y Twitter (o cualquier otra), compartiendo o resolviendo dudas de lo que sabe.[149] Todos sabemos algo.

El principal temor a la hora de compartir conocimiento es el miedo a la crítica. Como decía Aristóteles, «el que ha superado sus miedos será verdaderamente libre» y es que, aunque no todo en la vida sean elogios, hay algo de libertad al enfrentarse a sus miedos. Intente omitir frases autosaboteadoras como «No sé lo suficiente» o «Me cuesta mucho escribir o hablar», pues no le aportan nada. Déjeme decirle que siempre puede haber una crítica que no aporte nada (incluso si la crítica viene de uno mismo), pero, al mismo tiempo, tendrá tres o más elogios a sus aportes. Mantenga, por tanto, la proporcionalidad a la hora de deprimirse por comentarios ingratos y siga adelante sin agachar la cabeza.

Estas son algunas cuestiones que considero de suma importancia a la hora de enseñar:

1. Aprender a comunicarse en el lenguaje natural, ya sea de manera escrita u oral, es imprescindible, pues no todo es código. La programación no puede reducir nuestras habilidades sociales. El valor de saber comunicarse con personas es indudable. Es incluso más importante que saber programar —sobre todo cuando lleva muchos años en su carrera—, pues comunicarse con alguien que no es técnico es igual de complicado que tratar de explicarle a un programador

[149] Tenga en cuenta una cosa importante sobre el uso de redes sociales: no se involucre en discusiones con desconocidos, pues por lo general suelen ser pérdidas de tiempo con estériles resultados.

novato cómo funciona un software. Ambos casos requieren destreza en la comunicación.

2. Escribir es aprender a pensar. Leslie Lamport —ganador del premio Turing en 2014— lo recalca constantemente. Él decía: «Escribir bien significa pensar mejor». El acto pausado, reflexivo y conciso que conlleva la escritura le ayudará a dar luz a sus ideas, a ordenarlas, a argumentarlas correctamente y a encontrar errores que pasó por alto.
3. En caso de material audiovisual como YouTube o audio (pódcast), ambos son un excelente ejercicio para compartir su conocimiento y enseñar. Podrá entender mejor el tema que conoce, pues al grabarse y luego escucharse (o verse) podrá detectar lagunas en su conocimiento de las que no se había percatado.
4. Paciencia. Es normal, con el paso del tiempo, caer en el sesgo del conocimiento: «asumir que lo que para uno es fácil, para otros también lo es». Piense siempre en la persona que está aprendiendo, evalúe sus avances, evalúese a sí mismo, sin perder de vista que usted también fue un aprendiz alguna vez.

Aquí algo importante: siempre que comienza en una actividad, su material no será de la mejor calidad; es totalmente normal. No se preocupe. Esto irá mejorando con la repetición y perseverancia. Así que no baje los brazos. Después de su tarea extenuante, recibir la gratitud de los demás es quizá lo más significativo que puede obtener un docente o divulgador. El impactar la vida de otros para bien será su mayor recompensa.

1.4.3. Construya una comunidad

La vida de Pieter Hintjens me parece fascinante, aunque —para pesar nuestro— fue demasiado corta. Hintjens fue un escritor e informático belga, experto en sistemas distribuidos, creador de protocolos de comunicación. No obstante, creo que lo que más rescato de él fue su labor como fundador de comunidades en línea, a lo que él llamaba «sistemas vivos» (*living systems*). Fue un luchador contra las patentes depredadoras de la industria de software. «El sistema de patentes no tiene otra función que la de permitir que gánsteres vestidos de traje se llamen a sí mismos "empresarios honestos"», llegó a comentar en su libro *Digital Revolution*. También definió el término *Social Architecture* como «el proceso y el producto de planificar, diseñar y hacer crecer una comunidad en línea», que desarrolló en su libro del mismo nombre, *Social Architecture – Building Online Communities*.

En 2007, fundó su principal proyecto, ZeroMQ, una biblioteca de código abierto de mensajería para construir sistemas concurrentes y distribuidos. Su vida tuvo un triste desenlace, pues le diagnosticaron un cáncer terminal y optó la eutanasia (su último mensaje fue a través de Twitter). Murió en 2018, a la edad de 53 años.

Hintjens representa a ese tipo de persona comprometida con un mundo mejor, que no solo entrega al mundo sus creaciones, sino que también cultiva ese amor por compartir, que en su caso se tradujo en hacer accesible su conocimiento a todos. Sus enseñanzas, sumadas a su espíritu combativo, siempre me han acompañado. Por tanto, creo que comenzar con su historia es la mejor manera para hablar sobre lo que todo desarrollador podría hacer: construir una comunidad.

Las comunidades no son un sistema únicamente humano. Usted quizás haya visto cómo se comporta una colonia de hormigas: cada una tiene un rol asignado dentro de su colonia. Unas ocupan el rol de recolectoras y salen al mundo a buscar alimento (obreras), otras son las que evitan que entren intrusos y protegen la colonia (soldados) y, como es de suponer, hay las que tienen el rol principal: la hormiga reina.[150] Para que una colonia de hormigas funcione, cada hormiga debe cumplir su rol. Lo mismo pasa con una comunidad de programadores.

En este punto es conveniente dar una definición de lo que es una comunidad informática: «Un grupo de personas que no solo comparten principios comunes, sino que también desarrollan y comparten prácticas que ayudan a los individuos del grupo a prosperar» (Thengvall). Esta definición me agrada porque habla de principios, así como de compartir prácticas que ayudan a otros a *prosperar*. Tenga presente el «prosperar», pues quiere decir

---

[150] Algunas especies de hormigas pueden tener más de una reina, aunque por lo general siempre existe una.

que una comunidad ayuda a sus miembros a ser mejores de lo que eran antes de ingresar. Es el caso ideal de una buena comunidad: producir un impacto positivo en la vida de cada individuo.

Las preguntas fundamentales

Teniendo en cuenta esto, antes de crear una comunidad, sería conveniente tener claras las respuestas a las siguientes preguntas:

1) ¿Por qué crear una comunidad?

Una pregunta importante porque le dará el *sentido*. (Más abajo mostraremos un ejemplo sobre esta pregunta).

2) ¿Qué espera lograr con la comunidad?

Esta pregunta busca establecer los objetivos. Debe definir claramente los objetivos a lograr para más tarde poder medir cuáles se han cumplido y, si no, saber cuánto falta para alcanzarlos.

3) ¿Quiénes forman la comunidad?

El grupo de personas a las que está dirigida. Esto no es simple. Se espera que una comunidad sea lo más inclusiva posible, per, tener personas con distintas personalidades, nacionalidades, religiones, edades, sexos, etc. no es fácil de organizar, y de eso trata la dificultad de las relaciones humanas. En cualquier caso, es bueno enriquecer una comunidad con diversas opiniones.

No obstante, no hay que ser ingenuo: si hay personas que no están comprometidas con los *objetivos* de la comunidad, eso generará conflicto. Aunque se pretenda incluir a muchas personas en torno a una comunidad, es imposible decir «Esta comunidad es para todos los desarrolladores», pues quizá su comunidad requiere juntar a personas de X lenguaje de programación o que tengan cierto nivel de experiencia. Tenga presentes sus objetivos y acepte a las personas que crean en ellos.

4) ¿Qué voy a ofrecer?

Una vez ya la ha comenzado a crear, se podría preguntar los siguiente: ¿Qué debo mejorar?

La primera pregunta es la fundamental, pues ataca a lo primordial: ¿por qué estoy haciendo esto? A continuación, presento un ejemplo:

QuantumReal es una empresa que investiga en computación cuántica. Su planta está constituida por investigadores de diversas áreas: física teórica, física aplicada, matemáticos y científicos de la computación... Su labor consiste en abrir nuevos horizontes donde la computación cuántica sea útil para la sociedad.

La filosofía de QuantumReal no es solo investigar, también es divulgar sus trabajos sobre los beneficios, las desventajas y cómo la computación cuántica repercutirá en nuestra vida.

Es importante tener claros los objetivos de su empresa, y esto es también aplicable para buscar el porqué de crear su comunidad. Aquí, QuantumReal busca conectarse con la sociedad, no mantener ocultos sus trabajos ni medir los aportes de sus trabajadores solo por las publicaciones científicas realizadas; más bien, quieren que sus investigadores se involucren en la divulgación de sus trabajos porque esto ayudará a evitar confusiones sobre los alcances de la computación cuántica.

Hay varios tipos de comunidades que puede crear como informático, aquí las agrupo en dos.

Basadas en una herramienta

Una comunidad en torno a una herramienta es quizá la más popular. Hay dos posibilidades:

- Crear una herramienta y hacerla de código libre. Esto le permitirá dar a conocer su código y, sobre todo, compartir, conversar y recibir retroalimentación de otras personas que pueden tener otra perspectiva. Su responsabilidad será mayor, pues estará a cargo de establecer las reglas para que otra persona pueda aportar a su proyecto.
- No siempre es necesario crear su propia tecnología desde cero, colaborar con herramientas ya creadas es otra opción: hacer una contribución al repositorio.

En caso de ser aceptada, usted podrá ganar reconocimiento. Otra cuestión interesante de esta categoría es que podrá entender cómo funciona un proyecto, su flujo de trabajo, su documentación, su gestión de cambios, su metodología de pruebas, etc. Esto lo podría enriquecer bastante en caso de que aún no posea experiencia laboral.

Pruebe a explorar GitHub para descubrir proyectos que sean de su interés y que estén construidos con alguna herramienta que usted conozca.

Basadas en su persona

Aquí tenemos lo que se conoce como «marca personal», tan importante que debería comenzar a realizarla una vez haya comenzado a estudiar programación.

Procure tener lo siguiente en cuenta:

- **Un sitio web.** Un sitio web ya no es opcional, es obligatorio. Muestre ahí su currículum vitae, su contacto y todos los proyectos que haya hecho (portafolio). No se preocupe si es poco, esto se ira agrandado a medida que gana experiencia.
- **Considere participar en alguna red social para compartir contenido.** Si no tiene la confianza para crear contenido, ya sea por inseguridad o por miedo a ser criticado, puede comenzar con algo simple: compartir contenido. Esta estrategia es muy utilizada en Twitter que, aunque tenga fama de ser una red social tóxica, si sigue a las personas adecuadas y se dedica a lo suyo (evitando distracciones), le aseguro que podrá conocer a grandes personas y tener una grata experiencia. En otras palabras, use las redes sociales de un modo profesional (por cierto, eso no significa no tener un buen sentido del humor). Esto, de igual forma, incluye crear un pódcast o material audiovisual en YouTube o Twitch. Muestre sus capacidades. En la actualidad es normal grabarse programando en vivo o presentar un video tutorial sobre una herramienta. Asimismo, llevar invitados a su programa es una atractiva opción para hacer crecer su público.

Y de manera opcional:

- **Los blogs aún perduran.** Un blog sigue siendo un lugar para plasmar su conocimiento y para, además, ser un taller de escritura. Le sugiero crearse un blog si le gusta escribir (substack es una buena opción). Está de más decir —pero lo diré— que escribir bien es una espléndida carta de presentación, pues le permite expresar mejor todo lo que necesite mostrar: currículum vitae, email, artículos, tweets, mensajes de WhatsApp o de Telegram (¡por supuesto!), publicaciones en LinkedIn, etc.
- **Escriba artículos.** Este punto puede ser un complemento del anterior. Y es que crear artículos proviene del afán de escribir y compartir. Tenga en cuenta que con artículos me refiero a textos sin revisión por pares, a documentos formales donde presenta una reflexión o un tutorial. Esto le ayudará a dar forma a su escritura, algo importantísimo si quiere escribir cosas más serias más adelante (a saber, artículos científicos o libros).
- **Boletín (*Newsletter*).** Útiles para fidelizar a las personas que lo siguen. En ese ámbito puede compartir noticias sobre tecnologías, extractos de la historia de la informática, retos técnicos, sugerencias para leer o mirar... Las posibilidades son amplias, considérelo cuando tenga bastantes seguidores.
- **Donaciones**. Una vez ya tenga un número suficiente de personas que lo siguen en alguna red social, esto es, personas que valoran su contenido, que reaccionan a él —para felicitarlo o insultarlo, ambos casos sirven—, entonces podría estar preparado para aceptar donaciones (algo importante: si en el primer artículo, vídeo o episodio pide una donación, producirá el efecto contrario. No lo haga hasta que tenga una audiencia). Yo, por supuesto, no le pediría que me donara, pero los tiempos están difíciles...

  (Mire aquí: https://www.buymeacoffee.com/camilocs. Gracias).

En los últimos años ha surgido un nuevo puesto de trabajo: DevRel, que significa «desarrollador de relaciones» (*Developer Relations*). Lo que busca es conectar a los desarrolladores con un producto (a través de personas clave) para así hacer simple su adopción (Oliveira, Ajala y Viana). Este puesto se asocia con la creación de una comunidad —en particular, la basada en una herramienta— porque asegura que un producto podrá aspirar a un ecosistema que lo adopte. Podrá hacer llegar su filosofía a los desarrolladores, podrá crear canales de comunicación entre ellos y, no menos importante, podrá enfocarse en cierto nicho de programadores.

Finalmente, y volviendo a Hintjens, si quiere construir una comunidad en torno a su persona o a un producto, mantenga sus principios, sea coherente con lo que cree y, ante todo, procure crear un lugar mejor para vivir.[151]

1.5. Filosóficos

Hay consejos que reúnen cuestiones que van más allá de algo práctico, preocupaciones que van desde la propia actividad de programar hasta cómo sentirse programador en el mundo.

1.5.1. Pensar antes de programar

Ya en el ámbito informático, esta reflexión viene de Leslie Lamport. Quizá no fue el primero en decirlo, sin embargo, es uno de los que más impacto causó sobre mí. Hace ya algunos años me encontré con uno de sus artículos, donde él insistía en la importancia de las matemáticas en la programación; «antes de escribir código hay que pensar», advertía.[152] Y le doy la razón. Antes de comenzar la aventura de programar hay que pensar en el problema. Pero su pensamiento iba más allá: una distinción que hacía Lamport era la de código vs. programar.[153] Para él codificar es simplemente implementar un algoritmo en cualquier lenguaje (implementación), en cambio, programar consiste en la fase previa

---

[151] Si lo hace, contácteme, estaré feliz de conocer su proyecto.

[152] El artículo se llama *If You're Not Writing a Program, Don't Use a Programming Language*, 2018.

[153] Él usa en inglés las palabras, *code* y *programming*, respectivamente.

a usar un lenguaje de programación, en la especificación, la fase donde se piensa en el problema, matemática por definición.

Todavía recuerdo la influencia que causó en mí leerlo y escucharlo en varias entrevistas, y es que me hizo ver las fisuras de la informática. Luego me dio un sentido. Esas grietas que están dominadas por las herramientas de moda en las cuales se omite la parte teórica y la capacidad analítica de programar.

En un mundo con cada vez más velocidad, donde las tareas crecen, donde los tiempos se reducen y donde el estrés aumenta, no es raro creer que «pensar antes de programar» es una tarea imposible. Yo creo en lo contrario. Es factible si podemos detectar los momentos del día que ocupamos dándole vuelvas a algo que no nos lleva a ningún lugar.

Considere el siguiente caso ficticio: «Ayer me dieron una tarea que no sé cómo resolver. No sé qué hacer para completarla, pues ni siquiera sé cómo empezar.» Este caso sería extremo, pues no es un tema de no encontrar la solución a un problema, es que ni siquiera sabemos cómo crear soluciones equivocadas. La mejor solución a esto es la comunicación, conversar con las personas que le asignaron dicha tarea, hacer preguntas —aunque parezcan tontas (esto no es un problema)—. No se siente frente a su ordenador hasta que no tenga toda la información; no renuncie a entender las necesidades del negocio. Por ello, mientras no tenga claro lo que le piden, no programe, porque esto le hará perder tiempo y entrar en un periodo estrés (parálisis por análisis).

Para mantener su foco en pensar en el problema antes de programar, le dejo algunas consideraciones:

- **Use un lápiz, un papel y una libreta (¡o una tablet!).** Cuando se sienta bloqueado frente al ordenador, es mejor salir de él. Puede usar un lápiz e intentar pensar en el algoritmo que resuelva el problema. Comience con un caso simple, un ejemplo de juguete, para luego intentar generalizarlo. Verá que es mejor que estar prueba-error frente a una pantalla. Desconectarse es útil para su salud mental.

- **Camine.** Sumado a lo anterior, no es práctico quedarse dando vueltas a un problema de programación frente a un ordenador, sobre todo si después de un tiempo no es capaz de resolverlo. De hecho, ocurre todo lo contrario, se bloqueará y perderá tiempo. Pruebe a dar un paseo por su parque favorito o su avenida favorita, o vaya a su cafetería o librería de preferencia; cualquier cosa que lo desconecte será de gran utilidad para resolver su problema. La parte inconsciente de su cerebro seguirá haciendo su trabajo y cuando menos lo espere podría emerger la solución a su problema.
- **Lea sobre los conceptos subyacentes.** A esto me refiero con conocer de distintas maneras para abordar un problema computacional. ¿Conoce el libro del matemático George Pólya? ¡Un clásico que ha perdurado casi un siglo! En este, el autor presenta una metodología para abordar la resolución de problemas matemáticos y sus demostraciones.[154] Y aunque no trata específicamente de problemas de programación, no cabe duda de que le será de utilidad para afrontar problemas lógicos. Otro libro que me encanta y que le sugiero es *How to Solve It: Modern Heuristics* de Zbigniew Michalewicz y David B. Fogel.[155] Como puede leer en el título, sigue la misma estela del libro de Pólya, pero con un tratamiento más moderno y orientado a la computación. Sin duda, un excelente complemento.
- **Busque una grata conversación**. Quedarse solo con sus pensamientos no es una buena idea si esto se prolonga por un largo periodo. Busque a su gente de confianza y cuéntele su problema. Verá, sin sorpresa, que después de contarle el asunto y su errada solución, puede que emerja algo que no había pensado antes. (Esto se aplica a todo tipo de problema, no solo técnico).

---

[154] En inglés, *How to Solve It: A New Aspect of Mathematical Method*. En español, *Cómo plantear y resolver problemas*.

[155] Segunda edición, 2004.

Resumen: no tema tomarse su tiempo antes de comenzar a programar, pues su yo del futuro se lo agradecerá. Es ingenuo pensar que nunca tendrá bloqueos cognitivos cuando se dispone a programar; no tenga miedo a desconectarse, pues es en esos momentos cuando es muy probable que aparezca la solución a su inconveniente.

1.5.2. Cuide sus palabras

Imagínese la siguiente conversación:

—Hola, Andrés. Necesitamos hacer que nuestra aplicación sea escalable porque vamos a requerir procesar más documentos.

—Depende, ¿qué es para ti escalable? —dijo Andrés, mientras movía su cabeza de un lado a otro.

—Pues manejar muchos documentos. Ahora nuestra aplicación es lenta, con 20 o 30 documentos por minuto. Por eso lo digo.

—Depende. No es lo mismo procesar 1000 que 1 millón de documentos por minuto.

—Supongamos que son 1000 documentos por minuto.

—Depende. Debemos saber primero que documentos son, su estructura, peso, etc. —advirtió Andrés en tono seco.

— Son del tipo [...]

—Depende, porque [...].

Más que una caricatura, es probable que este diálogo le resulte conocido, pues es bastante común en muchas empresas de software. En este ejemplo, Andrés vendría siendo un desarrollador de software senior recibiendo un requisito por parte de alguien de gestión. Nos podemos percatar de que la solicitud es bastante ambigua, carente de información y, sobre todo, informal. Esto es un problema, aunque no el único.

Nuestro desarrollador senior también comete un error, que es el de subjetivar cualquier petición, un mecanismo de defensa que quiere decir «no tengo suficiente información, por tanto, no tengo una única respuesta». Para mí esto es un error. Una cosa es carecer de los detalles del requisito y otra muy distinta es no percatarse de la idea clave: escalabilidad en cuanto a procesamiento. Eso es algo que se deja claro: «Se necesita procesar más documentos».

Es muy difícil —por el mismo dinamismo del desarrollo de software— tener toda la información de cada requisito. Me atrevería a decir que es normal. Es labor de un buen desarrollador limpiar el camino cuando hay maleza. No añadir más oscuridad. Un «depende» debe cambiarse por una respuesta general, constructiva, aunque no completa.

Y es que si uno conoce el sistema en el cual trabaja, debe saber qué cosas son necesarias para pasar de procesar pocos documentos a procesar el doble, el triple o un número que crezca exponencialmente. A esto le llamo tener claro ciertos principios (tratado en detalle en el Tomo II, Principios Conductuales).

El uso correcto de nuestras palabras nos ayuda a resolver problemas computacionales. Sobre todo, si nos comunicamos con alguien que tiene más información del problema —alguien de gestión— o tiene acceso a dicha información. Ser cuidadosos en cómo usamos nuestro lenguaje es algo que ya saben los filósofos del lenguaje cuando tratan de comprender las ambigüedades, los sinsentidos en los que muchas veces caemos sin darnos cuenta.

Por tanto, sugiero que ante tal situación no utilice una palabra tan carente de valor como «depende» sin acompañarla de un intento de aportación.

1.5.3. Sea analítico

Seré sincero: he discutido con pocas personas por Twitter, y las veces que lo he hecho ha sido para contrarrestar ideas que considero nocivas no solo para la programación, sino también para la computación. Estas personas tienen una postura crítica que se puede resumir como «la programación se basa meramente en la experiencia», por tanto, no creen en el sistema ni en el orden; al final todos ellos esconden un desprecio —camuflado de buenas intenciones— por la teoría, ya que no creen que exista una verdad, sino que todo es relativo, como un microcosmo subjetivo, propio de cada persona. Sin verdad no hay teoría, solo meras anécdotas cotidianas que pueden ser muy divertidas de leer pero que carecen de utilidad para abordar problemas conceptuales.

Estas ideas son peligrosas porque reducen el conocimiento a una recopilación de experiencias individuales. Su principal error radica en querer trasladar una experiencia personal al ámbito general. Es una postura más fácil, porque apela nada más que a la propia vivencia. ¿Quién podría cuestionarla? Nadie, pues nadie puede asegurar que lo vivido en su vida es falso. He aquí el truco. Pero estas experiencias en ningún caso son aplicables —y generalizables— a los demás.

En cambio, le sugiero tomar un punto de vista analítico, que es a fin de cuentas continuar con lo propuesto por la filosofía griega, que consiste en analizar nuestras palabras, nuestro razonamiento, nuestra argumentación, con el objetivo de pensar mejor, tomando en cuenta la evidencia y evitando contradicciones. Esto se contrapone a argumentos oscuros y confusos, de los que cada lector hace sus propias interpretaciones (de un mismo texto).

Creo en la verdad, al menos aproximada, que se sostiene gracias a la mejor evidencia de nuestro tiempo, donde no reina la opinión, sino los hechos. Tenga en cuenta esto si discute con un subjetivista; y si después de mostrarle los datos persiste en desacreditarlo y en no creerle, no insista y retírese, porque será una discusión estéril. Pues nada hará cambiar de opinión a alguien que se niega a ver la evidencia. Para él, la verdad parece inalcanzable.

1.5.4. Procure ser un generalista

Para explicar al generalista en programación hay que presentar primero al especialista: una persona que dedica su tiempo a profundizar en un tipo de desarrollo de software (web, móvil, embebidos, nube, etc.) o herramienta (PyTorch, bases de datos relacionales, JavaScript, etc.) y suele no salir de ello —o no de manera frecuente—. Los especialistas son muy importantes en la industria porque alcanzan niveles elevados de conocimiento en una herramienta, pero carecen de una óptica general de todo el sistema. Como dice el famoso refrán, «ven el árbol y no el bosque». Ambos, especialistas y generalistas, son necesarios en cualquier organización porque se retroalimentan.

Dada la preponderancia de los especialistas, me gustaría defender por qué los generalistas son necesarios y cómo podría usted llegar a serlo.

Un generalista —en el ámbito de la programación— se define en última instancia como un profesional que tiene conocimiento en ciencias de la computación, o sea, que abraza la parte teórica y la práctica y que pone al servicio de la práctica su conocimiento teórico en distintas áreas de la computación.

Aunque eso no significa que un generalista carezca de una especialidad o de un área donde se sienta más cómodo trabajando. Puede darse el caso de que se cumplan ambas, tener una especialidad y que haya un área donde tenga un talento natural para hacer su trabajo. Un generalista, por tanto, no es una contraposición de un especialista, es, por el contrario, una posibilidad y una extensión plausible.

Dicho lo que es un generalista y en qué se diferencia de un especialista, es el momento de dar algunas sugerencias para convertirse en uno de ellos:

1. Busque los libros esenciales de cada área de la computación. A continuación, le comparto una lista inicial (aunque no exhaustiva) que cubre las principales áreas:[156]
    i. *Introduction to Algorithms* de Charles E. Leiserson, Clifford Stein, Ronald Rivest y Thomas H. Cormen.
    ii. *The Art of Computer Programming* de Donald Knuth.
    iii. *Introduction to the Theory of computation* de Michael Sipser.
    iv. *Structure and Interpretation of Computer Programs* de Harold Abelson, Gerald Jay Sussman y Julie Sussman.

---

[156] Si usted es capaz de leer todos estos libros y comprenderlos, probablemente supere en conocimiento a la mayoría de los informáticos graduados de las mejores universidades, aunque tamaño objetivo probablemente le lleve años. Por otro lado, he omitido las ediciones concretas, pues considero que en estos libros siempre es recomendable conseguir sus últimas ediciones (algunos de estos libros tienen ediciones posteriores al año 2020).

v. *Artificial Intelligence: A Modern Approach* de Stuart Russell y Peter Norvig.
vi. *Computer Architecture: A Quantitative Approach* de David A. Patterson y John L. Hennessy.
vii. *The Elements of Computing Systems: Building a Modern Computer from First Principles* de Noam Nisan y Shimon Schocken.
viii. *Design Patterns: Elements of Reusable Object-Oriented Software*. Erich Gamma, Richard Helm, Ralph Johnson, John Vlissides y Grady Booch.
ix. *Code Complete: A Practical Handbook of Software Construction* de Steve McConnell.
x. *Programming Pearls* de Jon Bentley.
xi. *Code: The Hidden Language of Computer Hardware and Software* de Charles Petzold.
xii. *Compilers: Principles, Techniques, and Tools* de Alfred V. Aho, Ravi Sethi y Jeffrey D. Ullman.
xiii. *Operating System Concepts* de Abraham Silberschatz.
xiv. *Unix Network Programming* de William Richard Stevens, Bill Fenner y Andrew M. Rudoff.
xv. *Fundamentals of Database Systems* de Ramez Elmasri y Shamkant B. Navathe.

Muchos de estos libros han superado el paso del tiempo, así que podrían considerarse clásicos de la computación.

2. Antes de enfocarse en la herramienta tome una postura general. Piense en el problema, luego en la forma de implementar la solución.
3. Lea sobre cómo resolver problemas. No solo sobre problemas computacionales, sino matemáticos, ingenieriles o incluso artísticos; no se limite a la hora de buscar las soluciones a un problema.

En el mundo actual en que vivimos, sobreespecializado, donde cada día nace una nueva herramienta, un generalista puede ofrecer nuevas perspectivas sobre la computación.

1.6. Conclusión

Este capítulo se centró en plantear la siguiente idea: la programación se puede nutrir de muchas otras actividades sin necesidad de reducirla a nada más que aprender nuevas herramientas.

Las formas para aprender a programar, hoy, son tan diversas como cambiantes. Hay cursos en línea, libros, *bootcamps* y la enseñanza tradicional, la universitaria.

Así, la programación es una actividad interdisciplinaria por naturaleza, que puede servir de apoyo tanto a científicos como a humanistas, sin olvidar a los artistas. Hay software en todas partes. Y esto nos da pistas de que la programación no es una actividad ensimismada en sí misma, sino que debe enriquecerse de otras para aspirar a ser fructífera.

1.6.1. Lecturas sugeridas

Las siguientes lecturas tienen en común que se centran en el ser humano. Ya sea a través de biografías (muchas de ellas entrevistas) o de reflexiones personales para afrontar un escenario venidero.

Divididos en dos, los primeros textos se centran en la informática, y los segundos, en ámbitos más generales.

Informática:

- *Masterminds of programming: Inspiring conversations with creators of major programming languages* de Federico Biancuzzi y Shane Warden. Un libro que recoge varias entrevistas a los creadores de los principales lenguajes de programación. Conocer las opiniones, ideas, e incluso sesgos de los principales referentes de la informática nunca deja indiferente a nadie.
- *Coders at work: Reflections on the craft of programming* de Peter Seibel. Otro libro de entrevistas a diferentes figuras de la programación. Motivante y que anima a seguir aprendiendo.

Generales:

- *Reglas y consejos sobre investigación científica* de Santiago Ramon y Cajal. Un maravilloso ensayo sobre lo que significa ser un científico. A pesar del año de su publicación (1899), sigue vigente. Toda persona que abraza la ciencia debería leerlo.[157]
- *Autobiografía* de Charles Darwin. Este científico no necesita presentación; en sus reflexiones sobre su vida nos deja pequeñas pistas de como el trabajo minucioso, perseverante y atento a los detalles da sus frutos. Una obra inspiradora.
- *La conquista de la felicidad* de Bertrand Russell. Una perspectiva intelectual sobre cómo alcanzar la felicidad y, aunque puede dejar más dudas que certezas, lo invito a leer, pues en el núcleo de su argumento está el de mantener una vida más enfocada en los demás que en uno mismo, enfoque que comparto encarecidamente.

[157] Exceptuando un capítulo, el referido a las mujeres. Ramón y Cajal no escapa al machismo reinante en su tiempo, sin embargo, todo lo demás es brillante.

CAPÍTULO 2
VIDA PERSONAL

Un barco en un puerto está a salvo, pero no es para eso para lo que se construye un barco.

GRACE HOPPER

2.1. Introducción

No soy un moralista. O al menos ninguna persona me lo ha dicho aún.

Es obvio que cada persona puede hacer con su vida lo que considere adecuado, siempre y cuando cumpla con las leyes y normas que impone una sociedad democrática. Sin embargo, hay experiencias, anécdotas, consideraciones e incluso consejos que podrían ser de utilidad para aquellos que están comenzando en su carrera profesional o que aún no han tenido la oportunidad de conocer otros puntos de vista. Pues no todo en la vida se reduce a escribir código. Cultivar sanas relaciones humanas es algo beneficioso si quiere crecer, no tan solo como profesional, sino como persona.

La vida personal conlleva alegrías y tristezas, éxitos y fracasos, aciertos y desencuentros. Todos son inherentes al hecho de existir. Una cuota de optimismo y curiosidad puede ayudar a superar adversidades.

En este capítulo me tomo la libertad de darle algunos consejos que se agrupan en tres categorías que, equivocadamente, parecen alejadas de la programación: las ciencias, las artes y las humanidades y el ocio. Comenzaré respondiendo a cómo la relación entre las ciencias y el software puede ayudarle a ser un profesional responsable. Después presentaré por qué la falsa inconexión de las artes y las humanidades con la programación es solo una ilusión. Luego trataré el ocio, actividad desacreditada que, encauzada de forma correcta, se puede tornar fructífera. Finalizaré con algunas conclusiones sobre por qué la vida personal es inseparable de una buena vida profesional.

2.2. Ciencias

La ciencia es la mejor forma de acceder al conocimiento o, si me lo permite, a la verdad. Eso no significa que no haya errores o malas prácticas, sin embargo, es la mejor forma que tenemos de aproximarnos a un conocimiento fiable.

2.2.1. La programación no son matemáticas, ¡pero estas ayudan!

En sus múltiples pensamientos, Leslie Lamport ha señalado la importancia de las matemáticas en la programación. «Un algoritmo sin prueba es una conjetura, no es un teorema. Y si usted está probando cosas, bueno, eso significa matemáticas», mencionó. Decirles a sus colegas directamente que no sabían matemáticas no lo hacía ser precisamente querido, aunque eso a él no le importaba; más bien, lo que buscaba era dejar el siguiente mensaje: un mejor software es aquel que no huye de la formalización.

Formalizar no significa escribir cada línea de código cuidadosamente. No. Lo que significa es usar herramientas matemáticas que aseguran que el algoritmo va a funcionar en todos los casos cubiertos por la especificación, sin importar el lenguaje de programación que, más tarde, se implemente. Es una abstracción de más alto nivel, un resguardo ante el futuro.

¿Se imagina diseñar un algoritmo que gestione cientos de peticiones concurrentes sin pensar cuidadosamente cómo hacerlo antes de escribir código? Esto lo pensaron en Amazon, en su servicio AWS (Amazon Web Services), cuando crearon una especificación formal para el protocolo de comunicaciones de AWS, pieza clave para la seguridad de las transacciones. Usaron TLA+, un lenguaje de especificación formal creado por Lamport que, usando la lógica temporal, permite crear verificaciones para algoritmos concurrentes.

Pero este no es el único ejemplo del rol de las matemáticas en la programación. Tome en cuenta el área científica de la informática. Si, por ejemplo, se plantea hacer un doctorado o ingresar en una empresa de investigación puntera —ya sea como científico o ingeniero—, tendrá que saber matemáticas para, al menos, entender lo que escriben sus colegas. De hecho, saber matemáticas es hoy más importante que nunca, con la instauración de los sistemas de inteligencia artificial, presentes en todos lados, que combinan diversas áreas de las matemáticas: algebra lineal, cálculo, probabilidades, etc.

Adentrarse en las matemáticas no es fácil si no tiene el cerebro entrenado y habituado a su nomenclatura. Pero es una cuestión de práctica, como lo es ir al gimnasio, leer, escribir o ir a por un café cada día. Todas esas actividades requieren un compromiso y una recurrencia para alcanzar su objetivo. Hoy más que nunca, no sea de los programadores que miran con sospechas a las matemáticas: ¡no hay peor contradicción, pues la programación fue creada por matemáticos!

Sin matemáticas su mundo está limitado; tendrá que esperar al divulgador de turno que le pueda explicar un trabajo concreto y, desde lo lejos, intuir lo que los autores pretendían hacer. Esto no está mal si usted se ha formado en un área humanista, no así si tiene formación ingenieril-científica, pues no es lo mismo leer o escuchar a los comentaristas —con el respeto que merecen los divulgadores— que a los autores originales (como no es lo mismo leer una traducción que el texto original). Parafraseando a Wittgenstein: los límites de su lenguaje (matemático) son los límites de su mundo (informático).

2.2.2. Las ciencias como un faro en la oscuridad

Evaluar sus creaciones y tomar una postura escéptica hacia su propio trabajo es lo mejor que puede aprender de la ciencia. A veces creamos código sin evaluarlo o nos enamoramos de nuestro código como si este fuera infalible. La ciencia no es así. El filósofo analítico Bertrand Russell —autor de una monumental obra, que abarca tantos temas como ideas— dijo: «Gran parte de las dificultades que atraviesa el mundo se deben a que los ignorantes están completamente seguros y los inteligentes, llenos de dudas». Dudar es una característica indispensable de un científico honesto. A continuación, le doy algunos puntos para tomar una postura científica:

- **La credulidad es perjudicial**. No crea todo lo que ve, lee o escucha. Menos aún si usted lo hizo. Esto es, por supuesto, fácil de decir pero difícil de realizar. A nadie le gusta dudar de lo que ha hecho, pero, a veces, es conveniente para poder hacer una mejor creación, un mejor código, un mejor trabajo. Podría consultar a personas que sabe que no asentirán a todo lo que les proponga; estas personas son valiosas.

- **Tenga un método**. Hay cuestiones que deberían ser una norma y no una simple posibilidad. Me explico: cada software que usted cree o supervise debería tener un conjunto de pruebas; esto sería su método de trabajo, algo a no transigir, pues afecta directamente a la calidad de su trabajo. Construir su método de trabajo —pautas, estándares, buenas prácticas, etc.— le ahorraría tiempo cada vez que comience un nuevo proyecto.
- **Compruebe la bibliografía**. No siempre los problemas que debe resolver con software son únicos, por lo general, tienden a ser cuestiones que ya otras personas han sufrido y superado, por tanto, busque información al respecto, investigue, recopile fuentes... Entonces tome las decisiones teniendo en cuenta estos datos. Aunque no me refiero a solo código, sino a algo mayor: entender los problemas de diseño del software. Para esto, le sugiero una serie de sitios web que visito con frecuencia para investigar:
    - ACM Library
    - Springer
    - arXiv
    - ResearchGate
- **Construya su biblioteca**. No quiero que piense que le sugiero crear su propia librería personal física —aunque si lo hace es una excelente decisión—, sino tener un repositorio en línea con sus documentos de estudio: no tan solo artículos y libros, también citas y notas. Una biblioteca personal es un refugio en contra de los pesares de la vida; además, le da un orden en su progreso como profesional, un lugar donde acudir cuando necesite recordar o comenzar una nueva investigación.
- **Manténganse actualizado sobre la influencia de la programación**. Con el seguro impacto de la inteligencia artificial, es probable que la programación se

vuelva tan importante como cotidiana. Así, en el futuro será aún más común que hoy escuchar discursos sobre la importancia de aprender a programar y sobre la ciencia de datos. Esto asegura que la programación estará en todos lados. Conocer lo que, gracias a la programación, se alcanza en otras áreas de estudio lo hará menos proclive a la desactualización como profesional. Una postura abierta, curiosa, como la del buen científico, es invaluable para cualquier programador.

- **Establezca relaciones con sus pares**. Al igual que en la ciencia cuando se envía un artículo para ser revisado por pares de forma anónima, tener el valor de compartir alguna de sus creaciones con todo el público, con personas desconocidas, es exponerse a la crítica, pero también a una manera de aprender. No tenga miedo a esto, nada grande se logra si nadie conoce su trabajo: en el camino encontrará críticos, pero también es la única manera de tener seguidores, no los típicos de redes sociales, sino personas que estudiarán y hablarán bien de su obra. Si las encuentra, siéntase afortunado.

La ciencia no debe ser usada como medio de reafirmación de sus posturas, «yo dije X, los científicos confirmaron X». [158] Al contrario, debe ser usada como mecanismo de búsqueda de la verdad, aunque esa verdad contradiga sus posturas: a eso le llamo *honestidad intelectual*.

2.3. Artes y humanidades

Me declaro un informático humanista. Creo en las artes y en las humanidades como fuente inagotable de riqueza cultural. Un profesional, sea del campo que sea, nunca debe rechazar estas áreas, porque son inherentes al ser humano. Nunca antes los sistemas informáticos han tenido tanta presencia y repercusión en nuestra vida como en la actualidad, no pierda la oportunidad de ser un informático integral.

---

[158] El sesgo de confirmación es algo en lo que todos podemos caer en determinadas circunstancias. Un libro que le sugiero revisar sobre este tema es el siguiente: *El arte de pensar*, de Rolf Dobelli.

2.3.1. La música y la programación

La música pertenece a ese tipo de arte que, en principio, no parece tener ninguna relación con la programación. Si escuchamos con cuidado, sin embargo, nos percatamos de que es solo una ilusión. Ya en el libro *Gödel, Escher y Bach* de Douglas Hofstadter se mencionó la relación de la computación con el arte, por ejemplo, con las obras de Escher y de Bach, como también con la lógica escenificada por Gödel. Conceptos como recursividad, abstracción, sistemas complejos y bucles son algunos de los temas que atañen directamente a la computación, pero, como bien demostró Hofstadter, estos pueden representarse de maneras menos intuitivas, sin la necesidad de sentarse frente a un ordenador. En este caso —el del arte— la computación no tiene nada que ver con mirar un monitor. Curioso, ¿no?

Piezas musicales como los Cánones de Johann Sebastian Bach contienen computación. Los cánones son construcciones musicales que surgen de un solo tema y desde un conjunto de reglas que, en apariencia, parecen engañosamente simples pero que pueden alcanzar una enorme complejidad. Bucles con distintas escalas forman estas hermosas melodías que se van repitiendo una tras otra con distintas voces. Lo mismo ocurre con la música de Dream Theater —una de mis bandas favoritas—, a la que incluso se le ha dedicado toda una tesis doctoral (McCandless).[159] Y es que el metal progresivo es, entre todos los subgéneros que componen el metal, el más técnico. Las notas, las escalas, los cambios de ritmo se pueden entender en términos computacionales.

Además, el sonido que sale de un altavoz conectado a un ordenador viene de un fichero, que puede estar en formato mp3, wav, mkv, etc. Todo se encuentra codificado (representación), al igual que pasa con sus fotos familiares o los videos de sus viajes. El sonido contiene patrones que, si se observan visualmente, van oscilando. Por ejemplo, cuando se repite un estribillo o aparece un solo de guitarra, no son sonidos aleatorios sin

---

[159] En el capítulo cinco de esta tesis se analizan dos canciones, *Sacrificed Sons* (álbum *Octavarium*) y *Constant Motion* (álbum *Systematic Chaotic*), porque, como su autor menciona, dan muestras de virtuosismo e intertextualidad. Les invito a escuchar ambas.

razón de ser, sino que siguen un «algoritmo» que un aprendiz de músico podría emular con su instrumento si pone suficiente empeño en la práctica.

Así, no solo encontramos programación en la música, sino que también el código nos permite crear sonidos. Lenguajes de programación como ChucK,[160] Sonic Pi[161] y Melrōse[162] están para esta labor y, aunque no sean tan conocidos, hoy en día cada vez se cuenta con más recursos (videos tutoriales, libros, artículos de blogs) que los explican.

Si le gusta programar y la música y tiene una pizca de curiosidad, ¡esta de suerte!

2.3.2. Dibujo como inspiración

La historia humana está acompañada de dibujos que han sido fuente de inspiración y muestra de creatividad. Cabe mencionar los primeros dibujos encontrados en la cueva de Blombos, en la costa sur de Sudáfrica, realizados hace entre 70 000 y 100 000 años. Se consideran los primeros trazos de los que tenemos registro. ¿Habrán sido intencionados? No sé sabe, quizá solo fueron marcas sin ningún sentido, sin embargo, en ellos se encuentran patrones de rayas rojas hechas con una cera de polvo de ocre. Quizá sí querían representar algo. Lo que es seguro es la necesidad humana de dejar un registro físico de nuestras experiencias y de abrirnos a nuevas evivencias mediante el acto creativo. Esto se mantiene hasta nuestros días. Una necesidad de expresarnos que constituye el ingrediente principal del arte.

Hay artistas que suelen ser más cercanos a las matemáticas y, por lo mismo, pueden ser interesantes para un informático. Un caso es el de Maurits Cornelis Escher, que, gracias su gran capacidad para crear laberintos visuales (paradojas), nos lleva un mundo donde podemos percibir abstracciones con la visión. Así como el código puede desempeñar un rol en la adquisición de pensamiento abstracto, los dibujos de Escher nos ayudan a

---

[160] https://chuck.stanford.edu. [Revisado en junio del 2023].

[161] https://sonic-pi.net. [Revisado en junio del 2023].

[162] https://melr%C5%8Dse.org (tenga en cuenta que no es la letra «o» sino la «ō»). [Revisado en junio del 2023].

comprender no solo la abstracción, sino también la simetría, los patrones repetitivos, la recursividad y todos los conceptos presentes en la programación.

Con respecto a los patrones repetitivos, encontramos la *teselación*, que es un conjunto constituido por polígonos idénticos que recubren enteramente un plano. Un ejemplo clásico es el pavimento de una calle, o las formas geométricas dibujadas en una cortina, o la alfombra de su casa, o las bellas teselaciones que se encuentran en ese hermoso recinto llamado la Alhambra.

Sobre esto último: Asentada en una de las colinas más altas de la ciudad de Granada (España), se puede apreciar la Alhambra, un monumento que reúne palacios, jardines y fortalezas, cuyo objetivo, en un principio, fue alojar a la corte del Reino Nazarí. Ahí, se puede apreciar con toda nitidez el arte andalusí, que es un tipo de arte hispano musulmán que floreció durante la Edad Media y que tiene sus raíces en el arte del islam. Por tanto, si tiene la oportunidad de ir a la Alhambra no solo verá un hermoso lugar, sino también cómo las matemáticas —y la computación— se encuentran presentes en formas diferentes a lo habitual.

Hay muchos tipos de teselaciones, unas simples y otras más complejas, como la Teselación de Penrose, que es aperiódica, lo cual significa que no tiene simetría traslacional (esto quiere decir que no hay una figura que, si se traslada, sin rotación, sea idéntica a otra). Véase la **Figura 53**.

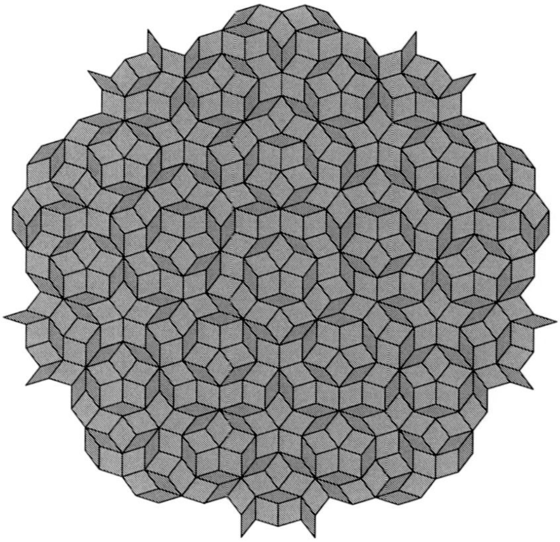

Figura 53. *Ejemplo de la Teselación de Penrose. Un tipo de teselación aperiódica.*[163]

Gracias a lenguajes de programación como Processing, hoy es posible combinar el arte con la programación, por ejemplo, creando patrones geométricos como las teselaciones, usando herramientas de inteligencia artificial para generar imágenes o programando un videojuego. La geometría computacional —que es el nombre técnico para crear imágenes computacionales—, en efecto, es todo un campo dentro de la computación, que puede inspirar a personas para quienes escribir código es insuficiente.

Un libro donde se puede reconocer el «código creativo» o la «programación visual» es *Generative Art: A Practical Guide Using Processing* de Matt Pearson. En él se pueden ver las posibilidades que da el código como herramienta para crear el arte visual. No me cabe duda de que le puede servir de inspiración para expandir su creatividad. En suma, conectar áreas distintas es un enorme estimulo intelectual que le recomiendo cultivar.

[163] Imagen extraída de https://es.wikipedia.org/wiki/Teselaci%C3%B3n_de_Penrose [Revisado en junio del 2023].

2.4. Ocio

El «arte de ociar» es inherente a la vida humana, he aquí algunas consideraciones que quizá le puedan interesar.

2.4.1. Pasear, mirar y escuchar

Como ya sabía Hipócrates: «Si estás de mal humor, sal a caminar. Si todavía estás de mal humor, sal a caminar». Caminar nos permite salir de nuestros pensamientos, acicatearnos, liberarnos de las multitareas que nos acechan a diario. A menos que viva en una gran urbe que desprecie la naturaleza o la cultura, de seguro podrá encontrar un grato parque, una preciosa playa o una buena librería para pasear. No necesita nada más para tener una buena tarde de ocio. (Entendiéndose por ocio una actividad enriquecedora y no una exaltación de la pereza).

Mirar pasar el tiempo es algo que beneficia a la salud. Es como trasladarse a otro lugar, a otro espacio-tiempo, ver como todo se ralentiza, como todo se vuelve diferente si lo observa con cuidado y calma. Nadie le apura, solo camine, mire y escuche. Escuchar es importante, se lo dice alguien a quien le encanta usar auriculares con cancelación de sonido (aunque son útiles en entornos ruidosos como una cafetería, tenerlos puestos en un parque o en la playa le hará perder la sensación del sonido de la naturaleza. ¡No pierda esa oportunidad!).

Seguro que le ha pasado que cuando está programando y algo no le funciona, después de darle muchas vueltas, le sucede lo de siempre: una desconexión —salir a pasear, dormir o conversar con un amigo sobre el tema que lo acongoja— propicia la solución al problema. Esto es algo común en programación, pues nuestro cerebro se «bloquea» si intentamos lo mismo una y otra vez. Cuando esto pasa es porque la solución requiere de otra fórmula que no nos es evidente a primera vista. Por lo general la solución es contraintuitiva.

Piense el caso de Edsger Dijkstra, famoso científico de la computación, ganador del premio Turing en 1972, a quien, en un día cualquiera, junto a su esposa, mientras tomaba un café en una soleada terraza de Ámsterdam, se le ocurrió el algoritmo que posteriormente lo haría famoso: el camino más corto (Chacón Sartori, *Mentes geniales.*

La vida y obra de 12 grandes informáticos). Y es que, cuando estas desconectado y piensas en tu trabajo, pueden surgir cosas sorpresivas. Dijkstra lo supo muy bien.

2.4.2. No hacer nada

En este momento voy de viaje desde Kuala Lumpur (Malasia) a Londres (Reino Unido) para regresar a Barcelona (donde vivo). Son 13 horas de vuelo, una linda oportunidad para no hacer nada. En cambio, aquí estoy, escribiendo, escuchando música y leyendo a ratos. ¿Esto sería no hacer nada?

Yo defiendo la noción de no hacer nada cuando ese «no hacer nada» deja fuera a la pereza. Me explico: lo mejor es tomarse un tiempo para no hacer nada como una forma de encontrar inspiración para hacer algo nuevo. Hay que verlo como una recarga de energía, una desconexión, un nuevo aliento, un sistema de defensa en contra del estrés (tan común en estos días, pues nuestro cerebro no está acostumbrado a ser multitarea; la sociedad moderna es un enjambre de ruido[164]).

No hacer nada por falta de entusiasmo puede ser un problema. No hacer nada por el entusiasmo que provoca volver a sus andanzas mentales es otra cosa, y volviendo al primer párrafo, escribir, leer o escuchar música pueden ser vistas como actividades que no cuentan como no hacer nada. Escribir es duro y consume bastante energía, pues requiere que el escritor esté atento y no pierda el foco. Leer se tiende a pensar como una actividad pasiva, pero si se encuentra leyendo un texto complicado seguro que estará escribiendo anotaciones y preguntas en algún lugar. Escuchar música podría ser una actividad pasiva si no fuera porque algunas canciones nos hacen rememorar situaciones pasadas nos «inyectan» energía donde no la tenemos (lo estoy comprobando en este preciso momento) y en ciertas circunstancias nos activan la creatividad.

---

[164] El concepto de «enjambre digital» fue acuñado por Byung-Chul Han en su libro *En el enjambre*. Es una idea interesante, aunque le recomiendo que no trate de seguir todos los argumentos de Han, si no, es probable que vea la programación como una actividad enemiga (este filósofo carece de predisposición con respecto a los avances de la tecnología).

Por otro lado, la frase cliché «no todo en la vida se trata de trabajar» es válida pero incompleta, pues es un ataque al trabajo sin llegar a mostrar el valor de la desconexión. ¿Cuántas historias conoce de grandes mentes que en un momento de desconexión encontraron la pieza que faltaba? Cierta desconexión incrementa la creatividad. Seguir escrudiñando por horas un problema sin encontrar la solución es, quizás, una pérdida de tiempo, porque su mente seguirá bloqueada y no podrá ver las nuevas soluciones aunque se le presenten.

¡No haga nada! Simplemente observe su entorno, analice su respiración (como diría cualquier maestro de meditación), escuche a los pájaros cantar, observe al perro de su vecino ladrarle (esto es bueno, pues es señal de que usted sigue con vida) y dese un gusto con alguna comida que desea (pero que no haya tenido tiempo de disfrutar). No haga nada para hacer algo.

Habiendo hecho nada, puede volver al ordenador, su experiencia mejorará.

2.5. Conclusión

Este capítulo fue un recorrido por consideraciones personales que van más allá de la programación: el conocimiento cultural, artístico y científico que, por desconocimiento, a veces no se relaciona con la programación. La utilidad de esto viene de la posibilidad de ser un mejor profesional, lo que permite ampliar su conocimiento y evita que caiga en la sobreespecialización, tan necesaria en algunos casos como evitable. Cabe recordar que la cultura, las artes y las ciencias son riquezas que tenemos los seres humanos y, por tanto, debemos aprovecharlas para extraer lo mejor de cada una. En definitiva, un mejor profesional es aquel que crea conexiones con otros campos para así ser mejor en el propio.

2.5.1. Lecturas sugeridas

La filosofía es para mí una fuente inagotable de conocimiento para entender nuestro mundo. Al conocer nuestro mundo, al final, terminamos conociéndonos mejor a nosotros mismos. Y esto aumenta nuestras posibilidades para mejorar nuestra vida personal. Por consiguiente, le recomiendo las siguientes lecturas:

- *El honor de los filósofos* de Víctor Gómez Pin. Este libro muestra cómo grandes pensadores (de las ciencias, las artes y la filosofía) fueron perseguidos, enjuiciados y calumniados por sus ideas. Una obra que reivindica la libertad final de todo ser humano: la de pensar.
- *Sobre la brevedad de la vida* de Séneca. Se trata probablemente de mi filósofo estoico predilecto, y este es su texto que más impacto causó en mi vida. Después de leerlo quizá se plantee dos veces aplazar algún proyecto.
- *Un manual de vida* de Epicteto. Un bello texto que contiene una serie de lucidos aforismos sobre la vida y la muerte.

REFLEXIONES FINALES

Los principios de programación expuestos en el Tomo II de este libro pueden seguir desarrollándose. Y con este quiero dejar en claro que, en ningún caso, al plantearme este proyecto, pensé en un punto final, «Apagar la luz he irme a la cama»; más bien, lo concebí como una primera aproximación, una primera hipótesis, de una forma distinta de entender la programación. Dado el carácter general que exponen estos principios, sería interesante profundizar en ellos, para así vislumbrar que la enseñanza de la programación se puede abordar desde otros términos. Los cuales propician una rebeldía contra los enfoques tradicionales que se centran en explicar las herramientas de moda o conceptos inútiles en la actualidad.

Aun cuando este libro estaba pensado para ser más extenso, pues temas como la computación cuántica, la teoría de la computación y las matemáticas discretas fueron omitidos. Hay muchos otros temas en este libro (como los tratados en los otros Tomos), que espero susciten su interés para ahondar en la programación. Que como pudo comprobar leyendo este libro: para mí la programación representa un campo vasto de estudio, que está en las «venas» de la computación.

Si, en consecuencia, este libro le ha sido de utilidad me siento premiado y aliviado. Premiado porque cuando me lo planteé, conocía los problemas que me iba a enfrentar para darle forma al texto, no sólo al iniciar y escribir las primeras líneas, sino también para saber cuáles iban a ser las últimas líneas. Los finales suelen ser duros. También me sentí aliviado al llegar al final. Esto se puede expresar mejor con una analogía: tuve una sensación similar a la de los corredores de maratón que completan una carrera. Nunca se sabe con certeza si alcanzaremos la meta o si nos quedaremos lamentándonos a mitad de camino.

Para finalizar, quizás nos encontremos nuevamente en algún lugar inesperado. Solo espero, y créame que realmente lo espero, que, sin importar el lugar, este sea *computable*. De los demás lugares, rara vez hay una salida.

Referencias

Aghajani, E., Nagy, C., Vega-Marquez, O. L., Linares-Vasquez, M., Moreno, L., Bavota, G.y Lanza, M. (2019). Software Documentation Issues Unveiled. *2019 IEEE/ACM 41st International Conference on Software Engineering (ICSE).*

Agin, W. E. (2019). «A History of Artificial Intelligence». En *Law of Artificial Intelligence and Smart Machines.*

Allamanis, M., Barr, E. T., Bird, C.y Sutton, C. (2014). «Learning natural coding conventions». (págs. 281-293). Association for Computing Machinery.

Allamanis, M., Barr, E. T., Bird, C.y Sutton, C. (2015). «Suggesting accurate method and class names». *Proceedings of the 2015 10th Joint Meeting on Foundations of Software Engineering* (págs. 38-49). Association for Computing Machinery.

Angles, R.y Gutierrez, C. (2008). «Survey of graph database models». *ACM Comput. Surv.*

Avram, A. (2016). *Details on How Linux Runs Natively on Windows* . Obtenido de InfoQ: https://www.infoq.com/news/2016/04/linux-windows/

Beck, K. a. (2001). *Manifiesto por el Desarrollo Ágil de Software.* Obtenido de https://agilemanifesto.org/iso/es/manifesto.html

Bhattacharjee, K., Naskar, N., Roy, S.y Das, S. (2020). «A survey of cellular automata: types, dynamics, non-uniformity and applications». *Nat. Comput.*, 433-461.

Biancuzzi, F.y Warden, S. (2009). *Masterminds of programming: Inspiring conversations with creators of major programming languages.* O'Reilly Media.

Bieman, J. M.y Kang, B.-K. (1995). «Cohesion and reuse in an object-oriented system». *SIGSOFT Softw. Eng. Notes*, 259-262.

Bingham, E., Chen, J. P., Jankowiak, M., Obermeyer, F., Pradhan, N., Karaletsos, T., . . . Goodman, N. D. (2018). «Pyro: Deep Universal Probabilistic Programming». *arXiv*.

Böhm, C.y Jacopini, G. (1966). «Flow diagrams, Turing machines and languages with only two formation rules». *Communications of the ACM*, 366–371.

Bonissone, P.y Johnson, J. H. (1984). «DELTA: An Expert System for Diesel Electric Locomotive Repair».

Bqa, R., Shakeel, T.y Khan, Y. D. (2019). «A Pedagogical Approach towards Theory of Computation». *Proceedings of the 2019 8th International Conference on Educational and Information Technology*, 192-197.

Bruderer, H. (2022). «Was Ada Lovelace Actually the First Programmer? ». *Communications of the ACM*.

Budgen, D. (2003). *Software Design*. Pearson Education.

Campbell, M., Hoane Jr., A. J.y Hsu, F.-h. (2002). «Deep Blue». *Artificial Intelligence*.

Chacón Sartori, C. (2021). *Computación y programación funcional*. Marcombo.

Chacón Sartori, C. (2021). *Mentes geniales. La vida y obra de 12 grandes informáticos*. Marcombo.

Chen, M., Tworek, J., Jun, H., Yuan, Q., Ponde, H., Kaplan, J., . . . Zaremba, W. (2021). «Evaluating Large Language Models Trained on Code». *ArXiv*.

Coulouris, G., Dollimore, J., Kindberg, T.y Blair, G. (2012). *Distributed Systems. Concepts and Design*.

Cunningham, W. (1992). *The WyCash Portfolio Management System*.

Curtis, B., Krasner, H.y Iscoe, N. (1988). «A field study of the software design process for large systems». *Commun. ACM*, 1268-1287.

Dahl, O. J., Dijkstra, E. W.y Hoare, C. A. (1972). *Structured Programming.* Academic Press Ltd.

Daylight, E. G. (2011). «Dijkstra's Rallying Cry for Generalization: The Advent of the Recursive Procedure, late 1950s — early 1960s». *Comput. J.*, 1756-1772.

Daylight, E. G. (2012). *The Dawn of Software Engineering: From Turing to Dijkstra.* Lonely Scholar.

Denning, P. J.y Tedre, M. (2021). «Computational Thinking: A Disciplinary Perspective». *Informatics in Education.*

Devlin, K. (2020). «The Ethics of the Artificial Lover». En S. M. Liao, *Ethics of Artificial Intelligence.* Oxford University Press.

Dey, B., Halder, S., Gendt, S.y Meert, W. (2022). «Code Generation Using Machine Learning: A Systematic Review». *IEEE Access.*

Díaz, J.y Torras, C. (2012). «A personal account of Turing's imprint on the development of computer science». *Comput. Sci. Rev.*

Dijkstra, E. W. (1975). *How do we tell truths that might hurt?* Obtenido de https://www.cs.virginia.edu/~evans/cs655/readings/ewd498.html

Dyakonov, M. I. (2020). *Will We Ever Have a Quantum Computer?* Springer.

Eckerdal, A., McCartney, R., Moström, J. E., Ratcliffe, M.y Zander, C. (2006). «Can graduating students design software systems? » *Proceedings of the 37th SIGCSE technical symposium on Computer science education.* Association for Computing Machinery.

Esteero, R., Khan, M., Mohamed, M., Zhang, L. Y.y Zingaro, D. (2018). «Recursion or Iteration: Does it Matter What Students Choose? » *Proceedings of the 49th ACM Technical Symposium on Computer Science Education* (págs. 1011-1016). Association for Computing Machinery.

Fowler, M. (2018). *Refactoring.* Addison-Wesley.

Gamma, E. a. (1994). *Design Patterns: Elements of Reusable Object-Oriented Software*. Addison-Wesley Professional.

Goldreich, O. (2008). *Computational complexity. A conceptual perspective.* Cambridge University Press.

H. Arpaci-Dusseau, R.y C. Arpaci-Dusseau, A. (2014). *Operating Systems: Three Easy Pieces.*

Haenlein, M.y Kaplan, A. (2019). «A Brief History of Artificial Intelligence: On the Past, Present, and Future of Artificial Intelligence». *Berkeley Haas.*

Havelund, K., Tegeler, T., Smyth, S.y Steffen, B. (2022). «Discussing the Future Role of Documentation in the Context of Modern Software Engineering (ISoLA 2022 Track Introduction)». *Leveraging Applications of Formal Methods, Verification and Validation. Software Engineering*, 3-9.

Hellerstein, J. M., Stonebraker, M.y Hamilton, J. (2007). «Architecture of a Database System». *Now Publishers Inc.*

Hidary, J. D. (2019). *Quantum Computing: An Applied Approach.*

Hoare, C. (1962). Quicksort. *The Computer Journal*, 10-16.

Hoare, T. (1974). Hints on programming language design. En C. Bunyan, *State of the Art Report 20: Computer Systems Reliability* (págs. 505–534). Pergamon/Infotech.

Holton, W. C. (2021). quantum computer. *Encyclopedia Britannica.*

Høst, E. W.y Østvold, B. M. (2009). «Debugging Method Names». *Springer Berlin Heidelberg*, 294-317.

Jerzyk, M. (2022). «Code Smells: A Comprehensive Online Catalog and Taxonomy». Springer.

Jiayuan Mao, C. G. (2019). «The Neuro-Symbolic Concept Learner: Interpreting Scenes, Words, and Sentences From Natural Supervision». *arXiv.*

Kari, L.y Rozenberg, G. (2008). «The Many Facets of Natural Computing». *Communications of the ACM.*

Kernighan, B. W.y Pike, R. (1999). *The Practice of Programming.* Addison-Wesley.

Klein, G. (2019). Intuición. En J. Brockman, *Las mejores decisiones.* Crítica.

Knuth, D. (1989). *Notes on the Errors of TeX.* Obtenido de https://tug.org/TUGboat/tb10-4/tb26knut.pdf

Langston, J. (2021). *From conversation to code: Microsoft introduces its first product features powered by GPT-3.* Obtenido de https://blogs.microsoft.com/ai/from-conversation-to-code-microsoft-introduces-its-first-product-features-powered-by-gpt-3/

LaPierre, R. (2022). *Introduction to Quantum Computing.* Springer.

Ledin, J. (2022). *Modern Computer Architecture and Organization: Learn x86, ARM, and RISC-V architectures and the design of smartphones, PCs, and cloud servers.* Packt Publishing.

Li, G., Liu, H.y Nyamawe, A. S. (2021). «A Survey on Renamings of Software Entities». *ACM Comput. Surv.*, 1-38.

Li, G., Zhou, X.y Cao, L. (2021). «AI Meets Database: AI4DB and DB4AI». *Proceedings of the 2021 International Conference on Management of Data.*

Lindsay, D., Gill, S. S., Smirnova, D.y Garraghan, P. (2023). «The evolution of distributed computing systems: From fundamentals to new frontiers». *Springer.*

Liu, K., Kim, D., Bissyande, T. F., Kim, T., Kim, K., Koyuncu, A., . . . Le Traon, Y. (2019). «Learning to spot and refactor inconsistent method names». *2019 IEEE/ACM 41st International Conference on Software Engineering (ICSE).* IEEE.

Luo, J., Zhang, J., Huang, Z., Xu, Y.y Sun, C. (2022). «Toward an accurate method renaming approach via structural and lexical analyses». *Frontiers of Information Technology & Electronic Engineering*, 732-748.

Madsen, O. L.y Møller-Pedersen, B. (2022). «Using Supplementary Properties to Reduce the Need for Documentation». *Springer Nature Switzerland*, 35-59.

Manrique, J. F. (2007). La Lengua universal de Leibniz. *Saga – Revista de Estudiantes de Filosofía*, 109–119.

Mansour, M.y Yang, W. (2017). «History of Database Applications». University of Rochester.

Martraire, C. (2019). *Living Documentation: Continuous Knowledge Sharing.* Addison-Wesley Professional.

McCandless, G. (2010). *Rhythm and Meter in the Music of Dream Theater. Thesis.*

McCarthy, J. (1984). «Some Expert System Need Common Sense». *Computer Culture: The Scientific, Intellectual and Social Impact of the Computer.*

McCauley, R., Grissom, S., Fitzgerald, S.y Murphy, L. (2015). «Teaching and learning recursive programming: a review of the research literature». *Computer Science Education*, 37-66.

McDermott, J. (1982). «R1: A rule-based configurer of computer systems». *Artificial Intelligence, 19*, 39-88.

Metz, C.y Collins, K. (marzo de 2023). *10 Ways GPT-4 Is Impressive but Still Flawed*. Obtenido de The New York Times: https://www.nytimes.com/2023/03/14/technology/openai-new-gpt4.html

Microsoft. (2023). *Linux containers on Windows 10.* Obtenido de https://learn.microsoft.com/en-us/virtualization/windowscontainers/deploy-containers/linux-containers

Munn, L. (2022). «The uselessness of AI ethics». *AI and Ethics.*

Naur, P. (1985). «Intuition in software development». *TAPSOFT - Formal Methods and Software Development* (págs. 60-79). Springer Berlin Heidelberg.

Naur, P. (1985). «Programming as theory building». *Microprocessing and Microprogramming*, 253-261.

Oliveira, R., Ajala, C., Viana, D., Cafeo, B.y Fontão, A. (2021). «Developer Relations (DevRel) Roles: an Exploratory Study on Practitioners' opinions». *Proceedings of the XXXV Brazilian Symposium on Software Engineering* (págs. 363-367). Association for Computing Machinery.

Ousterhout, J. K. (2018). *A Philosophy of Software Design.* Yaknyam Press.

Ozkaya, M.y Erata, F. (2020). «A survey on the practical use of UML for different software architecture viewpoints». *Information and Software Technology*, 106275.

Perry, N., Srivastava, M., Kumar, D.y Boneh, D. (2022). «Do Users Write More Insecure Code with AI Assistants? ». *arXiv.*

Polit, S. (1985). «R1 And Beyond: AI Technology Transfer At DEC». *The AI Magazine*, 76-78.

Pyeatt, L. D.y Ughetta, W. (2020). *ARM 64-Bit Assembly Language.* Newnes.

Rinderknecht, C. (2014). «A Survey on Teaching and Learning Recursive Programming». *Informatics in Education.*

Rival, X.y Yi, K. (2020). *Introduction to static analysis an abstract interpretation perspective.* The MIT Press.

Roy, S., Kot, L.y Koch, C. (2013). «Quantum Databases». *CIDR.* Proc. CIDR .

Rubio-Sanchez, M. (2017). *Introduction to Recursive Programming.* CRC Press.

Rubio-Sánchez, M., Urquiza-Fuentes, J.y Pareja-Flores, C. (2008). «A gentle introduction to mutual recursion». *Proceedings of the 13th annual conference on Innovation and technology in computer science education*, (págs. 235-239).

Russell, S. (2015). «Robotics: Ethics of artificial intelligence». *Nature.*

Sakharovskiy, K. (2022). «Universal Quantum Gates». *Bachelors Thesis in Information Technology*. University of Jyväskylä.

Sedgewick, R.y Flajolet, P. (2013). *An Introduction to the Analysis of Algorithms.* Addison-Wesley Professional.

Shariffdeen, R., Noller, Y., Grunske, L.y Roychoudhury, A. (2021). «Concolic Program Repair». *Proceedings of the 42nd ACM SIGPLAN International Conference on Programming Language Design and Implementation* (págs. 390-405). Association for Computing Machinery.

Shore, J. a. (2007). *The Art of Agile Development.* O'Reilly.

Solomonoff, G. (2013). «Ray Solomonoff and the New Probability». En *Lecture Notes in Computer Science* (págs. 37–52).

Spinellis, D. (2012). *Coding Standards and Conventions.* Obtenido de https://www.spinellis.gr/ismr/conv/indexw.htm

Stallman, R. (2001). *GNU coding standards.* Obtenido de http://www.gnu.org/prep/standards_toc.html

Stroustrup, B. (1995). «Why C++ is not just an object-oriented programming language». *OOPS Messenger.*

Sulov, V. (2016). «Iteration vs recursion in introduction to programming classes: an empirical study». *Cybern. Inf. Technol.*, 63-72.

Sutter, H. a. (2004). *C++ Coding Standards: 101 Rules, Guidelines, and Best Practices.* Addison-Wesley Professional.

Talib, M. A. (2021). «A systematic literature review on hardware implementation of artificial intelligence algorithms». *The Journal of Supercomputing*, 1897-1938.

Tanenbaum, A. S.y Bos, H. (2014). *Modern Operating Systems.* Pearson.

The Guardian. (2020). *A robot wrote this entire article. Are you scared yet, human?* Obtenido de https://www.theguardian.com/commentisfree/2020/sep/08/robot-wrote-this-article-gpt-3

The Linux Foundation. (2015). *10 Years of Git: An Interview with Git Creator Linus Torvalds.* Obtenido de THE LINUX FOUNDATION: https://www.linuxfoundation.org/blog/blog/10-years-of-git-an-interview-with-git-creator-linus-torvalds

Thengvall, M. (2018). *The Business Value of Developer Relations.* Apress.

Thompson, K. (1984). «Reflections on Trusting Trust». *ACM Turing lecture.*

Thrun, S. (2007). «Stanley: The Robot That Won the DARPA Grand Challenge». *Springer Berlin Heidelberg.*

Toffoli, T. (2005). «Reversible computing». *Springer, Berlin, Heidelberg* .

Turner, R. (2018). *Computational Artifacts: Towards a Philosophy of Computer Science* . Springer.

Vailshery, L. S. (2022). *Number of Internet of Things (IoT) connected devices worldwide from 2019 to 2021, with forecasts from 2022 to 2030.* Obtenido de statista: https://www.statista.com/statistics/1183457/iot-connected-devices-worldwide/

van Steen, M.y Tanenbaum, A. S. (2016). «A brief introduction to distributed systems». *Computing*, 967–1009.

Vleck, T. V. (1995). *The IBM 7094 and CTSS.* Obtenido de https://multicians.org/thvv/7094.html

Vo, T., Dave, P., Bajpai, G.y Kashef, R. (2022). «Edge, Fog, and Cloud Computing : An Overview on Challenges and Applications». *arXiv.*

Wake, W. C. (2003). *Refactoring Workbook.* Addison-Wesley Longman Publishing Co., Inc.

Weizenbaum, J. (1976). *Computer Power and Human Reason: From Judgment to Calculation.* W. H. Freeman and Company.

Wing, J. M. (2006). «Computational Thinking». *Communications of the ACM*, 33--35.

Wolfram, MathWorld. (s.f.). *Elementary Cellular Automaton* . Obtenido de https://mathworld.wolfram.com/ElementaryCellularAutomaton.html

Wolfram, S. (1984). «Computation theory of cellular automata». *Commun. Math. Phys.*

Wooldridge, M. (2021). *A Brief History of Artificial Intelligence: What It Is, Where We Are, and Where We Are Going*. Flatiron Books.

Zhi, J. a. (2014). «Cost, Benefits and Quality of Software Development Documentation: A Systematic Mapping». *Journal of Systems and Software.*

Zickert, F. (2021). *Hands-On Quantum Machine Learning With Python. Volume 1: Get Started.*

ÍNDICE DE NOMBRES

A

B

C

D

E

F

G

H

J

K

L

M

U

V

W

Z

ÍNDICE TEMÁTICO

D

E

F

G

H

I

J

L

S

T

U

V

W

Y

Z